Moçambique
Memória falada do Islão
e da Guerra

Moçambique
Memória falada do Islão e da Guerra

AbdoolKarim Vakil
Fernando Amaro Monteiro
Mário Artur Machaqueiro

Com a colaboração de Sandra Araújo

2011

MOÇAMBIQUE
MEMÓRIA FALADA DO ISLÃO E DA GUERRA
AUTORES
AbdoolKarim Vakil
Fernando Amaro Monteiro
Mário Artur Machaqueiro
EDITOR
EDIÇÕES ALMEDINA, S.A.
Rua Fernandes Tomás, nºs 76, 78, 80
3000-167 Coimbra
Tel.: 239 851 904 · Fax: 239 851 901
www.almedina.net · editora@almedina.net
DESIGN DE CAPA
FBA.
PRÉ-IMPRESSÃO, IMPRESSÃO E ACABAMENTO
G.C. – GRÁFICA DE COIMBRA, LDA.
Palheira Assafarge, 3001-153 Coimbra
producao@graficadecoimbra.pt
Setembro, 2011
DEPÓSITO LEGAL
333062/11

Apesar do cuidado e rigor colocados na elaboração da presente obra, devem os diplomas legais dela constantes ser sempre objecto de confirmação com as publicações oficiais.
Toda a reprodução desta obra, por fotocópia ou outro qualquer processo, sem prévia autorização escrita do Editor, é ilícita e passível de procedimento judicial contra o infractor.

BIBLIOTECA NACIONAL DE PORTUGAL – CATALOGAÇÃO NA PUBLICAÇÃO

VAKIL, AbdoolKarim, e outros

Moçambique : memória falada do Islão e da guerra / Abdoolkarim Vakil, Fernando Amaro Monteiro, Mário Artur Machaqueiro
ISBN 978-972-40-4596-2

I – MONTEIRO, Fernando Amaro, 1935-
II – MACHAQUEIRO, Mário Artur Borda, 1963-

CDU   94(469)"1961/1974"(047.53)
      325
      28
      929Monteiro, Fernando Amaro(047.53)

ÍNDICE

AGRADECIMENTOS	7
INTRODUÇÃO: SOBRE A MEMÓRIA E OS SEUS DISCURSOS *Mário Artur Machaqueiro*	9
HISTÓRIA ORAL: ENTREVISTA DE ABDOOLKARIM VAKIL A FERNANDO AMARO MONTEIRO	65
POSFÁCIO *Fernando Amaro Monteiro*	305
CRONOLOGIA	317
FONTES E BIBLIOGRAFIA	335
BIBLIOGRAFIA GERAL	337
TEXTOS DE FERNANDO AMARO MONTEIRO	345

AGRADECIMENTOS

AbdoolKarim Vakil agradece ao King's College as facilidades que lhe foram concedidas para se deslocar a Portugal a fim de realizar a entrevista a Fernando Amaro Monteiro, bem como a pesquisa que lhe serviu de base.

Os três autores agradecem a Sandra Araújo o aturado trabalho de investigação nos Arquivos da Torre do Tombo, o qual permitiu recuperar as referências actuais da documentação originalmente consultada por AbdoolKarim Vakil, cujas cotas foram, entretanto, alteradas. As dificuldades que esta alteração veio suscitar foram superadas pelo esforço que Sandra Araújo, em boa hora, investiu nesse trabalho.

Os autores agradecem ainda a Carola Neilinger Vakil a prestimosa ajuda no árduo e moroso trabalho de transcrição, para a linguagem escrita, e num tema de tanta complexidade, das gravações das entrevistas de AbdoolKarim Vakil com Fernando Amaro Monteiro.

Os autores agradecem também à Fundação Dom Manuel II o apoio dispensado no processamento do texto e na divulgação da obra.

Introdução:
Sobre a Memória e os seus Discursos

MÁRIO ARTUR MACHAQUEIRO

A Guerra Colonial permanece, entre nós, um tema carregado de interditos, de silêncios, de ressentimentos mal resolvidos, mas também de exaltações celebratórias que, com frequência, operam de forma tão recalcante como os mecanismos de silenciamento e de amnésia selectiva que só a custo, e gradualmente, têm sido rompidos pelo trabalho da investigação historiográfica ou pelo labor do luto e da reconstrução mnésica que alguma literatura vem proporcionando (Ribeiro 2004).

Neste contexto, o livro que agora apresentamos encerra várias singularidades. Antes de mais, porque se debruça sobre uma dimensão do colonialismo português e das Guerras de África – a política colonial relativa ao Islão e o programa destinado a alinhar com o poder as comunidades muçulmanas de Moçambique e da Guiné –, dimensão que, não obstante os diversos estudos a ela dedicados[1], se mantém ainda desconhecida junto do público interessado e mesmo de uma boa parte dos investigadores. O corpo principal deste livro é composto por uma longa entrevista – na verdade, uma série de entrevistas realizadas em diferentes dias – que AbdoolKarim Vakil, professor no King's College de Londres, fez em 2004 a Fernando Amaro Monteiro, o principal responsável pela concepção e condução da mencionada política islâmica que a administração portuguesa levou a cabo em Moçambique de 1966 a 1973. Acompanhando todas as etapas fundamentais do trajecto biográfico de Amaro Monteiro, e fornecendo assim o retrato de uma individualidade, ela mesma singular, da nossa história recente, esta entrevista contém uma riqueza de informação inédita sobre diversos protagonistas centrais do período histórico referido, assim como em relação aos mecanismos internos do aparelho de poder colonial. Bem posicionado para conhecer os bastidores de uma parte significativa desse aparelho, Amaro Monteiro convoca, na sua memória, figuras como Marcelo Caetano ou o General António de Spínola, os últimos Governadores-Gerais de Moçambique que serviram o regime colonial e todo um conjunto de personagens hoje relegadas para uma relativa obscuridade, como é o caso de Victor Hugo Velez

---

[1] Alguns dos títulos incluem: Monteiro 1989c, 1989d e 1993a; Alpers 1999; Cahen 2000; Garcia 2000 e 2003; Vakil 2004a; Macagno 2006; Bonate 2007; Machaqueiro 2011.

Grilo, antigo maçon e membro do Comité Central do Partido Comunista Português nos anos 30, figura proeminente, na década seguinte, contra a linha que defendia a "reorganização" do PCP, e que, expulso do Partido e exilado em Moçambique na década de 50, se transforma aí num indefectível defensor do projecto colonial, colaborando com as autoridades portuguesas e surgindo, após o 25 de Abril, como um dos dirigentes da revolta dos colonos de Moçambique de 7 de Setembro de 1974 (Mesquitela s.d.: 63, 85-93; Pereira 2001: 196-203; Bernardo 2003: 250) – percurso moçambicano a apelar a um estudo específico, como o de outras individualidades que a investigação histórica tem ignorado.

Diversos pontos da entrevista merecem destaque. Realço, em especial, as recordações de Amaro Monteiro sobre a sua visita à Guiné-Bissau em Junho de 1972, toda a descrição que faz do comportamento de Spínola, as suas observações acerca da forma como o Islão estava a ser abordado nessa colónia e a desmontagem iconoclasta que, em síntese, podemos daí retirar, tanto quanto à personagem do General como em relação à sua política de uma "Guiné Melhor". É um momento onde o esclarecedor não dispensa o sabor do detalhe, o qual nada tem de secundário.

A par da galeria de figuras maiores ou menores, a entrevista retrata também a postura da hierarquia católica e do missionarismo cristão perante a religião islâmica em Moçambique e as comunidades muçulmanas, o relacionamento da Igreja com o Islão, ora de tensão e de hostilidade manifesta, ora de menosprezo e desconhecimento, ora ainda, em casos raros e pontuais, de aproximação táctica. Ainda no que respeita às "personalidades", poderíamos acrescentar os dados, também significativos, referentes a Suleiman Valy Mamede, fundador da Comunidade Islâmica de Lisboa e protagonista de alguns dos embates que rodearam a política islâmica seguida pelas autoridades portuguesas.

Para além do imenso manancial de revelações novas, ou escassamente difundidas, sobre figuras que marcaram a história conjunta de Portugal e de Moçambique na segunda metade do século xx, revelações que, por si só, bastariam para fazer desta entrevista uma fonte histórica do maior interesse, o diálogo entre Abdool-Karim Vakil e Fernando Amaro Monteiro tem igualmente o mérito de trazer uma luz inédita que ilumina, de forma incisiva, as tensões, contradições e disfunções inerentes aos dispositivos do poder colonial. Trabalhando como Adjunto dos Serviços de Centralização e Coordenação de Informações de Moçambique (SCCIM), onde chefiou o respectivo Gabinete de Estudos, Amaro Monteiro oferece uma representação detalhada desse organismo e das relações, por vezes tensionais ou conflitivas, que o mesmo manteve com outros segmentos do aparelho de poder, nomeadamente a PIDE/DGS e as Forças Armadas[2], mas também com o que Mon-

---

[2] Esta conflitualidade surda havia sido apenas aflorada noutros trabalhos (Mateus 2004: 377-378; Souto 2007: 181-182). As clivagens entre os SCCIM, as Forças Armadas e a PIDE/DGS, no tocante às

teiro chama a "engrenagem governamental" – o facto de, por exemplo, Marcelo Caetano e a máquina burocrática do Ministério dos Negócios Estrangeiros contribuírem para inibir certas iniciativas mais "ousadas". Das informações e interpretações aqui veiculadas resultam claras as insuficiências de que padecia o referido aparelho de poder. Destaco, a esse respeito, o modo como Amaro Monteiro sublinha repetidamente o escasso impacto prático que o tratamento mais sofisticado de informação ou os estudos de um José Júlio Gonçalves ou de um Jorge Dias tiveram sobre as decisões operacionais da guerra em curso. Um dos aspectos mais curiosos revelados pela entrevista é a desarticulação existente entre as instâncias de produção científica, como o Centro de Estudos Políticos e Sociais da Junta de Investigações do Ultramar, e as instâncias administrativas e militares que as primeiras deviam, supostamente, formar e orientar. A isto acrescem os muitos dados referentes à morosidade, à ineficiência da máquina administrativo-militar e, sobretudo, à sua incapacidade para reconhecer a importância estratégica, no quadro da política de guerra, de uma intervenção que levasse em conta as especificidades culturais do terreno onde se travava o conflito. As observações de Amaro Monteiro aqui registadas ajudam, portanto, a identificar algumas das condições de disfuncionalidade interna que explicam uma parte importante do colapso do sistema de poder português nas colónias, aspectos sobre os quais o autor já fizera incidir uma análise historiográfico-política na sua dissertação de Doutoramento (1993a: 278--283), mas que agora adquirem todo o contraste do pormenor vivido.

O foco principal da entrevista, ao qual todos os restantes aspectos estão subordinados, é, como já foi referido, a política adoptada para com o Islão em Moçambique desde 1965-66 e, sobretudo, a partir de 1968, com a chegada ao território de Baltazar Rebelo de Sousa como Governador-Geral, o qual abraçará todas as principais linhas de orientação do Plano de Acção Psicológica gizado por Fernando Amaro Monteiro. Desse programa a entrevista revela muitos pormenores desconhecidos que vêm complementar e aprofundar o já analisado em estudos anteriores. Julgo constituir também uma novidade a revelação de que a administração portuguesa – quase sempre com a participação directa de Amaro Monteiro – terá arquitectado, no início da década de 70, projectos (todos eles abortados) para uma intervenção mais global no espaço geopolítico do Islão, nomeadamente através de uma articulação com o Governo das Filipinas, da tentativa de estabelecer pontes entre Moçambique e Madagascar, de um plano de golpe paramilitar em Zanzibar a partir de Moçambique, com o objectivo de repor o Sultão que havia sido derrubado, ou ainda da ligação dos dignitários islâmicos da Guiné a um possível Cali-

---

informações, são também objecto de descrição e análise em Monteiro 1988: 28-29. Este último título complementa, de resto, muitas das informações de cunho autobiográfico que Fernando Amaro Monteiro fornece no decorrer da entrevista.

fado do Rei de Marrocos, mais favorável ao "Ocidente" e, por associação, aos interesses portugueses.

De tudo isto os historiadores poderão colher múltiplos pontos de partida para encetarem a pesquisa de áreas inexploradas da história portuguesa do século xx, que há muito aguardam a respectiva abordagem e análise.

1. Para a pós-colonialidade: memória, reinscrição e ambivalência em Fernando Amaro Monteiro

Memória arquivada[3]. Do arquivo à memória e vice-versa. A entrevista a Amaro Monteiro conduzida por AbdoolKarim Vakil cria uma permanente articulação, que é também fricção, tensão e distância, entre o discurso testemunhal do entrevistado e os documentos arquivados nos fundos dos SCCIM, da PIDE/DGS e de outras fontes, actualmente depositados no Arquivo Nacional da Torre do Tombo. Não se trata apenas de complementar ou de iluminar reciprocamente a memória escrita destes últimos e a memória oral do primeiro – uma oralidade, aliás, relativa, visto que as respostas de Amaro Monteiro, inicialmente gravadas, obedeceram depois a um laborioso processo de reescrita levado a cabo pelo respondente. Trata-se antes de assumir a dimensão construtiva e construída do arquivo e da memória. O arquivo enquanto sedimentação de um *processo de arquivamento*[4], cultural e politicamente determinado, orientadamente selectivo, por vezes (muitas vezes?) estrategicamente lacunar ou recalcante – a que teríamos de acrescentar as insuficiências burocráticas do arquivamento, tão recorrentes no arquivos portugueses. Nesse sentido, o arquivo aparece como uma *mimesis* da memória humana, também ele produto de "mecanismos de defesa" que classificam documentos, que os rasuram ou suprimem.

Ao longo da entrevista, mediante o reenvio recíproco entre a memória dos arquivos e a de Amaro Monteiro, vão-se tornando claros os processos de construção dos documentos que servem de base às questões colocadas por AbdoolKarim Vakil, os critérios com que lhes foram atribuídas as categorias de "confidencial" e "secreto", ou com que se hierarquizou (e se elaborou) a sua fiabilidade. Além disso, a entrevista procura clarificar alguns dos efeitos *no "real"* operados pela produção

---

[3] Esta expressão foi concebida por AbdoolKarim Vakil como título inicial do presente livro.

[4] A atenção ao carácter social, cultural e politicamente construído e dinâmico (leia-se: flutuante, relativizado) da actividade arquivística tem sido uma tónica da literatura sobre a situação dos arquivos na condição pós-moderna, embora com uma ênfase sobre a componente "textual", "narrativa" ou "lexical" dos processos de arquivamento. A este propósito, ver Brothman 1991 e 1999; Cook 2000 e 2001; Cook e Schwartz 2002; Nesmith 2002. Para uma perspectiva mais crítica, ver Heald 1996. Talvez ninguém tenha ido, porém, tão longe como Laura Stoler (2002) na questionação do arquivo como "artefacto cultural" e lugar de produção de saberes, cujo carácter ficcional e factício exige uma desmontagem crítica por parte do cientista social, seja ele antropólogo, sociólogo ou historiador.

de certos documentos, o que se buscou efectivar com eles e a distância entre o pretendido e o realizado: toda uma contextualidade, ela mesma reconstruída, sem a qual a "memória arquivada" permaneceria relativamente ininteligível.

Centrando a sua atenção na experiência colonial portuguesa, o tempo desta "memória arquivada" é, como o próprio gesto do arquivamento sugere, o tempo da pós-colonialidade. O argumento que tenciono aqui desenvolver baseia-se no pressuposto de que o discurso de Fernando Amaro Monteiro é, mau grado as suas ambivalências políticas (ou até por causa delas), parte integrante desse tempo. E, no contexto pós-colonial português e moçambicano, uma parte relativamente inaudita. A minha tese é que o discurso desenvolvido por Amaro Monteiro, decorridos os processos de independência das regiões antes colonizadas, nos obriga a alargar o conceito de pós-colonialismo de modo a nele caberem outras narrativas e outras memórias que, desse modo, aduzem um suplemento de complexidade às nossas representações do "pós-colonial".

Estas têm sido invariavelmente dedicadas a desconstruir as hierarquias dominantes na ideologia colonial, o poder exercido pelo "homem branco/cristão/ocidental" e a subalternização das culturas colonizadas. Por outro lado, o dispositivo analítico do pós-colonial tem também sublinhado a pluralidade dos processos identitários, criticando as várias formas de homogeneização cultural (Santos 2002: 30-38) e afirmando, em seu lugar, o primado da hibridação, do trânsito intercultural ou diaspórico[5]. Finalmente, o pós-colonialismo envolve o projecto de reelaborar a teoria crítica num formato radicalmente não-eurocêntrico, ou que pelo menos consiga pensar a relação tensional do etnocentrismo europeu com as culturas por ele subalternizadas, reprimidas e, nalguns casos, inconfessadamente reapropriadas ou canibalizadas.

Esta multiplicidade de significados, cuja inter-relação está longe de ser linear ou pacífica, bem como os seus silêncios, omissões e contradições internas, levaram diversos autores a contestar a adequação e o rigor do conceito. Ella Shohat (1992) e Anne McClintock (1992) distinguiram-se por terem submetido o termo "pós-colonial" a uma crítica cerrada, da qual recordo (e reconstruo) os pontos principais:

- Esse termo mistura e confunde "formações nacionais-raciais" que correspondem a trajectórias históricas e a posições nas hierarquias do sistema mundial muito distintas, mistura que contribui, portanto, para nivelar as experiências do ex-colonizado com as do ex-colonizador, obnubilando as suas diferenças.

---

[5] Neste domínio, menciono apenas alguns títulos de maior relevo, ou pelo conteúdo, ou pela influência que adquiriram neste género de literatura: Spivak 1988; Bhabha 1994; Gilroy 1994; Hall e Chen 1996; Radhakrishnan 1996.

- A temporalidade e a espacialidade do "pós-colonial" são intrinsecamente problemáticas e ambíguas. Por um lado, a questão do seu "início" está aberta a múltiplas definições num campo internamente contestado e disputado: dentro de uma longa história de processos de independência e de constituição de novos Estados-Nação, são várias as épocas reclamadas como pontos fundadores do "pós-colonialismo", não havendo um critério consensual para escolher uma delas. A mesma indefinição (ou definição múltipla) se coloca quando pensamos nas regiões da "pós-colonialidade": quaisquer nações que se constituíram por ruptura com metrópoles são "pós-coloniais" – e, nesse caso, a Austrália e os Estados Unidos sê-lo-ão – ou são-no apenas as que romperam com o poder colonial no quadro de relações desigualitárias entre o centro e a periferia, o Primeiro e o Terceiro Mundo? Além disso, a uniformidade e unicidade subjacentes ao tempo pós--colonial, expressas através da ênfase investida no prefixo "pós", fazem esquecer a persistência de sistemas de poder colonial num período que se imagina de superação definitiva do colonialismo.
- O conceito de "pós-colonial" – que partilha com o "pós-moderno" a dificuldade de pensar uma relação utópica ou emancipatória com um projecto de futuro – releva ainda de uma representação linear da historicidade, concebida como uma progressão ascendente de um "mau passado" (o colonialismo) para um "bom presente" (o pós-colonialismo) cuja cristalização, indefinidamente garantida, o converte numa outra versão do "fim da história". Conforme Shohat observou (1992: 104), isto conduz a reduzir os colonizados do mundo actual – os palestinianos, por exemplo – a uma espécie anacrónica, os novos "atrasados" do tempo "pós-colonial". Deste modo, o discurso do "pós-colonialismo" acaba por reproduzir, *malgré lui*, as hierarquias simbólicas e identitárias da ordem colonial.
- A oposição binária entre "colonial" e "pós-colonial", enquanto variante de uma diferenciação linear entre o passado e o presente que cancela a circulação de formas de poder social e político entre diferentes períodos, dificulta a possibilidade de identificar, de pensar e de combater a presença do neocolonialismo e as novas estratégias de hegemonia do "Primeiro" sobre o "Terceiro Mundo". Esta dificuldade é reforçada pelo cunho celebratório que habitualmente se associa à ideia do "pós-colonial".

Pese embora a acuidade destas críticas, elas não retiram, a meu ver, pertinência teórica à ideia de "pós-colonialismo", desde que a subordinemos a uma série de precisões conceptuais. Antes de mais, importa introduzir-lhe as necessárias discriminações analíticas graças às quais, como Stuart Hall refere (1996a: 246), podemos dizer que o Canadá, a Austrália, o Senegal, a Índia e Moçambique são "pós-

SOBRE A MEMÓRIA E OS SEUS DISCURSOS

-coloniais" de uma *certa maneira*, ainda que não da *mesma maneira*. Por outro lado, e sem que isso implique o deslize para a celebração de uma universalidade feliz, também concordo com Hall que a condição pós-colonial deve ser entendida como um processo cuja globalidade responde ao carácter igualmente global do colonialismo enquanto forma de constituição da modernidade capitalista, na qual esta aparece, não como um processo eurocentrado, mas como uma articulação hierquizante e multidimensional entre centros, periferias e semiperiferias (Hall 1996a: 249-250). Esta concepção envolve uma aplicação necessariamente plural e diferenciada do conceito de "pós-colonialismo". Que, por exemplo, saiba integrar na condição pós--colonial países como a Suécia ou a Dinamarca, os quais, não tendo protagonizado situações de dominação colonialista, experimentam hoje fenómenos de imigração que seriam impensáveis sem as transformações operadas pelos processos de descolonização em curso desde a Segunda Guerra Mundial.

Em resposta às críticas de autores como Shohat ou McClintock, importa também salientar que a transição pós-colonial não tem de ser entendida como uniformemente linear e holística, nem como superação definitiva ou cancelamento das temporalidades coloniais e pré-coloniais, que podem perfeitamente subsistir em novas configurações. Neste ponto particular, talvez fosse útil mobilizar a ideia de "periodização intercalada" concebida por Peter Galison (1997: 14, 782-783; 1999: 397-400, 412-413) para mostrar que não há homogeneidade de transformação na ciência, nem ao nível das diversas tradições ou "subculturas" de teorização, de experimentação e de instrumentação, nem ao nível das comunidades científicas respectivas. Se alargarmos esta concepção às transformações societais e históricas em geral, podemos então admitir diferentes temporalidades sociais "intercaladas", com diferentes ritmos de mudança e/ou de duração, não sendo por isso estranho que o "pós" coabite com o "pré" e com o "neo".

Nada disto, contudo, põe em causa a inescapabilidade da condição pós-colonial: o facto de o carácter global da sua transição implicar que as novas configurações de sentido do pós-colonialismo se rebatam sobre os conteúdos coloniais subsistentes ou persistentes. Por outras palavras, na era pós-colonial o colonialismo e o anticolonialismo não são, nem podem ser, articulados como o eram antes dos processos *globais* de descolonização. Paralelamente, esta afectação de todos os conteúdos por um movimento global de transformação traz consigo uma complexidade desconhecida em épocas anteriores. Neste sentido, o pós-colonial confunde-se com o pós-moderno. Stuart Hall (1996a: 244-245) critica justamente a nostalgia com que certos pensadores, entre os quais Ella Shohat, gostariam de regressar a um tempo – mitificado e auto-iludido, é certo – em que as distinções políticas pareciam nítidas e os campos claramente demarcados: os "bons" e os "maus", os "dominados" e os "dominantes", os "oprimidos" e os "opressores". Sem ter propriamente anulado a "necessidade" destas distinções categoriais (e identitárias), a condição pós-colonial revelou como as relações intrínsecas a tais binómios foram redistribuídas, invertidas ou deslocadas. Assim, vários dos "movimentos de libertação" instauraram novas formas de dominação e de repressão, tendo o anticolonialismo, em muitos casos, cedido o lugar ao colonialismo interno, em articulação frequente com estratégias de exploração neocolonial conduzidas por antigas potências ocidentais. Isto significa que o pós-colonialismo acarretou uma consciencialização da *ambivalência* com que estamos, doravante, condenados a receber e a interpretar os processos sociais e políticos.

É neste ponto que regresso a Fernando Amaro Monteiro e ao seu relacionamento ambivalente com a pós-colonialidade. Esse relacionamento é concebível se entendermos a pós-colonialidade como a elaboração (social, política, identitária) de uma condição histórica que mantém com os seus vários tempos intercalados – incluindo o "passado colonial" – uma relação complexa de continuidades e descontinuidades, de consonâncias e dissonâncias, que é em si mesma fundadora de um novo regime de significações. Estando esse regime implicado na reconfiguração do que se representa como "espaço português", teremos então, entre nós, de integrar na vivência do pós-colonial as representações e narrativas daqueles que estiveram "do outro lado", do lado anteriormente "dominante", que saiu "derrotado" ou "vencido" na guerra. Porque, ao pensarem e experienciarem o presente nos termos de uma reconstrução e redistribuição da memória colonial, essas experiências discursivas são parte legitimamente integrante da condição sociopolítica e da temporalidade pós-colonial. São, por assim dizer, outras tantas maneiras ou versões de articular o "pós" da pós-colonialidade – ainda que desta se queiram, por vezes, excluir. *Uma auto-exclusão que, no entanto, ao desafiar a condição epocal dominante, só é compreensível e articulável dentro dela, pertencendo-lhe, assim, por inteiro.*

Relevam dessa categoria os discursos dos ex-combatentes das Forças Armadas portuguesas, tanto europeus como africanos, mas também de civis que, em circunstâncias várias, desempenharam papéis significativos no sistema colonial e no seu aparelho de guerra. Ao contrário do que se poderia esperar, não constituem (ou não são necessariamente) meras variantes de um discurso do ressentimento, enleadas num "luto" impossível de fazer e, por isso, condenadas a reproduzir os esquemas ideológicos e simbólicos do colonialismo, numa espécie de "compulsão à repetição". Estas outras falas não estão também limitadas ao "discurso do trauma", por muito relevante que este possa ser num país onde um imenso recalcamento permitiu que a sociedade portuguesa lidasse com a independência das colónias e com a perda de uma pretensa dimensão "ultramarina" – a do "Portugal não é um país pequeno" – sem qualquer comoção identitária no plano das expressões visíveis (Lourenço 1982: 41-46). Recalcamento que, por sua vez, tem bloqueado a catarse rememorativa dos traumatizados das Guerras de África, a qual só agora começa a despontar, nomeadamente através do fenómeno da multiplicação de sites e de blo-

SOBRE A MEMÓRIA E OS SEUS DISCURSOS

gues concebidos por ex-combatentes e dedicados à descarga das narrativas pessoais associadas às experiências do trauma.

As falas a que me refiro são de uma natureza mais complexa e ambígua. Habitam um espaço de intersecções que parecem mutuamente tensionais, contraditórias e, por vezes, até reciprocamente excludentes. A *ambivalência* é, por isso, a palavra-chave para compreender estes discursos, e não é por mera obstinação teórica que ela será recorrente nas análises que se seguem. Iremos, aliás, observar que ela constitui uma mais-valia de onde a fala de Fernando Amaro Monteiro pode extrair a legitimidade possível para a inserção na cena pós-colonial. De facto, a sua fidelidade à leitura geopolítica que o levou a tomar posição por um dos lados do conflito colonial – leitura onde prepondera uma visão conspiratória do "subversivo"[6] – não o impediu de aceder a uma estratégia pessoal de "luto" ou de "dobre de finados" pelo que a experiência colonial significou para quem, como ele, nela se comprometeu e se empenhou.

Há nisto tudo uma reescrita da história e da memória? Talvez. Até porque, truísmo à parte, a rememoração é sempre reinvenção do passado, quanto mais não seja pela descoincidência entre o vivido e o seu registo mnésico. A reescrita, porém, não significa necessariamente rasura, apagamento ou manipulação dos dados. No caso de Amaro Monteiro, ela é, sobretudo, uma re-inscrição. Reinscrição, dentro da história portuguesa do século XX, de uma personalidade objectivamente central na concepção da estratégia dirigida às populações muçulmanas da colónia de Moçambique, mas periférica ao nível da sua projecção pública no momento histórico em que se estavam a produzir alguns dos efeitos por ele desejados e planeados. Auto-investindo-se, imaginária e egoicamente, no papel de orquestrador ou de argumentista de um determinado programa de acção política, coube-lhe então a sombra dos bastidores – embora em diversos círculos oficiais e sociais as pessoas o reconhecessem, a começar pelos alvos principais da sua acção: as comunidades muçulmanas de Moçambique. Ainda assim, a ribalta ficou estrategicamente reservada para figuras públicas como os Governadores-Gerais, executantes de um guião concebido por Amaro Monteiro. Na entrevista, há uma passagem carregada de sen-

---

[6] Esta visão assenta nas seguintes premissas conjugadas: os movimentos "subversivos" não resultam de movimentos sociais mais amplos, mas da actuação de minorias activas, sendo as massas desprovidas de qualquer iniciativa própria e essencialmente manipuláveis (Monteiro 2003a: 39); os movimentos "subversivos" não são primordialmente movidos por uma "autenticidade" ideológica, mas por um pragmatismo de conquista do poder – entendido aqui como poder do Estado. Tais ideias aparecem sintetizadas numa definição que Amaro Monteiro repete em diversos textos: "Definimos *subversão* como o exercício de meios psicológicos assentes sobre valores sociomorais perfilhados pelas maiorias, visando, em geral por forma predominante e prolongadamente não-ostensiva, a queda ou controlo global ou parcial do Poder por minorias, num território ou em outro objectivo a atingir, acompanhando sindromatologias pré-revolucionárias" (Monteiro 1989a: 23; 1993a: 22; 2003a: 36).

tido, e de não pouco investimento emocional, que condensa bem a consciência da sua inserção nos eventos históricos. Ela poderia, por si só, justificar os momentos de re-inscrição na memória da História que Amaro Monteiro operou em vários dos seus textos, encerrado o processo em que foi actor maior:

> "Não me tinha estado a servir a mim, mas a uma grande Ideia. Uma utopia? Hoje aceito, com dor, que seria. Durante esses anos todos, fui péssimo gestor da muita influência pessoal que tive. No período de 69 a 74 em que "mexia" em dois jornais diários, vespertino *A Tribuna* e matutino *Notícias*, ambos de Lourenço Marques, estava Director de um mas conseguia "mexer" no outro, trabalhava uma brutalidade (chegava a médias de doze a catorze horas diárias); tinha todo um Poder atrás, estava em posição ideal para ter obtido para mim sei lá o quê! Ora, eu só usei de influência para os outros, só a usei em serviço de uma Causa, vivia-a apaixonadamente."

Acontece que a vontade de se auto-repor como sujeito dentro da narrativa histórica do século XX português lhe confere uma posição excêntrica naquilo que designo por pós-colonialidade. Com efeito, Fernando Amaro Monteiro é um dos raros protagonistas do lado "vencido" da Guerra Colonial que, sem enjeitar as causas que defendeu, manifesta uma deliberada disponibilidade para falar do seu percurso e dos seus compromissos. E não apenas porque outros – os vários cientistas sociais que têm procurado a sua colaboração – o interpelem, mas por iniciativa própria. O trabalho discursivo de reinscrição operado por Amaro Monteiro conhece, pois, três fases: a terceira, de maior visibilidade, relaciona-se com uma articulação subtil entre o património da memória pessoal e documental do autor e um discurso científico situado no cruzamento da islamologia, da ciência política e do estudo das relações internacionais. Boa parte do seu trabalho académico dos anos 80 e 90 foi pautada por essas balizas. Nele a autolegitimação política é reforçada pelo distanciamento reflexivo da rememoração historiográfica, ao mesmo tempo que recebe a caução própria dos mecanismos de validação (eles mesmos legitimantes) inerentes ao discurso científico[7].

Porém, antes dessa fase há duas outras, a primeira das quais inteiramente preenchida, em meu entender, pela *Carta Aberta aos Muçulmanos de Moçambique Independente*. É, aliás, significativo que a entrevista a Amaro Monteiro se inicie justamente com uma referência a esse texto. A peculiaridade do mesmo prende-se, desde logo, com a relação nele elaborada entre o emissor e o destinatário. Não são vulgares, entre nós, discursos dirigidos a ex-colonizados – neste caso, os muçulmanos de Moçambique independente – em que o sujeito da enunciação tenha ocu-

---

[7] Remeto aqui para a produção académico-científica do autor, cujo ponto culminante reside na sua dissertação de Doutoramento, publicada depois em livro (1993a), mas que se desdobra pelas muitas publicações que constam da bibliografia que incluímos no final do presente livro.

SOBRE A MEMÓRIA E OS SEUS DISCURSOS

pado um lugar de responsabilidade no aparelho ou no sistema colonial. Singular é, portanto, que o processo de reinscrição/reconstrução da memória e de autolegitimação e auto-representação, encetado por Fernando Amaro Monteiro no tempo pós-colonial, conheça o seu primeiro acto precisamente *nesse* texto e com *esses* destinatários.

Talvez devido à relação dialógica que a *Carta Aberta* pretende instaurar[8], nunca o autor foi tão nítido na forma como, dirigindo-se ao "outro", se dirige também a si mesmo e realiza, nesse movimento, a fixação de uma auto-imagem. Nitidez que, porém, não exclui um jogo de luz e sombra com a História e com a sua própria história pessoal, pois essa auto-imagem está longe de ser unívoca ou unidimensional, e jamais o poderá ser. Por tudo isto, direi que a *Carta Aberta* e a entrevista se iluminam mutuamente e que, num certo sentido, a *Carta* poderia mesmo servir de introdução a todos os textos posteriormente produzidos por Amaro Monteiro nos quais o seu passado ocupa um espaço explícita ou implicitamente central. Estas as razões pelas quais me irei demorar um pouco nela.

Dado que, na estratégia do autor, o discurso da autolegitimação nunca se confunde com o discurso do remorso, Fernando Amaro Monteiro começa por explicitar na *Carta Aberta* essa destrinça, a partir da qual constrói a sua identidade enquanto sujeito de enunciação, para isso convocando expressamente os destinatários a que se dirige:

> "Terei alguma desculpa a pedir-vos e me custará fazê-lo? Será que algo me pesa no fundo da consciência e me custa deixá-lo vir acima, como vêm à superfície os corpos mergulhados no mar salgado? Não. Não é isso. "Guardai-vos de quanto vos exigiria desculpa", assim reza um "hadith". Pois aqui vos digo: nenhuma desculpa tenho a pedir. Não tenho de quê. Lamento apenas, na ordem prática, o tempo perdido![9] Lamento apenas as amarras que me mantiveram, a partir de certa altura, ligado à fidelidade intransigente a determinada ideia de Pátria, muito minha" (Monteiro 1975: 27-28).

---

[8] Para a plena compreensão dessa relação, tal como a *Carta* a traduz discursivamente, teríamos de incorporar os efeitos desse texto no "real", isto é, as condições da sua recepção junto dos destinatários explícitos. Segundo informação pessoal de Fernando Amaro Monteiro, baseada em declarações que um dignitário islâmico da Ilha de Moçambique lhe prestou em 1985 ou 1986, a edição da *Carta Aberta aos Muçulmanos de Moçambique Independente* chegou a quase todos os vinte signatários da *Selecção dos Hadiths*, que haviam sido reunidos por iniciativa de Amaro Monteiro, a 15 de Agosto de 1972, com o objectivo de aprovarem publicamente a versão portuguesa dessa Selecção, segundo passo num plano de Apsic (Acção Psicológica) cujo fim era aliciar as principais lideranças islâmicas de Moçambique para o apoio ao lado português da Guerra e do qual a entrevista que se segue fornece detalhes abundantes. Por conseguinte, a *Carta Aberta* atingiu, pelo menos, as cúpulas do Islão moçambicano. Ainda de acordo com a informação de Amaro Monteiro, o texto conheceu difusão clandestina, tendo havido mesmo quem o enterrasse em latas para iludir a vigilância da FRELIMO e poder recuperá-lo mais tarde.

[9] Um lamento que, como se verá, é recorrente ao longo da entrevista inserida neste livro.

Esta é, aliás, uma postura reafirmada, em jeito de conclusão, no final da entrevista aqui publicada. Na *Carta Aberta*, ela vinha reforçada por palavras como estas:

> "Repito: não tenho desculpas a pedir. Não se pede desculpa pela fidelidade – quando a fidelidade foi fruto de um acto voluntário; quando a fidelidade o é a um valor que se tem por legítimo, é a própria dignidade" (1975: 28).

Entretanto, o autor havia introduzido uma nota de auto-reconhecimento que, de algum modo, preparava as reflexões que se seguem: "Já eu então compreendera vaguear num sonho generoso mas impossível". Surge depois uma passagem que é, provavelmente, única em textos portugueses, pois envolve, do lado de quem participou no antigo poder colonial, uma estratégia de assunção da memória e da história e, ao mesmo tempo, de reconciliação (mitigada) com o presente. Desse modo se procede a um "trabalho do luto" invulgar no tempo da nossa pós-colonialidade – para mais na época em que foi consumado, quando o debate sobre as independências e o processo de descolonização estava ainda tão aceso. A referência ao luto não parece aqui despropositada, pois é bem do "corpo morto" de uma ideia, e da reconciliação/superação dessa morte, que o autor nos fala. Vale a pena citar o texto na sua integralidade, até porque só assim ele faz pleno sentido:

> "Ferido, mas lúcido e calmo, sem rancor e de cabeça direita, eu me levanto. De braços abertos para vós, em fraternidade total, levanto-me assim ferido, mas calmo e lúcido. E proclamo que fui vencido percebendo-o a boa distância, com sacrifício do espírito, sem razões para remorso. [...]
>
> Assim sustento, tranquilo comigo, saudando o corpo morto da minha ideia, aberto perante todos vós na realidade do que tinha de ser. Assim, saúdo Moçambique independente. Não nego chegar aqui com alguma dificuldade; a dificuldade do combatente vencido, dirigindo-se ao vencedor. Confesso-o mesmo: de orgulho tocado (o tal orgulho que me tentava ao silêncio). Mas obrigo-me a falar. Sim. Passada esta fronteira, a fracção do instante em que realizo quanto acabo de escrever, saúdo de boa vontade Moçambique independente. Saúdo os mortos e os estropiados das fileiras que o meu pensamento acompanhava. Mas saúdo também aqueles de vós que, mortos, inválidos ou escorreitos, lutaram convictamente por quanto pretendiam. Saúdo o valor dos combatentes de ambos os lados, no agora em que já não há lados e se enchem de terra e micaias as crateras dos morteiros. Saúdo as "mamanas" viúvas, brancas e negras ou negras e brancas, e saúdo os órfãos de todas as cores. A Deus peço seja Moçambique um grande País, arquitectura de machambas férteis, escolas cheias, fábricas apitando progresso na unidade e na paz. Assim peço; vencido mas de cabeça direita, sem desviar os olhos dos olhos de ninguém" (1975: 28-29).

Anos mais tarde, sobrevirá uma nítida mudança de tom, sem que isso signifique propriamente a emergência de algo novo no pensamento de Amaro Monteiro, quando o seu discurso aderir às habituais figuras da reactividade, com particular destaque para o tema da "traição". Nessa altura, a reconciliação ensaiada ou esboçada na *Carta Aberta* parecerá ceder a um outro requisitório – paralelo e complementar àquele que, de resto, o autor continua a dirigir ao sistema de poder derrubado com o 25 de Abril:

> "Entrar-se-ia em actos que, sendo de "alta traição", não lograriam contudo impor-se caso a psicótica demissão dos Portugueses os não propiciasse, no contexto internacional que tudo isso consagrou. A "alta traição", sem desculpa para ela, é fenómeno paralelo e indissociável dos colapsos que, não poucas vezes, os homens honestos, ultrapassados pela dinâmica desgovernada, ou encolhendo de cansaço os ombros, ajudam ou permitem envolvam as Nações. [...]
> Não! As Tropas não perderam nem ganharam as guerras do Ultramar. O País inteiro as perdeu! Com ele, o Ocidente" (Monteiro 1988: 87).

Falei atrás da ambivalência como um peculiar fio da navalha identitário que confere a Amaro Monteiro um suplemento de legitimidade perante aqueles a quem se dirige. A noção dessa ambivalência, aqui entendida como oscilação entre sentimentos opostos ou entre polaridades investidas por emoções de sinal contrário, está, de resto, bem presente no texto manifesto do autor. Mais uma vez, impõe-se uma citação longa da *Carta Aberta*:

> "Falo-vos com certa experiência. A experiência de quem previu com antecedência o colapso do chamado Espaço Português e aguardou essa hora na contradição mais angustiosa de sentimentos. A face e o gesto fiéis a uma ideia moribunda; a voz "impertinente" (disseram-mo) na denúncia de grandes erros, na análise da decomposição que saltava à vista, o espírito magoado frente a tanta incapacidade e incompetência acumuladas; o instinto de conservação instigando-me a abandonar quanto antes a barca que se afundava; a consciência a acusar-me só de nisso pensar; a alma teimando em vibrar na euforia do Espaço, a cabeça procurando ainda, por todas as formas, argumentar a favor da chama agonizante contra a labareda que crescia e falava por si própria" (1975: 36).

Encontramos, no final deste trecho, a metáfora do fogo para sugerir a ascensão e a queda do poder, uma simbólica masculina e fálica que, vê-lo-emos, reaparece amiúde nos textos do autor.

De volta ao tema da ambivalência, direi que essa é a posição descrita na *Carta*, reportando-se ao lugar clivado em que Amaro Monteiro se insere conscientemente, assim se (d)escrevendo e se relegitimando perante os destinatários da sua locução:

> "Havia, contudo, quem por fidelidade consciente ao modelo de que o regime arvorava a representação, aceitasse servir *com* ele, ou *sob* ele, tentando resguardar-se embora

de *o* servir. Houve alguns, sim, que assim serviram, devotados a princípios de cuja praticabilidade já haviam desesperado mas em cuja legitimidade continuavam a acreditar, ligados à ideia perante a qual se sentiam obrigados, correndo o risco de serem identificados, no desmoronar que viam avizinhar-se, com o sistema sob o qual faziam à Nação a dádiva de servir" (1975: 43).

A auto-imagem de Amaro Monteiro enquanto comprometido com a causa colonial, tal como ele a rememora, coloca-o assim numa condição particularmente trágica – o trágico da ambivalência característica do homem dividido entre a fidelidade àquela causa, de que o regime de Salazar/Caetano era o único portador politicamente autorizado, e a desafeição por esse mesmo regime, do qual fora já opositor activo:

> "Direis, amigos, que estes [os que serviram *com* o regime, tentando resguardar-se de *o* servir], não obstante recta intenção, contribuíram afinal para manter o regime... Com efeito, é dificílimo definir a fronteira entre o propósito de servir *com* ou *sob* um regime e a vereda escorregadia que encaminha tal serviço *para proveito* do sistema... Mas dir-vos-ei que esses correram tal risco por amor de razão maior, achada merecedora. Por pudor de desfigurarem determinado "sentido de estilo" perante a vida, certa concepção do destino[10]. Por pudor, também, de guardarem cautela face a um processo de decomposição em que se veriam envoltos, quisessem ou não" (1975: 43-44).

Este trecho abre a questão, historiograficamente interessante, de localizar uma eventual nebulosa de outras personalidades que, como Amaro Monteiro, tenham protagonizado uma oposição de direita ou de centro-direita ao salazarismo e, ao mesmo tempo, tenham actuado no interior do aparelho de poder colonial a favor da preservação de um quadro "ultramarino" para uma eventual transição política. Por outras palavras, o exemplo de Fernando Amaro Monteiro mostra não ter havido, para algumas individualidades, contradição entre um *certo tipo* de oposição ao regime e a cooperação pontual com ele na tentativa de manter as possessões coloniais em situação de guerra. Isto levanta, desde logo, diversas interrogações: quantas figuras terão experimentado essa dualidade? Formavam elas uma tendência que possamos, no plano da análise histórica, reconstruir *a posteriori*? O ideário monárquico funcionou, para elas, como um cimento ideológico que as singularizava entre as várias formações políticas? Para explicar a referida dualidade é-nos

---

[10] Estas ideias e expressões tinham já surgido numa carta que Amaro Monteiro escreveu de Moçambique, em 21 de Novembro de 1966, ao Tenente-Coronel Nuno Vaz Pinto, e que aparece citada em Monteiro 2009: 551: "[...] Um povo precisa de um "sentido de estilo", para parecer algo mais do que um flácido pudim. O nosso "sentido de estilo" quase desapareceu – para o que muito contribuiu o "imperium" do Dr. Salazar; e o Ultramar é o único elemento que nos resta, para nos conferir "característica" [...]".

SOBRE A MEMÓRIA E OS SEUS DISCURSOS

possível, aliás, invocar duas ordens de factores: por um lado, o facto de só tardiamente o anticolonialismo ter sido digerido e incorporado pela oposição democrática, durante muito tempo presa a um ideário em que o mito do império ocupara sempre um lugar de relevo (Ramos, Sousa e Monteiro 2009: 680); por outro, e conforme Michel Cahen (1997) argumentou recentemente, o próprio facto de ter havido uma discrepância persistente entre a ordem salazarista na metrópole e a ordem salazarista nas colónias, de tal forma que o totalitarismo corporativista da primeira nunca foi plenamente transferido para as colónias, por razões que se prendem com a incompatibilidade existente entre algumas das instituições corporativas e as condições de preservação do sistema de poder colonial. Sem pretender aqui afirmar causalidades demasiado lineares, arrisco, ainda assim, a hipótese de que esta dualidade no funcionamento do salazarismo poderá ter fornecido o pano de fundo para uma dualidade propriamente política, pela qual uma certa oposição ao regime entendeu ser imperioso preservar o projecto colonial português – enquanto projecto que, nessa óptica, transcendia a contingência histórica do Estado Novo.

É certo que, passados alguns anos, e tomando, desta feita, outros destinatários como audiência imaginada, a auto-representação do percurso político de Fernando Amaro Monteiro assumirá um tom confrontacional, aliás reafirmado na entrevista aqui publicada, como reflexo de uma deslocação identitária entretanto operada:

> "Meditando, de 1960 em diante, sobre eventos e pessoas que conheci ou vislumbrei na fase do meu militantismo anti-salazarista, nisso me achei deveras deslocado... O rebentamento de Angola 61 deu o impulso final para que as energias se me concentrassem na defesa de Portugal pluricontinental e plurirracial. De 1962 a 1974, em Moçambique, lutei quanto pude pela Ideia morta. "Aderi" ao antigo regime? Não. Mantive reservas que nunca desapareceram. Todavia, em África, a minha actuação operou naturalmente uma colagem que, nas opiniões comuns, me identificou com aquele. Não a rejeitei nem procurei fugir-lhe após o "25 de Abril"; pelo contrário, assumi-a com orgulho e arrogância. A colagem continua, em certos aspectos, a orgulhar-me treze anos volvidos; noutros, é-me indiferente. A minha Pátria morreu. Sinto-me apenas nacional deste país" (Monteiro 1988: 10-11).

Deslocação de identidade que já estava como que metaforicamente anunciada nas primeiras páginas da *Carta Aberta*, onde se multiplicam imagens de indiferenciação, de desorientação ou de perda do lugar do sujeito, transmitindo a ideia de exílio identitário, tudo isso enquadrado pela oposição entre o "calor" de África e o "gelo" de Portugal:

> "À meia-luz do exílio em que me sinto, do ar para mim tão estranho em que me procuro, em que busco um sinal – pequeno que seja – dos fins de dia em África. [...]

[...] Quereria, a esses com quem mais privei, chamá-los pelos nomes e contar-lhes que estou amargurado no entardecer gelado destes dias e nada, nada me diz uma palavra onde encontre eco do calor em que vivemos, os meus filhos, eu e os nossos mortos, sete gerações de África; que estou só, procuro e não encontro; que me sinto confuso perante a identidade que sempre foi minha e agora tacteio.

[...] Olho à volta e não consigo encontrar outros rostos, outros olhos que me falem. Vejo apenas feições esbatidas na penumbra. Todas iguais, massificadas" (1975: 7-8).

A exclusão de África liga-se, por conseguinte, ao sentimento de (auto-)exclusão de uma identidade e à sua necessária reconstrução (temas a que regressarei na próxima secção). Como vimos acima, esta vivência particular da pós-colonialidade é também uma pós-identidade: "A minha Pátria morreu. Sinto-me apenas nacional deste país".

O equilíbrio num fio da navalha político-ideológico, que Amaro Monteiro terá intentado, possui, porventura, expressão oblíqua e sibilina nos seus editoriais para o jornal de Lourenço Marques *A Tribuna*, de que foi Director executivo desde 1969, tendo depois assumido o cargo de Director efectivo a partir de 2 de Dezembro de 1970. Aí o distanciamento em relação ao regime era menos que sussurrado – na verdade, só em retrospectiva é possível detectá-lo –, mas, se tomarmos pelo valor facial as afirmações de Amaro Monteiro na *Carta Aberta* e noutros textos, talvez possamos discernir uma auto-alusão insinuada nas entrelinhas de uma passagem como esta:

"Salazar disse um dia que Portugal não era um país europeu e tendia cada vez mais a sê-lo cada vez menos; magnífica afirmação de síntese, a lembrar por qualquer português, *para além das concordâncias ou discordâncias que a sua figura e acção tenham provocado*. Cabe recordá-la aqui, para estímulo dos que se identificam com uma linha continuadora do seu pensamento *e para meditação dos restantes*."[11]

Por inversão do conteúdo manifesto de alguns destes editoriais, percebe-se a ansiedade do autor, já em 1971, perante os sinais de desarticulação entre o projecto colonial e aquilo que designa como "habitantes da Cidade" – expressão substitutiva da ideia de uma "sociedade civil" inexistente ou residual. Segundo Amaro Monteiro, tais "habitantes da Cidade", na metrópole como em Moçambique[12], estariam distribuídos por três categorias:

---

[11] "A Importância da Coerência", editorial (não assinado) no jornal *A Tribuna*, 28 de Junho de 1971: 11. Os itálicos são meus. Nos casos em que esta advertência não surgir, subentende-se que os itálicos, sublinhados ou maiúsculas pertencem aos originais.

[12] A propósito de Moçambique, cite-se este excerto da entrevista em que Amaro Monteiro faz um retrato pouco lisonjeiro da mentalidade do estrato socialmente mais favorecido dos colonos: "O 'meio' de Moçambique era Lourenço Marques... As elites, os dirigentes, tudo, sem ofensa para eles, padeciam

SOBRE A MEMÓRIA E OS SEUS DISCURSOS

"[...] Os que preferem não pensar em inquietações; os que não encontram motivos de apreensão e tudo acham consentâneo para com uma linha de continuidade, entregando-se por hábito enraizado à passividade e ao alheamento, inclusive pretendendo ignorar os desagregacionistas (alguns afagando-os com certa dose de calculismo); os que, desiludidos e perplexos, resvalam para um amargurado ensimesmamento."[13]

A estas categorias Amaro Monteiro acrescentava uma quarta, tida como usurpadora da *polis*, na óptica da já mencionada perspectiva conspiratória com que eram lidas as tendências mais activas de oposição às guerras coloniais: "[...] Uma quinta-coluna actuante por vários processos alotrópicos (mas convergentes) e procurando até, por vezes, em medida estratégica, confundir-se com os habitantes da Cidade [...]". Visão analítica a que Amaro Monteiro se manterá fiel quando, mais tarde, regressar a este período já não como actor, mas como estudioso:

"Internamente, a configuração carismática da liderança e a imanência da transitoriedade (por exemplo, muito tempo se disse "a Situação") favoreciam, à partida, a exploração de contradições, tanto de fundamento autêntico como, sobretudo na última fase, pela manipulação quintacolunista" (Monteiro 1989a: 16).

Assim, durante o período do seu envolvimento na política colonial, a ambivalência foi uma condição vivida por Fernando Amaro Monteiro. Se em privado ele admitiu, desde muito cedo, a derrota antecipada da sua idealização de um Portugal transeuropeu, retomando um certo discurso oitocentista sobre a "decadência de

de uma limitação que é muito própria das épocas de crise: as pessoas estão com uma árvore à frente e não são capazes de ver a floresta, não é verdade? Era uma gente extremamente absorvida pela árvore que tinha à frente... A vida era muito agradável, muito fácil, uma alta qualidade por pouco dinheiro, depois a África do Sul estava perto, era um enorme conforto para se ir a compras, dentista, e para *just in case*"... Isso influenciou extraordinariamente a atitude das pessoas, perante a História, perante a hora que se estava vivendo, como perante a própria vida [...]. Era um tempo dourado, estou a lembrar-me de uma senhora do "Grémio", em Lourenço Marques, que comentava às amigas: *Eu adoro países subdesenvolvidos*". O marido dizia-lhe: *"Ó filha, mas por que é que dizes isso?"* E ela: *"Ai, temos os criados que quisermos, nunca faltam criados aqui, há seis milhões de criados"*. O marido repreendia: *"Ai, filha não podes dizer isso"*. *"Mas é verdade"* contestava ela. E era! O subdesenvolvimento da massa era muito confortável para a elite". Este episódio fora já ficcionado num conto incluído em *Um certo gosto a tamarindo*, tendo aí como pano de fundo o colapso anunciado do poder colonial (Monteiro 1979: 212-213). Semelhante descrição vai ao encontro da imagem de Lourenço Marques no testemunho do jornalista Rodrigues da Silva que, enquanto alferes miliciano de Infantaria, foi mobilizado para Moçambique entre 1965 e 1967: "Lourenço Marques – a Lourenço Marques que se me deparava era uma cidade branca. Servida quase inteiramente por pretos, é certo, mas branca". Algumas linhas antes, este autor escrevera: "Quem imaginaria que, a 2500 quilómetros a norte, houvesse uma guerra, cujo objectivo final era a independência de Moçambique e a consequente tomada daquela cidade? À primeira vista, ninguém" ("Era uma vez...", in Gama 2004: 9).
[13] "A Propósito do 10 de Junho", editorial (não assinado) no jornal *A Tribuna*, 11 de Junho de 1971: 4. A próxima citação é extraída desta mesma fonte.

Portugal" (Filho 2004: 24-31) – em larga dessintonia com a retórica oficial do regime –, nas suas declarações públicas esforçava-se por reafirmar esse projecto, embora o tom empregue deixasse trair a percepção do colapso. Discurso, pois, mais próximo do reconhecimento do que da denegação:

> "Não são admissíveis as ambiguidades. Estas constituem, em qualquer época de desafio-resposta, um sintoma de decadência da vontade. E a decadência concebe-se em plano inclinado: ao longo deste a angústia desvitalizante e, no fundo, o vácuo. O inesperado; ou o indesejável.
>
> Tem de acentuar-se aos distinguidos de ontem [condecorados no 10 de Junho] – e aos não evidenciados, embora também esforçados, a todos – a certeza de que os grandes desígnios nacionais, as ideias-força que fizeram os mortos, alimentam a guerra dos combatentes e minoram o estado dos mutilados do corpo ou da alma, não estão em revisão nem podem sujeitar-se a tal; ali está a essência das coisas, a imprescindível autenticidade de tudo. É por carência de autenticidade que o Ocidente vive uma crise patente."

Ora, na já citada carta de 1966 para o Tenente-Coronel Nuno Vaz Pinto, as palavras escritas por Amaro Monteiro vinham contrariar, por antecipação, o seu editorial de 1971, ou confirmar o que ele apenas sugeria em surdina:

> "Não houve quem criasse essa "ideia-força"; não havia, de resto, inteligências dispostas a servi-la – porque o regime do Dr. Salazar fez abdicar, zangar ou amuar as inteligências. Parece que estas se preparam, pois, para mais uma renúncia – para a renúncia ao que ainda nos confere alguma "característica" e que nos poderia dar, depois do desaparecimento do Dr. Salazar, um certo sentido das obrigações e, portanto, um certo espírito de unidade.
>
> Ao invés disso, preparamo-nos para um regabofe pegado, ou para uma carnificina, ou... pior ainda... para uma mediocridade maior, se possível.
>
> ... Viveremos de turismo; e alugaremos territórios para bases estrangeiras, como velhotas que alugam quartos, por a pensão do defunto não chegar [...]" (Carta de 21 de Novembro de 1966 para Nuno Vaz Pinto, *apud* Monteiro 2003b: 305)[14].

Fazendo um pouco de psicanálise moderadamente "selvagem", identificamos aqui a imagem do Mau Pai (o Dr. Salazar), que afastou os filhos (as "inteligências", mas também os portugueses em geral), fazendo-os zangar ou amuar e tornando-os, em última instância, impotentes e feminizados, equiparados a "velhotas que alugam quartos".

---

[14] Em Monteiro 2003b (304-305), o texto desta carta está mais extensamente citado do que em Monteiro 2009: 551, mas no primeiro, por lapso, o destinatário referido para a mesma é Henrique Barrilaro Ruas.

SOBRE A MEMÓRIA E OS SEUS DISCURSOS

Com um recorte muito mais contundente e lapidar do que aquele que adoptará em textos posteriores, o autor da *Carta Aberta aos Muçulmanos de Moçambique Independente*, sempre na perspectiva de uma idealização monárquica da identidade nacional, desenha aí uma imagem implacável não só da agonia do regime salazarista, mas também do que entende ter sido a natureza deste último:

"Faltava-lhe a profundidade. Faltava-lhe a convicção. Faltava-lhe em lucidez, em determinação construtiva, em poder de selecção e síntese, em real sentido preventivo, o que lhe sobrava em superficialidade, em introversão titubeante, em anacronismo e em sobressaltos repressivos.

Instalado no tempo como nenhum na História de Portugal, dispondo de meios materiais como jamais houvera, de um povo magnífico, não conseguiu formular doutrina que o justificasse. Desvirtuou as lições de inspiração nacional; estropiou o conceito de Tradição; ficou-se nas periferias ou nas imitações tristes de tudo quanto pretendeu abordar ou revestir... Imolou todas as boas-vontades no sacrifício a um pessoalismo categórico; firmado em círculos estreitos de recrutamento, foi incapaz de projectar autênticas elites, voltadas para o desafio do futuro" (Monteiro 1975: 37-38).

O remate agónico não podia ser mais declinante:

"Por fim, já ninguém, dentro do próprio regime, acreditava nele. Ninguém. Nem os poucos fiéis das horas distantes. Das horas distantes em que, logo no primeiro ano da escola primária, se vestia aos meninos uma camisa verde e se lhes ensinava a cantar "torres e torres erguendo". Não se ergueu nenhuma torre... A "luz imortal", de que o hino da Mocidade Portuguesa falava, apagou-se como se apaga a chama da vela gasta" (1975: 38).

Assim, ao imaginário falocrático do Estado Novo – as "torres erguendo" – sucede-se toda uma imagética da impotência e da castração – a "chama da vela gasta" que se apaga. A combustão propriamente dita fica, afinal, reservada para metaforizar a destruição final do regime:

"Nas guerras do Ultramar se acelerou a combustão interna do regime, mau grado dispendiosa fachada por ele mantida. Nas guerras do Ultramar mostrou o regime, bem claras, a hesitação e a incompetência que o minavam" (1975: 38-39).

Simbologia funérea da combustão também no gesto com que Gonçalo Rios, personagem entre a realidade e a ficção que percorre vários dos textos literários de Fernando Amaro Monteiro, encerra a sua presença em Luanda no final de 1974, incendiando a casa onde vivera:

"Na noite, aquele fogo foi beleza a crepitar nas águas da baía e da praia do Bispo. De ambos os lados se via a labareda enorme; mas nem mesmo assim completamente generosa, para que nem o fogo ficasse imune de cumplicidade na forma como se exauria um certo tempo" (Monteiro 1979: 226-227).

Metáfora, pois, do fim da *colonialidade*, que não enjeita o colonialismo enquanto sistema ou ordem, mas como que assume a sua auto-imolação sacrificial. Num mesmo gesto, destruição, reafirmação, cerimónia fúnebre e despedida. Uma maneira pró-colonial de transitar para o pós-colonial?

Em grande medida, e passados que são trinta anos sobre tais palavras escritas tão "a quente" – no calor de outra combustão: a de um homem que se olha ao espelho da história em que se inscreve –, Fernando Amaro Monteiro retoma todas estas considerações na entrevista aqui publicada. Com a vantagem de a caracterização feita na *Carta Aberta*, para benefício dos seus destinatários muçulmanos, receber agora diversas ilustrações concretas que ajudam a precisar melhor as denúncias nela contidas. Seja como for, e por isso mesmo, as palavras de 1975 concentravam muito do que se diz nesta entrevista, particularmente no tocante à exposição dos aspectos teatrais e encenatórios com que o regime se representava enquanto poder. O binómio autêntico/inautêntico está aqui implícito como um operador analítico:

> "Num jogo de guerras privadas, reflexo típico do profundo personalismo do regime, da sua fragilidade ou nulidade doutrinal, do sentido de colapso que o minava e que, tal como é próprio das sociedades em colapso, o levava, mau grado se apercebesse do abismo, direito à perdição. Incapaz de auto-crítica. Incapaz de se reformular; a exaurir-se em medidas de fachada, a sua energia mobilizava-se para a publicidade. Para o concerto das aparências. Concerto ainda por cima mal orquestrado, a reger-se por critérios de propaganda ultrapassados há dezenas de anos, ignorando quanto fosse, na realidade, mais válido como temática de exploração" (1975: 43).

Associada à famosa expressão de um poema de Reinaldo Ferreira, a imagem da combustão ressurge para definir o trágico da percepção política de Amaro Monteiro perante a guerra, numa passagem que poderia explicar, em retrospectiva, o tom sussurradamente céptico de alguns dos seus editoriais de *A Tribuna*:

> "Sensivelmente a partir de 1970, tomei consciência plena ser a guerra um "voo cego a nada" e fazer-se a combustão do regime na razão directa do agravamento de uma situação tipo "beco sem saída"" (1975: 42).

Na verdade, se atentarmos na carta, atrás citada, que o autor dirigiu a Nuno Vaz Pinto em 1966, seria até defensável fazer recuar tal percepção a alguns anos antes. Se assim for, então toda a estratégia montada por Amaro Monteiro para atrair as lideranças muçulmanas de Moçambique terá de ser lida no quadro de um sistema já descrente das suas próprias possibilidades de sobrevivência.

SOBRE A MEMÓRIA E OS SEUS DISCURSOS

2. De memória em memória: para uma (psic)análise de um imaginário político

A segunda etapa da construção da memória em (e por) Fernando Amaro Monteiro assenta, a meu ver, nalguns textos que relevam de uma escrita assumidamente memorialística, mesmo quando cruzada com a ficção – como é o caso do conto "Depois do fim" que encerra a recolha *Um certo gosto a tamarindo*, de 1979 –, e, sobretudo, em *Portas Fechadas. Balada para um Capitão Executado*, livro de 1988 que transcreve passagens de um diário redigido em Macau e Lisboa, entre 1983 e 1987, o qual complementa e prolonga muito do que se diz na entrevista agora publicada.

Estes textos possuem outra especificidade, distinta da que marcava a *Carta Aberta*. Neles acentua-se uma completa desidentificação com o regime político e com o modelo societal que emergiram em Portugal após a ruptura introduzida pelo 25 de Abril. Compreende-se que, nas condições actuais de rasura, de erosão ou de interdição simbólica dos quadros cognitivos e axiológicos que estruturam um tal discurso, ele esteja votado a uma circulação quase clandestina. Todavia, os textos acima citados revestem-se de interesse indubitável para quem pretenda recolher elementos para a história recente do país – ou para quem procure simplesmente contactar com uma literatura estranha ao *mainstream*. O livro *Portas Fechadas*, em particular, desenvolve um circuito complexo entre espaços e tempos narrativos muito diversos, por onde desfilam, entre outros, o General Craveiro Lopes, D. Duarte Nuno de Bragança e o grupo de monárquicos que Amaro Monteiro integrou, o Capitão de Cavalaria José Joaquim de Almeida Santos, figura central de outra *Balada*, da autoria de José Cardoso Pires, e aqui abordada em ligação ao seu papel decisivo no chamado "Movimento dos Claustros da Sé" de 1959, mas também Vasco Gonçalves – Capitão por altura desse movimento –, Varela Gomes, e todo um conjunto de personagens, do Governador de Macau a secretários-adjuntos e chefes de repartição, com os quais o autor conviveu, em 1983, na sua qualidade de Director dos Serviços de Educação e Cultura da Macau. Neste último contexto, servindo de moldura para a escrita do diário, o livro constrói uma imagem, entre o irónico e o sarcástico, da administração portuguesa daquele território e das funções a ela incumbentes, imagem que, quando alargada à Lisboa *socialite* de 87, desemboca em todo um requisitório, desta vez dirigido contra o país do pós-25 de Abril.

Desse discurso o que me importa reter, contudo, não são tanto as abundantes informações históricas, muito menos a ideologia subjacente, mas antes os nódulos fantasmáticos, por ser neles que, segundo creio, radicam os eixos fundamentais do pensamento e da atitude de Fernando Amaro Monteiro.

Ora, a esse propósito, é necessário regressar ao texto matricial que é a *Carta Aberta aos Muçulmanos de Moçambique Independente*. Percebemos, a partir daí, que o imaginário do autor, ao longo do seu percurso textual, se organiza numa bipartição entre um bom e um mau espaço, havendo ainda lugar para o que podemos designar por espaço vicariante. O bom espaço é, claramente, a Angola idealizada da infância e adolescência de Amaro Monteiro, embora esse não tivesse sido o seu lugar físico (real) de nascimento – sabendo nós, porém, como tal factualidade é irrelevante para o trabalho da fantasia. A relação de Amaro Monteiro com a imagem *dessa* Angola aparece dominada por um desejo de fusionalidade pré-edipiana, essencialmente dual, investindo sobre esse espaço a imagem originária do uterino e da Mãe enquanto modelo primordial:

> "Apesar do fascínio de Moçambique, Angola restou para mim a terra-placenta pela qual se amam as outras terras. Nenhum homem consegue rejeitar a ligação com a terra-mãe. E a terra-mãe é aquela através da qual se aprenderam as primeiras realidades do mundo que nos cerca" (Monteiro 1975: 49).

Alguns parágrafos mais abaixo escreve: "Nascido e cultivado em Angola: a terra que me escorre nas mãos se escrevo com amor seja o que for. // Ausculto o seu ventre e espero" (ibid.).

A este propósito, importa recordar que uma parte do imaginário subjacente ao conflito entre colonizador e colonizado gravitou em redor de uma disputa simbólica pelo controlo de um espaço maternalizado ou uterinizado. Conflito dentro do que chamaremos cena edipiana colonial, em que o Pai colonizador e o Filho colonizado disputam um território imaginado sob as várias figurações da Mãe. Isto transparece de modo muito evidente no discurso do colonizado, reinventando-se como o Filho libertador da Terra-Mãe oprimida (Santos 2007; Gomes s.d.):

> "Amanhã
> entoaremos hinos à liberdade
> quando comemorarmos
> a data da abolição desta escravatura
> Nós vamos em busca de luz
> Os teus filhos Mãe
> (todas as mães negras cujos filhos
> partiram)
> Vão em busca de vida" ("Adeus à Hora da Largada", in Neto 1979: 10).

> "Ó minha África misteriosa e natural,
> minha virgem violentada,
> Minha Mãe!" (Noémia de Sousa, in Ferreira 1977: 92)

Também o discurso do poder, começando por Oliveira Salazar, glosou repetidamente o tema de um espaço identitário maternalizado:

"Sobre este conjunto de elementos coesos, a unidade política é apenas corolário e cúpula natural, que não foi afectada pela expansão ultramarina e a constituição do império: por toda a parte a Mãe-Pátria conseguiu imprimir a sua imagem, fixar caracteres fundamentais, de modo que não é artificiosa criação a unidade imperial" (1959: 334)

A frequência destas metáforas como meio para as construções simbólicas do discurso político apenas confirma a matriz fantasmática dos processos identitários que lhes são inerentes:

"[...] Devido à organização ontogenética faseada da mente, representações ontogeneticamente posteriores (como as representações políticas) tendem a usar como <u>materiais</u> as representações ontogenéticas anteriores (nomeadamente corporais e familiaristas), estabelecendo *relações simbólicas* entre os diferentes níveis de representação, relações essas que viabilizam a sua *utilização fantasmática*, pela projecção condensatória sobre representações posteriores, de "dialectos" e de dramáticas inerentes a essas representações mais arcaicas" (Bastos 2001: 13-14).

Tomando então estas considerações como base para uma antropologia dos processos identitários – a qual, entre nós, tem sido explorada nos trabalhos de José Pereira Bastos e de Susana Trovão (Bastos 1995; 2001; 2002; Bastos e Bastos 2005; Bastos 2008) –, regresso aos textos de Fernando Amaro Monteiro para constatar como, na invocação do ano de 1973, Angola podia ser ainda fantasmatizada como Mãe, útero ou "placenta": "Febre louca de empreendimento, a terra fértil a desovar, a parir futuro, a prometer grandeza e mais grandeza" (1979: 205). Contudo, por essa altura, o espaço percepcionado (imaginado) de Angola surge, aos olhos do autor, atravessado e clivado por tensões e conflitos que minam a sua idealização fusional:

"[...] Uma tensão esquisita nos estratos em presença, uma agressividade nas interpelações e nas respostas, uma perfídia a espreitar em coisas comezinhas. A gente clara apostada, ainda antes do por-dá-cá-aquela-palha, em arrotar fartura e poder. A gente escura apostada, ainda antes do por-dá-cá-aquela-palha, em afirmar personalidade e arrogâncias" (1979: 205).

O "bom espaço", a harmonia ideal de uma relação fusionada com a "Terra-mãe", estava assim irremissivelmente ameaçado. O que leva Amaro Monteiro de volta à metáfora uterina, reactivando o mito do Paraíso Perdido ou do país de *cocagne*:

"Seria realmente preciso que as criaturas arreganhassem daquela maneira, como se não chegasse para todos, à farta, a promessa do ventre imenso e pranhudo?" (1979: 206).

Daí que Moçambique seja, para o autor, um espaço substitutivo ou vicariante, compensação secundária do corte umbilical que, em vão, pretenderá superar pelo reatamento do vínculo fusional. Com efeito, "apesar do fascínio de Moçambique", Angola restará modelo de identificação matricial, "terra-placenta pela qual se amam as outras terras". Daí a tentativa de retorno a esse lugar no mesmo ano de 73 – após um regresso a Lourenço Marques "numa euforia de Luanda" –, tal como aparece narrada em "Depois do fim":

> "Os meses que me separavam de Dezembro, poucos já, passei-os a trocar cartas com Lisboa, cultivando com esmero uma hipótese de lugar que me atiraria para os confins de Angola. Longe da cidade-placenta, é certo; mas seria Angola. Angola!" (Monteiro 1979: 211).

Daí também o sentimento de culpa perante esse retorno impossível, suscitado pela corporização superegóica sob a forma de um antigo "companheiro preto da escola primária" com o qual o narrador-protagonista desta narrativa medira forças na transição para a adolescência e que, já adulto, reencontra na sua breve passagem por Luanda em 1973, para dele ouvir a seguinte acusação culpabilizante: "*Não tens vergonha de estar assim fora da nossa terra?... ... Ó, se tinha!*"[15] (1979: 208-212, 217).

Esse sentimento de culpa face à impossibilidade/incapacidade de retorno à matriz angolana tem, de algum modo, o seu equivalente invertido no sentimento reactivo com que Amaro Monteiro critica o qualificativo de "retornado", sujeitando-o, de resto, a uma interessante leitura psicanalítica (ainda que o final do seguinte trecho seja uma metáfora a requerer, ela mesma, a correspondente psicanálise):

> "Talvez se chegasse à conclusão de que os talentosos, ao engolfarem-se no conceito de *retornar*, estariam impelidos por fortes pressões do inconsciente: reencontrarem-se a eles mesmos na origem, regressarem à posição fetal, dobradinhos no tempo da borrasca, evitando choques... metidos em seu meio amniótico. Daí, então, o tentarem envolver os outros no útero que desejariam para si próprios... Processo de transferência. Coisa lógica, a espelhar o colectivo: afinal, que faz este país senão procurar gerar-se de novo?..." (1979: 203)

Por fim, temos o mau espaço. E esse é o de Portugal reduzido ao "rectângulo europeu", o Portugal pós-colonial, para o qual todo o retorno "intra-uterino" é rejeitado à partida, já que nele nenhuma "placenta", nenhuma "vida" verdadeira-

---

[15] Muito se poderia dizer a propósito do conteúdo antropológico do relacionamento entre o autor-narrador e Tristão, colega (negro) da primária, enquanto condensado da ambivalência, de amor/ódio, inerente às relações interétnicas num cenário colonial. Que tal relacionamento seja fictício ou tenha ocorrido no real em nada altera o facto significativo de ser esse episódio, e não outro, a introduzir a dimensão superegóica (acusatória) na narrativa de Amaro Monteiro.

mente reside. Pelo contrário, é na relação mitificada com Angola que o Portugal europeu se poderia ter redimido da sua pequenez originária. Numa passagem da narrativa "Depois do fim", o autor escreve: "Envergonhando o pequeno rectângulo europeu, mas redimindo-o também; amarrando-o pelo cordão umbilical ao fluxo da vida", fluxo esse subentendido, não no Portugal metropolitano, mas na "força avassaladora de Angola" (1979: 207). Precisamente por romper com semelhante cordão umbilical, o 25 de Abril devolveu Portugal à sua (pequena) dimensão europeia, configurando assim um espaço que se torna (ou que sempre havia sido) objecto de rejeição e identidade negativa por excelência na visão de Amaro Monteiro:

> "Colapsou um determinado Portugal; outro sobreveio, pequeno-rectangular à medida das origens (Ramalho Eanes *dixit*), pululando de vedetismos, de incompetências e máfias. Nestes pontos, escandalosamente pior do que o anterior" (1988: 88).

O mais interessante neste discurso é o facto de espelhar uma "originalidade" ou especificidade maior do imaginário colonial português, enquanto país localizado na semiperiferia do sistema mundial. Segundo Boaventura de Sousa Santos, Portugal foi, ao longo de vários séculos, o centro de um império colonial sem deixar de ser periferia da Europa, desempenhando a função sistémica de intermediário entre países centrais e países periféricos. Isso deu-lhe o duplo carácter de país simultaneamente colonial e colonizado (Santos 1990: 107; 1994: 58-59, 130-132; 2002: 42-45; Ribeiro 2004). Algumas das imagens identitárias dos portugueses, em particular as que estruturaram a vertente simbólica de certos discursos da *intelligentsia* e do poder político, foram reflexo desta dualidade. Representações sociais próprias de sociedades centrais coexistiram, assim, com outras que são típicas de sociedades periféricas, em configurações tantas vezes paradoxais (Santos 1994: 60), oscilando entre imagens megalómanas de desígnios imperiais, por um lado, e representações depressivas e auto-rebaixadas, as primeiras compensando as segundas em estratégias simbólicas e retóricas. Ora, um dos traços característicos de algumas construções identitárias de semiperiferia é, justamente, um certo tipo de ambivalência. De acordo com Sousa Santos, esta última, no colonialismo português, ter-se-ia manifestado não só ao nível dos imaginários e das representações, mas também no plano das práticas sociais, dando origem a comportamentos indissociavelmente opostos e complementares:

> "Os Portugueses [...] tanto foram racistas, tantas vezes violentos e corruptos, mais dados à pilhagem do que ao desenvolvimento, como foram miscigenadores natos, literalmente pais da democracia racial, do que ela revela e do que ela esconde, melhores do que nenhum povo europeu na adaptação aos Trópicos" (Santos 2002: 54).

Neste ponto, porém, uma precaução se impõe. O excerto que acabámos de citar expõe-se, com facilidade, à crítica da tentação essencialista que, segundo João de Pina Cabral, parece habitar determinadas análises de Boaventura de Sousa Santos (Cabral 2004: 378-381). E, de facto, só mediante uma violência retórica, inscrita em relações sociais de poder – que são também relações de conflito e de negociação –, é possível imprimir à categoria de "portugueses" um conteúdo unificado e homogéneo. No excerto acima citado não aparece suficientemente claro que essa categoria, como qualquer resultado de um processo de *categorização identitária*, se baseia em dinâmicas de inclusão e de exclusão. Dinâmicas que nunca são totais mas sempre ambivalentes e que, além disso, podem variar consoante as mudanças de contexto social ou histórico: o que imaginamos sob o rótulo de "português", numa certa região de Portugal dos anos 30, não coincide necessariamente com as associações psíquicas que essa palavra suscita quando invocada noutra região, noutro continente e noutro tempo. Aqui apenas a investigação empírica nos poderá auxiliar, uma investigação próxima dos questionários projectivos que José Gabriel Pereira Bastos tem vindo a construir para explorar as auto- e hetero-representações identitárias dos portugueses (1995, 2000).

De regresso ao quadro analítico de Sousa Santos, com as reservas do parágrafo anterior, poderemos dizer que as dificuldades estruturais de um Portugal pobre e semiperiférico para reger e regulamentar as suas colónias, tanto no plano económico como no administrativo, foram, de algum modo, transfiguradas ou compensadas por uma capacidade de descentrar imaginariamente o centro simbólico do Império. Nisto confirmando também certos processos identitários observáveis nas semiperiferias[16]. Como o sociólogo nos recorda (2002: 76), nenhum outro poder colonial transferiu a capital do Império da sua metrópole para uma colónia, conforme sucedeu com a deslocação da corte portuguesa para o Brasil em 1808. Daí que, mesmo no quadro do hipercentralismo imposto por Salazar, se possam ter desenvolvido fantasias de transferência do *locus* simbólico da identidade nacional. Comuns a todas elas são o relativo desprezo para com o "Portugal europeu", lugar de todas as exiguidades e humilhações identitárias, e o desejo de uma expansão compensatória da identidade nacional. Vemo-lo, por exemplo, num autor como

---

[16] Para os que poderiam denunciar aqui outra forma de essencialismo – na ideia de que as sociedades semiperiféricas apresentam uma certa "natureza" ao nível dos seus processos identitários –, quero frisar que me refiro, tão-só, a tendências detectáveis através de instrumentos empíricos (como os já mencionados questionários de José Pereira Bastos) ou de estudos comparativos. A este propósito, encontramos homologias muito expressivas quando comparamos, por exemplo, as produções identitárias associadas a Portugal com as que surgiram noutro quadrante, a Rússia dos séculos XVIII-XIX, uma região que, com bons argumentos, pode ser também localizada na semiperiferia do sistema mundial (Machaqueiro 2010).

SOBRE A MEMÓRIA E OS SEUS DISCURSOS

Lobiano do Rego[17], que considerava "ofensivo aos portugueses do Ultramar o privilégio metropolitano de chamar, por identificação, Portugal, exclusivamente, à faixa ibérica, com o cortejo, discretamente usufruído, de mais algumas regalias senhoriais" (s.d.: 64). Isto porque, uma vez mais, esse espaço diminuto acha-se desprovido dos atributos da maternalidade: "A península ibérica já não é a mãe-pátria". Sendo assim, Lobiano do Rego advogava que o nome de Portugal fosse alargado a todo o espaço imaginado "do Minho a Timor", que a "faixa ibérica" recebesse a designação de "Lusitânia" e que Lisboa perdesse o exclusivo da capital de "Portugal", passando o "centro da Portugalidade", por "desorbitação", a residir em Luanda ou em Lourenço Marques (Rego s.d.: 65-67).

Pese embora tudo o que o separava de Lobiano do Rego, isto é, do Padre Albino da Silva Pereira[18], Fernando Amaro Monteiro compartilhava esta fantasia (no sentido psicanalítico do termo) de uma compensação das carências narcísicas do Portugal europeu através da sua expansão identitária ou da deslocação transferencial do seu centro simbólico. Afinal, um processo não muito distante do famoso mapa concebido em 1935 por Henrique Galvão, no qual a "pequenez" de Portugal era denegada com a projecção das suas extensões coloniais sobre a Europa ocidental e central, inventando uma supra-identidade europeia pela via (paradoxal) de uma identidade não-europeia, e sugerindo uma espécie de colonização às avessas – uma

---

[17] Lobiano do Rego era o pseudónimo do Padre Albino da Silva Pereira (1908-1993), que entrou na Companhia de Jesus em 1927, tendo sido ordenado sacerdote em 1941, depois de haver cursado Filosofia em Braga e Teologia em Amiens (Bélgica). Durante dois anos e meio foi missionário em Moçambique, nas regiões de Tete e Beira. Saiu da Companhia de Jesus em 1958, passando a exercer o sacerdócio diocesano (Castelo 1999: 152). Responsável pela ideia do movimento dos Leigos Apóstolos da Integração Nacional, Albino da Silva Pereira, com o referido pseudónimo, assinou vários livros e artigos onde verberava o Islão (Vakil 2004a: 25-26, 2004b: 300-301; Rego 1959: 77-83, e 1966: 45-49; 97-122). O referido movimento visava incentivar, de forma acelerada, a missionação católica nas colónias africanas, com base no voluntariado de leigos que se dispusessem a partir para África, sem remuneração mas com algum apoio logístico. Tanto quanto é possível apurar, a ideia dos Leigos Apóstolos da Integração Nacional nunca passará do papel, pese embora o facto de Silva Pereira ter procurado interessar Salazar pelo seu projecto (ver ANTT, AOS/CO/UL-32, fls. 1-7). O que deveriam ter sido os estatutos dessa organização podem ser lidos em Rego, 1959: 221-234. Segundo informação prestada por Fernando Amaro Monteiro, o Padre Silva Pereira animava um grupúsculo de extrema-direita em Moçambique.

[18] À época em que procurava desenvolver o seu programa de acção destinado a captar o apoio das lideranças muçulmanas de Moçambique, Fernando Amaro Monteiro via com preocupação as tentativas, por parte de indivíduos como o Padre Silva Pereira, de influenciar as autoridades portuguesas numa orientação anti-islâmica. A 4 de Junho de 1970, ele escreveu uma Informação para o Governo-Geral de Moçambique, onde, entre outros aspectos, alertava para os efeitos negativos que a publicação de um livro da autoria do referido Padre poderia ter em Moçambique, junto das comunidades muçulmanas (Serviços de Centralização de Coordenação de Informações, Informação nº 14/970, ANTT, SCCIM nº 420, fls. 40-42). Não me foi possível apurar de que livro se tratava, mas, a julgar pelo conteúdo acentuadamente islamofóbico das obras editadas com o pseudónimo de Lobiano do Rego, não seria difícil prever o tipo de conteúdo que o mesmo poderia apresentar.

colonização imaginária, por Portugal, dos "principais países da Europa" (Espanha, França, Suíça, Alemanha e diversas regiões do antigo Império Austro-Húngaro, com a exclusão, muito significativa, do Reino Unido) sobre os quais o mapa projectava as manchas de Angola, Moçambique e demais colónias portuguesas.

Considerando que estamos diante de construções identitárias cujos efeitos políticos foram tão marcantes na história portuguesa do século XX, passarei, na secção seguinte, a aprofundar a análise do conceito de identidade, tomando o ponto de partida na própria definição proposta por Fernando Amaro Monteiro.

3. Da memória à teoria: identidades, estratégias e representações identitárias

Os textos de Amaro Monteiro, tal como as suas afirmações ao longo da entrevista, têm sido atravessados por um discurso identitário que comanda boa parte das percepções e opções do autor. Tal discurso foi, de resto, indirectamente teorizado pelo ele, com recurso ao próprio conceito de identidade:

> "Considera-se "identidade" a fisionomia colectiva (jurídica, política, social e cultural) que permanece, numa sociedade, através da respectiva evolução, e que no próprio desgaste daquela procura soluções que lhe garantam ou dinamizem a existência" (Monteiro 1989a: 23; ver também 1993a: 52).

A exemplo da observação que fizemos atrás sobre o uso da categoria de "portugueses" no vocabulário conceptual de Sousa Santos, esta definição de identidade avançada por Amaro Monteiro incorre naquilo que muitos antropólogos apontariam como essencialismo, pois faz coincidir a identidade com um núcleo permanente, perdurante ou eventualmente trans-histórico. De resto, é na base deste modelo de definição que o autor concebe a identidade nacional portuguesa como "pluricontinental", "pluri-racial" e "integrativa" – no sentido de uma "integração" da diversidade na unidade, noção que o autor sustenta e contrapõe ao projecto de "assimilação uniformizadora"[19], este último a raiz, em seu entender, da "subalter-

---

[19] Aqui, como noutros pontos, Amaro Monteiro retoma a tese de Gilberto Freyre: "Integração significa, em moderna linguagem especificamente sociológica, aquele processo social que tende a harmonizar e unificar unidades diversas ou em conflito, sejam essas unidades elementos de personalidade desgarrados ou desintegrados [...], indivíduos com relação a outros indivíduos ou a grupos, grupos com relação a outros grupos. Integrar quer dizer, na mesma linguagem especificamente sociológica, unir entidades separadas num todo coeso, um tanto diferente da pura soma das suas partes, como se verifica quando tribos ou estados e até nações diferentes passam a fazer de tal modo parte de um conjunto, seja nacional ou transnacional, que dessa participação resulta uma cultura senão homogénea, com tendência a homogénea, formada por traços mutuamente adaptados – ou adaptáveis – uns aos outros. Assim compreendida, a integração contrasta com a subjugação de uma minoria por uma maioria; ou – pode-se acrescentar – de uma maioria por uma minoria, contrastando também com a própria assimilação" (Freyre, 1961).

SOBRE A MEMÓRIA E OS SEUS DISCURSOS

nização rácica" e do programa de exploração intensiva da mão-de-obra africana (Monteiro 1988: 24-25). Como é também em nome daquela definição, associada a esta representação identitária da "portuguesidade", que Amaro Monteiro critica, na sua tese de Doutoramento, o discurso proferido pelo deputado Cotta Dias na sessão de 29 de Junho de 1971 da Assembleia Nacional, em que afirmava: "[...] Já não pode ninguém estar em África por estar. Os direitos adquiridos têm de read-quirir-se em cada momento que passa"[20]. Aos olhos de Amaro Monteiro, tais declarações introduziam uma relatividade, ou um relativismo, de todo incompatíveis com o carácter absoluto por ele atribuído ao conceito de identidade nacional (1993a: 291-292).

Esta definição de identidade articula-se, por sua vez, com a noção de "ameaça", concebida em moldes que a aproximam do conceito de "subversão":

> "Considera-se "ameaça" o conjunto de factores que, directa ou indirectamente, se apresentam como desgastantes [ou "corrosivos"] para a identidade [ou a "personali-dade-base"] de uma sociedade e que, afectando-lhe a autoconvicção, nela diminuem, quando não anulam mesmo, a capacidade de formular e executar uma política de Defesa."[21]

Não vou insistir em como a definição essencialista de identidade se encontra actualmente questionada e/ou contestada pela grande maioria dos trabalhos, no campo da antropologia, da sociologia e da psicologia social, que se debruçam sobre as representações, as estratégias e os processos identitários[22]. Esses trabalhos têm realçado, por um lado, o cunho constructivo da formação das identidades, num processo que é simultaneamente pessoal – ao nível da elaboração psíquica – e interpessoal – ao nível das interacções societais ou grupais, culturais, políticas e económicas. Num e noutro desses níveis, o mapa identitário individual é construído com base na comparação intra e inter-pessoal, uma comparação a várias dimensões que faz da identidade um efeito eminentemente relacional. Daí resulta uma representação do sujeito, mediante a qual este se atribui certos traços e rejeita outros, definindo relações imaginárias de auto-inclusão e de auto-exclusão com grupos de referência a que atribui traços positivos ou negativos. Finalmente, a identidade aparece também como uma construção estratégica orientada para a preservação, para a protecção e, eventualmente, para a expansão imaginária do sujeito.

---

[20] *Diário das Sessões da Assembleia Nacional*, nº 114, 30 de Junho de 1971: 2294.
[21] Combinei aqui as definições presentes em Monteiro 1989a: 23 e 1993a: 52.
[22] De uma literatura científica vastíssima, cito apenas alguns textos fundamentais ou significativos: Erikson 1994 [1968]; Barth 1998 [1969]; Camilleri *et al.* 1990; Calhoun 1994; Hall, 1996b, 1996c; Castells 1997; Bastos 1995, 2002.

Ora, o interessante é verificar que Fernando Amaro Monteiro, na sua prática "antropológica" concreta, movida pelo objectivo pragmático da "conquista da adesão das populações"[23], mostrou estar muito mais próximo de uma definição construtivista da identidade do que de uma definição essencialista. Isso está bem patente num trecho da entrevista, que não resisto a antecipar:

> "Ferraz de Freitas perfilhava, a meu ver, um ponto de vista muito pragmático, que procurei seguir também e que era este: não interessava muito saber, por exemplo, se os Macondes que estavam na área de Quionga eram Macondes efectivamente, ou se eram "Suaílis" como eles diziam que eram. Porque o que era importante era aquilo que eles diziam que eram, se o fossem no comportamento social, cultural e político. Se se assumiam convictamente, porque num caso ou noutro poderíamos estar em presença de remanescências étnicas ou clânicas. A partir do momento em que indivíduos actuam como identificados com o meio Suaíli, para nós, SCCIM, era um bocado [...] "académico" estar a pensar se havia 200 anos eles viviam ou não no Planalto dos Macondes. Integravam o espaço suaíli e o espaço islâmico, era esse o facto comportamental na circunstância em apreço."

Por conseguinte, e recuperando uma observação que realizámos noutro lugar (Machaqueiro 2002), a identidade, pessoal ou social, não é uma evidência dada, nem uma natureza ou essência. O seu processo de construção é, a um tempo, político, económico, cultural e simbólico, remetendo também para uma historicidade. Pois a própria vivência identitária inscreve a sua origem na contingência histórica, não sendo, assim, "natural" que as pessoas "possuam" uma identidade. Desse modo, as "comunidades de identificação" são "múltiplas, descontínuas e parcialmente imaginárias", o eu é uma "matriz de formas discursivas e de identificações" igualmente "múltiplas", de tal maneira que a identidade é menos um bem que se possui do que uma acção realizada e negociada: não constitui algo que se "tenha", mas algo que se faz e se elabora (Shohat e Stam 2001: 344, 346).

Outro tema, a que Fernando Amaro Monteiro é particularmente sensível e que, a meu ver, acaba por "desconstruir" a definição essencialista de identidade, é o da crise identitária associada à auto-imagem do "Português". No seu discurso, esta ideia é expressamente introduzida com uma referência a um artigo, de Maio de 1971, da autoria de António José Saraiva, alusivo à "permanente crise de identidade" do Português, e que leva Amaro Monteiro a suscitar a hipótese do carácter inerradicável de semelhante crise: "já então (ou sempre, na verdade?)" (Monteiro 1993a: 290-291). Ora, esta figura da crise identitária não pode, julgo eu, ser desligada do que mencionei atrás a propósito do carácter semiperiférico de certas

---

[23] Aludo aqui ao título de um importante estudo da autoria de Romeu Ferraz de Freitas, comentado no diálogo que se segue entre AbdoolKarim Vakil e Amaro Monteiro (*Conquista da Adesão das Populações*, Serviços de Centralização e Coordenação de Informações de Moçambique, 1965).

SOBRE A MEMÓRIA E OS SEUS DISCURSOS

representações sociais produzidas no (ou em redor do) nosso país. Neste caso, deu-se a oscilação entre uma auto-imagem europeia e uma "africanidade" primeva ou, pelo menos, uma alteridade não-europeia que vinha ameaçar o orgulho identitário "português". A ambivalência destas matrizes identitárias torna-se patente no facto de nenhum dos referidos pólos, o ocidental e o não-ocidental, serem inequivocamente negativos ou positivos. Ambos trocaram muitas vezes de posição nessas duas conotações axiológicas, ao longo das diversas estratégias por meio das quais se procurou compensar as identificações pejorativas lançadas sobre os "portugueses".

Internamente clivadas e indecididas entre duas polaridades, tais estratégias podem ter sido o reflexo no espelho que outros colocaram diante da autoconsciência do grupo. Os portugueses foram denegridos em muitas das representações elaboradas pelos estrangeiros que os olharam, sobretudo por aqueles que se imaginavam como identidades superiores. Pelo menos desde o século XV, viajantes, mercadores ou diplomatas, oriundos do Norte da Europa, pintavam os habitantes de Portugal com o mesmo reportório de qualificadores pejorativos habitualmente atribuídos aos chamados "primitivos" e "selvagens" de África ou do Novo Mundo (Boxer 1992: 328-329; Santos 2002: 48-52) – recorrendo, de facto, ao alfobre de imagens usado, entre outros, pelos próprios portugueses para fabricar as identidades negativas dos nativos que encontravam nas suas colónias. Em semelhante construção, o cúmulo da inferioridade, associado à alteridade mais extrema (no limite em que a "humanidade" cede o passo à "animalidade"), aquele do qual o sujeito quer desidentificar-se mais, era representado pelos negros que os navegadores portugueses tinham encontrado nas suas viagens de "Descobrimentos" (Bender 1980: 291; Margarido 1984: 516-518). A este respeito, como foi abundantemente ilustrado, alguns ideólogos do colonialismo português não ficaram atrás de outros colonizadores europeus quanto à representação inferiorizante de povos estigmatizados. Não hesitaram, por exemplo, em contrastar as riquezas naturais dos africanos subsaarianos ou dos nativos da América do Sul com a sua "preguiça" e a sua suposta inépcia intrínseca para as explorar. Deste modo, uma narrativa estereotipada de um Paraíso desperdiçado moldou a visão europeia dos "outros" não-europeus. Ora, um dos lugares-comuns que determinados norte-europeus, sobretudo ingleses dos séculos XVIII e XIX, projectaram na identidade portuguesa foi, precisamente, o contraste entre as riquezas paradisíacas das nossas paisagens e a "ociosidade" das suas populações (Santos 2002: 49-50) – pense-se nos vitupérios de Byron em *Childe Harold*, por exemplo. Com efeito, os portugueses não eram vistos como "civilizados", ou como realmente "brancos", por parte de certas vozes emanadas dos países colonialistas centrais e até mesmo entre os povos colonizados[24] –

---

[24] A este respeito, citemos as palavras do Cónego António Miranda Magalhães, numa palestra proferida em 1936: "[...] em lugar de elevarem o indígena, fazendo-lhe ver e amar a nossa civilização, [os colonos

um padrão que se repetiu quer nas colónias de Portugal, quer nas antigas posses-sões britânicas e francesas. Este fenómeno não pôde deixar de ter um efeito pro-fundo sobre a auto-imagem dos portugueses enquanto colonizadores e sobre a auto-imagem dos "outros" colonizados, tendo em conta que as duas foram cons-truídas em simultâneo e estavam intimamente ligadas. Conforme Sousa Santos acentuou, o facto de muitos portugueses terem interiorizado as propriedades pejo-rativantes que os estrangeiros lhes atribuíam levou a que nunca fossem capazes de exteriorizar completamente as identidades étnicas negativas: a alteridade foi sem-pre parte integrante da sua imagem própria, mesmo quando o propósito era des-menti-la (Santos 2002: 42). Daí que a imagem do colonizado se rebatesse tantas vezes sobre a do colonizador, gerando uma superabundância de auto-representa-ções depreciativas que se estendeu até ao século XX, como se pode ver por este excerto do célebre "Manifesto Anti-Dantas" de Almada Negreiros:

> "Portugal que [...] conseguiu a classificação do país mais atrasado da Europa e de todo o Mundo! O país mais selvagem de todas as Áfricas! [...] A África reclusa dos euro-peus!" (Negreiros 1972: 16-17)

E, no entanto, conforme verificámos atrás, a África também podia ser imagi-nada como o espaço redentor da "pequenez" europeia de Portugal, o meio privile-giado da sua expansão narcísica e da compensação para uma situação identitária "humilhante". O que, de novo, só vem confirmar a dimensão ambivalente, de inde-cisão entre atributos axiológicos opostos, que caracteriza todas estas construções.

Sendo, porém, a ambivalência uma condição desconfortável, compreende-se que as principais estratégias do regime colonial português tenham tentado, acima de tudo, reduzir ou superar a flutuação entre polaridades identitárias e, con-sequentemente, eliminar as componentes ansiogénicas que a acompanham. Procurou-se então rasurar a dualidade e substituí-la, tendencialmente, por uma mono-identidade coesa. Quando esse esforço fracassou no plano da ideologia, ensaiou-se, em alternativa, uma forma de converter a dualidade numa experiên-cia feliz. Detalhando um pouco mais, podemos caracterizar tais estratégias do seguinte modo:

---

portugueses] tornam-se ludíbrio das populações nativas que passam a designá-los por nomes aviltantes, mas que não podemos deixar de reconhecer como adequados. Em Angola, por exemplo, chamam-lhes kangúndo (plural tungúndo) que significa "branco ordinário". E é que bem ordinários são, coitados!, pelo modo do seu viver, pela terminologia, quase sempre obscena, da sua linguagem, pelas tendências manifestadas para os maus tratos e toda a espécie de violências e brutalidades, para os roubos e até para os assassinatos" ("Importância do Ensino Colonial" [Assunto de uma palestra realizada no Liceu "Bocage" de Setúbal em 25 de Abril de 1936 / Semana das Colónias], SGL, Reservados 3-D-29 [Pasta nº 5]).

SOBRE A MEMÓRIA E OS SEUS DISCURSOS

a) A primeira consistiu em assumir a conotação negativa atribuída à identidade etno-nacional, sem, no entanto, subscrever a sua essencialização. Houve, assim, um esforço desesperado para obter o reconhecimento por parte de identidades mais "elevadas" ou "avançadas", mostrando-lhes que a sua, injustamente rebaixada, era afinal parte integrante daquelas, já que conseguiria superar as insuficiências iniciais para depois absorver os atributos dessas identidades "de topo". Nesta estratégia de identificação com um modelo ocidental ou norte-europeu[25], o colonialismo foi uma maneira privilegiada de deixar a semiperiferia para trás e de avançar para o tão almejado "centro". Daí o predomínio, entre finais do século XIX e meados dos anos 50, de retóricas racistas (nomeadamente islamófobas) e/ou paternalistas em relação às etnias não europeias, a instauração do Indigenato ou a institucionalização do trabalho forçado[26]. Não obstante todo o seu esforço de "ocidentalização" *à outrance*, o colonialismo português nunca logrou contornar a sua matriz semiperiférica. Ideólogos e políticos colonialistas como António Enes estiveram entre os primeiros a reconhecer a que ponto Portugal dependia de capitais e de apoios do estrangeiro para desenvolver as suas colónias, e quão pouco pesava na balança mais ampla dos poderes imperiais (Enes 1946: 26-27, 59-60). No século seguinte, e não obstante as aparências simbólicas do poder, a abertura do colonialismo português ao capital externo acentuou ainda mais o estatuto subalternizado de Portugal (Guerra 1994: 51-53). Quando, nas décadas de 1960 e 70, os países centrais começaram a reciclar-se para uma estratégia neocolonialista, as pretensões portuguesas ficaram condenadas a perder boa parte do suporte internacional – mau grado a "neutralidade colaborante" que diversas potências ocidentais

---

[25] Uma ilustração perfeita desta estratégia encontra-se na já citada palestra do Cónego António Miranda Magalhães: "Os alemães, principalmente, ou fazendo vida de sociedade, ou labutando no comércio, na agricultura, nas oficinas, seja onde for, mantêm-se sempre os mesmo alemães, com o seu ar de superioridade, que devia ser para os nossos um exemplo a imitar. Dos ingleses direi o mesmo" ("Importância do Ensino Colonial" [Assunto de uma palestra realizada no Liceu "Bocage" de Setúbal em 25 de Abril de 1936 / Semana das Colónias], SGL, Reservados 3-D-29 [Pasta nº 5]).

[26] Num dos seus textos, Fernando Amaro Monteiro encetou a crítica destas práticas e dos enquadramentos legislativos que as consagraram: "Invocando-se "as diferenças profundas da mentalidade dos diferentes povos", como se as dissemelhanças ou a necessidade de atentar no "indigenato" inviabilizassem o princípio da igualdade ou o da universalidade (a fisionomia histórica de Portugal era de *unitarismo* e *não de uniformização* decorrente da "assimilação"), criou-se clima para a subalternização rácica, ao arrepio da tradição cristocêntrica; para as grandes levas de "contratados" negros para S. Tomé, erupção estúpida, no século XX, de quem cedo começara abolindo o esclavagismo; para a cupidez de funcionários que, nos anos 1950, recebiam até 1.000$00 de "mata-bicho" por cada par de braços recrutados para as grandes fazendas angolanas" (1988: 25). Para uma análise das representações e das justificações ideológicas do "trabalho indígena" dentro do colonialismo português, ver Jerónimo 2010.

vinham fornecendo ao regime colonial português, mesmo durante as guerras de África (Telo 1994; Rodrigues 2004; Marcos 2006, 2007; Fonseca 2007). Entretanto, fenómenos como o do "trabalho forçado" nas colónias africanas de Portugal tinham já levado países do segmento norte-europeu, entre os quais a Inglaterra, a reafirmar a distância entre o país de Salazar e esse restrito clube simbólico: afinal, até no colonialismo os portugueses confirmavam, aos olhos das elites de tais países, a sua posição "inferior" nas hierarquias identitárias. Não por acaso o cônsul britânico em Luanda terá dito, em 1951, ser o nosso país "uma desgraça para a Europa Ocidental" (Oliveira 2007: 145-154).

b) A segunda estratégia desenvolveu um duplo esforço de diferenciação ou desidentificação identitária, recusando simultaneamente quer os referentes negativos, quer os modelos positivos que os discursos estrangeiros dominantes pretendiam impor à identidade etno-nacional. Aquilo que costumava ser apresentado como modelo positivo foi criticado e rejeitado, ao passo que a identificação negativa se viu pura e simplesmente denegada. O sujeito afirmou então uma "terceira via", na qual a identidade nacional não relevasse nem do referente negativo, nem do positivo. Em finais da década de 50, quando Portugal começou a sentir a pressão internacional contra o poder colonialista, a sua ideologia oficial foi forçada a empreender uma mudança: passou de uma pose de "europeu superior" para uma desidentificação deliberada em relação ao estilo colonial dos norte-europeus – desidentificação que implicava distanciar-se da Europa *tout court*. A imagem doravante incentivada não era mais a de um povo privilegiado pela fortuna do "sangue", superior a raças "naturalmente" (e "legitimamente") menos favorecidas. O português agora descrito, nomeadamente pelo antropólogo Jorge Dias, era quase um cosmopolita, um amante de todas as raças e culturas, exibindo um etnocentrismo paradoxalmente não-etnocêntrico (Dias 1957: 59). Este género de discurso pretendia cumprir, num só lance, duas finalidades: alimentar a auto-estima dos portugueses, resguardando-os da ambivalência em relação a si próprios, e, ao mesmo tempo, justificar a permanência de Portugal em África numa altura em que ela estava a ser cada vez mais contestada. Semelhante retórica auto-legitimante requeria a negativização (parcial) do Ocidente e o elogio de Portugal enquanto colonizador "alternativo". Muito deste novo enquadramento identitário para a idealização da abordagem portuguesa aos povos colonizados foi inspirado, não em pensadores portugueses, mas, de facto, num brasileiro, o sociólogo Gilberto Freyre. Sobre o seu conceito de "luso-tropicalismo" já correram demasiados rios de tinta para que algo de novo possa ser acrescentado. Basta dizer que essa ideia celebrou dois aspectos interligados que, de acordo com Freyre,

SOBRE A MEMÓRIA E OS SEUS DISCURSOS

colocavam o colonialismo português completamente à parte (e acima) da dominação europeia ocidental: a já mencionada componente cristã, graças à qual as sociedades coloniais portuguesas teriam sido mais "cristocêntricas" do que "etnocêntricas" (Freyre 1961), componente essa que, por sua vez, levou os portugueses a promover, sem segundas intenções, a miscigenação com outras raças. No Portugal dos anos 50 e 60, os ideólogos do colonialismo abraçaram entusiasticamente este argumento[27], embora mais no plano de uma propaganda para consumo externo do que no dos efeitos práticos (Castelo 1996: 120-127, 133-145; Castelo 1999). O facto de o autor da ideia luso-tropicalista vir de uma antiga colónia com a importância simbólica do Brasil conferia-lhe um peso ainda maior.

Seja como for, por detrás dos dispositivos ideológicos, subsistiram sempre as ansiedades e os medos suscitados por uma possibilidade de despromoção narcísica que nunca deixou de pairar no horizonte destas construções identitárias. A confirmar a manifestação da sua ambivalência está o facto de, mesmo em plena era da retórica luso-tropicalista, persistirem traços profundos da estratégia compensatória de identificação com os modelos racistas norte-europeus. No seu Relatório confidencial de 1956[28], Jorge Dias referia-se a um medo da "indeterminação racial" sentido pelos colonos portugueses em Moçambique, medo que reflectia, uma vez mais, a inserção semiperiférica de uma auto-imagem ambivalentemente cristali-

---

[27] Embora algumas vozes isoladas, mas importantes pela posição que ocupavam, continuassem a manifestar reticências ou mesmo uma discordância total em relação às teses de Freyre, particularmente no que estas implicavam de elogio à mestiçagem. Exemplos dessas vozes críticas, herdeiras dos postulados darwinistas (que não darwinianos) da "superioridade racial" do homem branco, foram Vicente Ferreira, Ministro das Finanças e Colónias durante a República e Alto-Comissário em Angola entre 1926 e 1928, Ernesto de Vilhena, director da Companhia dos Diamantes de Angola, Marcelo Caetano, Armindo Monteiro, ambos ministros das Colónias, e o próprio Norton de Matos (Castelo 1996: 130-132; 1999: 84-87, 94-95). Sobre o aproveitamento do luso-tropicalismo pela ideologia oficial do colonialismo salazarista, ver Léonard 1997, e Castelo 1999: 87-107.

[28] Intitulado *Minorias Étnicas nas Províncias Ultramarinas*, datado de 18 de Outubro de 1956 e classificado como confidencial, este texto encontra-se em ANTT, AOS/CO/UL- 37, 1, fls. 2-24. A exemplo da prática habitual entre os antropólogos ao serviço da ordem colonial, enquanto conduzia a sua investigação sobre os macondes no norte de Moçambique, em finais dos anos 50, da qual provieram estudos antropológicos elogiados pela comunidade científica, Jorge Dias foi enviando regularmente relatórios confidenciais ao Centro de Estudos Políticos e Sociais da Junta de Investigações do Ultramar, informando a respeito dos movimentos "subversivos" das populações locais e das minorias étnicas. Alguns desses relatórios chegaram às mãos de Oliveira Salazar por via do Ministro do Ultramar, Silva Cunha. Um bom exemplo desses textos produzidos pela equipa de Jorge Dias é o documento de 1960, *Relatório da Campanha de 1959 (Moçambique, Angola, Tanganhica e União Sul Africana)*, da autoria de Jorge Dias, Manuel Viegas Guerreiro e Margot Dias, no âmbito da Missão de Estudos das Minorias Étnicas do Ultramar Português, e produzido com a chancela do Centro de Estudos Políticos e Sociais da Junta de Investigações do Ultramar (ANTT, AOS/CO/UL-37, 2). Sobre este aspecto da actividade de Jorge Dias, ver West 2006.

zada a meio caminho entre a Europa e a África, entre o branco e o negro, e ansiosa por pertencer a uma categoria – o norte-europeu hipercivilizado, aqui confundido com o branco sul-africano – virtualmente inacessível:

> "Para muitos destes indivíduos saídos de qualquer terriola da nossa província, Joanesburgo toma as proporções de Meca para os maometanos. [...] Colocados, portanto, na posição de admiradores dos vizinhos, vagamente despeitados com o seu nível económico quando posto em confronto com o deles, e um tanto ou quanto convencidos da sua superioridade em relação à Metrópole, onde as pessoas da sua classe têm um nível de vida nitidamente inferior; estes portugueses de terceira – apesar de indiscutíveis virtudes – procuram imitar um pouco os vizinhos. Está bem de ver o que tal imitação tem de superficialidade, mas é uma forma em que procuram encaixar-se. Ora se o vizinho do lado, a seus olhos tão civilizado, considera o preto um ser inferior, não lhe parece legítimo proceder de maneira diferente"[29].

Nesta perspectiva, o racismo do colono português seria mero resultado de um processo de identificação com o modelo sul-africano, enquanto derivação bastarda do arquétipo norte-europeu (anglo-saxónico ou alemão). Seguindo o raciocínio de Jorge Dias, dir-se-á que a procura de uma máxima diferenciação superiorizante por parte dos colonos em relação aos africanos foi a estratégia escolhida pelos primeiros para contornar a percepção de uma ameaça de "indeterminação racial" e, em simultâneo, para assegurar/preservar a sua ascensão na hierarquia social enquanto forma de garantir a promoção na hierarquia identitária. Uma tarefa difícil, já que o próprio corpo dos portugueses trazia inscrita em si essa mesma "indeterminação":

> "Na vida quotidiana, muitos continuam a tratar os indígenas da mesma maneira espontânea, peculiar ao português, mas publicamente convém acentuar um pouco a diferença, tanto mais que o português é em média muito mais moreno do que o sul-africano e o complexo de inferioridade de tipo geral, começa também a fixar-se na cor. Portanto, convém adoptar atitudes racistas, para que não se tome a tolerância por indeterminação racial.
>
> Esta atitude geral abre a porta a certas violências ou grosserias de indivíduos sem princípios que, uma vez em África, se sentem pertencer a uma elite só pelo facto de serem brancos.
>
> Alguns desses, que na nossa terra tinham o *status* social mais baixo, agarram-se avidamente à oportunidade de subir e julgam que para isso é necessário rebaixar o negro, brutalizando-o por vezes, quer moral, quer fisicamente"[30].

---

[29] Jorge Dias, *Minorias Étnicas nas Províncias Ultramarinas*: 9 (AOS/CO/UL-37, pt. 1, fl. 10).
[30] Jorge Dias, *Minorias Étnicas nas Províncias Ultramarinas*: 9-10 (ANTT, AOS/CO/UL-37, 1, fls. 10-11). Actualizei a ortografia.

SOBRE A MEMÓRIA E OS SEUS DISCURSOS

Em 1958, Jorge Dias ainda se queixava de que em Moçambique muitos filhos de relações sexuais "mistas" continuassem a ser classificados sob a categoria de "nativos", implicando isso que, sempre que os seus pais brancos não os reconhecessem, seriam assimilados aos negros segundo os rótulos hierarquizados para efeitos de discriminação racial. Além disso, Dias observava como o resto da "sociedade branca" de Moçambique tendia a marginalizar os casais mistos, a estigmatizar a união de um homem branco com uma mulher negra (1958: 75-76) – sendo que o oposto, a união de um homem negro com uma mulher branca, parecia ainda mais impensável, pois vinha transgredir por completo os interditos das hierarquias racistas e sexistas. Apesar de insistir na tese de que a via verdadeiramente "portuguesa" consistia em legitimar os filhos de relações sexuais mistas, Jorge Dias achava-se, contudo, na necessidade de invocar o "espírito cristão e anti-racista" dos missionários para iluminar as mentes preconceituosas dos colonos seus conterrâneos (1958: 74). Diga-se que as observações de Dias foram prolongadas e confirmadas por outro investigador proeminente, o geógrafo Orlando Ribeiro, o qual encontrou nas diferentes colónias portuguesas, e com especial incidência em Angola e Moçambique, inúmeros exemplos de como, a partir da década de 50, o culto da mestiçagem não passava de um mito, verificando-se antes um fosso cada vez mais fundo entre negros e brancos e a multiplicação de comportamentos racistas por parte dos colonos portugueses (Ribeiro 1981: 153-168).

As relações interétnicas em Moçambique, como nas restantes colónias, decorreram, portanto, num cenário complexo, o da auto-identidade dos portugueses, clivada entre duas imagens que a ambivalência tornou, de forma paradoxal, comunicantes entre si e mutuamente "legítimas". Uma imagem de identidade racista, hierarquizante e excludente, narrada e rememorada através, por exemplo, do testemunho recentemente publicado de uma mulher, nascida em Lourenço Marques no ano de 1963, que veio para Portugal, em 1975, com a vaga dos "retornados":

> "O negro estava abaixo de tudo. Não tinha direitos. Teria os da caridade, e se a merecesse. Se fosse humilde.
> [...]
> Em Moçambique era fácil um branco sentir prazer de viver. Quase todos éramos patrões, e os que não eram, ambicionavam sê-lo.
> Havia sempre muitos pretos, todos à partida preguiçosos, burros e incapazes a pedir trabalho, a fazer o que lhes ordenássemos sem levantar os olhos. De um preto dedicado, fiel, que tirasse o boné e dobrasse a espinha à nossa passagem, a quem se pudesse confiar a casa e as crianças, deixar sozinho com os nossos haveres, dizia-se que era um bom mainato. Arranjava-se-lhe farda de caqui, chinelos, dava-se-lhe da nossa comida, comia na mesa do quintal ou na cozinha, e quando a roupa do patrão ficava coçada, oferecíamos-lha. Ninguém queria perder um bom mainato" (Figueiredo 2010: 24-27).

Paralela a esta, uma outra imagem de interacção "racial" ou étnica, neste caso produzida por um diplomata soviético chegado a uma Maputo recém-descolonizada, onde a presença dos portugueses "brancos" era ainda expressiva, diplomata que critica a política seguida, nessa altura, pela FRELIMO, orientada para a "intensificação de medidas e de todo o tipo de limitações (frequentemente inventadas) contra a população portuguesa, não obstante, em geral, ela ser leal e estar pronta a cooperar com os novos poderes":

> "Ao conhecer a cidade e frequentar diferentes estabelecimentos e lugares públicos, detectámos a ausência absoluta de qualquer segregação ou tensão racial entre brancos e negros. Às mesas dos restaurantes e cafés estavam sentados grupos de jovens de diferentes raças, frequentemente deparávamos, por conseguinte, com pares de namorados "mistos"; a universidade, as escolas e outros estabelecimentos de ensino tinham um aspecto como que se neles não existisse qualquer problema nesse campo. Chamavam à atenção a grande quantidade de casamentos mistos e as numerosas crianças nas ruas com pele de chocolate claro. O contraste com a vizinha República da África do Sul era evidente" (Arkadi Glukhov *apud* Milhazes 2010: 49).

Divididos entre estas imagens complementares e incompatíveis, dir-se-á que a regra aristotélica do terceiro excluído não se aplica às representações identitárias dos "portugueses" (ou com "eles" relacionadas). E, porque se trata justamente de *representações*, elas não autorizam qualquer fechamento discursivo de onde se possa extrair uma palavra última sobre a "realidade" das relações inter-raciais ou interétnicas em território colonial português. A menos que, como Boaventura de Sousa Santos sugere, ambas as imagens sejam paradoxalmente "verdadeiras", recortando diferentes segmentos do "real", opostos e intercalados no espaço e no tempo da experiência colonial.

Com isto, estamos longe de responder à questão em aberto de uma possível referencialidade do discurso – problema tanto maior quanto maior for, em nós, a indisponibilidade para o iludir. Não querendo rasurá-lo, diremos apenas que um tal problema se agrava ainda mais quando o deslocamos para o cerne das construções identitárias, tornando improvável a pretensão de erguer aí quaisquer cristalizações perenes que possam servir de bitola validativa (ou referencial) para as nossas apropriações discursivas – mesmo que, por sua vez, tal também não elimine a necessidade de considerar a existência de constâncias estruturais nos processos identitários de que falamos. A cada momento, podemos, sim, interrogar e tentar definir as configurações de poder que acompanham a emergência de certas construções identitárias, na expectativa de aí colher alguma inteligibilidade dos processos *materiais* que com estas últimas formem uma constelação.

Uma ciência das identidades não pode, pois, escapar a esta condição intrincada e periclitante.

SOBRE A MEMÓRIA E OS SEUS DISCURSOS

4. Fernando Amaro Monteiro ou as vicissitudes de um mediador

Em meados da década de 60 do século passado, as políticas oficiais portuguesas para as comunidades islâmicas sofreram uma alteração profunda – ainda que constrangida a limites incontornáveis que a relativizaram consideravelmente. Seja como for, o clima político respeitante ao africano islamizado conheceu uma inflexão significativa, mesmo que parcial, e o que costumava ser representado como inimigo passou a ser visto como um possível aliado. No caso de Moçambique, um documento produzido em 1967 pelos Serviços de Centralização e Coordenação de Informações dava pistas para esta reorientação:

> "Parece indiscutível a importância que, nomeadamente na conjuntura actual, assume a existência de UM MILHÃO de muçulmanos negros, dentre a população da Província, e a circunstância de se concentrarem nos distritos do Norte, fronteiros ao territórios estrangeiros onde livremente actuam as diferentes correntes islâmicas e de tendências anti-colonialistas."[31]

A este propósito, vale a pena citar integralmente os parágrafos finais da Informação nº 2479 de 7 de Fevereiro de 1968, oriunda do Gabinete dos Negócios Políticos do Ministério do Ultramar e assinada por José Catalão[32], porquanto eles indicam de maneira clara a abordagem que as autoridades desejavam para os muçulmanos das colónias dentro da nova moldura de enquadramento que se estava a desenhar. Curiosamente, o autor deste texto comparava a Guiné e Moçambique quanto ao avanço das políticas de enquadramento do Islão, confrontação em que a segunda colónia saía a perder:

> "Permitimo-nos referir aqui, com a devida vénia, a falta de paralelismo existente nas províncias da Guiné de Moçambique, no que tange à definição e consequente execução de uma política de atracção das "massas islamizadas".
>
> Temos de ter presente, é certo, que entre uma e outra das Províncias existe, relativamente ao Islamismo, uma significativa diferença de natureza e de grau – de incremento recente na Guiné e tradicional e histórico de muitos séculos em Moçambique; mas parece-nos, com o devido respeito, que na Guiné se não vem descurando oportunidade alguma, para se intensificar o exercício de uma política integracionista.
>
> Com efeito, a política de captação levada a cabo pelo Governo da Província da Guiné tem tido sempre em mira subtrair o elemento islamizado a correntes perniciosas ou subversivas e, como resultante, o advento de um efectivo domínio ou controlo da massa isla-

---

[31] Informação nº 24/67, 17 de Novembro de 1967, emitida pelo Major Fernando da Costa Freire, então Director dos SCCIM, sobre o assunto: "Informações e Sugestões sobre o Islamismo, no Quadro da Guerra Subversiva" (ANTT, SCCIM nº 413, caixa 63, pt. 1, fls. 91-103).

[32] ANTT, SCCIM nº 413, fls. 68-83. Este documento, no essencial, limita-se a sintetizar as teses que constam da Informação nº 24/67 dos SCCIM.

MOÇAMBIQUE MEMÓRIA FALADA DO ISLÃO E DA GUERRA

mizada. E hoje, face à subversão armada parece-nos que são de tirar toda uma série de conclusões e ensinamentos, ante a fidelidade demonstrada pelos elementos islamizados.

Permitimo-nos, pois, sugerir a hipótese de na Província de Moçambique, a par do vem tendo lugar na Guiné e atentando na necessidade de nos anteciparmos às correntes islâmicas susceptíveis de mais facilmente favorecer a subversão, iniciar uma efectiva "política" de captação dos influentes islamizados, de modo a comprometê-los, através daquela, com os interesses nacionais" (fls. 83-83).

À data em que este texto foi escrito, Fevereiro de 68, não tinham sido ainda desenvolvidas as iniciativas mais espectaculares das autoridades portuguesas com vista a seduzir as comunidades muçulmanas de Moçambique, em particular a mensagem do Governador-Geral, Baltazar Rebelo de Sousa, "aos Maometanos da Província de Moçambique", difundida pela rádio a 17 de Dezembro de 1968 – com dois anos de atraso sobre outra iniciativa famosa: a *Carta Fraterna aos Muçulmanos* que o Bispo de Vila Cabral (actual Lichinga) havia redigido e divulgado em Setembro de 1966[33]. Mas Fernando Amaro Monteiro, o verdadeiro autor da mensagem lida aos microfones da rádio por Rebelo de Sousa, andava a trabalhar desde 1965, ano do seu ingresso nos SCCIM, para concretizar os desideratos expostos no documento subscrito por José Catalão – embora movido pela preocupação de ajustar esses intuitos a especificidades do contexto sociocultural do Islão moçambicano que não podiam ser equiparadas ao guineense[34].

A entrevista contida neste livro oferece detalhes preciosos sobre o plano por ele delineado para as comunidades islâmicas, plano esse que deveria incluir quatro estádios: (1) "detecção" (uma fase para a recolha de dados sobre o contexto e as estruturas da liderança islâmica em Moçambique); (2) "captação" (seduzir os muçulmanos através de acções públicas de reconhecimento por parte do poder colonial); (3) "comprometimento" (persuadir os dignitários islâmicos a identificarem-se, de forma igualmente pública, com a administração portuguesa); (4) "accio-

---

[33] O texto integral da Mensagem do Governador-Geral, que se iniciava com a Sura de Abertura do Corão, pode ser lido em Monteiro 1989d: 117-119. Cf. também Monteiro 1993a: 365-366. Para a *Carta Fraterna* do Bispo de Vila Cabral, ver Nogueira 1966.

[34] Como veremos na entrevista que se segue, Fernando Amaro Monteiro manifesta sérias reservas relativamente à estratégia de aproximação ao Islão que o General Spínola vinha cultivando na Guiné-Bissau, um terreno onde, aliás, não era líquido que as lideranças islâmicas estivessem substancialmente afastadas do PAIGC. Em síntese, podemos adiantar que, no entender de Amaro Monteiro, a abordagem seguida por Spínola não se baseava num conhecimento suficientemente apurado das comunidades muçulmanas locais. Além disso, o voluntarismo de algumas das suas tácticas, nomeadamente a do apoio oficial e financeiro a um número elevado de peregrinações a Meca, podia conduzir a efeitos perversos como a trivialização do prestígio individual associado a essa peregrinação, prestígio que, na perspectiva da táctica portuguesa, conviria reservar apenas a alguns dignitários que pudessem ser usados, posteriormente, pelo poder colonial.

SOBRE A MEMÓRIA E OS SEUS DISCURSOS

namento" (envolver as populações muçulmanas e as suas chefias religiosas na guerra "anti-subversiva" contra os movimentos anticoloniais)[35] (Monteiro 1989d: 84-89). É na segunda fase deste programa que podemos discernir uma política de visibilidade concedida aos muçulmanos de Moçambique dentro de um cenário que se pretendia rigorosamente controlado. Como Amaro Monteiro escreveu, o propósito inerente à "captação" era

> "Mostrar que o Poder queria *reconhecer* ao Islão moçambicano, no seu conjunto, a *importância* sócio-religiosa, cultural e política por ele detida, criando estruturas de *consulta permanente* ou estimulando a ampliada revelação da/s que, porventura espontânea/s, existisse/m já" (1989d: 86).

Através da acção de Fernando Amaro Monteiro, os SCCIM tornaram-se o organismo fulcral desta estratégia apostada em conquistar a boa vontade dos dignitários muçulmanos, sobretudo na região norte de Moçambique onde se destacavam as confrarias sufi, consideradas um ingrediente típico do chamado "Islão Negro"[36], pese embora o facto de, na colónia portuguesa, elas apresentarem por vezes uma liderança de elementos etnicamente mistos (mestiços como Said Bakr, cruzando raízes africanas com origens árabes[37]). Nem todas as comunidades muçulmanas da região seriam, portanto, alvo da abordagem de sedução, ou, pelo menos, nem todas o seriam com a mesma intensidade, mas apenas as que se acreditava serem mais permeáveis à influência portuguesa. E estas eram precisamente as que incorporavam práticas não "puramente" islâmicas, de acordo com um paradigma ainda orientalista que insistia em opor um Islão "puro" a um Islão "impuro", impregnado de cultura e tradições africanas:

---

[35] Foi Romeu Ivens Ferraz de Freitas que, em 1965, introduziu parte desta terminologia na teorização do "controlo das populações", com os "conceitos-base" de "comandamento" e "accionamento" que vamos depois encontrar na maioria dos documentos produzidos pelos SCCIM, incluindo os relatórios e informações da autoria de Fernando Amaro Monteiro (Garcia 2003: 247). Ver Freitas 1965: 4. Agradeço ao Professor Amaro Monteiro ter-me facultado o acesso ao exemplar que possui deste texto. Uma outra cópia pode ser consultada no Arquivo da Divisão de informações do Estado-Maior General das Forças Armadas.

[36] "As Confrarias religiosas contribuíram tanto para esta retomada da islamização que se tornaram o traço característico do Islão africano, berbere ou negro. O muçulmano negro, em particular, não concebe o Islão a não ser sob a forma da filiação numa via mística" (Gouilly 1952: 85). O pequeno livro de 1924, intitulado *L'Islam Noir*, da autoria do Capitão P.-J. André, do Exército Colonial francês, é na verdade um estudo sobre as confrarias religiosas islâmicas da África Ocidental, o que mostra como o conceito de "Islão Negro" se confundia, de facto, com o das ordens Sufi.

[37] Um dos mais proeminentes líderes islâmicos do norte de Moçambique, "Xehe" da confraria Qadiriyya Sadat, Said Bakr aparece referenciado no Questionário dos SCCIM, de 1966, como sendo de origem macua e árabe (ver ANTT, SCCIM nº 417, fls. 188-203).

"O Distrito de Moçambique que constitui sem dúvida o centro de polarização negra no Norte da Província, representando a maioria da população islâmica e tendo como fulcro as numerosas confrarias muçulmanas sediadas na Ilha de Moçambique.

Caracteriza-se por uma profunda ortodoxia e riqueza ritual, bem como por uma amálgama de tradições e práticas eivadas de magia e superstições locais.

Dentro do sunismo, que engloba a maior parte dos islamitas da Província, quer de origem indiana, paquistânica ou autóctone [...], o Distrito de Moçambique mantém uma maior imobilidade e uma perfeita simbiose de tribalismo e feiticismo e, em certa medida, uma boa dose de tolerância e aculturação perante a influência portuguesa."[38]

Para que o seu programa de atracção das lideranças islâmicas pudesse ter sucesso, Amaro Monteiro assumiu uma *persona* peculiar no quadro dos actores sociais do poder colonial português. É curioso como a entrevista, logo no início, aborda essa identidade em círculos de aproximação sucessivos. AbdoolKarim Vakil começa por recordar um episódio que o entrevistado lhe teria relatado noutra ocasião, aludindo a um evento em que tanto o discurso do representante do Estado português como o do representante da comunidade islâmica haviam sido escritos pelo próprio Amaro Monteiro, nos bastidores e sem que nenhum dos dois o soubesse. A ser verdade, este episódio revelaria uma componente de teatralidade pela qual Fernando Amaro Monteiro adoptaria a função, mais ou menos demiúrgica, de um guionista e encenador tal que, nas suas mãos, a política oficial ficaria reduzida a um jogo de espelhos contraditoriamente opacos. Veremos que esta componente não é, nem pode ser, inteiramente elidida na acção de Amaro Monteiro. Seja como for, na sequência da entrevista este descarta a ocorrência daquele episódio, deixando transparecer algo de substancialmente distinto: todo um exercício de *mediação* arquitectado entre as autoridades portuguesas e as lideranças muçulmanas de Moçambique.

Na literatura científica, o conceito de "mediação" tem sido vinculado, sobretudo, a duas práticas: a intermediação entre partes litigantes em situações de conflito[39], por um lado, e a construção de pontes dialógicas, tanto entre diferentes gru-

---

[38] Texto produzido pelo Grupo de Trabalho sobre Assuntos Islâmicos, presidido por Fernando Amaro Monteiro, intitulado "Breve esquemática do pensamento muçulmano, com vista à inserção e caracterização do movimento Wahhabita", e que, no Arquivo da Torre do Tombo, pode ser encontrado conjuntamente com a Informação (Secreta) da Direcção-Geral de Segurança, Delegação de Moçambique, "Actividades Islâmicas em Moçambique", Proc. P-57-A/SR-1, exemplar nº 2437/72/DI/2/SC, 31 de Julho de 1972, in ANTT / PIDE-DGS, SC, Proc. 6037 CI (2), pt. 2, "Movimento 'Wahhabita' ou 'Unitários'", fls. 15-16.

[39] A literatura sobre este tema é bastante vasta, cobrindo o papel da mediação nos mais diferentes cenários de tensão ou de conflito aberto: guerras, sistema judicial, gestão empresarial, relações familiares, sistema de ensino, etc. Cito apenas alguns títulos exemplificativos: Aubert 1963; Merry 1979; Greenhouse 1985; Conlon e Fasolo 1990; Kriesberg 1991; Ferstenberg 1992; Bercovitch 1996; Johnson e Johnson 1996; Wall Jr., Stark e Standifer 2001; Wall Jr. e Druckman 2003.

pos sociais ou étnicos como entre actores localizados em pontos diversos no seio de uma mesma comunidade[40]. No primeiro tipo de práticas, o mediador aparece como um pacificador; no segundo funciona como um tradutor cultural. Reportando-me ao exemplo de que me vou ocupar – mas também ao que a literatura científica tem mostrado –, diria que o mediador em causa reteve e articulou essas duas funções, as quais surgem, aliás, frequentemente interligadas nos mais diferentes quadros: o mediador só preenche o papel de pacificador entre duas facções conflituantes na medida em que consegue traduzir para cada uma o mapa epistemológico da rival. Percebe-se, assim, que a inteligibilidade desta dupla vertente da mediação pressuponha toda uma teoria da tradução capaz de superar os impasses da incomensurabilidade kuhniana.

De acordo com Carol Greenhouse, a mediação "[...] é um modo triádico de resolução de disputas, envolvendo a intervenção de uma terceira parte neutral por convite dos disputantes, cujo resultado é um acordo bilateral entre os disputantes" (1985: 90). Assim, ao introduzir o terceiro pólo numa relação aparentemente dual, a mediação representa um acréscimo de complexidade, desde logo pela ambivalência que transporta. O mediador não é, necessariamente, uma figura neutral flutuando acima dos contendores e empenhada na produção de consensos em nome de um desígnio de coesão social. De facto, os mitos funcionalistas da integração sistémica, da coesão, da normatividade partilhada impregnam boa parte da literatura sobre práticas de mediação[41]. Quase todos convergem para associar o exercício da mediação a uma exigência mirífica de "neutralidade". O exemplo de Fernando Amaro Monteiro mostra que a mediação é, antes de mais, um processo identitário em que o sujeito se imagina no papel (entre o paternal e o maternal) de um aproximador entre dois contendores ou entre duas partes potencialmente conflituantes. Não existe mediação sem a auto-representação desse papel. A mediação pode ser, como se verá, preventiva em relação a um conflito que não estalou ainda, mas cuja possibilidade é antecipada (imaginada). O que importa, porém, realçar é que o mediador não tem de ser forçosamente neutral: ele pode estar, objectiva e subjectivamente, ao serviço de um dos pólos em confronto. Na verdade, ele pode mesmo emanar de um deles. Contudo, para se colocar no espaço identitário da

---

[40] Entre uma diversidade igualmente grande de referências nesta categoria de estudos, podemos citar: Wolf 1956; Geertz 1960; Silverman 1965; Löffler 1971; Szasz 1994; Wells 1983; Gentemann e Whitehead 1983; Hagedorn 1988; Taylor 1996.

[41] Os exemplos são legião. A própria associação entre mediação e "gestão de conflitos" reforça o cunho normativista e cognitivista-racionalista destas abordagens, dominadas pela ideia de uma "intencionalidade" do comportamento humano. Mais uma vez, limito-me a alguns casos representativos: Wolf 1956; Witty 1980; Wall Jr, Stark e Standifer 2001. Mesmo aqueles trabalhos, como Comaroff e Roberts 1981, que pretendem romper com um paradigma centrado na dominância das normas, nunca questionam os fundamentos do cognitivismo e do intencionalismo.

intermediação, o mediador não se pode identificar inteiramente com uma das polaridades. Ele tem de estar um pouco à margem, desfocado ou excêntrico em relação ao pólo de onde emerge, ou porque possui uma agenda pessoal que excede qualquer um dos pólos, ou porque se sente dividido e partilhado nas suas empatias. O mediador é, por assim dizer, um *insider outsider*, que se auto-representa e se apresenta aos outros enquanto tal. Diga-se, aliás, que para a mediação funcionar importa que estes o reconheçam dessa forma, especialmente se forem a parte subalternizada numa relação de poder susceptível de evoluir para um conflito aberto. Portanto, a mediação constitui também o lugar de uma certa ambivalência – aspecto a que Taylor, por exemplo, foi sensível na sua descrição da trajectória do Capitão Hendrick Aupaumut, um moicano que, nos anos 90 do século XVIII, agiu como mediador entre as instâncias emergentes dos Estados Unidos e as tribos de nativos-americanos do Nordeste (1996: 451-452).

O propósito da minha análise será mostrar que o percurso de Fernando Amaro Monteiro no sistema colonial português articula todas estas dimensões, e isso aparece de forma clara logo nas primeiras páginas da entrevista. No que toca à administração portuguesa, o pendor "guionista" de Amaro Monteiro é aí assumido na sua quase literalidade: tratava-se, "simplesmente", de escrever os discursos que os Governadores-Gerais deveriam dirigir às comunidades muçulmanas de Moçambique, recriando as idiossincrasias retóricas de cada um. Todavia, quando se foca o relacionamento com as lideranças islâmicas, o processo de construção do "real", por via de uma orquestração das aparências, é muito mais complexo. Amaro Monteiro procurava nada menos do que obter uma certa genuinidade na auto-apresentação dos muçulmanos, genuinidade tanto mais eficaz na imagem de si mesma quanto fosse, paradoxalmente, induzida e construída.

Primeiro passo no processo de mediação: "orquestrar" – o termo é do próprio Amaro Monteiro – os contactos de parte a parte. Numa actuação sempre processada nos bastidores, os muçulmanos começam por ser incentivados a se aproximarem do Governador-Geral: "espontaneidade" calculada, desejada, provocada[42]. Segundo passo: construir a "genuinidade" ou a "espontaneidade" no discurso

---

[42] Este aspecto "artificial" da aproximação das lideranças muçulmanas ao poder português veio, com o tempo, a constituir um problema, como se pode depreender da carta de 26 de Outubro de 1972 que Amaro Monteiro enviou ao Chefe da Repartição do Gabinete do Governo-Geral de Moçambique, em resposta a uma solicitação feita em nome do Governador-Geral, Manuel Pimentel dos Santos. Nessa carta o autor manifestava a seguinte preocupação: "A presença dos Chefes da Província nas solenidades islâmicas tem decorrido de convites formulados por entidades representativas das respectivas comunidades; tais convites foram, como saberá, provocados. Se é certo isso haver sido sempre feito o mais discretamente possível, verdade é também que veio a aumentar (segundo pude compreender) o número de muçulmanos que se foram apercebendo do processo de gestação dos convites [...]" (in Monteiro 1993a: 417-418).

SOBRE A MEMÓRIA E OS SEUS DISCURSOS

muçulmano perante o poder português, de modo a credibilizá-lo (e a legitimá-lo) junto da comunidade islâmica mais alargada: "Sugeria-lhes aí o correcto e o credível, para tudo parecer sincero". Em relação a este aspecto, absolutamente crucial, as declarações na entrevista revelam um conjunto de cuidados e de procedimentos retóricos que Amaro Monteiro pretendeu incutir na oratória das lideranças muçulmanas: evitação sistemática das fórmulas estereotipadas do "patriotismo", supressão dos "vivas" no final dos discursos, etc. É nesta articulação que, a meu ver, o mediador joga com a sua condição ambígua de *insider outsider*, um pouco (mas não demasiado) descentrada no quadro das configurações da administração colonial e das suas dinâmicas de poder. Como se, passado o efeito de resistência inicial, a estranheza suscitada pela sua posição, aparentemente deslocada ou desfocada em relação aos lugares visíveis do poder, fosse, perante os muçulmanos, a condição mesma do seu sucesso *enquanto mediador*. Referimo-nos, naturalmente, à interpretação fornecida por Amaro Monteiro nos seus textos e nas suas entrevistas. Nessa concepção, o lugar do mediador é calculadamente retirado e discreto. Lugar de uma centralidade que só o é porque permanentemente denegada:

> "[...] Apercebiam-se de que eu fazia o *serviço de Portugal*, mas não era político na acepção normal da palavra e não estava nada interessado em assistir de varandim às coisas! Pois eles perguntavam-me, enfim, e espantavam-se muito de não me verem entrar no *"show"*: *"O senhor Dr. onde é que fica, qual é o seu lugar?"*. Eu respondia: *"Não quero, não quero nada. Só estou a fazer o que tenho de fazer. Fiquem os senhores, que têm importância para isso, fica o Governador-Geral, e eu retiro-me"*. Eles habituaram-se a essa minha posição, mas inferiam: "Este homem é um misto de idealista e de pragmático... está a servir Portugal, mas não se parece no fundo com eles"."

Insider outsider também no interior do aparelho de poder português, como Amaro Monteiro gosta de frisar ao longo da entrevista, sempre encarado (pelas chefias militares, pelos agentes da PIDE/DGS) como não totalmente enquadrável, como relativamente imprevisível face às tradicionais coreografias do poder (mas aqui tocamos nos aspectos mais complexos da autoconstrução da *persona* que Amaro Monteiro também é). Por outro lado, ele salienta como esse efeito de estranheza não deixava de se combinar com a desconfiança e a reserva dos muçulmanos em relação à administração portuguesa, atitudes que, como é reconhecido em diversos pontos da entrevista, nunca cessaram por completo, fruto como eram de um historial longo de hostilidade e de fechamento desse poder para com o Islão.

Se, na entrevista, Fernando Amaro Monteiro afasta um cenário em que os actores em presença se teriam limitado à elocução de falas previamente redigidas ou concebidas por si, se a dimensão da teatralidade não vai, portanto, ao ponto de colonizar integralmente a "agência social", nem por isso ele deixa de se auto-investir na imagem manipulatória do "orquestrador", do "encenador" ou até mesmo do *puppeteer*:

> "Não há dúvidas nenhumas: quando em presença estavam, pura e simplesmente, a fazer aquilo que eu tinha indicado antes a cada um deles, e às vezes até com ensaio o mais confidencial possível. Todo o atar de fios e toda a conjugação acção/reacção por parte das comunidades islâmicas e do Governo Geral, só eu por vezes a conhecia [...]."

Assim, a *persona* de Amaro Monteiro constrói-se na intersecção do mediador e do "orquestrador", tal que o primeiro não consegue existir sem o segundo.

Mediação, pois, entre o poder português e as comunidades islâmicas, assente no desencadear de comportamentos que, de outro modo, não teriam lugar. Mediação puramente instrumental, visando um resultado político muito focalizado e, diríamos, restringido ao espaço e ao tempo da guerra que então se combatia em Moçambique – e daí as constantes referências de Amaro Monteiro à urgência e à pressa na obtenção de resultados, constrangimentos que teriam limitado ou condicionado o travejamento científico das abordagens seguidas.

Entretanto, e sem sair dessa instrumentalidade, a mediação também se deu no seio de uma "comunidade muçulmana" já profundamente dividida em sectores rivais e hostis. Para se perceber o alcance da intermediação ensaiada, nesse contexto, por Amaro Monteiro, convém recordar que, nos primeiros anos da década de 70, um conflito interétnico de identidades não era um cenário a excluir do Islão moçambicano e representava tudo aquilo que o poder colonial menos desejava, pois iria inevitavelmente acrescentar-se, de forma incontrolada, à guerra em curso. As rivalidades identitárias entre diferentes facções sociais e étnicas do Islão podiam interagir com a força obtida do reconhecimento concedido pelas autoridades oficiais. Tal interacção daria origem, muito provavelmente, a processos centrífugos para os quais essas autoridades não estavam preparadas. E um dos principais problemas estava a ser levantado pelo surgimento, no início dos anos 70, de uma forte corrente wahhabita no sul de Moçambique. Ela constituía um sério risco para a estratégia portuguesa apostada em controlar e cooptar os muçulmanos da região (Monteiro 2004: 110-111; Macagno 2006: 100-102). O wahhabismo, com a sua intolerância perante o menor desvio em relação à norma islâmica – pressupondo, desde logo, a possibilidade de a localizar no meio da imensa pluralidade que percorre o Islão vivido –, denunciava as práticas das confrarias islâmicas como uma inaceitável "inovação" (*bid'a*). Tratava-se de uma crítica que misturava as habituais suspeitas fundamentalistas relativamente ao misticismo e à ritualidade própria dos sufi com o menosprezo destinado a formas de "sincretismo" religioso, as quais se julgava caracterizarem as ordens muçulmanas do norte de Moçambique. Os recém-emergentes wahhabitas classificavam-nas sob os epítetos de "obscuran-

SOBRE A MEMÓRIA E OS SEUS DISCURSOS

tismo" e de "ignorância" face à "verdadeira" religião islâmica – categorização que, de resto, partilhavam com a visão orientalista dominante entre os islamólogos portugueses, conforme Liazzat Bonate tem sublinhado nos seus estudos (Bonate 2008).

As colisões entre os dois lados do Islão moçambicano subiram de tensão a 10 de Dezembro de 1971, na mesquita Anuaril Islamo de Lourenço Marques, quando o mais proeminente representante do wahhabismo local, Abubacar "Mangira", ridicularizou dois eminentes "xehes" sufi da Ilha de Moçambique, Said Mujabo e Said Bakr, diante de uma congregação composta por 800 membros. Na sequência deste episódio, os dirigentes das confrarias e de associações sufi enviaram uma queixa formal ao Governador-Geral[43]. A nova política islâmica das autoridades portuguesas estava a arrastá-las para um conflito identitário e interétnico que dividia os muçulmanos de Moçambique e que depressa podia assumir proporções volumosas.

Um ano mais tarde, a clivagem que opunha os muçulmanos "conservadores" aos "reformistas" wahhabitas – ainda que esse "reformismo" significasse o retorno a uma suposta pureza original do Islão – levou o *Sharif* Said Bakr, cuja autoridade se estendia a dezenas de ramos da Qadiriyya Sadat (uma confraria islâmica) no norte de Moçambique, a ameaçar que desencadearia, em poucos dias, uma série de levantamentos violentos em três distritos se a administração portuguesa cedesse às pressões dos seus opositores wahhabitas (Monteiro 1989c: 85; Alpers 1999: 182; Cahen 2000: 582). É de realçar que esta declaração, comunicada ao próprio Amaro Monteiro, foi feita a 15 de Agosto de 1972, no pleno momento em que se celebrava o apoio dos dignitários islâmicos à publicação dos *Hadiths* encenado pelo poder colonial. Segundo Monteiro, tal ameaça devia ser levada a sério atendendo à influência de Said Bakr sobre milhares de muçulmanos. Parecia, pois, que a concessão, milimetricamente regulada, da auto-estima a comunidades que antes se sentiam marginalizadas corria o risco de gerar uma situação incontrolável.

Na verdade, a ameaça feita por Said Bakr surgiu no seguimento de uma complexa operação de mediação, referida na entrevista mas tratada com maior detalhe noutros textos (Monteiro 1989d, 1993a). Essa operação consistiu em reunir vinte dignitários islâmicos, previamente identificados através do Questionário que Amaro Monteiro desenhou em 1965 e fez aplicar em 1966, de modo a que autenticassem, numa cerimónia pública, a versão portuguesa de uma selecção dos *Hadiths* compilados por al-Bokhari, primeiro passo para comprometer esses líderes proeminentes com a esfera dos interesses portugueses e para estabelecer um

---

[43] Sobre estes acontecimentos, ver Monteiro 2004: 110, Bonate 2008, e o texto do Grupo de Trabalho sobre Assuntos Islâmicos, "Breve esquemática do pensamento muçulmano, com vista à inserção e caracterização do movimento Wahhabita" (ANTT, PIDE-DGS, SC, Proc. 6037 CI (2), pt. 2, "Movimento 'Wahhabita' ou 'Unitários'", fl. 17).

órgão, o *Ijmâ* ou "Conselho de Notáveis", que fosse a face visível e institucional desse compromisso[44] (Monteiro 1989c: 83-84).

Ora, a estratégia delineada por Fernando Amaro Monteiro não visava a pura e simples exclusão da corrente wahhabita, apesar de todos os cuidados preventivos que as autoridades portuguesas mantinham contra ela. Procurou-se antes inscrevê--la numa moldura em que ficasse diluída, eventualmente enquadrada pelo poder colonial. Desse modo, na citada cerimónia de autenticação da publicação dos *Hadiths*, quatro dos dignitários islâmicos presentes pertenciam a essa corrente e tiveram a oportunidade de votar em minoria contra o parecer relativo à *bid'a* que constava do texto final da *Selecção de Hadiths*[45], muito embora subscrevessem igualmente a declaração em que se recomendava aos fiéis muçulmanos a leitura dessa edição. Como se isso não bastasse, o discurso principal, feito em nome dos dirigentes islâmicos presentes, coube ao "Xehe" Momade Issufo, de Lourenço Marques, uma figura importante do wahhabismo local – facto que recebeu destaque no cartaz de propaganda com que o Gabinete Provincial de Acção Psicológica de Moçambique difundiu, em Novembro de 1972, a cerimónia de autenticação da edição dos *Hadiths*[46]. Escusado será dizer que tudo isto pressupõe um trabalho de

---

[44] Sobre o projecto, concebido por Fernando Amaro Monteiro, de instaurar o *Ijmâ* como um órgão aparentemente destinado a propósitos religiosos, mas que, de facto, deveria envolver os dignitários islâmicos de Moçambique no apoio à causa de guerra portuguesa, há um conjunto de documentos relevantes nos arquivos dos SCCIM, todos assinados por Amaro Monteiro, dos quais importa realçar a Informação nº 19/70, de 31 de Julho de 1970, ANTT, SCCIM nº 420, fls. 16-23, e o Anexo à Informação nº 22/70, 26 de Setembro de 1970, ANTT, SCCIM nº 420, fls. 96-100, bem como Informação nº 11/971 dos SCCIM, 29 de Maio de 1971, ANTT, SCCIM no. 413, fls. 118-124. A nota 35, na secção II da entrevista, explora estes documentos com maior detalhe.

[45] O parecer referia o seguinte: "Deve ser repelido quem quer que introduza na nossa fé uma inovação (*bid'a*) que nela se não fundamente" (*Selecção de Hadiths – Tradições Muçulmanas: Versão Portuguesa Resumida*. Lourenço Marques: Edição Popular, 1971: 14). A discussão no seio dos vinte dignitários islâmicos que precedeu a cerimónia da autenticação dos *Hadiths* foi acesa, por vezes mesmo violenta (chegando às ameaças de morte), e só veio aprofundar as fracturas entre o Islão das confrarias e o Islão wahhabita (Monteiro 1993a: 284). Amaro Monteiro teve aí a oportunidade de exercitar, desta vez no interior da comunidade islâmica, as suas qualidades de mediador. Este episódio aparece comentado, com algum pormenor, na entrevista que se segue.

[46] Como disse antes, isto não significa que não se mantivesse de pé uma política de desencorajamento ou de restrição à expansão do wahhabismo – ou do que era identificado como tal –, como se pode ver pelo parecer particular que, a 28 de Abril de 1973, Fernando Amaro Monteiro endereçou ao Governador-Geral de Moçambique, no qual aconselhava a que fosse indeferido um memorando entregue pelo Maulana Aboobacar Hagy Mussá Ismail, de tendência wahhabita, no qual se solicitava autorização para a construção, em Lourenço Marques, de uma mesquita, de uma escola para o ensino da língua portuguesa e da doutrina islâmica e de um colégio para rapazes e raparigas (em blocos separados). Amaro Monteiro receava que o deferimento desse pedido pudesse ser interpretado como significando um comprometimento das autoridades portuguesas com o sector wahhabita – precisamente aquilo contra o qual o *Sharif* Said Bakr expressara a sua ameaça durante o conturbado processo que levou à ratificação

intermediação e negociação entre facções cuja ruptura aberta fazia perigar os equilíbrios que Amaro Monteiro tentava criar.

Um aspecto importante para se entender a posição de Fernando Amaro Monteiro enquanto mediador tem que ver com a sua actuação sempre que, no seio do sistema colonial e do conflito que estava a ser travado, emergiam instâncias de mediação potencialmente rivais ou concorrenciais da sua. De facto, houve pelo menos dois actores que procuraram posicionar-se no terreno de modo a poderem servir de mediadores entre as autoridades portuguesas – ou entre o "poder português" na sua vertente mais difusa – e as comunidades muçulmanas (especialmente as de Moçambique, embora as da Guiné-Bissau fossem também consideradas). Refiro-me, antes de mais, a algumas figuras da hierarquia católica, e, sobretudo, ao então Bispo de Vila Cabral (actual Lichinga) D. Eurico Dias Nogueira. Conforme Amaro Monteiro reconhece na entrevista, a primeira mensagem aos muçulmanos lida por Baltazar Rebelo de Sousa foi directamente inspirada por outra iniciativa: a já referida *Carta Fraterna aos Muçulmanos* que o Bispo de Vila Cabral havia redigido e divulgado em Setembro de 1966. Nessa iniciativa, uma figura relevante da Igreja Católica ensaiara, pela primeira vez, uma aproximação ao Islão local, sem devaneios de proselitismo cristão, que não deixaria de ser interpretada como tentativa de mediar entre "portugueses" e "muçulmanos" – dada a identificação, constantemente reiterada pelos ideólogos e responsáveis do regime, entre "catolicismo" e "portugalidade". Ora, ao montar todo o cenário (e todo o conteúdo) da comunicação do Governador-Geral às populações muçulmanas, o que Fernando Amaro Monteiro empreendeu foi, num certo sentido, reabsorver ou deslocar o tipo de iniciativa encetada por Dias Nogueira para o interior de uma prática de mediação que se pretendia única, e que ele mesmo protagonizava na qualidade de representante do Estado português. Essa deslocação tinha, pois, como objectivo ocupar inteiramente o espaço da mediação, com a supressão tendencial de todas as iniciativas rivais ou paralelas. Mais uma vez, não resisto a antecipar aqui uma passagem da entrevista em que Amaro Monteiro interpreta, de forma desassombrada, o "projecto Vila Cabral" como uma instância concorrencial que disputava os seus próprios esforços (de mediação) para atrair os muçulmanos de Moçambique:

> "Em termos de estratégia, face à acção do poder político, era uma competição fortíssima. Era "competição" tudo o que nesse momento retirasse iniciativa ao Estado, mesmo que fosse lançado com o melhor propósito possível e quiçá também contasse a

---

da publicação dos *Hadiths*. Note-se que os termos do citado memorando justificavam a necessidade de uma nova mesquita com o argumento confrontacional de que os locais de culto do Islão existentes em Lourenço Marques eram administrados por dirigentes pouco habilitados em matéria de religião islâmica. Sobre tudo isto, ver Monteiro 1993a: 411-413.

MOÇAMBIQUE MEMÓRIA FALADA DO ISLÃO E DA GUERRA

favor do Estado. E era uma competição "perigosa", efectivamente era, na medida em que podia fugir a controlo, porque a situação não era de maneira nenhuma propícia a que surgissem iniciativas "esparrinhando" e que amanhã não se pudessem estancar num caso de necessidade. A situação era de alto risco, emergência, era uma situação de guerra, exigia respostas muito disciplinadas, muito concatenadas, sem intromissões lateralmente ao comando ou na escala de competência deste."

Por conseguinte, a percepção do risco de fuga ao controlo determinava a supressão de qualquer mediação rival. E todos os candidatos a mediadores que não passassem pelo programa centralmente controlado (por Amaro Monteiro) entrariam automaticamente na categoria de competidores indesejáveis. O outro caso integrável nessa categoria, e porventura ainda mais interessante do que o do Bispo de Vila Cabral, foi o de Suleiman Valy Mamede, fundador e primeiro Presidente da Comunidade Islâmica de Lisboa (CIL). O interesse radica no facto de se tratar de um muçulmano que desejava colocar-se em posição de *pivot* privilegiado nas relações de mediação entre as comunidades islâmicas e a administração portuguesa. Não disponho aqui de espaço para uma análise prolongada do braço-de-ferro que, em grande medida, se desenrolou entre ele e o aparelho de poder colonial, e no qual Fernando Amaro Monteiro desempenhou um papel decisivo – conflito, também ele de bastidores, que podemos reconstituir através dos arquivos dos SCCIM e da PIDE/DGS e que abordei mais detalhadamente noutro lugar (Machaqueiro 2011). Direi apenas que, mercê das suas actividades, a estratégia de Valy Mamede para afirmar o Islão no "espaço português" foi percepcionada como querendo duplicar, ilegitimamente, o modelo centralista por meio do qual Portugal insistia em subordinar as "províncias ultramarinas". Ou seja: o dirigente muçulmano foi acusado de querer unificar toda a comunidade islâmica "portuguesa", centralizando-a em Lisboa, de modo a que nela os muçulmanos das colónias ficassem diluídos e Mamede pudesse ser investido como seu dirigente máximo. Tal era a percepção de Amaro Monteiro que, a 4 de Março de 1969, redigiu a Informação nº 7/969[47], classificada como secreta, e cuja designação do "assunto" era, por si só, uma síntese das intenções atribuídas a Valy Mamede: "Hegemonia da Comunidade Islâmica de Lisboa sobre as restantes comunidades maometanas do Espaço Português". Aí Monteiro escrevia o seguinte:

> "O procedimento da Comunidade Islâmica de Lisboa, ao nomear delegados em Moçambique, afigura-se determinado pelas intenções do seu Presidente, Suleiman Valy Mamede [...].

---

[47] ANNT, SCCIM, nº 420, fl. 55.

SOBRE A MEMÓRIA E OS SEUS DISCURSOS

O objectivo pretendido pelo indivíduo em causa está, de resto, latente na sua própria obra "Maomé e o Islam", onde o autor explana a necessidade dos chefes de Estado muçulmanos e dos representantes das comunidades islâmicas dos Países não maometanos se reunirem em conferências periódicas."

Numa carta endereçada ao Ministro do Ultramar a 13 de Março de 1969[48], o então Governador-Geral de Moçambique, Baltazar Rebelo de Sousa, reiterava os argumentos de Fernando Amaro Monteiro, afirmando que "o Sr. Suleiman Valy Mamede pretende, a longo prazo, levar a sua associação a obter a hegemonia sobre todas as comunidades maometanas do espaço português e ser considerado, perante o estrangeiro, como representante dos muçulmanos portugueses". Sempre atento às movimentações do Presidente da CIL, Amaro Monteiro produzirá, em Julho de 1970, a Informação 19/70 dos SCCIM[49], peça fundamental para se perceber mais a fundo a percepção que as autoridades tinham do comportamento de Valy Mamede e os argumentos que acabarão por ditar o desfecho do seu relacionamento acidentado com a administração portuguesa:

> "Na verdade, o Sr. Valy Mamede é apenas Presidente da Comunidade Islâmica de Lisboa e compete-lhe exclusivamente, julgo, reportar-se ao que a esta diz respeito.
> Tudo o mais constituirá da sua parte – pelo menos em relação a Moçambique – uma intrusão nos assuntos internos da Província, a menos que os Estatutos da Comunidade de Lisboa lhe confiram poderes para alastrar a sua acção a todo o espaço português. Caso assim tenham sido aprovados, permito-me reputar tal facto como perigoso e prejudicial para a política que, pelo menos em Moçambique, se vem desenvolvendo com vista a controlar e accionar as massas islâmicas."

No caso específico de Suleiman Valy Mamede, a disputa pela apropriação do papel de mediador confunde-se com a aspiração ao lugar de interlocutor primordial dos muçulmanos junto do aparelho de Estado e com a reivindicação identitária de uma maior visibilidade para o Islão dentro de um sistema que se dizia (e se imaginava) transcontinental. A escala deste projecto, simultaneamente pessoal e colectivo, e a suspeita do seu impacto potencialmente incontrolável sobre as malhas muçulmanas que Amaro Monteiro queria manobrar, conduziram este último a opor-se com a maior veemência ao protagonismo de Valy Mamede. Enquanto que a centralidade supostamente desejada pelo Presidente da CIL poderia revestir-se de todas as consequências centrífugas face aos interesses do poder português, a centralidade de um órgão como o "Conselho de Notáveis", porque "provocada" e "orquestrada" por Amaro Monteiro, cumpria na perfeição o deside-

---

[48] ANNT, SCCIM nº 420, fls. 58-60.
[49] ANTT, SCCIM nº 420, fls. 16-23.

rato do controlo. Com efeito, este é um aspecto pouco enfatizado pelos estudiosos que se debruçaram sobre as tentativas de instrumentalização do Islão no contexto da Guerra Colonial: o *Ijmâ* foi pensado *também* para conter os "excessos" de protagonismo de Valy Mamede, ou seja, para impedir que ele se tornasse esse "elemento de influência incalculável" a que Baltazar Rebelo de Sousa aludira na missiva acima citada[50].

Assim sendo, as relações de mediação entre Fernando Amaro Monteiro e as comunidades islâmicas de Moçambique foram inseparáveis das teias de poder inerentes ao contexto da guerra e aos esforços de preservação do *status quo* colonial. De algum modo, elas só operavam *enquanto* relações de poder, pois o mediador e os alvos primeiros da mediação não ocupavam, nem podiam ocupar, exactamente o mesmo plano numa hierarquia relacional.

*

*   *

Muito fica por dizer nesta abordagem, inevitavelmente limitada, de um percurso tão multifacetado como foi o de Fernando Amaro Monteiro. De fora fica, por exemplo, a análise comparativa numa escala transnacional, único meio de aferir a particularidade e a originalidade da política relativa ao Islão que Amaro Monteiro tentou instituir na paisagem colonial portuguesa. Com efeito, antes e depois da Segunda Guerra Mundial, a administração francesa nas suas colónias subsaarianas tinha já procurado atrair as lideranças muçulmanas locais para um sistema de colaboracionismo e dependência, recorrendo, entre outras tácticas, ao apoio oficial a peregrinações a Meca (Harrison 1988: 34, 38-40, 107, 122-123; Robinson e Triaud 1997). Monteiro, que aprofundou os seus estudos do Islão na Faculdade de Letras de Aix-en-Provence, entre Dezembro de 1967 e Junho do ano seguinte, não ignorava certamente as experiências que a França colonial tinha ensaiado na África Ocidental. Apesar disso, sabemos que o plano por ele concebido é anterior à sua estada em França e ao seu contacto mais próximo com um putativo modelo francês.

Seja como for, um estudo comparativo não teria de estar confinado a procurar uma origem francófona ou anglófona para a experimentação levada a cabo pela administração portuguesa, reduzindo-a a causalidades de importação. Mais relevante do que isso, uma abordagem de âmbito transnacional serviria, neste caso, para situar dentro de lógicas coloniais e imperiais mais vastas a "governança" do Islão ensaiada por Amaro Monteiro, ciente de que aquelas atravessaram e condi-

---

[50] O texto da Informação 19/70 dos SCCIM é inequívoco a esse respeito, quando Amaro Monteiro decide instilar a ideia do *Ijmâ* entre os dignitários muçulmanos de Moçambique com que reuniu no rescaldo da visita efectuada por Valy Mamede a esse território em Maio de 1970.

SOBRE A MEMÓRIA E OS SEUS DISCURSOS

cionaram muito do que diz respeito ao colonialismo português, com incidências que só agora começam a ser investigadas (Oliveira 2007; Jerónimo 2010).

Essa abordagem viria, com certeza, reforçar ainda mais a seguinte premissa: a de que é completamente infrutuoso pautar a interpretação da trajectória de Fernando Amaro Monteiro por um qualquer espartilho analítico. Numa História disputada por leituras fortemente investidas de ideologia, a poeira dos conflitos que alimentaram uma parte fundamental do século XX não assentou ainda, tornando assim difícil sobrepor-lhe a equidade do distanciamento – sem que este, todavia, se possa jamais confundir com uma impossível neutralidade. Ainda assim, se alguma "moral da história" pode ser retirada do convívio com as muitas marcas textuais que Amaro Monteiro foi deixando no seu percurso – a que se acrescenta o privilégio de outro convívio, pessoal e próximo – é que nos devemos resguardar de todo o juízo unidimensional. O significado de uma figura de Amaro Monteiro não tolera, desse modo, uma história a preto-e-branco. Assim saibamos nós estar à altura dos desafios que a sua pluralidade vivencial acarreta.

Entrevista
de AbdoolKarim Vakil a Fernando Amaro Monteiro

*Notas de AbdoolKarim Vakil, Sandra Araújo, Mário Machaqueiro
e Fernando Amaro Monteiro**

---

* Entre a pesquisa inicial, desenvolvida em 2004 por AbdoolKarim Vakil, e o momento da publicação do presente livro, o Arquivo Nacional da Torre do Tombo alterou as cotas respeitantes aos fundos dos SCCIM. Dado que as notas originais se reportavam às antigas cotas, procurou-se encontrar as cotas actuais para as referências efectuadas. O imenso volume da documentação não permitiu, porém, que essa identificação fosse realizada para todos os documentos citados, pelo que alguns, felizmente poucos, são apresentados sem a cota que lhes corresponde actualmente.

|

AKV: Estas nossas conversas têm por tema a ambiciosa e, no quadro da história colonial portuguesa, inédita tentativa de elaboração de uma política islâmica pela Administração Portuguesa em Moçambique no contexto da guerra. Os objectivos, que orientaram o guião de perguntas que preparei são, essencialmente, três. O primeiro é o arquivar de um testemunho. Há uma dimensão desta história que tem a ver com a sua experiência de todo este processo em primeira mão; essa, para mim, é a dimensão principal. Não, portanto, primariamente o seu contributo como historiador, que também é, deste período; não é o autor das publicações e conferências com que tem contribuído para o historiar desse mesmo processo, que me interessa ouvir aqui. A ele já o li! É o registo da memória que me interessa. O segundo é o contribuir, com a publicação desta conversa entre memória e história, entre participante e historiador, para o historiar do processo em causa, e da relação entre Portugal e o Islão, em Moçambique, mas não só. Portanto: arquivar um testemunho, e historiar um processo. Há ainda um terceiro objectivo que se prende com a vertente historiográfica do estudo desta questão, que é algo que me interessa a mim particularmente. Temos, integrado nos Arquivos Nacionais na Torre do Tombo, o espólio documental dos Serviços de Centralização e Coordenação de Informações de Moçambique (SCCIM), mais concretamente, parte, a parte extante, do próprio Arquivo documental dos SCCIM. Um acervo documental ao qual hoje qualquer estudioso pode ter acesso, mas cuja tarefa interpretativa por um lado, esbarra com uma série de problemas que, por toda uma série de razões, começando pelo próprio tema, são, por outro lado, hoje de particular interesse, senão mesmo de urgente lição. Uma reflexão, portanto, em torno do fazer história e do valor da história. Estes, então, os três objectivos que proponho, e as três vertentes que orientarão as nossas conversas.

Insisto ainda sobre a implicação da primeira vertente: a questão do registo. Temos primeiro a documentação, que representa, por assim dizer, a matéria bruta da sua acção num dado momento histórico, concretamente a documentação do período entre 1965 e 1974 que está no arquivo dos SCCIM. Há depois o momento que representa uma espécie de primeira tentativa, da sua parte, de narrar, a quente, e por cima dos acontecimentos esse processo: é o momento *da Carta Aberta aos Muçulmanos de Moçambique Independente (1975)*, que representa não já a sua experiência no terreno, mas um modo de organizar psicológica e emocionalmente essa experiência. O terceiro momento é o dos artigos que, entretanto, são publicados na *Africana* e têm a ver com a tese que, entretanto, estava a escrever para o doutoramento. E, finalmente, a publicação (1993) do livro *O Islão, o Poder e a Guerra (Moçambique 1964-1974)*. Há, de certa forma, um processo de consolidação desta narrativa que, entretanto, aqueles que se dedicam ao tema vão reproduzindo, principalmente, a partir dos seus artigos na *Africana* e da sua tese.

O que creio acontecer nesse processo é que há duas coisas que se perdem; e a partir do facto de que os trabalhos académicos que se têm vindo a publicar naturalmente partem da tese de doutoramento e dos artigos na *Africana*, ficam perdidas duas vertentes ou duas dimensões fundamentais e riquíssimas da história deste processo. Uma delas, é a que está fortissimamente presente na *Carta Aberta*, que é, digamos assim, uma dimensão ...

FAM: afectiva.

AKV: ... afectiva, exacto, ...

FAM: fortíssima.

AKV: ... que levanta questões e implicações, subjacentes a todo este processo, que é imperativo aflorar, como até agora não têm sido. A segunda, embora mais difícil de explicar, é todavia também muito simples: escrevendo como historiador, o professor refere-se, distanciadamente, a um processo, uma administração, a comunidades muçulmanas; escreve que há uma abertura por parte da administração portuguesa, quando muito protagoniza o Governador-Geral em certos momentos... Ora, o que fica omisso em tudo isto, é a singularidade do seu papel, que aparentemente pode não interessar do ponto de vista de quem está a escrever esta história como historiador, mas interessa imprescindivelmente do ponto de vista de quem tenta entender os bastidores de um processo histórico ...

FAM: Lógico.

AKV: E, particularmente, do ponto de vista dum outro olhar sobre este processo, que é onde eu quero chegar através de uma reinterpretação da documentação, tentar perscrutar certas coisas (que daqui a pouco já vou mencionar). Podíamos talvez começar por aqui, pela narração anedótica de um pequeno episódio que certa vez me contou. Avizinhava-se uma certa cerimónia oficial e, de parte a parte, os representantes de ambas as comunidades, um em representação oficial da

Administração Portuguesa, o outro um representante da comunidade islâmica, cada um tendo que preparar um pequeno discurso para essa ocasião, lhe pedem, confidencialmente que escreva os textos que devem ler; de parte a parte! Há uma boa razão para começar por aqui...

FAM: Qual cerimónia?...

AKV: Contou-me, numa conversa, com humor, este episódio em que, tendo de haver discursos de parte a parte, cada um dos representantes lhe pediu ajuda... "como conhece a linguagem oficial e tal", isto é da parte do representante da comunidade islâmica, se poderia fazer o favor de escrever o texto a apresentar e tal..., e da parte da administração portuguesa, como fizeram sempre, recorriam a si para fazer o discurso. Deu-se pois aquele episódio singularíssimo de uma teatralização oficial em que as duas comunidades acabaram discursando uma à outra com as suas palavras. Não sei se recorda...

FAM: Confesso-lhe uma coisa, com toda a franqueza: devo-me ter esquecido, mas não estou a visualizar bem qual seria o líder de que lhe falei na altura! Esse fenómeno, ou essa situação que me refere era constante para a parte oficial, com uma diferença: o discurso da parte oficial era mesmo escrito por mim, sempre; o da parte muçulmana, que me procurava por vezes, era sugerido, tendo sempre a preocupação de aconselhar que o expurgassem de patriotismos bombásticos muito em voga no antigo regime. Sugeria-lhes aí o correcto e o credível, para tudo parecer sincero. Mas aí as lideranças islâmicas ficavam preocupadas não raro, pois estavam habituadas às orquestrações do "activo repúdio" e do "apoio entusiástico" ou "total" e temiam pecar por defeito. Olhavam-me então mesmo com espanto, quase incredulidade, quando lhes explicava que isso eram "chapas" que toda a gente usava mas cheiravam a falso. Ficavam com o meio-sorriso de quem olha um sujeito estranho, cujo "esquema mental" não se percebia bem! Quase assustados...

AKV: E a parte oficial?

FAM: Eu fazia o esforço de me apropriar, na medida do possível, da psicologia individual da entidade que escrevia. Procurava, por exemplo, um tipo de discurso que fosse coadunável quanto possível com o perfil psicológico daquela pessoa específica. Se examinarmos com cautela, por exemplo, as mensagens dos Governadores Gerais às comunidades muçulmanas de Moçambique procuram ser diferentes entre si, vocabular ou estilisticamente. O Dr. Baltazar Rebello de Souza[*] era muito diferente do Eng.º Arantes e Oliveira e o Eng.º Pimentel dos Santos igualmente em relação aos anteriores. Embora fosse difícil, pois cada mensagem era de

---

[*] Obsv. – Fernando Amaro Monteiro utiliza sempre, para se referir ao nome do Dr. Baltazar Rebello de Souza, a ortografia que este usava. Diferente prática segue AbdoolKarim Vakil.

atitude "pastoral", eu procurava o sedimento psicológico de cada um e até a própria formação política e profissional. Repito: na medida em que era possível de se fazer esse desdobramento; como diz, e muito bem, a "teatralização". Agora, da parte muçulmana não me recordo de ter <u>escrito</u> nada, pelo menos na íntegra. Para os discursos dos "Xehes" das confrarias ao Governo, por exemplo, eu perguntava sempre *"o que é que quer dizer?"* e a resposta era *"ah eu queria dizer isto assim ou assado";* o personagem resumia-me o seu discurso, eu perguntava-lhe por detalhes de tempo, lugar, presenças, etc. Depois, num papel fazia-lhe um mero esquema de como começar, como acabar, o tom a dar, a sequência das ideias... Escrever propriamente, ou sequer ditar, nenhum que eu me lembre. Repare: eu procurava levar o interessado a um processo de indução psicológica. Desprendia-o de "chavões". Procurava exercer uma "pedagogia" sibilina, que o levasse à "porta aberta" de uma Administração *verdadeira* (a "Operação Verdade"), que se sentia contrita e precisava dos muçulmanos. Como pode calcular, isso demandava-me enorme cautela por todas as razões!

AKV: Teatralização?

FAM: De certo modo. Não há dúvidas nenhumas: quando em presença estavam, pura e simplesmente, a fazer aquilo que eu tinha indicado antes a cada um deles, e às vezes até com ensaio o mais confidencial possível. Todo o atar de fios e toda a conjugação acção/reacção por parte das comunidades islâmicas e do Governo Geral, só eu por vezes a conhecia, apenas revelando o estritamente essencial e, mesmo assim, nunca a mais de uma ou duas pessoas, para que tudo pudesse continuar; se eu morresse, por exemplo. A primeira vez que o Governador-Geral, como tal, se aproxima das comunidades islâmicas, aproxima como? Porque peço antes a dirigentes islâmicos de Moçambique que aproximem o Governador-Geral: *"digam--lhe qualquer coisa, digam-lhe uma palavra". "Mas o quê, para quê? o que é que vai acontecer a seguir?"*, perguntaram-me. Respondi: *"peço-vos um voto de confiança".* Esse voto de confiança é-me dado; eles aproximam o Governador-Geral, vão cumprimentá-lo assumindo uma representatividade muçulmana colectiva e convidando-o a visitar a mesquita grande de Lourenço Marques, na Rua Salazar, em dia de grande expressividade: o primeiro do Châwwal. O Governador-Geral vai. As coisas correm bem, mas ainda com certa reserva de parte a parte. "Espreitam-se", por assim dizer. Com o secretismo possível, tudo está previsto e encenado. Nada falhou, ao pormenor. Promovo depois que seja expandido entre os muçulmanos o rumor de que o Governador-Geral vai tomar uma atitude que marcará na História de Moçambique, que marcará, inclusivamente, no próprio mundo português. Uma coisa que nunca se vira em séculos... Ficam cheios de curiosidade, naturalmente. Gera-se uma expectativa muito grande. Até receios se geraram: *"O que é que vai acontecer connosco?!"* É-lhes então comunicado que estejam atentos à rádio, jornais, recados, muitos recados. " Estejam atentos porque o Governador-Geral quer falar-lhes". As reacções continuavam: *"O que é que nos vai acontecer? A nossa religião está a trazer-nos problemas. O que é que o Governador-Geral vai dizer? Será que ele vai tratar-nos com consideração?"* A nível das lideranças da capital não havia receio. Pelo contrário, já tinham podido apreciar pessoalmente quão simpático era o Dr. Baltazar Rebello de Souza e tinham, enfim, previsto *"deste homem não nos vai vir mal nenhum", "vai-nos dizer qualquer coisa agradável".* O que nunca imaginaram foi que do Poder colonizador surgisse <u>um discurso muçulmano!</u> Pela primeira vez na História de Portugal no Ultramar...

AKV: Pois.

FAM: Isto foi uma coisa que provocou as reacções mais espontâneas e mais diversas que se possam calcular.

AKV: Essa questão, e esse discurso mais especificamente, são questões a que vou voltar. Agora, estou sobretudo interessado no facto de que pela documentação sabemos que tudo isto é orquestrado por si.

FAM: É.

AKV: E, portanto, a razão para eu ter chamado a atenção para este aspecto logo de início, é a de que a organização do diálogo público, sendo orquestrado por si tem consequências enormes mas está estruturalmente limitada de parte a parte; de parte a parte no sentido em que é o professor a elaborar esse diálogo.

FAM: Limitado na intencionalidade de cada parte?

AKV: Exacto. Portanto, pelo facto de ser uma encenação, digamos assim... Podemos deixar essa questão para depois, mas na medida...

FAM: Estou a fazer um esforço para me lembrar. Normalmente, os contactos todos eram sempre orquestrados por mim, como disse e muito bem: as partes escritas do Poder constituído, sempre eu; na parte muçulmana a minha intervenção era na apresentação e na forma, e, com alguma frequência, na estrutura.

AKV: Pois, é uma questão a que poderemos voltar, a do nível de penetração, portanto, da comunidade...

FAM: O que sugeri várias vezes em relação a textos escritos era, como já referi (e que os deixava até perplexos), a minha observação no sentido de que não fizessem afirmações tonitruantes de patriotismo, "discursos chapa", os abomináveis "regozijo" e "activo repúdio". Eu achava que isso não convencia rigorosamente ninguém, nem os próprios, não é? *"Os senhores não escrevam isso, não é preciso, porque no fundo já estão a mostrar que aderem a uma ordem constituída, que estão dentro da Nação Portuguesa, porque estão a tomar estas atitudes, de maneira que não é preciso dizer coisas estafadas."* Introduzi essa inovação. Os "vivas" no final do discurso? *"Não façam, não dêem vivas."* Chega! Já se ouviram demais! Procurava, em suma, na medida do possível, tornar o contacto digno, credível, olhos nos olhos, embora soubesse que havia reservas recíprocas. Reservas que nunca desapareceram.

AKV: Essa é uma questão a que quero voltar.

FAM: ... que nunca desapareceram.

AKV: Estava a levantar estas questões para que elas ficassem, digamos assim, presentes na nossa conversa.

FAM: Com certeza.

AKV: Agora, queria voltar então ao ponto de início. O ponto de início, que seria o do seu percurso biográfico. Queria começar por lhe pedir que me falasse sobre esse aspecto aqui, com o desenvolvimento que achar necessário. Digamos que é uma espécie de pré-história daquilo em que estamos interessados. Nasce em Luanda, creio eu...

FAM: Em 1935, em Lisboa.

AKV: Em Lisboa?

FAM: Em Lisboa. Por mero acaso, "sem ter culpa", como costumo dizer. Fui para Luanda com seis ou oito meses. O meu pai já era natural de Luanda e a família do lado dele vivia ali havia dezenas de anos, de maneira que me considero de Luanda.

AKV: E faz lá toda a sua escolaridade até acabar o liceu em 1955?

FAM: Exactamente, tirando um ano lectivo passado em Lisboa por razões de saúde. Estava cheio de paludismo, e os médicos insistiram nos ares puros da Metrópole.

AKV: Qual era o meio da sua família em Luanda?

FAM: Materna e paterna? ... Minha família era, digamos assim, da alta burguesia de Luanda. De um lado e doutro, do lado de meu pai e do lado de minha mãe, as pessoas eram do primeiro plano social de Luanda.

AKV: Mas quando é que... quando é que se implantaram em Angola?

FAM: Já lhe vou dizer. O meu avô paterno sai de São Vicente de Cabo Verde, de onde era natural, oriundo pelo lado do pai dele, ou seja do meu bisavô paterno, de pessoas do Porto, de Portugal; pelo lado da mãe dele, a minha bisavó era natural da ilha de Santo Antão, gente de Cabo Verde mesmo, proprietários abastados dentro do critério local... Gente importante no Arquipélago, o meu bisavô paterno era advogado de provisão, profissão de que eu nem conhecia bem o conteúdo, e Cônsul honorário do Paraguai; pessoa abastada até, por casamento, muito bem visto na terra e extremamente influente. O meu avô, Virgílio, filho mais velho, sai novíssimo de São Vicente, do Mindelo, porque era bastante intempestivo de feitio, extremamente independente, com uma personalidade muito forte. Por razões familiares, enfim, chega a uma situação de incompatibilidade com os pais e sai de casa; vai-se embora para Angola nas sequelas da crise do Ultimato britânico, portanto 1890 e tal... Chega lá e casa em 1902 com a minha avó paterna, Maria Carolina Ferreira de Lacerda, de uma família originária de Braga. Seja como for, está lá no início do reinado de D. Carlos... Virá a ser Despachante Oficial da Alfândega de Luanda, muitos anos depois Presidente da Câmara Municipal por duas vezes. Seria nos anos 1920 a 1940 um personagem local importantíssimo. A minha avó Carolina morreu poucos anos depois do casamento, antes da implantação da República. Ele casou segunda vez com a minha avó-madrasta, Maria José Madeira Nobre, que sempre tratei por avó; senhora mestiça, da terra, de quem teve vários filhos, meus tios, portanto. A minha família é, pois, do lado paterno, uma família crioula da alta burguesia colonial. O meu pai, António, também Despachante Oficial da Alfândega de Luanda, nasce em Luanda, em 1903, e morre em Portugal em 1975, semanas depois de aqui desembarcar. "Retornado", calcule, se isso faz sentido num caso como o dele! Os meus tios, seus meios-irmãos, que funções exerciam? Havia dois que eram igualmente Despachantes Oficiais; outro era médico pneumologista, muito conceituado, que morreu cedíssimo. Das minhas tias, uma era casada com o Dr. Eugénio Ferreira, da Madeira, que viria ser Presidente do Supremo Tribunal da Angola independente, e que desde sempre foi um marxista convicto; homem de grande probidade intelectual e moral, que eu muito considerava.

Isto é um bosquejo rápido do lado paterno.

Do lado materno quem se fixa em Angola ("fixa" é uma forma de dizer), quem é colocado em Angola é o meu avô Ernesto Gonçalves Amaro, Oficial do Exército, que morreu Coronel. Mandado pela primeira vez para Angola como Capitão, está lá um tempo no interior durante a Primeira Guerra Mundial, volta para Portugal e depois torna a ser colocado como Major. É Sub-Chefe do Estado Maior, depois Chefe do Estado Maior e Encarregado do Governo Geral numa altura especialíssima: a dos gravíssimos incidentes de 1930. O Alto Comissário Filomeno da Câmara de Melo Cabral e o Chefe do Estado Maior Coronel Genipro de Almeida entram num conflito que vem a acarretar a morte do Inspector de Administração Ultramarina, Tenente Alfredo de Morais Sarmento, quando resiste à prisão ordenada pelo Chefe do Estado Maior, etc., etc. Resumindo e concluindo... o Governo central acaba por fazer recolher o Alto Comissário, faz igualmente recolher o Chefe do Estado Maior, o meu avô substitui-o e é também Encarregado do Governo Geral. Foi um espaço de alguns meses, extremamente importantes na vida de Angola porque aí irrompe uma tentativa de independência controlada pela comunidade branca/crioula, é certo, e pela Maçonaria. Maçonaria com a qual tinha afinidades o meu avô paterno, Virgílio Monteiro, e à qual era radicalmente oposto o meu avô materno, Ernesto Gonçalves Amaro, na altura Tenente-Coronel, monárquico muito convicto. Servira no Paço várias vezes como Alferes e Tenente, comendo à mesa do Rei D. Carlos e do Rei D. Manuel... É um homem que não entra nas "incursões" monárquicas porque não estava presente na altura; não entra na Revolta de Monsanto, em 1919, pela mesma razão. É um monárquico deslocado no espaço político de Luanda, meio visceralmente republicano e pró-maçónico... Isto tem algum interesse só para lhe explicar a tensão em que cresci, no período da infância. Os meus avós de ambos os lados referiam-se e tratavam-se correctamente um ao outro, é claro; mas eu apercebia-me da tensão muito grande, de raízes políticas, que sempre houve entre meu pai, republicano ele próprio, e o seu sogro monárquico, meu avô materno... Nunca, nunca sararam as feridas! Tratavam-se cerimoniosamente. A minha mãe, Guida, era portanto filha do Coronel Ernesto Gonçalves Amaro, primo da mulher, minha avó Márcia de Albuquerque e Castro. Era uma senhora da velha aristocracia portuguesa da região de Viseu, cuja linhagem vai entroncar na primeira dinastia dos Reis de Portugal. Pronto, é isto; o retrato da minha família está aqui feito. Tive um irmão, António, que vive em Angola, nunca se habituou a viver em Portugal. Foi estudante universitário em Coimbra, interrompeu Direito para ingressar nos Fuzileiros como voluntário no tempo do serviço militar obrigatório e vai cumpri-lo para Moçambique; porta-se extraordinariamente bem no Niassa. Depois, não aceita o 25 de Abril, foi irredutível, entra naquela tragédia do 7 de Setembro em Moçambique; praticamente tem de sair com a roupa que tinha no corpo, vai para a África do Sul. Não aceita a realidade do que tinha acontecido; está cerca de cinco anos em "rebeldia" potencial no exílio, como muitos outros aliás. Um homem de carácter. Está a ver?...

AKV: Sim.

FAM: Por fim, depois de muito sofrimento, vê que não valia a pena continuar a tentar rebelar-se. Adaptou-se por pragmatismo. Mas, se aceitou muito bem a África nova, disse sempre não ao Portugal novo, ao Portugal saído da "revolução". Eu próprio me tenho adaptado com dor. Adaptado, não integrado. O meu olhar sobre as coisas é sempre um olhar de quem está de lado. Não, não me sinto integrado... Isto não é o País que ele e eu juráramos defender. Não tem nada a ver! De certa maneira, carrego, como o meu irmão, a sensação de que fomos vítimas de um crime de alta traição; não pelas independências em si, mas pela forma ignóbil como elas foram entregues.

AKV: Tentando reportar-se ao período de 1955, portanto, quando veio para Portugal. Não foi pela primeira vez.

FAM: Em 1955, quando acabo o liceu e venho para Portugal vou para uma casa de umas pessoas...

AKV: Mas não era a primeira vez que vem a Portugal?

FAM: Não, tinha estado em Portugal por duas vezes antes, uma com seis anos, em 1940, com a minha mãe, por um período de seis meses, muito curto; o meu pai ficou lá. Apanho pois o regresso a Luanda em 1941, plena Guerra. Tive a experiência engraçada, que nunca mais esqueci, de o navio ser interceptado por um *destroyer* inglês e depois por um submarino alemão: qualquer deles mandou homens a bordo para vasculhar coisas: os alemães mandaram levantar o tapete do salão numa ponta ao pé do piano; os ingleses foram direitos a um camarote de segunda classe e fizeram prisioneiro um sujeito que estava a dormir e seria espião... Nunca mais esqueço a entrada de alguns ingleses em calções e camisola interior, e a entrada de um oficial alemão fardado de azul com uma camisola branca de gola alta, comandando três marinheiros. Os ingleses entraram com mais gente, de capacete de aço na cabeça e espingarda em bandoleira. Foi uma viagem, como pode calcular, acidentada e tensa! Cheguei a Luanda, estive lá até aos dezasseis, e vim cá, então, fazer um ano lectivo, que foi em 1951/52; fui aluno do Liceu Camões e do Colégio Moderno. Nesse espaço, mau estudante... Reprovei na secção de Ciências do quinto ano liceal de então. Mas, enfim, na de Letras passei com média de dezassete, para compensar...

AKV: Mas, portanto, aí já com uns dezassete anos?

FAM: Dezassete feitos em Lisboa. Fiz uma crise de adolescência, era um bocadinho *troublemaker*, os meus avós maternos estavam habituados a ter uns netos muito disciplinados e apareceu de repente um sujeitinho de Angola com reacções precoces, com um questionar contínuo às pessoas sobre tudo e mais alguma coisa, contestando, de maneira que provoquei uma certa crispação na família... Regresso a Angola em Setembro de 1952. Mas, voltando atrás: em Lisboa, nesse período, 51/52, sou seduzido pelo ideal monárquico. O que não tem que ver com a influência ou com qualquer pressão do meu avô materno. Não, ele apenas me responde às perguntas que lhe faço e responde-me objectivamente; nunca tentou influenciar-me, nunca. Apenas respondia à minha curiosidade natural: *"Ó avô como é que era o Rei? E à mesa como é que estavam?"*. Ele respondia-me. *"E a Rainha? A Rainha D. Amélia como era, como é que deixava de ser?"* Apanho nessa altura um momento político português importante, em termos de política interna, da transladação dos restos mortais da Rainha D. Amélia, que tinha morrido então e que o Governo traz para Portugal, oficialmente[1]. É um momento em que se fala imenso na hipótese da Restauração; esse rumor justifica-se por atitudes e palavras do Dr. Oliveira Salazar e por todo um contexto. É simultaneamente muito próximo, no tempo, do Con-

---

[1] D. Amélia faleceu a 25 de Outubro de 1951. As cerimónias de transladação e funerais nacionais anunciados a 6 de Novembro decorrem nos fins desse mês de 1951.

MOÇAMBIQUE MEMÓRIA FALADA DO ISLÃO E DA GUERRA

gresso da então União Nacional, em Coimbra[2], no qual o ex-integralista Dr. Marcello Caetano trânsfuga do campo monárquico para um campo "mono-árquico", vago, difuso, que é o da adesão a uma "Situação" tornada regime, mas que no plano institucional não era regime coisíssima nenhuma . Nunca deixou de ser Situação com S maiúsculo; coisa precária e provisória. É um "Consulado" que se arroga permanência total. O Dr. Marcello Caetano trânsfuga, isto provoca grande indignação nos meios monárquicos, grande polémica, levar-se-ão anos para "perceber", ou seja aceitar que isto é, em boa parte, uma "encomenda", do Dr. Oliveira Salazar, em que Marcello Caetano corresponde à mestria política que Salazar tinha para manipular tudo e todos. Cerca disso, a cerimónia magnífica que é a transladação do corpo da Rainha para Portugal, que me impressionou muito, até porque a vi morta, embalsamada. Vi, e isto tocou-me imenso, a sensibilidade do povo da capital à chegada dela. Era muito estranho, para um jovem de África, ver o corpo de uma Rainha saída de Portugal em 1910 entrar em 1951, portanto quarenta e um anos depois, com o povo a ajoelhar na rua, o itinerário para S. Vicente de Fora com milhares e milhares de pessoas concentradas, as pessoas ou descobriam-se ou genuflectiam, as mulheres do povo ajoelhavam à passagem do corpo. Uma coisa perfeitamente espectacular! São cerca de quatrocentas mil pessoas que desfilam diante da urna nos dias seguintes... quatrocentas mil! Isto impressionou-me muito, foi um estímulo emocional, ajuda a dar-me conta do debate político que havia. A ideia da Restauração é qualquer coisa que está no ar: aí vêm eles, aí vem a Família Real[3]. Os Braganças estavam ainda no exílio, mas num exílio *sui generis*. O Duque de Bragança tinha entrado (o pai, D. Duarte Nuno) algumas vezes semiclandestino, outras "tolerado", facto que toda a gente conhecia, era um "segredo de Polichinelo", e a Infanta D. Filipa vinha muito a Portugal representando o irmão. Portanto, era um "banimento" muito relativo... Enfim, o Regime desenvolvia essa política habilíssima, o Dr. Oliveira Salazar foi mestre nisso: criar uma situação de expectativa e de auto-inibição muito grande; nunca se chegava a perceber o que é que ia acontecer a seguir. Mas que a ideia da Restauração estava presente em toda a gente, estava! Eu vi a intimidação, o... o assanhamento, passe a expressão, que isso provocava sobre os velhos republicanos que estavam no fundo tensíssimos, mas não se atreviam a actuar contra, não é verdade? Murmuravam um pouco , refilavam pelos cantos; mas não havia nada, e a Restauração tornava-se uma coisa que parecia evidente. Isso impressionou-me imenso, sobretudo numa medida: é que eu tive a consciência muito forte, muito forte e muito pouco própria num rapaz da minha idade, com dezasseis-dezassete anos, de que Salazar era um caso efémero, e de que o Regime tinha pés

[2] III Congresso da União Nacional, Coimbra, 22-24 Novembro de 1951.
[3] Sobre o contexto restauracionista, ver Monteiro 2006: 292-294.

de barro. Dei-me conta disso, e curiosamente essa minha forma de sentir não era corroborada por pessoas muito mais velhas do meu meio familiar materno: o meu avô e dois dos meus tios, monárquicos; o terceiro já era um homem de orientação esquerdista, médico distinto que veio a ser mais tarde o clínico oficial de Marcello Caetano, mas que durante o salazarismo é declaradamente hostil a tudo e compreendia a minha progressiva reserva. Os outros dois irmãos, e o meu avô, nenhum deles corrobora ou sente a minha apreensão relativamente ao futuro. Estão, um pouco como a grande maioria dos monárquicos desse tempo, esperando que o Dr. Oliveira Salazar solucione o problema da Restauração da Monarquia por um decreto que nos ofereça o Rei numa bela manhã. Portanto, era um Rei pelo qual não valeria a pena lutar... porque o Dr. Salazar no-lo ia oferecer, e além disso porque esse Rei não representava, no fundo, inovação nenhuma em relação a um "Regime" que eles achavam excelente: tinha banido a canalha da rua, tinha restaurado as Finanças e tinha posto ordem no País. Este era o sentir da grossa maioria dos monárquicos portugueses, tirando excepções como um Luís de Almeida Braga, um Rolão Preto, um Vieira de Almeida e os integralistas da velha guarda; mas poucos, porque a esmagadora maioria sentia assim. Eu, pelas coisas que o meu avô e os meus tios me contavam do que tinha sido o final da Monarquia e do que tinha sido a República em 10-26, coisas anedóticas, ridículas, de um país que fazia "revoluções" dia-sim-dia-não, etc., sentia uma retracção muito grande, uma antipatia muito grande, até desprezo, digamos, ao julgar uma sociedade que vivera a improvisar-se constantemente. Era, por isso mesmo, denodadamente anti-republicano, porque denodadamente anti-desordem! O aspecto da "malta", desordenada e aos gritos a fazer reivindicações absurdas na maior parte dos casos, foi sempre uma coisa que me incomodou imenso e ainda hoje me incomoda. Detesto situações de multidão, mesmo favoráveis! Detesto manifestações, porque quando vejo "malta" em cachos e aos berros, tenho sempre tendência para dissecar aquilo tudo, decompor em factores, ver os aspectos irracionais da coisa, e não acreditar em nada do que reivindiquem. Digo assim: são perfeitamente manipuláveis; isto manipula-se desta maneira ou daquela e daqueloutra; isto não vale portanto nada. Bom, aí eu comungava da opinião do meu avô e dos meus tios, mas já me preocupava extraordinariamente, mas imenso, com o futuro, e eles não. Eu dizia: isto não tem solução, isto... e eles, entregues confiadamente a Salazar, escandalizavam-se diante do adolescente atrevido. Apercebia-me de uma coisa: um Rei não se pode fazer por decreto. Apercebi-me disso com dezasseis para dezassete anos. Não se pode fazer um decreto ditatorial para erigir uma figura a quem se exige ser profundamente legal e humanamente legítima. É incoadunável. E se o País se "improvisara" sempre em 1910/26, isso já bastara. Prolongar o "salazarismo consular" era, de igual modo, improvisar; ideia que feria a consciência política que eu ia adquirindo.

MOÇAMBIQUE MEMÓRIA FALADA DO ISLÃO E DA GUERRA

AKV: Na percepção desses problemas, digamos que uma primeira tomada de consciência, havia também, vindo de África, uma noção, uma visão de Portugal em relação a África?

FAM: Havia, havia da minha parte a visão preocupada, triste, de que ninguém percebia nada de coisa nenhuma, por exemplo nos meus colegas de estudo em Lisboa. As perguntas dos companheiros de liceu não tinham nada que ver com a realidade do Portugal pluridimensional que eu transportava comigo; aquilo que eu lhes dizia da parte desse Portugal deixava-os atónitos, um pouco complexados e atónitos. Ou sorridentes, conforme. Mas sempre demonstrando uma ignorância impressionante. Falando com eles, sentia-me um português "com falta de retaguarda"! Com "um pé em falso".

AKV: Como é que se formou essa sua visão do Portugal multidimensional? Em Angola, portanto? E qual era a relação que via entre as partes?

FAM: Muito, muito em conversa com o meu pai e a minha mãe. Depois, a minha vivência crioula era um espelho. Eu olhava para os meus tios mestiços, por exemplo, e relativamente cedo me pus esta questão: eles são portugueses, quer dizer, todos nós somos portugueses... mas afinal qual é o lugar, deles, também do meu pai e meu, nosso portanto, no contexto global?

AKV: Tinha essa visão...?

FAM: Tinha. Somos mesmo portugueses do Portugal todo... ou somos portugueses e gente importante porque estamos aqui?

AKV: Isto mesmo antes da revisão constitucional de 1951[4] e da revogação de 1961[5], portanto...?

FAM: Sim, sim. Eu preocupava-me: o que é que somos nós? Nós, aqui, somos um Portugal; mas o do meu avô Ernesto é outro Portugal, viveu cá muitos anos, fez isto e aquilo e aqueloutro mas regressou a Portugal, e é <u>outro</u> Portugal. É um Portugal que se sentou à mesa do Rei. Que afinidade é que há entre estes dois "portugais"? Eu não poria exactamente a questão assim, nesse tempo, e nestes precisos termos, mas <u>sentia</u>-a. Quando chego aqui para passar o ano lectivo de 1951/52, uma das coisas que me fez "agitar" no próprio Liceu Camões, era o dizer-me "cuidado, há qual-

---

[4] Revisão constitucional que, "integrando o império na reformulação semântica da nação pluricontinental, nacionalizara – ou, mais literalmente, "portugalizara" – as colónias e as suas populações" (Vakil 2003a: 273).

[5] O Decreto-Lei nº 43893, de 6 de Setembro de 1961, Diário do Governo, Iª Série, nº 207, veio revogar o Decreto-Lei nº 39666, que promulgou o Estatuto dos Indígenas Portugueses das Províncias da Guiné, Angola e Moçambique.

ENTREVISTA DE ABDOOLKARIM VAKIL A FERNANDO AMARO MONTEIRO

quer coisa que não bate certo, ninguém conhece nada daquilo de onde vim, e as pessoas que estão lá não simpatizariam muito com o que estou vendo aqui. Quanto mais não seja, somos esquecidos ou tratados como uma "quinta distante".

AKV: E como é que isto se desenvolve em 55 quando vem para cá, já para a Faculdade de Letras e para fazer o curso?

FAM: Bom, antes disso passara em 1951 por uma experiência: um pouco por um pendor militarista que sempre me caracterizou, um pouco pelo equívoco gerado nesses anos do Regime, entro na Escola Central de Graduados da Mocidade Portuguesa em Lisboa. Ingresso no Curso de Comandante de Castelo, e integro-me numa Quina (uma quina era composta por 6 elementos) em que estão comigo o José Carlos Ferreira de Almeida, anos mais tarde Alferes miliciano morto na Guiné, Joaquim Sérvulo Correia, depois do 25 de Abril figura conhecida do PSD (não o vejo há sei lá quantos anos!), e outros. Era a Quina D. Miguel I, onde somos todos monárquicos, e todos "hostis" digamos assim, à evocação do ramo liberal da Casa de Bragança, porque achavamos que ele tinha contribuído para a degradação da Instituição Monárquica e que o Rei exilado em 1910 tinha assumido uma atitude *blasé*, não dera grande importância ao esforço restauracionista, etc. Era uma acusação perfeitamente injusta quanto a D. Manuel II, própria de adolescentes que éramos na altura. De qualquer das maneiras éramos todos denodadamente monárquicos e militantes. Mas eu, de repente, digo-me: *"a Monarquia não tem nada a ver com a camisa verde, estou num equívoco"*; e apercebo-me disso por causa da minha noção específica, já interiorizada, do Portugal global. ... A Monarquia que eu quero e que me mobiliza é a forma de na Metrópole e no Ultramar se ultrapassar ou se evitar o desastre que pode seguir ao Consulado salazarista; e é uma Monarquia que pode dar resposta aos mulatos e pretos meus colegas do Liceu de Luanda. A camisa verde só prolonga o equívoco. Portanto, o que estou aqui a fazer? E desisto do Curso de Comandantes de Castelo. Vou ter com um Inspector da Escola Central de Graduados e digo: *"Desculpe, mas chego à conclusão de que o meu monarquismo não tem nada a ver com a Mocidade Portuguesa. Estou aqui porque sou monárquico e, de repente, dou-me conta de que a camisa verde não dá garantias ao meu ideal. Quero ir-me embora"*. Lembro-me perfeitamente dele: *"o senhor está a tomar uma decisão de que se vai arrepender, um dia há-de arrepender-se"*. Realizei o que isso queria dizer quando, muitos anos depois, vi que o recrutamento político do salazarismo e durante Marcello Caetano era feito sobre a Liga dos Antigos Graduados da Mocidade Portuguesa. Bom, regresso a África ... consciente de que estava embrionária uma crise forte aqui, e cheio de ansiedade sobre o que iria ser o futuro, não só em termos de uma hipotética Monarquia, mas sobretudo em termos de Portugal global que eu queria, identificado com o meu Modelo monárquico. Quer dizer, a minha preocupação monárquica não me surge em torno de nenhuma visão cortesã. Ela surge-me centrada, desde novíssimo, em sobre como iríamos dar expressão autêntica a um Portugal global, verdadeiro, inteiramente moral e humano. A Monarquia era para mim o caminho para se dar essa expressão legítima ao grande Espaço, fraterno, plural... Concebia-a como um Poder que encerrava por si uma *virtus*, uma ... desculpe o pedantismo mas surge-me a classificação em latim, uma *medicatrix naturae*; medicamento da própria Natureza em que um Chefe natural, o Rei, pudesse dizer e praticar *"venham a mim os homens pretos, brancos, amarelos, mestiços, venham a mim os homens com fé e os homens sem fé, venha a mim toda a gente, porque todos cabem neste Amor da Identidade que Eu represento e encarno, pois sou um Chefe livre e de homens livres"*. Foi isto que galvanizou a minha juventude, a encheu de alegria e, também, de uma certa loucura de Amor.

AKV: Portanto, a visão de Portugal global está primeiro; a Monarquia aparece como um regime que se adequa a essa concepção da Nação?

FAM: Exacto. Que se cola, imprescindível. As duas estão para mim, até sempre, até à guerra de África e durante esta, justapostas, interexigindo-se. É claro, durante o desenrolar da guerra, por pressão da emergência que era <u>Portugal primeiro</u>, o Rei vinha ou não vinha ... isso se veria depois. Era uma omissão "perdoável". Naquele momento há a Guerra; então a minha resposta aos factos, o meu empenhamento nas coisas é a Guerra, Portugal que urgia salvar... mas teria mesmo de se reconverter. Tinha de ser um Portugal renovado, e depressa, apercebi-me disso. O Rei era a Referência motriz. O meu contacto com o Islão, por exemplo, as conversas que estabeleço com "maiorais" islâmicos de entrada em Lourenço Marques, com a família Dulá... ouvir o velho Amad Dulá, fazem-me perceber: Portugal é isto. Quer dizer: ou é isto, ou será só o rectângulo precário na Ibéria. Ou se deita depressa uma mão a esta gente negra, asiática, mestiça, e se lhes diz que venham montar as suas tendas aqui dentro das nossa muralhas reformuladas, ou, se eles continuam com as tendas montadas lá fora e com sede, será o absurdo, será qualquer coisa sem sentido, diria quase ímpia!

AKV: Aí chegaremos, à sua chegada a Lourenço Marques, e aos Dulás. Mas voltando um pouco atrás, para seguir o seu percurso, estávamos, portanto, em 1955: Portugal e Curso de...

FAM: Ciências Históricas e Filosóficas. Faculdade de Letras de Lisboa. Amuo com a família materna por causa de uma gravata, eu gostava de gravatas de seda pura da Picadilly, ao Chiado, e a minha avó censurava-me esses gostos caros *[risos]* para um estudante; decido alistar-me no Exército. Assim mesmo, num dia de Julho de 1956 depois de um jantar amuado: *"Amanhã vou apresentar-me a pedir o recrutamento"*. A família espantadíssima, porque eu tinha passado o ano 1955/56 e portanto não estava penalizado pela chamada às fileiras antes do Curso acabar, podia beneficiar de adiamentos: *"Mas o que é isto, por que é que fazes uma coisa dessas!"* E eu:

"Para poder comprar as gravatas que quero" [risos]. E assento voluntariamente praça como Soldado-Cadete do Curso de Oficiais Milicianos em 2 de Setembro de 1956, com vinte e um anos. A família: *"Ele é doido, mesmo!"* E eu em simultâneo inscrevi--me no segundo ano da Faculdade, entrando num período agitadíssimo da minha vida estudantil. Ia durar anos. Só em 1962 conseguiria tirar a última cadeira.

AKV: Desculpe interromper, mas há duas questões aí, ou três, aliás, referentes a esse período que eu gostava de explorar um pouco mais a fundo: a formação no Exército, primeiro, que de certa forma o marcou..., deixou um traço profundo...

FAM: Estava marcado já por antecedentes. Não se esqueça que o meu avô materno era militar; e ele era uma espécie de "avatar" na família. Quero dizer, dimanava uma força muito grande, era pessoa de grande idoneidade moral, uma "magistratura" na família; era uma referência para juízos analógicos... Era vincadamente soldado, desde a tenra infância no Colégio Militar; eu, muito por admiração por ele, adoptei uma atitude castrense. Já a tinha não só por vir daí, mas por influência, um bocado, do meu pai, que sendo civil era amigo de militares que marcaram forte em Angola, como foi o caso do Coronel Genipro de Almeida, seu padrinho de casamento e grande amigo. Quer dizer, nasci e fui educado, no fundo, no culto dos valores militares. Acrescento a isso o entrar, na primeira classe da Escola Primária, na Mocidade Portuguesa, aos sete anos incompletos; com toda a preparação militarizada que se dava, obrigatória, a um jovenzinho de então. Eu sou aos seis anos fardado ... e ensinado a pôr-me em sentido, a fazer a continência de braço estendido ao alto, a marcar passo e a conhecer hierarquias. Isso mantém-se todo o tempo, até que repudio a camisa verde com dezasseis anos, mas voltando a ter que vesti-la novamente depois de regressar a Luanda, por imposição da Milícia da Mocidade Portuguesa, à qual me vou esquivando com expedientes vários, pois passara a abominar aquilo. Mas, para todos os efeitos, repare que há um período crucial, o período que vai dos meus seis/sete anos até aos meus dezasseis/dezassete, são dez anos de farda; fora o contínuo *background* familiar. Depois, a seguir, apresento-me voluntariamente ao Exército com vinte e um anos acabados de fazer. Quer dizer, no fundo para mim, confesso, o fardar-me e o ir apresentar-me ao Exército foi um gesto naturalíssimo. Sentia-me cem por cento à vontade dentro do uniforme, como voltaria a sentir-me ainda hoje! Há uma predisposição genética e sociocultural nesta atitude.

AKV: E aí não há, então, uma interrupção do curso na Faculdade de Letras?

FAM: Não. Não há. Há um equilibrismo do arco da velha, porque eu, quando vou apresentar-me, tinha, como disse, acabado de matricular-me no segundo ano. ... É claro que isso era incoadunável com a frequência das aulas, mas passava todo o tempo disponível lendo apontamentos dos colegas; a minha mulher, que entretanto conheci, tinha sido minha contemporânea na Faculdade (ela desistiu depois, estava em Germânicas), conhecia os meus colegas de Curso, obtinha os apontamentos para mim, eu procurava livros emprestados ... Durante os primeiros meses foi muito difícil prosseguir a Faculdade; era Cadete do Curso de Oficiais Milicianos e arriscava-me, se não estudasse as matérias militares, a ir parar a um escalão inferior, de maneira que estava muito atento. Mas quando em 1957 sou mandado para os Açores como Aspirante recém promovido, não quis perder frequências e estudava lá muito à noite, com os elementos que levei e com os que ia recebendo de Lisboa. Esse esforço enorme era, além do mais, um "protesto" contra o injusto "semi-castigo" que a minha colocação em Ponta Delgada representara. Beneficiando da tolerância excepcional do Comandante, que era um homem bom, impressionado com o caso e que me permitiu sair oito dias durante a recruta, venho ao Continente fazer frequências, de avião; seis exames no espaço de cinco dias úteis, um por dia e no último dois, um de manhã e o outro à tarde, tomando o avião de regresso aos Açores logo a seguir e entrando de imediato como Oficial-de--dia, conforme era dos preceitos. Foi das semanas mais cheias da minha vida! Nem sei como consegui preparar as cadeiras e fazer exames naquele ritmo! Talvez pela desesperada determinação de não me deixar abater, e de não "dar gozo" a quem maldosamente, no meu Curso de Oficiais, manobrara para me "atirar" para os Açores, retaliando a minha intenção de ir a uma reunião internacional de dirigentes monárquicos juvenis que se preparava em Mónaco...

AKV: Neste período, de formação militar, começa a interessar-se por questões de estratégia, ou de geoestratégia, mais especificamente?

FAM: Não, ainda não. A nossa preparação de Oficiais Milicianos não tinha essa intenção, nem comportava esse nível! Ainda não. O que eu beneficiava, apenas, era de ter recebido no Liceu de Luanda um excelente ensino de História, dado por um belíssimo professor, o Dr. António de Vasconcelos – que é hoje, 2008, um senhor muito velho, mas vivo ainda. Ele induziu-nos de facto a uma visão ampla da História, uma visão coloridíssima; as aulas dele eram um espectáculo. Deu-me, por exemplo, em qualidade, uma visão do Islão como mais ninguém me tinha dado antes e ninguém me deu depois em Portugal, na Faculdade. Porque o Islão era uma enorme lacuna no elenco da Licenciatura; não existia Islão, num país cujo relacionamento com ele foi constante, secular. Inconcebível lacuna!

AKV: Já agora, antecipando as minhas perguntas sobre a origem do seu interesse pelo Islão, deixe-se só perguntar, como é que isso se inseriu num curso liceal?

FAM: No programa do quarto ano liceal havia uma referência ao Islão, meia dúzia de páginas, uma coisa episódica: que o Islão foi pregado por Maomé, que os muçulmanos acreditam que era profeta e recebeu a Mensagem numa caverna do

ENTREVISTA DE ABDOOLKARIM VAKIL A FERNANDO AMARO MONTEIRO

Monte Hira; era casado com uma viúva rica, ponto, *stop*, parágrafo. Era o que dizia o livro adoptado. Mas o professor deu-nos uma visão disto muito mais colorida e muito mais profunda … Despertou-nos para um fenómeno a que eu achei extraordinário interesse! O tema "Islão" seduziu-me de imediato, aos catorze anos sensivelmente. Vi, numa livraria, *Maomé* de Émile Dermenghem. Comprei. Li com entusiasmo, troquei impressões com o professor!

AKV: E essa foi a sua primeira vez que tomou conhecimento…

FAM: Foi, a primeira vez. É o meu primeiro conhecimento do Islão; conhecimento positivo. Pois outros textos de leitura do Liceu falavam um pouco do "pérfido Mafoma", do "perro sarraceno", e outras coisas assim; era negativo, claro. Agora a minha percepção primeira do Islão como realidade importantíssima é dada por esse professor de História, Dr. António de Vasconcelos, no quarto ano do Liceu. Ele falou-me da latência castrense que há no Apelo e isso combinou-se com a minha propensão militar no entusiasmo que o perfil de Maomé me despertou.

AKV: Na Universidade portanto, ou aliás no período de 55 a 62, temos os anos da Licenciatura. Suponho que ia tirar História…

FAM: Histórico-Filosóficas, nesse tempo.

AKV: Por causa da experiência positiva com o professor que refere …

FAM: Não só. Eu vou para Histórico-Filosóficas por duas razões, primeiro porque adorava História, a Filosofia nunca me interessou muito, o professor nunca me induziu a tal expressamente, nada; pelo contrário, o conselho que me dava, e toda a gente também, era o de ir para Direito. Mas eu estava de facto seduzido pela História, depois queria ir para a carreira diplomática, e Histórico-Filosóficas servia. Mais, outra razão simples: eu projectava fazer política monárquica e apercebi-me, ainda em Luanda, compulsando sebentas de Direito de um amigo ido a férias, que aquilo [*risos*] obrigava a grande concentração e me dificultaria muito meter-me, como eu queria, a fazer política nas hostes monárquicas. Fiz este raciocínio: é muito mais fácil fazer Histórico-Filosóficas; isso depende muito das leituras que se vão fazendo, por prazer, e com prazer me dão um *background* para depois estudar os programas propriamente ditos do currículo. São coisas que se conjugam. Além do mais, havia um outro elemento quase surrealista, que era o meu fraquíssimo aproveitamento em Latim, no exame do sétimo ano, dez valores, contrastando com o quinze em Grego, o dezassete em Literatura, o dezassete em História, e o dezasseis em Filosofia, etc. A nota do Latim, disciplina nuclear, a par da Filosofia, dava como resultado que eu viria a ter que fazer admissão à Universidade, pois não se podia, para dispensa, ter nota inferior a doze em cada uma das nucleares. Ora, assim, com

MOÇAMBIQUE MEMÓRIA FALADA DO ISLÃO E DA GUERRA

o binómio História/Filosofia como tive e a média geral de quinze, estava já na Faculdade! Tive aversão enorme a Latim, como tivera à Matemática.

AKV: Mas vendo o seu percurso, os interesses de mais tarde, e o doutoramento em História que teve projecto de fazer...

FAM: História não, Relações Internacionais.

AKV: Não, não, o "doutoramento de Estado" em História que teve projecto de fazer em França.

FAM: Ah! Está bem, tive. Esquecia-me! O que fiz em França, na Universidade de Aix-Marseille, foi o *Doctorat d'Université*, um *3ème cycle* que seria mais tarde equiparado ao Mestrado em Estudos Africanos em Portugal, na Universidade Técnica de Lisboa. Depois me doutoraria na mesma Universidade, em Relações Internacionais.

AKV: Portanto, tudo em conta, retrospectivamente, a História deve tê-lo marcado...

FAM: Imenso. Confesso-lhe com toda a franqueza algo que é até triste de dizer em relação à Universidade: não foi a Licenciatura que me marcou, foi o que eu percebi que tinha que ir estudar depois! A Universidade em si acordou-me, mas pouco mais que isso.

AKV: Não houve professores que o marcaram lá?

FAM: ... Borges de Macedo, por exemplo.

AKV: Ou colegas?

FAM: Colegas não, francamente não. Éramos quase todos muito diletantes; com ressalva para casos como Miriam Halpern, Renata Feist, etc., sem injustiça para mais outros, havia um diletantismo muito forte na época. Professores a marcarem-me, em História, Borges de Macedo, uma Virgínia Rau, mas mormente Borges de Macedo. Ele era brilhante, fazia uma leitura da História muito interessante e tinha grande capacidade didáctica. Nos outros imperava, com vénia às excepções, a linha média, tanto na História como na Filosofia, apesar do academismo da atitude. Vieira de Almeida, em Lógica, era uma inteligência excepcional, mas não ensinava! As aulas dele eram um *show* de brilhantismo, mas ficávamos todos "no ar".

AKV: Portanto, formação militar, formação universitária, e há um terceiro elemento nesse período que é a sua primeira experiência em jornalismo.

FAM: É. Mas preciso de recuar um bocadinho para explicar melhor o percurso. Quando, perto do fim do Curso de Oficiais Milicianos, manifesto na minha unidade militar que pretendia três ou quatro dias para ir a Mónaco, perguntam-me *"Porque é que o senhor quer ir para o estrangeiro agora?". É que há uma reunião internacional monárquica no Mónaco e eu queria ir e tomar parte"*. Ficaram a olhar para mim meio de boca aberta com o desplante, não me disseram que não; mas, simplesmente, isso associa-se a um incidente que tive com um Major de Engenharia que era o Director da Instrução da Unidade. O sujeito estava a colocar-me numa situação em que eu seria forçado a mentir acerca de uma não comparência a uma revista de Sábado. Respondi, já impaciente: *"Eu não vim à revista de Sábado porque nunca há a revista de Sábado, e achei que podia deixar-me ficar em casa deitado em vez de vir à revista que não havia"*. Ficou a olhar para mim *[risos]* um bocado de tempo... Eu tinha estas saídas que deixavam as pessoas petrificadas. Depois ele disse: *"O senhor, o senhor é um arrogante"*. E eu, em sentido, à frente dele. Tinha a segunda nota mais alta de aprumo militar do curso, quinze valores, uma nota de coeficiente triplo e isto dava uma boa média; em contrapartida, tinha má nota em Mecânica Auto, não tinha jeito nenhum para aquilo, tinha um sete. O Major de Engenharia disse-me: *"O senhor é arrogante. Eu arranjava-lhe dois ou três dias de detenção, mas isso não baixa essa arrogância que o senhor tem. O senhor vai ver a vida, viver de uma maneira mais concreta os inconvenientes em se ser como o senhor é. O senhor vai parar aos Açores"*. Eu disse: *"Como assim para os Açores? Apesar da Mecânica eu tenho uma média razoável"*. *"Mas vai deixar de a ter"*. E baixou-me a nota de "aprumo militar" de quinze para dez; portanto, perdi quinze pontos na soma para a média e isso atirou comigo para a cauda do curso... O argumento para a minha remessa para os Açores é a fraca nota, o último classificado do curso. A juntar a isso, a necessidade de me manterem quieto por causa da reunião do Mónaco. E vou para os Açores onde estou seis meses. Bom, de regresso acabo de cumprir o resto do serviço militar obrigatório. Mas... como não queria pedir nada para casa, queria ser responsável pelo meu sustento, peço para continuar no Exército. Era possível fazer contratos anuais; venho a sair do Exército cerca de um mês antes do frustrado golpe militar de 11 de Março de 1959, chamado "dos" Claustros da Sé[6], no qual entro. Saio, disse, vou fazer um estágio como repórter no *Diário Ilustrado*, por empenho do escritor Joaquim Paço d'Arcos, que era amigo da minha família. Um estágio do *Diário Ilustrado* que foi uma desilusão completa, total, total, pelo trabalho e pelas pessoas com quem me foi dado trabalhar... Eu compreendo que tivesse que fazer aquela tarimba normal, que todo o repórter-estagiário tem de fazer, mas que diacho, podiam... eu estava no terceiro ano da Universidade já, podiam ter-me endossado algumas coisas interessantes para fazer... Talvez erradamente, com falta de humildade, detestei ir fazer entrevistas ao Hóquei Club de Abrantes e aos Bombeiros Voluntários não sei de onde. Furioso, um dia anunciei no Jornal que estava na Brasileira do Chiado *[risos]*, se precisassem de mim para alguma coisa que fossem chamar-me à Brasileira do Chiado! Saí, deixando fama de mau feitio. E tento regressar ao Exército, onde me sentiria melhor por todas as razões. Foi muito difí-

---

[6] Revolta abortada desencadeada na noite de 11 para 12 de Março de 1959.

cil o regresso, porque já nessa altura eu estava "sinalizado", o processo de regresso empanca, até que sou recebido pelo General Botelho Moniz, Ministro da Defesa. Tinha ele sido feito Ministro da Defesa por pressão de Oficiais que prepararam a revolta de 11 de Março de 59, a tentativa abortada; e preparava-se para a famosa "Botelhada" de 1960. Tenho em 30 de Maio desse ano uma audiência com Botelho Moniz; sou encarregado de lhe levar um ultimato dos Oficiais que estavam presos! Veja, AbdoolKarim, o que é o Alferes miliciano na disponibilidade, que ainda por cima pretende reentrar ao serviço e tem vinte e três anos na altura, levar um ultimato, brutal... dando três dias ao General para se decidir sobre a mudança do regime prisional em que os Oficiais estavam. *"Se não, o Alentejo ficava a ferro e fogo com o armamento que estava a ser desembarcado de traineiras!"*, era a ameaça que me instruíram para apresentar. Eu ainda tenho à minha frente o General Botelho Moniz, lívido. Arrisquei-me imenso naquela conversa louca, porque ele podia, ou devia, ter-me posto no meio da rua imediatamente; ou chamava o Ajudante de Campo e dizia *"prenda-me este sujeito!"* ... Não, eu vou-lhe levar o ultimato e o General, a exclamação que teve, foi: *"Três dias?!"* *[risos]* Enfim, isto daria para... um romance. O que é certo é que chegamos a uma conclusão: *"Preciso de reentrar no activo, já, para estar protegido da PIDE"*. Bem, reentrei nessa tarde! Esta conversa teve lugar às 4 da tarde, às...19:30 cheguei a casa e tinha a indicação de um telefonema do Chefe da Secretaria da minha unidade. Ligo: *"O que é que se passa, meu Major?"*. *"Ó Amaro Monteiro tem que se apresentar amanhã de manhã, veio um telegrama a mandá-lo apresentar-se"*. Ou seja, eu, à tarde, às 16:00 horas era civil, e no dia seguinte de manhã, às 9:00 horas era militar outra vez, depois de ter dado na véspera um recado inconcebível ao Ministro da Defesa. E apresento-me na Unidade mas... não me deixam ficar ali. A ordem do Ministro é, como ele aliás me disse verbalmente: *"O senhor não pense que vai para uma Unidade, não, não. O senhor vai mas é para uma Repartição [risos]. O senhor deu cabo do juízo ao seu Comandante, de maneira que vai para uma Repartição"*. E vou para a Direcção do Serviço do Ultramar do Ministério do Exército. Por força de contactos com os Oficiais que vinham de África, tenho a noção de que a situação se agudiza cada vez mais, nomeadamente em Angola. Portanto, estou ali todo o ano de 59, e ao longo desses meses tenho notícia de que a situação no Norte de Angola estava tensíssima, nomeadamente naquilo a que se podia chamar o antigo Reino do Congo, portanto à volta de São Salvador e fronteiras. Depois venho a passar outra vez à disponibilidade em 1960, por azar enorme. A parte do Ministério do Exército em que eu estava é extinta e é dada aos Oficiais a faculdade de poderem escolher para onde queriam ir ou voltar e eu, teimoso, querendo continuar disponível para qualquer acto revolucionário, insisto em que queria regressar ao Grupo de Companhias de Trem Auto, minha Unidade. O Comandante foge a dizer que não me queria, empata, etc. O Ministério insiste, e como ele não se decidia a dizer nada de concreto, aborrecem-se, passam-me guia e eu apresento-me. O Comandante fica com os cabelos em pé. Recebo uma guia da mão dele para me apresentar no Quartel General do Governo Militar de Lisboa como "inconveniente para a segurança da Unidade". Pode calcular o que é que isto representa, não é? É gravíssimo, um passaporte para ir para a cadeia... Apresento-me no Quartel General, passo um mês inteiro a expor, a recorrer, etc., estava fartíssimo de saber, mas refilava...Passam-me à disponibilidade em 30 de Janeiro; a passagem era até à meia noite do dia 30 de Janeiro e eu, para irritar, apresento-me de uniforme nº 1 à meia noite menos 5 ao Oficial de dia... *[risos]* Adorava estas provocações! Isto fazia parte da minha forma de estar!... Desculpe, acho que tenho estado a derivar, no fundo é só para acentuar uma coisa: o meu inconformismo total, já, em relação ao meio, ao ambiente político e a tudo quanto via; tinha uma noção fortíssima da precariedade do sistema. Até porque fui levado, pelas circunstâncias, a ter noção dessa precariedade... O contacto com Generais, por exemplo: quem é que ia levar um ultimato a um General e Ministro da Defesa? Ninguém. E ainda por cima um Alferes miliciano, por muito credenciado que tivesse sido, é uma coisa inconcebível, não é? Chega lá... e diz por outras palavras mais suaves *"Vossa Excelência tem três dias para fazer isto, senão rebenta para aí um levantamento armado, vai tudo a ferro e fogo"*. Um *bluff* dos Oficiais, não tinha desembarcado armamento nenhum. O General fica a bater com o corta-papéis em cima da mesa, pálido, viam-se-lhe os ossos na cabeça calva, estava claramente em pânico. Eu pensei *"este senhor está cheio de medo, já escapei de ser posto daqui para fora" [risos]*. Ele ficou a olhar para mim um bocado, eu fixei-o com uma calma que o impressionou, percebi perfeitamente ... É claro, o que é que isto significa? Uma fraqueza imensa, em tudo, na instituição, nas pessoas... mas em simultâneo, e creio que isto pode ajudá-lo, há o que eu dimanava, me impulsionava, e intrigava a outros: a formação portuguesa, muito forte; a minha convicção profundíssima acerca do País que eu sonhava; a minha convicção profundíssima de que o Exército a que eu pertencia e cuja farda vestia com muita honra não era propriedade "deles", e que "eles" eram um fungo parasitário, lá instalado. Aquilo era <u>meu</u>... era nacional, era nosso! Dizia com os meus botões: *"Eu, Alferes, sou muito mais militar do que este General que está aqui à minha frente com medo. Ele é General e Ministro, mas eu sou muito mais Oficial do que ele é, porque o nasci, e ele não"*. Era assim que eu sentia. Poder-se-á dizer que isto era algo paranóico, talvez fosse; mas acho que todos nós, na vida, quando estamos muito convencidos do papel que desempenhamos, somos um pouco paranóicos, não é verdade? Aí, o que é preciso é saber dominar a paranóia, não embarcar atrás dela! De qualquer das formas, esse meu portuguesismo nunca me abandona, é reconhecido pelos meus adversários, nunca é posto em causa pela própria PIDE ou DGS até ao fim. O próprio Governo Geral em Moçambique, as próprias entidades de nível governamental reconhecem isso e incomodam-se profundamente com o facto, no bom estilo do salazarismo: *"Como é que este tipo ousa, ainda por cima tão novo, vir aqui <u>viver</u> Portugal de uma maneira tão profunda, tão convicta e* *não está connosco, com o Regime? Isto é um absurdo! Ele devia estar connosco, como é que não está?!"* Mas de facto não estava. Estava no indispensável da circunstância local e temporal. Eu estava no plano em que era necessário estar, porque havia a guerra, e ela mobilizava-me completamente a disponibilidade. Portanto, quando sou convidado para os SCCIM, pus só o problema: eu não tenho que fazer parte de nenhuma coisa política pró-regime; não tomo parte em manifestações pró-regime. Não tenho nada a ver com o regime do Dr. Salazar, excepto numa coisa: estamos conjugados (sou, ou participante, ou conivente, se em última análise se quiser dizer isto) na manutenção de um esforço neste momento ou para os anos mais próximos, na medida em que isso seja necessário para resolver o problema de Portugal e para garantir uma perenidade de presença aqui; por formas que ainda não sei bem quais sejam. Mas que possam ser possíveis e que constituam, de qualquer maneira, um desiderato face ao qual há que se estar empenhado... e convicto. Não se faz esse esforço a "bater válvulas", como muitos responsáveis faziam.

AKV: Eu quis deixá-lo acabar esse ponto acerca da integração nos SCCIM, mas agora quero voltar atrás. A razão da partida para Moçambique em 62, quando acaba o curso é...?

FAM: Sobretudo familiar; tinha casado e tinha muito pouco dinheiro. Voltando um bocadinho atrás, saio da Cadeia do Aljube a 2 de Agosto de 1960 e a PIDE impõe-me que viva <u>fora de Lisboa</u> ... *"problema seu"*. Eu disse-lhes: *"Posso tentar arranjar um lugar em Tomar, no Colégio Nun' Álvares onde fui fazer uma reportagem como jornalista do 'Diário Ilustrado' e conheci o Director, Dr. Raúl Lopes."* "Depois diga se, efectivamente, consegue lugar em Tomar. O senhor, em Lisboa, sempre na sua agitação, é que não fica". Bem, estabeleço contacto com o Director do Colégio: *"Olhe, senhor Dr., aconteceu-me isto, estou no quarto ano da Universidade, faltam-me três cadeiras, a PIDE diz que tenho de sair de Lisboa ... será que posso dar aulas aí no Colégio?"* O Director disse-me *"Sim, senhor, venha."* Eu informo a PIDE que consegui lugar em Tomar, *"Então vai viver para Tomar, vai com residência fixa, obrigado a apresentar-se-nos caso se ausente mais de vinte e quatro horas da área do Concelho".* Apertada medida de coacção. Entretanto, a residência era na Messe da Região, dentro da qual, ao abrigo do Regulamento de Disciplina Militar, estava obrigado ... a *n* preceitos de comportamento. Embora civil figurava na lista dos residentes como Alferes, e depois como Tenente. Surrealismo. Mas a oficialidade toda, a começar no General Comandante da Região, era impecável comigo. Bem, vou para o Colégio de Tomar, estou um ano com residência fixa ... O meu processo é depois arquivado. Tento ir como professor do Ensino Secundário para o Ultramar. A PIDE diz: *"Só pode ir para Províncias de Governo simples, ou Cabo Verde ou S. Tomé, Macau, Timor",* é a resposta que me é dada. *"Não vai para Angola nem para Moçambique".* E eu respondi *"Não, muito obrigado",* pois pensei *"não vou para Cabo Verde, é um sítio que nem sequer me dá hipótese de fazer mais nada além das aulas do Liceu. O que é que vou fazer para Cabo Verde? Posso dar umas explicações como particular, quando muito, mais nada... Não, vou ficar por aqui mais um tempo até ver".* Entretanto surge a guerra de África... e eu apresento-me voluntário, já como Tenente. Tive notícia, por um Coronel amigo, de que me ia ser indeferido o oferecimento porque era considerado "prejudicial à disciplina do Exército" ... Foi das reacções que mais me ofenderam, que mais me feriram na minha vida. E eu reagi antes da decisão oficial: *"Não recebo essa resposta. Os senhores a apresentarem-me uma resposta dessas, e eu a queixar-me do Ministro do Exército! Peço um Conselho Superior de Disciplina porque posso pedir, quero a minha actuação vista de fio a pavio, não aceito essa resposta".* Então (pasme-se a "negociação" do Gabinete do Ministro, General Mário Silva, com o Tenente miliciano na disponibilidade!), é-me oferecida uma resposta que aceito: *"Sua Excelência o Ministro agradece o oferecimento, que não se aceita porque não é considerado oportuno".* Ora, o Ministro tem o direito de não considerar algo oportuno, por isso aceitei a comunicação, embora dizendo *"eu vou-me vingar"* ... Perdi-me de repente, estava a perguntar-me como é que apareço em África? Ah! Entretanto as condições familiares apertaram. Nasce a Ana Rita, a minha filha mais velha, e eu pergunto-me: *"Bom, o que é que fico a fazer? Aceito o oferecimento do Director do Colégio Nun' Álvares para ficar professor de História em todas as turmas, a viver em Tomar e a ganhar seis contos"?* Naquela época seis contos era muito bom, mas tinha que dar trinta e nove aulas, das 8h de Segunda às 11h de Sexta, por semana! Era um horário mortal! E completamente castrante em relação ao futuro, nunca mais podia fazer nada, ancorava ali, ficava amarrado àquele autoritário que era o Dr. Raúl Lopes, de maneira que resolvi: *"Vou tentar outra vez ir para África".* Procuro novamente no Ministério do Ultramar a ida para África, com o apoio de um amigo Opus Dei, o Dr. Mário Pacheco, a quem contei o meu panorama todo dizendo: *"Quero ir-me embora, tenho dificuldade em sustentar a família aqui, tenho a carreira diplomática cortada, o que é que fico cá a fazer? Quero ir-me embora."* E o Dr. Mário Pacheco, excelente pessoa, disse-me: *"Vou ajudá-lo".* A PIDE informa, enfim, que deixou de haver inconveniente, e então consegue-se a minha nomeação para "Professor do Quadro Comum do Ensino Técnico Profissional Comercial e Industrial do Ultramar", colocado em Moçambique. Pronto!, aqui está como apareço em Moçambique. Daí, de 1962, e de Professor do Ensino Técnico até 65, Adjunto dos SCCIM, isso é outra etapa.

AKV: Portanto, chega a Moçambique... é uma realidade nova, não conhece Moçambique...

FAM: Não.

AKV: Sei, pelo que relata na *Carta Aberta*, mas gostava de o ouvir falar um pouco mais sobre isso... dá vários passeios a pé pelos subúrbios pobres de Lourenço Marques, e num desses dá-se um encontro... ocasional?, puramente coincidência?...

MOÇAMBIQUE MEMÓRIA FALADA DO ISLÃO E DA GUERRA

FAM: Mera coincidência.

AKV: ... com Amad Dulá Ismael.

FAM: Com Amad Dulá Ismael, um velho mestre muçulmano que me impressionou espantosamente. Começo a fazer perguntas, começo a ouvi-lo ... começo a saber coisas...

AKV: Mas... naquele... logo naquele primeiro encontro?

FAM: ... No primeiro encontro apercebo-me da importância que um homem daqueles podia ter.

AKV: Mas como, se ainda não tinha um conhecimento concreto da realidade local?

FAM: Intuitivo. Bastava ouvi-lo falar um bocado, ver o meio em que ele estava inserido, ver os meninos dele sentados, com as ardósias na mão e compêndios de leitura em Árabe. O velho empunhava uma varinha na mão e, de repente, para me mostrar que os meninos falavam Português e eram instruídos nesse sentido – *"Cumprimentem o senhor Dr."* – e os meninos *"Boa tarde, senhor Dr."* Depois fez sinal com a varinha, sempre aquela cabeça branca meio alucinada que ele tinha, e os miúdos desatam a cantar *"A Portuguesa"* ... Ouvi perfilado, claro, era o mínimo dos mínimos. Ele queria "mostrar serviço", queria mostrar que era português, queria mostrar que estava integrado. Mas obviamente não estava. Eu apercebi-me de que não estava, e achei muito triste que não estivesse... Porque quem é que o estaria naquelas circunstâncias, a fazer um ensino precaríssimo? Eu tinha a consciência de quão duro era ensinar e quão diferente era fazê-lo numa cadeira da minha aula, num edifício normal, dispondo dos meios de apoio e disciplinares normais, quão diferente era isso, quanta devoção exigiria estar a ensinar num espaço de terra batida aos miúdos cujos pais lhe pagavam uma espórtula ... ínfima, a obter deles o rendimento que percebi ele tirar para viver.

AKV: Há três questões distintas aqui...

FAM: Olhei para aquilo e disse: este homem é eficiente, este homem tem influência óbvia, e tem uma chama interior muito grande. E depois fiz-lhe perguntas... sobre os apoios que ele tinha ou não tinha. E que de todo não tinha. Tinha sido só condecorado pelo Príncipe Real D. Luís Filipe[7]. Depois disso nada. Foi uma coisa que me narrou com orgulho, mas evitou desenvolver, pois não sabia com quem estava e tinha a percepção de que estava a falar de dois períodos, entre si

---

[7] Amad Dulá Ismael fora condecorado pelo Príncipe Real D. Luís Filipe aquando da visita do Herdeiro do trono a Moçambique em 1907.

antagónicos, da História de Portugal. O encontro com aquele homem para mim foi espectacular, como também o foi o encontro com a realidade negra que eu apalpava pelo comportamento das crianças à volta. Lembro-me que dei um rebuçado a um, depois apercebi-me da importância disso e comecei os passeios a pé, dando rebuçados às crianças e recebendo sorrisos dos adultos...

AKV: Fale-me um pouco de Amad Dulá Ismael. Um relatório que vi, posso precisar-lhe mais tarde a data, sobre as escolas corânicas, revela que há várias registadas mas a dele não[8]. E, no entanto, a dele era a que dava sempre aulas em Português, além do Árabe, e que enfatizava esse facto...

FAM: Da portugalidade?

AKV: ... da portugalidade, e tudo o mais. Portanto, como era ele visto, como é que se adensaram as relações entre si e ele?

FAM: ... Como é que hei-de dizer, em síntese, como é que o velho "mualimo" era visto? De acordo com algumas insinuações dele em conversa e com explicações mais detalhadas de dois filhos, Mussá Amad Dulá e Nuro Amad Dulá (este trabalhava com empregado de um advogado ou de um solicitador, já não me lembro muito bem), apercebi-me de que o velho era "desestimado", por exemplo, pelo "Maulana" Cassimo Tayob, o qual era wahhabita, ou pelo menos com simpatia wahhabita, e apercebo-me de que o wahhabismo, corrente que nessa altura eu ainda nem sabia o que fosse, seria adversa à Administração Portuguesa. Em contrapartida, o Sunismo corrente seria invocadamente simpatizante ou pelo menos contemporizante com essa mesma Administração...

AKV: Desculpe interrompê-lo, mas antes de chegarmos à sua leitura dessas correntes, que é uma questão de grande interesse e pertinência, queria por enquanto que dissesse ainda um pouco mais sobre a dimensão humana da relação que entre os dois se estabeleceu, como é que se adensam as suas relações com ele?

FAM: Eu apercebi-me, logo de entrada, de que a forma de o Branco tratar com estas realidades era muito distanciada e pouco reverente, num grau de superioridade e, portanto, a deferência para com pessoas como o velho Dulá era quase nula.

---

[8] Ver o processo referente ao pedido, de Amad Dulá Ismael, de autorização oficial para a construção de uma escola e mesquita. De acordo com os dados aí presentes, Amad Dulá Ismael teria, na altura (1963), oitenta e dois anos de idade, era natural de Lourenço Marques, filho de Dulá Ismael, oriundo de Damão. Começou a dedicar-se ao ensino da doutrina islâmica em 1906 e, em 1912, fundou a Escola Anual Issilamo na Munhuana, a qual, em 1942, passou a funcionar num edifício da estrada do Zigaxa. Segundo refere o mesmo documento, à data, Amad Dulá ministrava, na mesquita, o ensino a cerca de trezentas crianças. Para toda a documentação do processo, cf. ANTT, SCCIM nº 410, fls. 524-527; 528-530; 539--540; 542-543; 545-546; 550-553.

Não havia propriamente hostilidade que eu tivesse notado, não notei nunca hostilidade para com ele ou para com os filhos dele. Mas... aconteceu contudo, por exemplo, uma coisa perfeitamente bizarra, que foi a PIDE entrar à sorrelfa em casa de outro filho, Rucunudine, formado no Cairo, em Al-Azhar. O homem chega a casa com a mulher, egípcia, encontra a PIDE dentro de casa e diz *"Mas o que é isto?!"*. Eles identificaram-se e disseram que tinham uma dúvida sobre o passaporte dele *[risos]*; com um ar muito plácido, ele respondeu: *"Mas se me tivessem dito eu tinha ido lá mostrar. O passaporte está aqui"*. Em suma? Intromissão, é evidente. Grotesca violação de domicílio neste caso, mas dos outros eu não sabia, não sabia de hostilidade propriamente dita; sabia que podia acontecer e eles ma reflectiam, embora não me dizendo de concreto. Apercebia-me de que o contacto deles com a Administração, que formalmente os integrava, era um contacto doloroso, um contacto a ferir, e compreendi com muita facilidade o evidente, aliás: uma das coisas que macerava a pele das pessoas era a falta de cortesia, por vezes a mais elementar... Vamos lá a ver, Amad Dulá Ismael era um velho, em relação a mim podia ser meu avô e, portanto, perguntei como é que deveria tratá-lo, qual era o título que queria que lhe desse, e passei a tratá-lo por "Xehe" Amad Dulá; ou às vezes, ao princípio, por "senhor Amad Dulá". Mas fazia-o com a reverência que se usa para com um velho, como eu teria para qualquer outro velho, de qualquer raça, e reparei que isso o impressionou profundamente. No trato com os filhos dele, como no trato com todo aquele meio afro-muçulmano, concluo que, ao fim e ao cabo, as pessoas eram extremamente movimentáveis pelo contacto humano razoável. E se eram tão passíveis de sedução por um trato humano razoável, é porque o não recebiam; não estavam habituadas a isso. Desde a primeira impressão epidérmica que tive, até radicar isso com convicção, foi um espaço muito curto. Foi o espaço de eu dizer: *"Alto, deixa-me ver aqui o que é que efectivamente se passa"*. Atinjo a conclusão: se o homem ia à Administração do Concelho tratar de qualquer coisa, a pergunta do Administrador era geralmente *"O que é que esse monhé quer?"*. Isso estava radicalmente errado, como é evidente, por todas as razões, até porque era estúpido. Ora, a estupidez em política é uma coisa horrível, é o oitavo e o pior dos sete pecados mortais! Gravíssimo, porque é o único que não tem remissão possível, como eu costumo dizer *[risos]*.

AKV: Na *Carta Aberta* refere duas coisas. Uma é que neste período, portanto, em 62, 63, 64 vai aprofundando o seu diálogo com os muçulmanos, vai tomando conhecimento...

FAM: Vou. Um dos filhos do velho "Xehe", Mussá Amad Dulá, contava-me, por exemplo, das arrelias com os filhos dele e que um tinha dificuldades em Francês. Ora eu, que queria nessa altura aprender Árabe, digo-lhe: *"Ensino Francês ao seu filho e o senhor ensina-me Árabe a mim"*. Ainda fizemos essa permuta, ainda tivemos algumas aulas, mas depois desisti porque percebi que ele distinguia mal em Português entre o que era um pretérito, um imperfeito e um mais-que-perfeito. Digo de mim para mim que não há possibilidade de estudar gramática árabe desta maneira e desisto. Mas de qualquer das formas ficou um contacto humano e o meu interesse por aquela família, que passei a ajudar em circunstâncias diversas. E Mussá Amad Dulá virá a ajudar-me pouco tempo depois, no plano político; ajuda-me no aperfeiçoamento progressivo de uma sensibilidade para-afromuçulmana.

AKV: Generalizando agora um pouco, para além dos Dulás, como é que, concretamente, se ia fazendo o processo do seu alargamento e aprofundamento de conhecimentos? Como é que era recebido? Como é que era visto? Como é que começou a ter acesso a textos... Além do que lhe diziam a si sobre o que o Islão é, como é que fazia a contextualização do que ouvia, através de que outros recursos, livros, estudos? Como é que se desenrolou esse processo? Porque o que nós temos é, por um lado, referência à sua chegada a Moçambique, e, depois, já o período de trabalho no SCCIM, para o qual já temos o rasto na documentação...

FAM: Refere-se ao espaço de 3 anos entre 1962 e 1965?

AKV: Exacto.

FAM: Ora bem...

AKV: Desculpe a interrupção, mas já agora para situar a questão logo em 62, uma pergunta concreta: No livro *O Islão, o Poder e a Guerra*, a páginas tantas diz assim: *"Em 1962 calculavamos (pessoalmente, por recolha de dados) em cerca de 500 mil o número de islamizados no território"*[9]. A leitura desta referência deixou-me bastante intrigado; este cálculo, fá-lo aparentemente em 62. Ora como é que já estava suficientemente inteirado na questão para o fazer?

FAM: Em 62 era um cálculo fácil de fazer, até com base no livro *O Mundo Árabo-islâmico e o Ultramar português*, de José Júlio Gonçalves[10], mas não só. Faço esse pergunta aos Dulás, por exemplo, e o número que eles me fornecem anda à volta disso, à roda de meio milhão, foi o que me disseram. Essa informação é-me dada por Mussá Amad Dulá, por Nuro Amad Dulá, e até em conversas com Rucunudine, Licenciado em Teologia Islâmica pela Universidade de Al-Azhar, com o qual tenho algumas conversas; eu era praticamente a única pessoa com quem ele falava, para além do meio afro-muçulmano (em que se sentia muito infeliz, até porque a mulher era egípcia muito clara, pessoa evoluída, não gostava nada de ali estar). Ele encontrou em mim um interlocutor em quem percebeu poder confiar, o pai dizia-

---

[9] Monteiro 1993a: 300.

[10] Gonçalves 1958: 301. José Júlio Gonçalves era assistente no Instituto Superior de Estudos Ultramarinos (ISEU), à data da publicação deste livro, que corresponde à tese que elaborou, durante o curso de Altos Estudos Ultramarinos, em 1957.

lhe bem de mim, obviamente, e ele ajudou-me a contextualizar o Islão em Moçambique e no mundo. Ajudou-me a entender o que era uma visão conservadora das coisas, o que era uma visão progressista... ele não lhe chamava assim, mas eu viria a perceber mais tarde o que era...

AKV: Mas deixe-me aqui introduzir um segundo elemento que tenho sobre este período. Trata-se de uma nota sua, manuscrita, num documento de 1967, em que se refere o ter entregue em 63 um memorando sobre a corrente *wahhabita*, e em que diz que chamou a atenção das autoridades para o velho Amad Dulá e as actividades perniciosas do "Maulana" Cassamo Tayob, que é quem comanda a Wahhab[11]. Isto, portanto, em 63.

FAM: 63? ...

AKV: Segundo uma nota sua de 67.

FAM: Exacto, mas essa nota... Em 63 eu não podia nunca ter entregue essa nota nos SCCIM, porque ainda lá não estava, nem tinha...

AKV: Não, a nota diz *"Entregue ao Governo Geral"*[12].

FAM: A nota foi entregue ao Major Nuno Vaz Pinto, na altura Secretário Provincial das Obras Públicas, com quem eu tinha muitas conversas sobre o assunto. Era meu correligionário desde a Metrópole, monárquico muito convicto, tinha estado ligado ao golpe de 11 de Março de 1959, era pessoa de grande confiança para mim; falava imenso com ele sobre o que ia vendo. Eu contava-lhe: *"Vejo isto e vejo aquilo, acabo de conhecer fulano e acabo de conhecer beltrano, e tal"* e nessa altura conto-lhe, pelos vistos, das correntes que se hostilizavam, os wahhabitas, etc. Quanto ao Cassimo Tayob, porquê? Porque essa informação me é dada em primeira mão pelos Dulá, que não o suportavam.

AKV: Portanto, começa a formar aquela noção...

FAM: ...dos antagonismos entre correntes ... e daquilo que era, nessa altura já, o dealbar, digamos assim, de um fundamentalismo moçambicano. Já existia... conhecia o Cassimo Tayob... eu tive uma conversa com ele, a quem quis ser apresentado, e a minha impressão foi extremamente desagradável, porque ele foi até descortês na forma como me tratou.

[11] A nota manuscrita corresponde à fl. 261 em ANTT, SCCIM nº 413. Ver também a resposta de Cassimo Tayob ao Questionário Islamismo, s/data, s/autoria (ANTT, SCCIM nº 413, pt. 1, fls. 352-361). Desta resposta podem-se destacar os seguintes dados: Mahomed Cassimo Mahomed Tayob nasceu em Lourenço Marques a 8 de Junho de 1917, tendo iniciado funções de "Maulana" em 1951; frequentou o curso de Alimo em Dabel, Distrito de Surat, na Índia inglesa; o seu diploma foi conferido pela Escola Darul Uloom de Deoband; era Imam da Mesquita na Escola Anuaril Islamo.

[12] Correcção: "dirigida e entregue a S. Exª o Governador-Geral – que o enviou à Secretaria-Geral".

AKV: Literalmente, como é que conseguiu esse acesso? Quem é que lhe faz a apresentação?

FAM: Mussá Amad Dulá.

AKV: Embora houvesse essa...

FAM: Exacto, ele falava-me mal do outro mas eu queria conhecê-lo. Ele disse-me *"O senhor Dr. também vai ficar mal impressionado"*. Respondi: *"Deixe-me ficar! Deixe-me vê-lo."* Eu tinha uma curiosidade insaciável de ver, de olhar para as pessoas. O "Maulana" recebeu-me com enorme desconfiança, lembro-me perfeitamente do seu olhar, penetrantíssimo, e da mão flácida que me estendeu. Não me convidou a entrar em casa, recebeu-me mesmo no quintal. Ora, eu já nessa altura tinha decidido de mim para mim, é muito difícil dizer-lhe quando é que essa disposição interior me surgiu, mas já resolvera: *"Vou mesmo estudar isto, vou mesmo ver, e nada vai conseguir nem irritar-me nem desencorajar-me, vou resistir a tudo"*. Logo nessa conversa com Cassimo Tayob, estou a vê-lo na parte de trás da mesquita, estou a ver a sua expressão gélida, e dou comigo: *"Este tipo não me vai fazer perder a compostura nem nada"*. Lidei com a antipatia dele com imensa naturalidade e cortesia. Recordo que o Mussá Amad Dulá me disse, no fim, *"O senhor Dr. teve muita paciência, é uma pessoa muito bem educada..."*. Viria muito mais tarde, anos depois, a fazer-me o mesmo comentário, de concreto na Ilha de Moçambique, aquando dos choques com a corrente fundamentalista em torno da conseguida autenticação dos *Hadiths*. O "Xehe" Amad Dulá veio então a perguntar-me *"Onde é que o senhor Dr. foi buscar essa força que tem dentro de si para conseguir aguentar-se oito dias a falar com gente que está a provocá-lo?"* Respondi: *"Porque eu quero compreender tudo o que preciso de compreender"*.

AKV: Então, vamos lá a ver. Como é que aprofundou? Portanto, conversas com os filhos do Amad Dulá...

FAM: Conversas com o filho Mussá, sobretudo em torno de um manual que ele tinha sobre o Islão em Moçambique, um manual que Amad Dulá, o velho, tinha publicado. Um livrinho. Esse livrinho deu-me logo a notar, a compreender alguma coisa. Fui depois para o Arquivo Histórico de Moçambique pôr-me à procura de elementos que pudesse haver sobre o Islão em Moçambique, encontrei pouquíssimo, não estava organizado nesse sentido, as coisas não estavam arquivadas assim... Fui conversando com o meu amigo Dr. Victor Hugo Velêz Grilo (médico e antropólogo), que me dava uma visão mais amplas das coisas, não focalizada apenas no Islão moçambicano, propriamente, mas sim na realidade negra, no contexto de Moçambique, nas realidades estratégicas de África. Note: é um comunista que me fala e isso teve uma importância extraordinária para mim. É um comunista dissidente; Velêz Grilo foi Secretário Geral do Partido Comunista, numa dissidência a seguir ao pacto Molotov-Ribbentrop, período em que ele e Álvaro Cunhal se anta-

MOÇAMBIQUE MEMÓRIA FALADA DO ISLÃO E DA GUERRA

gonizavam reciprocamente pelo cargo. É um homem que vai para Moçambique com residência fixa. Era um homem a quem o salazarismo pensara aproveitar, para ajudar a organizar a resistência portuguesa a um eventual invasor alemão quando se esperava a operação "Isabelle". Está a ver o perfil? Velêz Grilo é médico, é antropólogo, brilhante, diria genial. Agnóstico intransigente, se bem que depois tenha evoluído um bocadinho, mas católico é que nunca chegou a ser, nem pensar! Profundamente "português cósmico", universalista, ele não era baptizado sequer. Tem uma influência muito grande em mim pela convicção que me reforça, muito profunda, de que era preciso conhecer a realidade, e que a realidade moçambicana e a realidade do Islão, por exemplo, não eram coisas que se pudessem tratar da varanda do Posto Administrativo nem de uma secretária: era preciso ir às pessoas para compreendê-las. Traça-me até, com um certo humor, o paralelo entre a atitude do cantineiro muçulmano de origem asiática face ao negro, e a atitude, suponhamos, do comerciante branco no que tocava aos filhos, à descendência havida das negras. Com aquela truculência dele a exprimir-se, explicava: "*O cantineiro muçulmano, o "monhé", faz do negro seu compadre, fornica-lhe as mulheres mas reconhece os filhos, para já não há bastardos, mas o branco cristão fica com complexos, esconde-os muita vez...*" Nunca me esqueci: " *Não se esqueça senhor Dr., não se esqueça desse handicap do nosso lado, o branco e cristão fica com complexos de culpa de ter fornicado e gerado, o "monhé" não tem*". Isto impressionou-me muito. Tiveram também importância muito grande as conversas com o Major Nuno Vaz Pinto, nada metido nestas coisas, mas um homem de uma inteligência muito aberta, que fugia completamente ao estereótipo do Oficial do Exército. Tinha o Curso Complementar do Estado Maior, a cujo Corpo não quis pertencer; recusou inserir-se naquele espírito de casta. Era um homem com uma formação política muito cuidada no seio familiar e, portanto, tinha uma visão muito maleável das coisas. Do ponto de vista de formação estratégica, de visualização do contexto de Moçambique na África Oriental, na África Austral, foi também muito importante para mim. Depois há a minha ida com uma bolsa da Fundação Gulbenkian, para pesquisas arqueológicas no extremo Nordeste, nos estabelecimentos de Kiuya, M'Buezi e Quisiwa[13], em que vivo os dias inteiros com os islamizados locais durante um mês e me apercebo de realidades no terreno.

AKV: Eu ia precisamente perguntar acerca dessa bolsa e da relação entre o estudo arqueológico e o conhecimento que essa vivência lhe permite desenvolver sobre as comunidades e realidades contemporâneas, e não já apenas históricas, via arquivos e documentos. Mas antes de aflorar a questão, uma pergunta mais, sempre a perplexidade com que me deparo. Vai tomando conhecimento de certos elementos, vai, em suma, aprendendo acerca do Islão através dos próprios muçulmanos, que lhe falam do Islão...

[13] Ver Monteiro 1966.

FAM: Do Islão?

AKV: Do Islão. Das realidades geoestratégicas de Moçambique e África; já percebi que desenvolve e aprofunda o seu conhecimento através das conversas com as duas pessoas que referiu...

FAM: E de leituras que entretanto vou fazendo...

AKV: Pois sim; mas no que respeita ao Islão, o conhecimento técnico do Islão que depois demonstra em tudo o que escreve, patente em toda a documentação dos SCCIM, isso tem que vir de outras fontes que não os próprios muçulmanos.

FAM: Óbvio.

AKV: Mas como, por que meios, onde, num contexto como o de Lourenço Marques da altura?

FAM: Nos SCCIM, em grande parte.

AKV: Mas ainda não entrou para os SCCI nesta altura.

FAM: Ah!, antes dos SCCIM; portanto em 62 a 65. O que ia lendo. Se me perguntar *"Mas diga-me o que é que leu"* eu lembro-me lá! Lembro-me, por exemplo, que li e compulsei demoradamente a versão corânica de José Pedro...não, não...

AKV: Do Bento de Castro.

FAM: ... Isso mesmo! Bento de Castro. Fraca; muito fraca, mas deu para meditar. Tenho conversas com sacerdotes católicos, por exemplo, e tiro por contraste o que era a importância do Islão, sabe porquê? Através do seu quase nulo conhecimento! Não sei se estou a exprimir-me claro. O facto de falar com padres vários e bons, pessoas com nível, bem formadas e interessadas no todo colectivo, e de perceber que não tinham nada para me dizer sobre o tema ou muito pouco... e a constatação que entretanto fizera da subtil implantação no terreno de pessoas como o velho Dulá, aquele visionário espantoso, dão-me material para uma dedução: *"Mas tudo isto dorme!"* Na minha ida ao Norte, com a bolsa da Gulbenkian, eu constato no terreno que, em 1964, o Administrador de Posto de Quionga, bom homem e diligente funcionário, não percebe nada do assunto; o Governador do Distrito de Cabo Delgado, Major Basílio Seguro, não percebe rigorosamente nada dos planos étnico, sociocultural, nada! E eu exclamei-me com pânico: *"Esta gente está a dormir! Como é possível viver-se em tamanha ignorância, tratando o outro com esta displicência ... num País que se diz integrador, no Portugal que se diz uno, pluricontinental e plurirracial? Isto, assim, é um "bluff", e é um perigo. Vai acontecer alguma coisa, tem que acontecer".* De resto, era só olhar para a Carta Étnica! Olhei para ela e disse-me: *"Isto é impressionante: estão aqui, estão ali; ao longo da Costa, então, é um corredor. Estão cá em baixo num instante se isto for accionado mal; mal no sentido de contra o Poder português. É um colapso técnico num espaço tão curto que não há qualquer possibilidade de reagir, em termos psicológicos pelo menos".* Vou adquirindo essa noção acrisolada e angustiante. Em matéria de documentação, antes de entrar no SCCIM, não tenho acesso a elementos classificados, excepto os que Nuno Vaz Pinto me deixava ler "à porta fechada", pois ele recebia os PERINTREP's como membro do Governo. Conjugando tudo o que lia, conversava e via, foi-me fácil reflectir. Só quem não quisesse aperceber-se, meu Deus! Nós, Portugal, estávamos num contexto de guerra revolucionária! A minha formação política dava-me para aperceber isso, as conversas com Nuno Vaz Pinto e com Velêz Grilo ajudaram muito. E, repito, estudar uma Carta Étnica com olhos de ver... Repare nesta conjugação engraçada: a sensibilização por um velho muçulmano, as conversas com um Secretário Provincial monárquico e um ex-líder comunista, leituras, e o exame da Carta... E o Alcorão, claro.

AKV: Mas há uma dimensão desse seu perspectivar que fundamentalmente diferencia o seu de outro tipo de avisos e alertas que pontuam a documentação, e que é uma percepção muito clara de que, se, por um lado, pela própria natureza das ligações das comunidades islâmicas com o estrangeiro, existe a possibilidade de accionamento dos muçulmanos de Moçambique a partir de fora, por outro lado elas são comunidades internamente diferenciadas, ou seja, que há correntes realmente mais ligadas ao exterior, e correntes que estão implantadas, coesas, que se integram...

FAM: Portanto, casos como os Dulás, por exemplo...

AKV: Esta é uma percepção muito importante, que a demarca de outros tipos de avisos que encontramos na documentação e que só olham a dinâmica muçulmana como um fenómeno perigoso; não como algo que pode ser ... apropriado, accionado a partir de dentro.

FAM: Vem-me ... a noção de que o Islão moçambicano pode ser accionado a partir de dentro, é isso que está a perguntar-me?

AKV: Sim.

FAM: É verdade. É a noção, amadurecida em conversas com Nuno Vaz Pinto e com Velêz Grilo, de que nós podemos "pegar nisto". Então, quanto antes!, para tentar recuperar na medida do possível um inconcebível atraso!

AKV: Voltemos então à estadia no Norte. A bolsa da Gulbenkian como é que surgiu?

FAM: Por proposta de Nuno Vaz Pinto que, sendo Secretário Provincial das Obras Públicas, tinha a tutela da Comissão de Monumentos e Relíquias Históricas. Muito aberto a tudo, o fenómeno cultural do Islão interessava-me em extremo e a sua presença em Moçambique, claro, desde antigamente, séculos... *"Tem que haver vestígios, os Árabes estiveram aqui, até onde é que andaram?"* O Dr. Velêz Grilo falou-me das investigações feitas por alguns estrangeiros como Chittick, por exemplo, Trimingham, e eu fui compulsar esses livros; isso havia disponível. E venho a aperceber-me, através de uma velha carta do Almirantado Britânico que encontro no Arquivo Histórico de Moçambique, da existência de uns estabelecimentos importantes na área de Quionga. Aí pergunto ao Director do Arquivo, o velho Tenente Caetano Montez, se ele sabia se teriam feito por lá pesquisas arqueológicas. Ele disse: *"Não, não sei de nada, não sei de pesquisas nenhumas lá".* Falo também com uma pessoa que conhecia a área de Palma, o velho Tenente Simões Alberto, um Oficial prático que se convertera em antropólogo, um *self-made man* de mérito que tinha andado a determinar grupos sanguíneos pelos matos fora, e tinha estado em Palma também. Ele lá me confirmou que havia na área umas ruínas... Outra fonte junto da qual, no período de 1962 a 64, tomei alguma consciência do envolvimento estratégico de Moçambique, a Rota do Cabo, a importância da África Oriental, de Zanzibar, etc., foi a Região Militar de Moçambique, concretamente o respectivo Estado Maior, na sequência do meu voluntariado para leccionar Português, História, Filosofia e Organização Política a nível de sétimo ano liceal, aos Sargentos que quisessem ou estivessem a preparar-se para fazer o Curso da Escola Central de Sargentos em Águeda, com vista ao Oficialato. É um oferecimento a tempo parcial, mas gratuito, que faço como Oficial na disponibilidade. Uma coisa inusitada! Espanta muita gente. Só quero as honras do meu posto ao entrar no Quartel onde as aulas decorriam, e o tratamento por "Tenente". O General Comandante, Caeiro Carrasco, concorda. Caso virgem no Exército Português!

AKV: Isto em que ano?

FAM: Tenho a impressão de que em 1963-64, não estou seguro, mas tenho elementos que me permitem dizer-lhe em que altura é que foi. No Quartel General, as minhas conversas na 2ª Repartição (Informações) do Estado Maior coincidem com o convívio com Nuno Vaz Pinto, a nível do Governo Geral. O meu oferecimento para prestar serviço gratuito aos fins de tarde, na Região Militar, explica-se muito por um desforço meu em relação à circunstância de não ter sido aceite para servir no Exército quando em Lisboa me ofereço como voluntário para a guerra em Angola. Não me resignei a essa recusa, que achei injusta e insultuosa. Num desabafo com o Duque de Bragança, D. Duarte Nuno, disse-lhe: *"Não aceito a ideia de não poder servir o meu País, como militar, numa circunstância destas".* E ele, ponderando-me, responde: *"Não se serve só com armas na mão. Há muitas outra maneiras de servir. Como é professor porque é que não serve, porque não pensa em servir ensinando?".* "Ensinar, ensino eu, *mas estou colocado no Ensino Técnico Profissional e a dar aulas ao Ciclo Preparatório, é tão fraquinho!".* E ele, de novo: *"Não é tão fraquinho como isso, vai mentalizando os seus alunos, e através deles vai conhecendo as realidades locais".* Consolou-me um pouco com isto mesmo. Nessa actividade podia conhecer Chineses, podia conhecer Hindus, podia conhecer Muçulmanos. *"Aparte isso"*, sugere ele, *"arranje outras situações para ensinar"*. Torno eu: *"Mas quais situações? Não vejo!"*. D. Duarte Nuno sorriu-se e respondeu: *"Não sei. Mas use a sua imaginação, que não é pouca..."* Lembro-me perfeitamente disto. Daí surge, um pouco em maturação a seguir, nas conversas com Nuno Vaz Pinto, a ideia de dar um curso especial na Região Militar de Moçambique, precisamente a 1ºs Sargentos. Essa ideia é vinculada pelo General João Caeiro Carrasco, Comandante da Região, mas é-me posta a questão de *"A nós interessa-nos preparar pessoal para a Acção Psicológica. Veja se, leccionando nessas matérias, consegue apurar, sem que os instruentes percebam, quem é que tem perfil para uma coisa dessas"*. É-me, portanto, entregue um grupo numeroso para que eu ensine, oficialmente no sentido de prepará-los para a Escola Central de Sargentos em Águeda, mas já com o ante-propósito de distinguir quem é que se podia aproveitar, quem podia mais facilmente despertar para a realidade moçambicana. Quero leccionar de graça, como disse, só a troco de ficar publicado em Ordem de Serviço, que eu, Tenente miliciano na situação de disponibilidade, prestara serviço voluntária e gratuitamente; era uma forma de dar uma bofetada de luva branca no General Mário Silva, o Ministro que me achara prejudicial à disciplina do Exército. Quando o General Carrasco me pergunta *"Mas o que é que o senhor quer afinal, para vir fazer isto, porque é que oferece uma coisa de graça?"*, eu respondo *"Não é totalmente 'de graça'. Eu quero as honras do meu posto, quero ser cumprimentado militarmente à entrada e à saída, quero voz de 'sentido' quando chego às aulas, quero viatura militar para chegar ao quartel, e condutor"*. Pedi, em suma, coisas a que teria direito se estivesse em serviço activo, só não me podia era fardar ... O General riu-se ... Teve uma reacção espantosa: *"Mas isto nunca se viu!, os Oficiais milicianos na disponibilidade não têm honras militares , nunca se viu!, mas vai ver-se. Agora vê-se"* . E mandou darem-me o que eu pedia. Cheguei, como já disse, a essa situação bizarra, única no Exército Português. À porta-de-armas, quando eu aparecia, a sentinela trepava pela espingarda acima e fazia "ombro arma". Na sala de aulas, um Sargento Ajudante da Força Aérea, o mais antigo dos Sargentos, dava voz de "sentido" ao curso todo, e dirigia-se-me como Tenente... Uma vez satisfeita essa minha vontade, dada a bofetada de luva branca ao Ministro do Exército, nunca mais quis repetir a experiência, com pena do General. Mais tarde alistei-me nas Formações Aéreas Voluntárias da Região Aérea, fui adjunto do respectivo Comando e andei a tirar o "brevet", fiz missões de observação aérea, tudo sempre gratuito. Levantava-me cedíssimo, ia voar às cinco da madrugada e seguia do hangar para as aulas na Escola Técnica General Machado. Entretanto, em 1964, viera a bolsa da Gulbenkian e o Estado Maior da Região Militar pensa: *"Este tipo... é* sui generis. *Vai para o extremo Nordeste fazer arqueologia nas férias escolares! As informações que temos sobre o que poderá acontecer já são preocupantes, deixa cá pedir-lhe que veja* in loco *como é que vai tudo"*. Explicam-me que, se me sucedesse qualquer coisa, não só não poderia invocar qualidade militar como a pró-

ENTREVISTA DE ABDOOLKARIM VAKIL A FERNANDO AMARO MONTEIRO

pria Região diria que me ignorava completamente... Sempre de graça, porque me recusava a qualquer forma de pagamento. Para mim era a honra de servir, como o próprio Duque de Bragança, sabedor da aventura, me lembrava. Andei em sítios do arco-da-velha; sozinho dias inteiros, em Kiuya, com oitenta trabalhadores negros dos quais só um falava, e mal, Português; a pé e desarmado, na Ponta Suafo, mesmo na embocadura do Rovuma, a dar quedas no matope! Por assim dizer, eu "provocava" para ver o que acontecia... Achava que estava a cumprir as ordens do meu Rei: servir o País com total desinteresse. Acreditava, Santo Deus! E era feliz. Sentia-me "transportado" por uma força enorme. Bom, andei vendo com olhos de observar, e cheguei à conclusão de que as coisas estavam mal. Regressei a Lourenço Marques, e avisei, nos fins de Agosto: *"Está quase. Vai acontecer."* Lembro-me da reacção de descrença de alguns elementos do Estado Maior, porque não achavam que se estivesse tão perto quanto isso. Mas em Setembro "rebentou". Acertei em cheio quando disse que ia acontecer, e tive mais uma vez a noção vivíssima da importância que o Islão poderia representar no terreno, se as comunidades muçulmanas aderissem à acção armada. Chamou-me imenso a atenção que era uma gente fortemente diferenciada: uma comunidade de vida e de alimentação; com interditos e preceitos sociais que não existiam nas outras comunidades negras, por exemplo o parentesco do aleitamento e outras coisas do género; cemitério aparte; vestimenta específica; higiene contínua; uma comunidade que arabizava e escrevia em caracteres que a Administração não entendia. Tudo faz dela uma comunidade *sui generis,* com uma solidariedade de grupo muito grande e, logo, duas saliências: a) É um instrumento espantoso de agressão, se for usado com esse fim; b) É um magnífico instrumento de defesa para quem saiba usá-lo e queira usá-lo. Mas, neste caso, exigiria uma atitude completamente diversa, outra que não a que o Poder Português tem, a atitude que as autoridades têm. Há que encarar as coisas de frente e saber fazer um acto de contrição, dizer: *"Até agora foi uma asneira, um disparate, desculpem".* Não se poderia fazer outra coisa. Foi a minha opinião, e foi para aí que apontei. Por raciocínio. Por coração. E por pragmatismo político. Era preciso que o Poder neste campo banisse a estupidez e fosse direito à inteligência. Senão...

AKV: Em Lourenço Marques tem acesso à família Dulá. No Norte, quando lá chega para se integrar no meio, se inteirar da situação, para começar a intuir as comunidades islâmicas, como é que faz?

FAM: É simplicíssimo. Em Quionga, havia "os senhores da terra". Por exemplo, Muedin bin Tayob bin Hassan bin Sultan Hassan, etc., um negro que era um *gentleman...* Cá estamos: o branco corrente nunca se lembraria de dizer que o preto do mato era um *gentleman.* Ora, inserido no seu contexto, o homem era um senhor, sabia estar, era mesmo um senhor. Viu o interesse com que eu o encarava e viu que a minha aproximação, a maneira como falava, eram diferentes. O homem ganhou confiança, foi-me contando coisas, desde injustiças, a que aludia subtilmente, para não ferir e até provavelmente para não me irritar no tactear do terreno. O que é certo é que esse contacto constante de um mês dá para perceber a <u>mobilidade informal mas real</u> dele no terreno humano, a facilidade com que influenciava as pessoas, e de como era importantíssimo como elemento que interpretava junto dos negros locais a atitude do branco. Ele estava muito acima dos outros, era o "senhor da terra", tinha uma preparação islâmica cuidada, qualidades pessoais específicas e, portanto, capacidade para dar aos outros a visão que queria dar das estruturas políticas e sociais dominantes. O importante era "entrar" no voluntarismo desse seu papel e surpreender a respectiva orientação. Apercebi-me, por outro lado, da disciplina colectiva, da sensibilidade dos trabalhadores. Às horas da oração estavam a trabalhar, não podiam ir rezar, eram assalariados para as pesquisas pelo dinheiro que a Fundação Gulbenkian atribuíra para a Comissão de Monumentos; daí se geria o pagamento das pessoas. Às 3:30 da tarde o *muezzin* começava a "cantar", como eles diziam, a chamar para a oração. Enquanto trabalhavam, conversavam animadamente; logo que o *muezzin* chamava, baixavam o tom de voz; continuavam a trabalhar, mas via-se que qualquer coisa tinha perpassado por ali; todavia, a mesquita estava a uns largos cem metros de distância. Apercebi-me da vivência colectiva e propus a mim próprio: *"Deixa-me ter um gesto amável, e ver como isto evolui"*. De entrada eu sentira frieza no ambiente, os nativos locais estavam "do peito" hostis à presença portuguesa, eu sentia isso; trabalhavam com transístores ligados, não percebo Suaíli mas ouvia dizer "Bortugalium" e sabia que isso era "Portugal". Na altura estava em Moçambique o Almirante Américo Thomaz a fazer uma visita oficial[14]. Um dos trabalhadores mexia-se com um transístor a tiracolo, a ouvi-lo permanentemente, e ia dizendo em voz alta coisas para os outros, eu não percebia, riam-se. Senti que estava a ser troçado. Pensei: *"Não estou com isto na mão. Estes tipos estão aqui o dia inteiro, nem sequer percebem o que estão a fazer"*, para eles o trabalho que eu lhes mandava fazer era bizarro; mandava-os arranhar o chão, e estava a peneirar. *"Mas o que é que este homem quererá, está louco?"*. E eu, de mim para mim: *"Daqui a bocado isto é um gozo, estamos no terceiro dia de trabalho e não aparece nada, não tenho mão nesta gente; não posso, não quero, não devo ter um gesto de força para com aquele atrevido do transístor, aqui sozinho com oitenta homens, [só um a maltratar o português para me servir de intérprete,] tenho que pôr a mão neles..."*. Ora, lembrei-me de coisas simplicíssimas. Um deles tinha conjuntivite, os olhos inflamadíssimos; eu levava para mim um frasco de colírio, simples, elementar, para as conjuntivites, meti-lhe um pingo em cada olho, e, como aqueles organismos não estavam habituados a medicamentos nenhuns, no dia seguinte o homem estava óptimo. Isto significou que tive de mandar vir mais

---

[14] A viagem do Presidente da República, Almirante Américo Thomaz, a Moçambique decorreu de 23 de Julho a 7 Agosto 1964.

ENTREVISTA DE ABDOOLKARIM VAKIL A FERNANDO AMARO MONTEIRO

colírio de Porto Amélia, hoje Pemba, porque passou a haver uma fila de sujeitos com inflamações nos olhos, vindos de vários sítios fora das escavações. E, em simultâneo, juntei-os e disse: *"Não podemos estar a parar o trabalho para irem para a oração"*, expliquei-lhes por intermédio do intérprete, *"há muito trabalho, não pode ser, mas vamos fazer uma coisa: às 3:30 da tarde, quando o muezzin começar a chamar para a oração, fazemos um alto de cinco minutos, que é para vocês terem tempo de rezar dentro do coração, não dá para ir lavar os pés e as mãos, mas rezam dentro do coração. Cinco minutos de intervalo."* O homem traduziu isto, notei o olhar deles, perpassou um sussurro de respeito, e no dia seguinte a atitude deles era diferente, todos os dias se passou a fazer isto e ninguém abusou. *"É tão fácil"*, disse de mim para mim, *"é tão fácil cativar com meia dúzia de coisas... tão fácil..."* e o ser tão fácil assustava-me, preocupava-me imenso, porque me dava a medida do que se não tinha feito, e sobretudo do que o inimigo podia fazer se estivesse interessado nisso e sensibilizado para praticá-lo. Porque era o "ovo de Colombo"! À vista. Só os estúpidos e os distraídos não viam!

AKV: Esse trabalho arqueológico essencialmente incidia sobre a presença árabe na Costa?

FAM: Sim, sim. E foi um êxito.

AKV: Foi um êxito em que sentido?

FAM: Foi um êxito do ponto de vista de achados, a metro e tal de profundidade e numa considerável área.

AKV: Ah! Em termos do contributo arqueológico, portanto.

FAM: Foi publicado um Relatório, está na revista *Monumenta* da Comissão de Monumentos... Foi traduzido depois na Universidade de Madagascar, na revista *Taloha*...

AKV: Traduzido por Pierre Vérin...

FAM: Pierre Vérin traduziu, sim. E ajudou-me até, anos mais tarde, numa correcção de medição na Ilha de Quisiwa, num imenso reservatório de água que lá havia.

AKV: Qual era a sua relação com ele?

FAM: Pierre Vérin vem mais tarde, é alguém que surge no período em que tentei, por trás da cortina e em entendimento com o Ministro do Ultramar, Professor Silva Cunha, ajudar a estabelecer contacto entre Portugal e Madagascar. Mas já anos depois. Era francês, mas através da esposa malgache encontrava-se ligado ao mais alto nível nativo de Madagascar. O Professor Pierre Vérin vem convidado "incognito" pelo Governo Português a visitar Moçambique. Sou designado pelo Governador-Geral para acompanhá-lo, levo-o aos locais onde tinha estado a fazer pesquisas, mostrei-lhe o meu trabalho, ele achou muito interessante e traduziu para Francês. Mas retomo o fio da meada: quando o próprio nativo começou a ver surgir coisas... enfim, depois de *n* dias de escavações, vimos resultados; isso... conjugado com a circunstância de eu mandar fazer altos cerca da oração, preocupar-me com a saúde das pessoas, tudo produziu resultado excelente. Meti alguns doentes de Kiuya no "Land Rover" e levei-os de propósito ao Hospital de Palma, um hospital de circunscrição, paupérrimo, mas o médico sempre ia lá todas as semanas. E havia um bom enfermeiro, muito experimentado. Eu aparecia-lhe com doentes que levava e que até aí não tinham tido assistência; talvez, coitados, nunca tivessem podido ir a Palma, que ainda ficava a uns trinta quilómetros de distância. Passei a andar com o "Land Rover" cheio de pretos a quem dava boleias. Coisa engraçada, aí percebi a confiança que as pessoas tinham começado a ter em mim, as mulheres também me pediam boleia, coisa inusitada! Cheguei a levar na carrinha "Land Rover" um número astronómico de mulheres encavalitadas por todo o lado, a fazerem um barulho ensurdecedor! Ora, de entrada, à minha passagem, elas, suaílis e muçulmanas é claro, puxavam o pano para a cara e tapavam-se. Depois era um barulho ensurdecedor... pediam boleias, e eu largava-as pelo percurso quando batiam na capota da carrinha ou me apontavam um sítio qualquer. Estava ganha a confiança de uma razoável comunidade e num tempo "record".

AKV: Conforme vai começando a conhecer essas comunidades no Norte começa a aperceber-se também de diferenças nas práticas e nas formas de vivência do Islão no Norte e no Sul, no Norte e em Lourenço Marques?

FAM: Não. Nessa altura não me apercebi. Nessa altura pareceu-me, por exemplo, que o Negro do Norte que estava a cumprir os seus deveres de oração na mesquita era praticamente como os negros que tinha visto nos arredores de Lourenço Marques, que eram de proveniência macua. Havia um elemento macua numeroso nos arredores de Lourenço Marques, na Mafalala... eram iguais; quer dizer, o grau de conhecimento era o mesmo, a forma como respondiam a perguntas, como conversavam, era a mesma. Simplesmente havia no Sul estruturas cupulares diferentes das do Norte. No Sul havia estruturas cupulares mestiças e asiáticas que não havia no alto Norte, nas zonas que havia visitado. Aí sinto *"Há aqui no Sul uma interposição do asiático de origem paquistânica ou indostânica, que não havia no Norte e também era menor no Centro"*. Noto-o, noto essas diferenciações, vou tendo sempre conversas a nível de um Nuno Vaz Pinto, de um Velêz Grilo, depois de um Romeu Ferraz de Freitas... Deste surge-me o convite para ingressar nos SCCIM. Romeu Ferraz de Freitas era um *expert* de alto nível em populações, sobre o Islão conhecia pouco, acerta agulhas comigo em conversas, os juízos que eu estava elaborando, os seus próprios juízos internacionalmente abalizados. E é daí que me surge em 1965 o convite do irmão, Intendente Afonso Henriques Ivens Ferraz de Freitas, para ingressar nos SCCIM.

Este garante-me: *"Esteja descansado, não se faz nestes Serviços salazarismo nenhum, até nenhum de nós é salazarista, esteja tranquilo, o que está aqui em causa é sempre o enfoque estratégico"*. Moçambique inserido globalmente e a tentativa de preservar a Nação Portuguesa... ideal que eu estremecia... O meu País, que o meu Rei me mandara ajudar a manter, e que me arrebatava a juventude... Ausente o Director da PIDE, António Fernandes Vaz, o Capitão Baltazar, substituto, dá informação negativa quanto à minha admissão nos SCCIM. Mas Vaz, homem esclarecido, chega entretanto, corrige a informação e diz: *"Pelo contrário, não se pode duvidar do patriotismo dele"*, etc., etc. E eu entro. Passo de "prejudicial à disciplina do Exército", como um General estúpido achara, a funcionário categorizado (a nível de Oficial superior no Exército) de uma estrutura que lidava com materiais confidenciais, secretos e muito secretos, ligada directamente ao Governador-Geral e ao Comandante Chefe. O meu orgulho estava satisfeito, ao jeito de *quod erat demonstrandum*... E decidi que atingiria o mais alto nível de eficácia. A PIDE, embora reverente no trato com que me brindou em Moçambique até ao fim, foi-me sempre vigiando, não fosse ter-se enganado... Cautelosos, não me largavam o telefone, a correspondência e os passos. Discretos, mas até ao fim, mesmo, 1974!

AKV: Portanto, o convite para integrar os SCCIM tem especificamente a ver já com um projecto ligado à questão do Islão?

FAM: Tem e não tem. Não é com um projecto ligado ao Islão; não, não havia ainda um projecto, não. Era a necessidade de recrutamento de pessoas sensibilizadas, e habilitadas para tudo quanto estava ocorrendo. Romeu Ferraz de Freitas conversou muito comigo, conversou com o irmão dele, Director dos SCCIM, Afonso Ferraz de Freitas, deve ter sido algo como isto: *"Conheci fulano, um tipo muito atento às coisas, rapaz preparado, etc., etc., era uma boa aquisição"*. Deve ter sido isto, presumo, até porque quando entro não se apressam a encomendar-me trabalhos sobre o Islão... O que existia sobre essa matéria nos SCCIM de entrada é-me alheio, vou tomando conhecimento do que havia, lembro-me de um BDI (Boletim de Difusão de Informações) sobre o argelino Basir Hadsch Ali[15] e a corrente islâmica-marxista. Lembro-me que esse BDI me impressionou. Lembro-me, por exemplo, dos receios que havia, anedóticos, sobre a seita de Qadian e aquela fantástica chamada de atenção para os adeptos estarem marcados, para se conhecerem, numa das vértebras coxígeas! Mas que raio de coisa mais estranha, os tipos teriam um sinal de queimadura na vértebra coxígea superior! Lembro-me do riso que foi nos SCCIM quando alguém reproduziu de algures a hipótese de, para se detectar os membros da

---

[15] Secretário do Partido Comunista Argelino. Sobre esta questão ver: Resenha nº 6/65, não datada, que se refere a uma informação extraída do periódico *Weekly Review*, nº 667, de 5 de Fevereiro de 1965 (ANTT, SCCIM nº 410, fls. 625-628).

MOÇAMBIQUE MEMÓRIA FALADA DO ISLÃO E DA GUERRA

Qadian, os funcionários administrativos mandarem despir os inquiridos! A risota que foi... Está a imaginar [risos]?! Os fantasmas, AbdoolKarim, os fantasmas que as pessoas criam são terríveis. O medo e a ignorância são duas coisas terríveis... Quando não se conhece, o medo dispara agressividades perigosas!

AKV: A entrada nos SCCIM abre-nos um novo capítulo. Mas há um episódio, cronologicamente anterior ainda à sua entrada nos Serviços, que tem uma certa importância, e sobre o qual lhe queria perguntar, que é a revolução em Zanzibar[16].

FAM: Exacto. Conforme eu já sabia, o Sultão de Zanzibar tinha um comandamento extenso Moçambique adentro. Falei-lhe há bocado em consultas que fazia no Arquivo Histórico de Moçambique. Tinha ido estudar a História de Moçambique disponível. Havia uma obra que não era dada a grandes complexidades interpretativas nem a análises globais, mas funcionava como um estupendo compêndio narrativo sobre o território: era a *História Militar e Política dos Portugueses em Moçambique*, do General Teixeira Botelho[17]. Indispensável. Li, e disse a mim mesmo: *"O Sultão de Zanzibar parece de facto uma realidade"*. Depois comecei a perguntar coisas sobre o Sultão, e as pessoas olhavam para mim como quem diz *"Este sujeito está seduzido pelo assunto e 'anda a ver coisas'. O Sultão de Zanzibar!"* Até que duas ou três pessoas oficialmente qualificadas me confirmaram... mas mesmo assim palpavam mal o fenómeno... Uma pessoa que me confirmou, por exemplo, foi o antigo Secretário Geral do Governo, Capitão César Maria de Serpa Rosa, era "raposa velha", com os defeitos típicos de uma determinada época administrativa (sem querer ser injusto para o Quadro Administrativo, foi indispensável). Tinha defeitos marcados, autoritário, cioso das coisas, do género de fechar tudo na sua gaveta, ciumento da importância do Quadro Administrativo, não queria partilhar conhecimentos com mais ninguém. Foi-me apresentado por interferência do Nuno Vaz Pinto, para conversarmos um bocadinho sobre o papel do Sultão de Zanzibar no norte de Moçambique. Ele esteve na conversa sempre a baratinar, a fazer "ponto de embraiagem". Eu a perceber, e obviamente que tirei esta conclusão: *"Se está a esquivar-se é porque o assunto tem importância"*. Intuitivo, não é? *"O problema interessa; existe e interessa"*. Juntando isto com o que tinha apercebido em Quionga, Palma, Mocímboa da Praia e Ilha de Moçambique acerca da influência do Sultão, com as conversas com os Dulás e com as minhas próprias leituras, concluí que essa influência era uma realidade, ou pelo menos foi. Por consequência, quando se dá a revolução de Zanzibar, preocupo-me. Porque, de um lado, desaparece uma referência que era, para o Poder, incomodativa, pois a autoridade dele entrava muito longe, coisa que me é confir-

---

[16] Revolução de 11 de Janeiro de 1964.
[17] Ver Botelho 1934, 1936.

108

mada por Romeu Ferraz de Freitas. Ele diz-me: *"Lembro-me perfeitamente dos padres muçulmanos da Zambézia me dizerem que estavam à espera do silésilé de Zanzibar"*. Na Zambézia! Líderes obedientes ao Sultão de Zanzibar! Portanto, por um lado desaparece uma figura incómoda, mas por outro fica aberto um vazio, *"Quem é que preenche isto? Vai ser aquele inconcebível 'Marechal' Okello?"*[18]. Recordo essas perguntas que fiz a mim próprio: *"Se aquele energúmeno que foi utilizado para fazer a revolução vai para lá, isto pode ser muito sério"*. Na altura do golpe de Okello, falando com Nuno Vaz Pinto, disse-lhe: *"Isto era a altura de se tomar uma medida psicologicamente espectacular, porque se o Sultão tinha influência cá até podíamos aproveitar isso nalguma medida, <u>antes</u> que outrem se aproveite, quem sabe se os ingleses, porque eles são peritos nessas coisas"*. *"Então vamos fazer o quê?"* Parecia muito simples: *"O homem foi deposto, está num 'iate', anda errante"* – parece que andou completamente perdido, com falta de água a bordo, com duzentos e tal homens num navio pequeno, a Polícia fugira com ele[19]. *"O que é próprio de uma potência colonizadora? É mandar-lhe um navio de guerra ao encontro, salvar ao pavilhão dele, oferecer-lhe auxílio e escolta, trazê-lo para terra, é isto que uma potência faz"*. Bem, ele foi logo falar com o Governador-Geral, General Piloto-Aviador José Joaquim da Costa Almeida, que era muito limitado, muito limitado mesmo, tinha sido piloto de caça, seria óptimo para isso. No Corpo Consular em Lourenço Marques circulava a alcunha cruel que o Cônsul-Geral de França, Jacques Honoré, lhe pusera ("O Sargento-Piloto"). Percepção do que politicamente estava a fazer, não! Disse-me o Ministro do Ultramar, Professor Silva Cunha, que Costa Almeida era um Governador-Geral extremamente eficiente, pois... todos os dias lhe telefonava, com frequência duas vezes, a pedir instruções... Só não perguntava ao Ministro o trivial. O Major Vaz Pinto foi falar com o General Costa Almeida, e o General dessa vez nem foi capaz de pegar num telefone, aplicar-lhe o zingarelho para as conversas encriptadas e falar para o Ministro; até havia nesse momento em Moçambique um navio de guerra qualquer, era possível mandá-lo ao encontro. Ele não alcançou a ideia. Ninguém foi capaz de tomar uma atitude e quando, finalmente, se convenceram da

---

[18] John Okello, nativo do Uganda, fomentou e liderou a revolução de 11 de Janeiro de 1964. Progressivamente incompatibilizado com o Presidente Abeid Karume e o rumo que a revolução, interna e regionalmente, foi assumindo, interditado de regressar a Zanzibar, começou uma vida de sucessivos exílios e actividade revolucionária que terminou com a sua provável morte às mãos de Idi Amim em 1971. Numa conferência de imprensa em Kampala, a 16 de Março de 1964, Okello "anunciou a sua intenção de visitar o Ghana, a Etiópia, e o Egipto, para consultar líderes africanos sobre planos para libertar Angola, Moçambique, Rodésia e África do Sul" (*apud* Petterson 2002: 176).

[19] Banido e interditado de regressar, o Sultão Jamshid Bin Abdulla e sua família, acompanhados de cortesãos e polícia, largaram de Zanzibar a 12 de Janeiro no Seyyid Khakifa com rumo a Mombaça, onde aportaram a 13; proibidos de desembarcar pelas autoridades quenianas, seguiram para Dar-es-Salam onde chegaram a 15. No dia 19 o Sultão e a sua *entourage* de quarenta e quatro pessoas viajaram no avião que os conduziu a uma vida de exílio, em Londres, a expensas do Governo britânico (Petterson 2002: 106).

vantagem, já os ingleses se tinham antecipado havia muito e mandado buscar o Sultão! Não houve visão...[20]

AKV: Zanzibar voltará à conversa, mas de seguida passamos à sua entrada nos SCCIM.

FAM: Com certeza.

[20] Sobre esta questão, ver Cópia do Ofício nº 5029, K-6-23, Confidencial, datado de 29 de Setembro de 1967, emitido pelo director do Gabinete dos Negócios Políticos do Ministério do Ultramar e enviado ao Governador-Geral de Moçambique, com o assunto: "Informações e Sugestões sobre o Islamismo, no quadro da Guerra Subversiva" (ANTT, SCCIM nº 413, pt. 1, fls. 105-108), e Informação nº 24/67 (já citada na Introdução), datada de 17 de Novembro de 1967 (ANTT, SCCIM nº 413, pt. 1, fls. 91-103).

II

AKV: Comecemos com um pequeno retrocesso à conversa de ontem para fecharmos uma questão que não ficou totalmente esclarecida. Trouxe comigo o texto da nota manuscrita de que lhe falei ontem[21]. Trata-se, como disse, de uma nota sua, que aparece apensa a um documento datado 2 de Maio de 1967, em que, por sua mão, escreveu...

FAM: Eu assinei-a?

AKV: ... assinado "Fernando Amaro Monteiro", exacto. Diz assim: *"Em 1963 fiz, por minha iniciativa, um memorando sobre a corrente Wahhabita, dirigido e entregue a S. Ex.ª o Governador-Geral, que o enviou à Secretaria-Geral, onde 'faleceu'. Chamei então a atenção das autoridades (civis e militares) para as actividades do velho Ahmad Dulá e para a actividade perniciosa do "Maulana" Cassamo Tayob – que é quem "derrière le rideau" comanda aqui a Wahhabe. Nunca consegui que ao assunto fosse dada a devida importância. Eram 'coisas de monhés'!"*

FAM: Exactamente. Lembro-me disso, foi entregue ao Governador-Geral que era o General Costa Almeida, não lhe entreguei directamente, entreguei ao Major Vaz Pinto.

AKV: Foi o que ontem sugeriu que provavelmente tivesse acontecido.

FAM: É claro, o General Costa Almeida tinha total insensibilidade para estes assuntos. Mas como o documento lhe era entregue pelo Secretário Provincial das Obras Públicas, membro do Governo, ele achou por bem que devia mandá-lo a ... a uma entidade que o tratasse e então lá concluiu... e, enfim, formalmente bem, que essa entidade deveria ser o Secretário Geral, porque este era a entidade tutelar do Quadro Administrativo. Era com o Secretário Geral que o Director dos Serviços de

---

[21] Ver nota 11 na secção I da entrevista.

MOÇAMBIQUE MEMÓRIA FALADA DO ISLÃO E DA GUERRA

Administração Civil ia a despacho. Acontece, porém, que o Secretário Geral era o Capitão Serpa Rosa, de quem já falei, tipo posso, quero e mando e para quem ... o "monhé" era o "monhé". O muçulmano era "monhé", e "monhé" era um sujeito que ficava na varanda; era isto, concretamente; ele entendia as coisas assim e era assim que se tratava com essas pessoas. Ou era indiferente perante os muçulmanos ou era-lhes algo hostil, as duas atitudes eram possíveis nele. Aliás, como sabe, eram as atitudes correntes...

AKV: Mas há aqui, sem querer ler demasiado nesta sua nota, há aqui um, um forte tom de desabafo...

FAM: É. Já não me lembro exactamente de a quem fiz esse desabafo! Isso é que não me consigo lembrar. A nota aparece assim solta no espólio?

AKV: Apensa com um *clip* a um documento que consta no Arquivo, poderei precisar de que documento se trata pelos meus apontamentos, mas tem a ver com a matéria. De qualquer forma não é aqui o mais importante. O que me chamou a atenção foi o facto de dar expressão ao sentimento de que já na altura tinha chamado a atenção para isto, ninguém ligou nenhuma, e agora vejam...

FAM: Se eu puder ver o documento, não é que tenha assim grande importância, julgo, para o que estamos tratando neste momento, mas se eu pudesse ver o documento lembrava-me por que é que pus a folha anexa.

AKV; Claro, claro. Mas a questão a que eu queria chegar é a seguinte: havia, muito sentida, muito consciente da sua parte, a noção de que realmente pregava no deserto em relação a esta questão.

FAM: Era. Até ao fim, em certa medida. Porque mesmo quando consegui interessar as instâncias oficiais nestes assuntos e quando, enfim, as autoridades resolveram assumir o papel político que propus, como aconteceu com o brilhante "vamos lá então em frente!" do Dr. Baltazar Rebello de Souza, cheguei à conclusão que o AbdoolKarim referiu ontem e muito bem: havia uma limitação, um condicionalismo tanto da parte do euro-cristão, da autoridade, como da parte do muçulmano. Havia uma reserva, não é verdade? Conto-lhe por exemplo um simples facto passado com o Dr. Baltazar Rebello de Souza, um homem excepcionalmente aberto e pragmático, que na História de Moçambique é quem é. Recordo-me perfeitamente que foi na sequência do famoso "caso das cartas da FRELIMO"[22]... Ele

---

[22] O Governo Geral de Moçambique, em ano de eleições, alegou que dois conhecidos elementos da Oposição tinham recebido, da Frelimo, cartas muito comprometedoras. E em 4 de Outubro de 1969 "disponibilizou" os textos ao Jornal *Notícias*, de que eram Director Ricardo Ferreira Martins (doente na altura) e Subdirector Fernando Amaro Monteiro. Este e a Administração da empresa proprietária do Jornal (em que era maioritário o Banco Nacional Ultramarino) não conseguiram de maneira

ENTREVISTA DE ABDOOLKARIM VAKIL A FERNANDO AMARO MONTEIRO

estava um bocado... digamos "amuado" ... comigo, porque eu, quando escrevia nos jornais *Notícias e A Tribuna*, quando escrevia editoriais, por exemplo, fazia-o com muita reserva política, com certo grau de hermetismo e palpável desafectação do regime; isso proporcionava-me a possibilidade de não me vulnerabilizar e de, envolvendo de flanco a Comissão de Censura, dizer só o que bem entendia, não é verdade? Uma defesa. Mas obviamente que, quem escreve assim, fá-lo sem entusiasmo; porque a espontaneidade morre. Ora, eu estava a dar conta ao Governador--Geral do texto da Mensagem que ele leria na mesquita do Gulamo, instante muito alto da sua carreira, em que vai tomar a muito melindrosa decisão, sugerida por mim, de entregar a própria segurança pessoal nas mãos das Confrarias, coisa de facto extraordinária[23]. O Governador-Geral entregou-se naquele momento, abriu os braços ao Destino, ele percebeu realmente que era um momento muito alto e arriscou. Foi uma decisão política brilhante e muito corajosa, mesmo fisicamente. Mas olhando para a Mensagem, que eu escrevera, percorreu-a de fio a pavio e disse *"Tem depois que me ensinar a ler isto"*, como já fizera para a primeira que ele proferira. *"Tem de me ajudar a ler isto, gostava que me explicasse aqui uma coisa ou outra para eu ficar a perceber"*, pontos de doutrina, mais nada... nem numa simples vírgula mexeu. Depois ficou calado, sorriu-se, e comentou: *"uma coisa curiosa..."* . E agora repare neste "deslize" monumental de um homem inteligente: *"O senhor, a escrever aqui e a escrever os seus artigos, é completamente diferente. Por que é que escreve assim para os muçulmanos e não é capaz de escrever com esta sensibilidade <u>para os portugueses?</u>"*. "Deslize" que ele não merecia de si mesmo! Mostra o tal condicionalismo, a tal reserva subconsciente do Poder. Eu, muito serenamente e um bocado mauzinho, respondi-lhe: *"Os muçulmanos para quem Vossa Excelência tem discursado são portugueses... e é precisamente por acreditar nisso, com muita força, que escrevo com tanta transparência"*. E não lhe disse por que não escrevia com transparência para o resto: *Acredito no que estou a fazer*. Ele, muito rápido, mudou imediatamente de conversa e nunca mais me falou nos meus parcimoniosos artigos de fundo *[risos]*. Mas isto dá-lhe conta de como era, da parte do Poder constituído. A reacção automática foi: "os portugueses"! Ora a <u>minha</u> posição era a <u>doutrina oficial</u>...

AKV: *[risos]*... Exacto.

FAM: ...atrás da qual me resguardava quando encontrava resistências passivas ou mesmo activas (estas ultimas raras aliás). Mas é evidente que ... apesar do grande

nenhuma eximir-se à pressão governamental para a publicação dos textos (5 de Outubro). Manobra cujos antecedentes desconheceriam sempre e os surpreendeu na manhã de 4 de Outubro, sobretudo através do implacável Secretário Geral do Governo, Dr. Álvaro Gouveia e Melo. O assunto, com polémica e tribunais, deu grande brado desfavorável ao Jornal e, claro, ao Governo que toda a gente percebia estar nos bastidores.

[23] Essa cerimónia na mesquita de Gulamo deu-se a 24 de Novembro de 1969.

MOÇAMBIQUE MEMÓRIA FALADA DO ISLÃO E DA GUERRA

entusiasmo que colhia nas manifestações e nas cerimónias todas, e que era um entusiasmo real, vivido por ele próprio, não há dúvidas nenhumas (fazia parte da sua própria natureza) de que transportava todavia o centrismo cultural em que nascera e crescera. Era um reflexo inevitável, apesar da sua excepcional capacidade de "relações públicas". Ele, ou seja, o Poder era uma realidade e os outros representavam outra realidade, que não se absorvia de automático. E aí residia o meu medo e um certo cansaço de estar a pregar no deserto, mais do que a reacção por vezes momentânea de irritação perante a estupidez ou a obstrução. *"Este é que anda agora a influenciar isto tudo, tem acesso directo ao Governador-Geral porque faz e porque acontece, chega aqui e manda fazer as coisas como entende, ora deixa cá pôr–lhe um grão de areia..."*. A safadeza muito generalizada, coisa que me trouxe numerosos incidentes, alguns bem desagradáveis. Doía-me a sensação de estar a bater-me desesperadamente por uma grande Ideia, a pôr aquela gente toda teatralizada, a desempenhar os seus papéis no palco da guerra, *"mas em que tempo é que eu consigo fazer isto?!"* E a sensação de que tinha chegado ao fim da encenação porque ... não, não havia mais possibilidades de continuar! Percebia que íamos bater na parede. A nível global, de Portugal, da guerra revolucionária, e de Moçambique. A reunião na ilha de Moçambique[24] é um enorme êxito quando eles assinam a *Selecção de Hadiths* de El-Bokhari[25], quando dão o seu *imprimatur*. Eu disse então: *"Chegamos a um ponto em que esta gente ou é utilizada rapidamente e de uma maneira que a conote fundo com a Administração Portuguesa ou, então, o que acaba de se produzir neste momento é a tomada de consciência muito forte por parte dos sunitas, por parte nomeadamente dos dirigentes das Confrarias, dos elementos conservadores, em relação ao Wahhabismo, vão extremar-se agora... e, do extremar de campos que se aflorou na Ilha, vai desenhar-se daqui em diante ou vai mesmo surgir uma situação grave; vão acirrar-se uns contra os outros; isto obriga a Administração Portuguesa a intervir, e como ela no fundo vive a pedir a si própria um pouco de alento, vive numa postura quase autofágica, isso pode pô-la em cheque; pode conduzi-la a uma situação em que ela não seja capaz de dominar os acontecimentos; e "eles" cobrar-lhe-ão isso. Então esta gente vai, de ambos os lados do antagonismo, cobrar isso à Administração"*. Porque essa hipótese é clara quando o "Xerife" Said Bakr me diz, na Ilha, nessa altura: *"senhor Dr., o Governo veja bem o que faz, porque se o Governo dá crédito a esta gente, se o Governo se volta para os Wahhabitas e os ajuda ... então nós revoltamo-nos e eu em três dias levanto uma quantidade de problemas nos Distritos de Cabo Delgado, do Niassa, e de Moçambique... e talvez na Zambézia"*. Disse-me

---

[24] Reunião de 20 dirigentes religiosos muçulmanos nos Paços do Concelho da Cidade de Moçambique, de que resultou a "Declaração de Concordância e Recomendação aos Muçulmanos", assinada pelos mesmos a 5 do Radjab 1329H/15 de Agosto de 1972.

[25] Foi promovida pelo Governo-Geral a publicação de uma versão portuguesa da selecção dos *Hadiths* de El-Bokhari, feita a partir da tradução francesa de G. H. Bousquet. Fernando Amaro Monteiro foi responsável pela selecção, tradução, adaptação e apresentação, trabalho que desenvolveu, em 1971, na Universidade de Lourenço Marques. Ver, a este respeito, Monteiro 1971a, 1972a.

isto *ipsis verbis*, AbdoolKarim. Veja o que aconteceu; as comunidades tomaram, a nível de cúpula, uma consciência tão aguda da importância que tinham, assumiram tanto a sua auto estima, que se sentiram capazes de me apresentar a mim uma ameaça directa, ameaça que não era à minha pessoa mas ao Governo-Geral que eu estava representando. Sabiam perfeitamente que eu iria alertar Lourenço Marques. O que por outro lado acontece é que o "Xerife" também sabia que eu, por mim, iria usar isso quanto possível em termos que não o tramassem. E assim foi; referi isto com cuidado e adverti: *"Cuidado! A disposição deles contra a corrente Wahhabita é péssima e pode atingir-nos"*. Inferia-se que, no fundo, eles não estavam cem por cento convencidos do que o Poder fizesse. Estavam satisfeitos era comigo, *[risos]* e dei-me conta disso, foi confrangedor para mim. Não me tinha estado a servir a mim, mas a uma grande Ideia. Uma utopia? Hoje aceito, com dor, que seria. Durante esses anos todos, fui péssimo gestor da muita influência pessoal que tive. No período de 69 a 74 em que "mexia" em dois jornais diários, vespertino *Tribuna* e matutino *Notícias*, ambos de Lourenço Marques, estava director de um mas conseguia "mexer" no outro, trabalhava uma brutalidade (chegava a médias de doze a catorze horas diárias); tinha todo um Poder atrás; estava em posição ideal para ter obtido para mim sei lá o quê! Ora eu só usei de influência para os outros, só a usei em serviço de uma Causa, vivia-a apaixonadamente. Quando realmente constato, em 1972, na Ilha de Moçambique, a disposição em que as pessoas estavam, e me apercebo de que se iria perder controlo, disse-me: *"Ao fim e ao cabo, estive estes anos todos a trabalhar para que o Governo nem sequer perceba o que está a acontecer aqui. Não quer ouvir o que eu tenho para lhe contar, só lhe interessa o show off."* A prova é que o então Governador-Geral, Engenheiro Pimentel dos Santos, avisado por mim (*"a situação não é brilhante, nada. Ao contrário do espectáculo e do que parece, está a oferecer risco"*), fugia (*"pois é, temos que conversar"*). Punha-se vermelho, vermelho, quando eu insistia em falar com ele. Era alérgico a conversar comigo! De resto era uma forte antipatia recíproca, confesso. E ele percebia a minha. *"Temos que falar..."*; mas não queria falar porque não queria na verdade saber. Nada de coisas desagradáveis! Entretanto, daqui de Portugal, o Ministro Silva Cunha manda um ofício, creio que refiro nos meus trabalhos e não sei se o AbdoolKarim deu com ele, é um "confidencial" ou "secreto", creio, em que o Ministro do Ultramar escreve ao Governador-Geral a propósito da aprovação da *Selecção de Hadiths*, felicita pelos resultados obtidos e diz que deseja continuar a ser informado sobre este assunto de tão grande importância. O oficio é-me transmitido pelo Chefe de Gabinete, *"Veja senhor Dr., o Ministro manda-lhe parabéns e tal"*; olhei para aquilo e senti um profundo desconsolo, o que os põe contentes é o *show off*, as reportagens, documentários cinematográficos, a rádio, o espectacular. O regime sustentava-se sobretudo sobre o espectacular. É claro que um homem como o "Xerife" Said Bakr, espertíssimo, subtil, o "Xehe" Mohammed Said Mujabo, homem sábio e tranquilo com uma maneira menos sibilina mas mais filosófica de encarar as coisas, toda essa gente estava fartíssima de perceber o que se passava ali. *"Estamos a reboque deste homem (eu), tem-nos feito bem. Modificou os acontecimentos, mas não vai conseguir pôr o Governo a controlar a máquina".* Por outro lado, apercebiam-se de uma coisa que não tinha possibilidade de esconder, nem queria; apercebiam-se de que eu fazia o <u>serviço de Portugal</u>, mas não era político na acepção normal da palavra e que não estava nada interessado em assistir de varandim às coisas! Pois eles perguntavam-me, enfim, e espantavam-se muito de não me verem entrar no *show*: *"O senhor Dr. onde é que fica na cerimónia, qual é o seu lugar?".* Eu respondia: *"Não quero lugar, não quero nada. Só estou a fazer o que tenho de fazer. Fiquem os senhores, que têm importância para isso, fica o Governador-Geral, e eu retiro-me".* Eles habituaram-se a essa minha posição, mas inferiam: *"Este homem é um misto de idealista e de pragmático... está a servir Portugal, mas não se parece no fundo com eles".* Até sabiam, por exemplo, desde o princípio, que eu era monárquico, porque eu lhes dissera em jeito de confidência: *"O Chefe, no meu coração, não é o Presidente. O Presidente é uma pessoa que eu respeito muito, com certeza, o Presidente dos portugueses... Mas o meu autêntico chefe é o Rei."* Ficaram a olhar para mim com um certo espanto, como quem diz *"O que é isto?!,"* pois a atitude deles era de cautela permanente. *"Será que este homem está a dizer isto como uma isca, para a gente morder?", "não será um agente provocador?".* E era natural que assim reagissem! A Administração da República Portuguesa apresentava-se à marginalidade deles a fazer um discurso islâmico concebido e empurrado por um católico e monárquico que cultivava *low profile!* Coisa esquisita! Todos esses mecanismos de defesa que detectei neles eram muito fortes e demonstravam à saciedade que a confiança no Poder era pouquíssima. Eles viviam ... perifericamente em relação à Administração Portuguesa. E a minha preocupação era tirá-los da periferia. Escrevi depois, na *Carta Aberta aos Muçulmanos...*, que quereria tivessem vindo montar as suas tendas dentro das nossas muralhas, era essa a minha preocupação, era trazê-los para montarem as tendas dentro, levá-los a dizerem de sua justiça. Aquela cerimónia na Mesquita de Gulamo, o trabalho que tive em convencer o Comando Naval a dar as salvas junto ao túmulo de Gulamo Mussagy, que maçador o Oficial com quem tive de falar! Eu expliquei à burocracia resistente dele *"O homem era 'Capitão do Mar' por mercê régia, não consta que tenha sido enterrado com as honras do estilo. Mas, senhor Comandante, se foi ou se não foi, isso já é do século passado, porque agora estamos em mil novecentos e não sei quantos e interessa reavivar aspectos políticos. Esse homem foi um exemplo. Interessaria dar no local as descargas do estilo ao reabrir a mesquita que ele fundou e onde jaz. Não prejudica ninguém".* E ele: *"Mas não está explícito que fosse Capitão-de-Mar-e--Guerra".* *"Ó senhor Comandante, obviamente 'Capitão do Mar' era uma designação de Oficial de segunda linha, mas até pelo conteúdo de poderes estava ao nível de Capitão-de-Mar-e--Guerra. E, mesmo que não estivesse, as descargas são três, fosse 2º Tenente ou fosse Almirante, são sempre três descargas! São três descargas, se faz favor, senhor Comandante".* *"Ah, porque a diferença está em que se fosse não sei quê desembarcava um pelotão e assim só desembarca uma secção".* E eu tornei: *"Ó senhor Comandante, a corveta que está no porto da Ilha de Moçambique tem um pelotão para desembarcar? Não tem, não pode desembarcar um pelotão, para que estamos nisto?! Desembarquem uma secção, e dão-se as três descargas do estilo... e um clarim se houver, se faz favor, para os toques da ordem."* Que quezília!

AKV: A atitude dele, tinha a ver, mais uma vez, com o ver isto como deferência a "um monhé", ou era apenas...

FAM: Não. Da parte do Comandante não era isso, não, não havia nada discriminatório. Havia era uma resistência passiva, esquerdista... proto-25 de Abril ... em relação aos actos de Poder; era um *show* que o Poder ia dar; e ele hostilizou o *show*, ofereceu resistência. Ou, então, também se daria apenas o facto de ser um sujeito maçador, quezilento.

AKV: E como é que correu?

FAM: Toda a simbologia do cerimonial foi pormenorizadamente explicada aos dirigentes das Confrarias, em cujo "território" as coisas se desenrolariam. Era preciso um acordo pleno, para se obter o efeito espectacular de todos mandarem convidar o Governador-Geral a dispensar qualquer policiamento ou guarda, pois assumiriam, eles mesmos, a responsabilidade da segurança. Fui eu quem lhes sugeriu a missão e o recado, de que fui portador junto do Dr. Baltazar Rebello de Souza. Ele, com grande e lúcida coragem, aceitou. Disse-lhe que, se tudo corresse mal, morreríamos juntos, pois eu seguiria a cerimónia a vinte metros do local, debaixo de uma árvore, um pouco desviado da multidão de muitos milhares de pessoas... O Director da PIDE, António Vaz, comentou-me tranquilamente: *"Bem, isto é notável! ... É claro que o senhor Dr. compreende que, se houver desastre, alguém tem de pagar..."* Eu respondi: *"Como é evidente."* E foi um sucesso indescritível com o automóvel do Governador-Geral levado ponte adiante no ar, às vezes um pouco inclinado!, e ele comovidíssimo. Os diplomatas estrangeiros presentes no local estavam boquiabertos, e o Cônsul-Geral de França comentou: *"Nenhuma potência colonizadora se meteu numa coisa destas."* Mas um dos Cônsules americanos (CIA) acrescentou: *"Fantástico, sim! É verdade! Mas Portugal tem à mesma de sair daqui. A política internacional não vos quer aqui. Têm de sair!".*

AKV: Eu não o quis interromper porque tem estado a colocar questões fundamentais às quais quererei voltar, mas agora queria retomar o plano da nossa ordem de trabalhos.

FAM: Estávamos a falar das limitações de parte a parte. Apesar dos entusiasmos todos que podia haver e das conjunções emocionais que em muitas circunstâncias houve, subsistia sempre de parte a parte uma reserva: será que isto é verdade? Pelo menos da parte de uns; do outro lado, o "será que vamos conseguir manter isto?" Era uma reserva que, muito naturalmente, ambas as partes sentiam: o Poder constituído estava num processo histórico aceleradíssimo que levaria sabe Deus onde;

MOÇAMBIQUE MEMÓRIA FALADA DO ISLÃO E DA GUERRA

e eles, os muçulmanos, sentiam-se inseridos num esquema em que sabiam perfeitamente que o Poder estava em crise, porque isso era evidente, logo também compreendiam que a crise os atingiria... É isto. Era, de certo modo, uma situação de "no mesmo barco para o futuro."...

AKV: Retomando então a ordem dos temas a abordar, tínhamos chegado à altura da sua entrada nos SCCIM. Mencionou o convite, mas não chegou a dizer quando, efectivamente, entrou em serviço.

FAM: 1965. A data da entrada: Junho? Não lhe sei dizer exactamente mas basta ir ver ali ao meu currículo[26]. Gostava de mencionar, a propósito da entrada nos SCCIM, que não foi totalmente fácil... O convite foi-me transmitido por Romeu Ferraz de Freitas, da parte do irmão, Intendente Afonso Henriques Ferraz de Freitas, com quem vou falar depois... A PIDE é ouvida, como não podia deixar de ser, sobretudo quanto a uma entrada nos SCCIM! Ora, inicialmente, não estando em Lourenço Marques o Director António Fernandes Vaz, substituía-o na ausência um tal Capitão Baltazar, Inspector, homem muito limitado. E a informação da PIDE é: "suspeito de inteligência com organização para-comunista" ... Foi essa a informação da PIDE e o Intendente Ferraz de Freitas ficou espantado; não acreditou. Não me disse nada, eu vim a saber disso por uma indiscrição que consegui cometer anos mais tarde, apanhando o meu processo [risos] e lendo. Mas era "suspeito de inteligência com organização para-comunista", calcule! Queriam referir-se ao meu entrosamento no movimento de 11 de Março de 59, que classificaram de "para-comunista", o que aquilo não era de maneira nenhuma. Sempre a mesma caretice de certos sectores do regime, embora houvesse comunistas instilados. Era, sim, um "cocktail". Finalmente, a seguir chega o Director Vaz da Metrópole e Ferraz de Freitas, Afonso, disse-lhe "Como é possível esta informação?!..." O outro respondeu "Não senhor, não é nada disso, ele é monárquico! Fez coisas que não devia, mas é monárquico. E é uma pessoa em que se pode confiar neste contexto". Rectifica por escrito a informação. Portanto, passo de "para-comunista" para, como me competia, monárquico. Havia por vezes estes aspectos perfeitamente anedóticos. Mais: como o meu currículo refere, passei pelas Formações Aéreas Voluntárias, e de entrada houve também informação desfavorável da PIDE para eu poder tirar o brevet. O mesmo problema, a mesma coisa. Depois, à segunda tentativa, lá pude começar a receber instrução de pilotagem; mas, de entrada, "esse sujeito a pilotar um avião? nem pensar!" [risos]. Veja bem! No meio disto entro nos SCCIM onde passo a lidar com documentação classificada: <u>confidenciais, secretos, muito secretos,</u> ... repare!... a incoerência de tudo! A desorientação. A vulnerabilidade, etc.

---

[26] Nomeado Adjunto dos Serviços de Centralização e Coordenação de Informações de Moçambique, órgão do Governo Geral e do Comando Chefe, por despacho de 22 de Junho de 1965.

ENTREVISTA DE ABDOOLKARIM VAKIL A FERNANDO AMARO MONTEIRO

AKV: Uma vez nos SCCIM, disse-me que a sua entrada não foi especificamente para trabalhar o Islão mas que tendo essa...

FAM: Inclinação...

AKV: ... inclinação, pois bem; como é que se processa então esse ... afunilamento, digamos assim, para o Islão?

FAM: Começa a processar-se naturalmente. Não só para o Islão, note-se: por exemplo, as seitas cristãs nativas foram um elemento muito do meu interesse também...

AKV: Como a documentação que trabalhei no Arquivo dos SCCIM é aquela que está classificada como do Islão, essa outra documentação está noutras pastas que não compulsei, daí não ter noção disso.

FAM: Claro. Trabalho também, por exemplo, nessa altura, em avaliações de situação de natureza global, não propriamente voltado apenas para o sector socio-religioso. O que acontece é o seguinte: como sabe, a estrutura dos SCCIM tinha um Director, mais tarde teve um Director-Adjunto, mas de entrada não tinha; no tempo em que entrei, tinha um Director e quatro Adjuntos centrais dos Serviços (não do Director, é diferente), éramos por assim dizer quatro Subdirectores, tanto que podíamos substituir o Director em ausências ou impedimentos, em função da antiguidade ... Mais tarde, na pretensão de se procurar seguir o esquema dos SCCI de Angola, passámos a ter, teoricamente, Chefes de Gabinete; portanto, entre o Director e os Adjuntos passou a haver chefias de gabinete, e as chefias de gabinete comportavam Adjuntos. Simplesmente, em Moçambique aconteceu que nós, os Adjuntos existentes na sede, nunca chegando a ser empossados como Chefes de Gabinete, desempenhavamos todavia essas funções. Passei pois a dirigir o Gabinete de Estudos. Muito naturalmente, aí, aquilo que de mim ficou avultando naquela época são os estudos em torno do Islão. Aliás, como deve calcular, isto implicava um esforço grande de concentração nessa área e, inclusivamente, levou à minha ausência durante longos meses em França.

AKV: Bem sei; e falaremos dessa estadia em França. Continuando com os SCCIM, concretamente, qual era a logística dos SCCIM, o organigrama da hierarquia? Portanto: Director,...

FAM: Director, quatro Adjuntos centrais, e depois, abaixo disso na Sede em Lourenço Marques, pessoal rádio e cripto; documentalistas e tradutores; pessoal administrativo e dactilógrafas, etc. Muitas vezes as pessoas desdobravam-se. Apenas passavam trinta unidades (trinta e duas, trinta e três pessoas) na Sede. Curiosamente, os SCCI em Angola são um numeroso corpo, com largas dezenas de funcionários na Sede, nos Distritos... Coisa que em Moçambique não se fez; e não se

MOÇAMBIQUE MEMÓRIA FALADA DO ISLÃO E DA GUERRA

fez porque houve uma pressão do Engº Jorge Jardim e também da PIDE, muito grande, no sentido de para além da PIDE não surgir nada importante nos Distritos a não ser o Engº. Portanto, em Moçambique, os SCCIM são uma estrutura pequena. Esforçávamo-nos todos muito. Eu ia trabalhar aos Sábados à tarde para dar vencimento às coisas, trabalhávamos fora de horas até quase ao jantar, e ninguém era pago por isso, ou sequer pedia. O esforço de guerra nas cidades, se existiu nalgum sítio, existiu ali. Ninguém, ninguém pedia subsídios de risco nem horas extraordinárias, nada. A maior reprimenda que dei na minha vida, foi a uma funcionária que, num Sábado à tarde, chegou com meia hora de atraso porque tinha ido ao cabeleireiro; pura e simplesmente, entretanto surgira uma mensagem rádio que era necessário "abrir" e eu não sabia descodificar (nem queria aprender). Recusava-me a saber da cifra. Não me competia. Ora, tinha sido emboscada uma Companhia de Pára-quedistas, houve trinta e duas baixas. Lembro-me perfeitamente: tive uma fúria, pois havia trinta e duas pessoas atingidas a precisarem de providências em Lourenço Marques e estava tudo parado porque ela tinha ido ao cabeleireiro! Disse-lho severa e duramente. Ela, coitada, reagiu como uma pessoa culpada que não devia ter ido ao cabeleireiro!, mas que ainda assim queria conservar a auto-estima. Dias depois pedi-lhe contrita desculpa do tom em que lhe falara, mas frisei-lhe na mesma a gravidade do seu procedimento. Era, sempre continuou a ser, uma excelente funcionária. Teve apenas naquele dia a fraqueza feminina de ir fazer *"mise"* em hora imprópria! Veja bem, Sábado à tarde, e sem ganhar!... Era o superior apelo da missão, a noção de um dever indiscutível, um sentido de honra...

AKV: E dá bem a noção das estruturas! E, em termos de documentação, arquivos, bibliotecas, como é que era?

FAM: Ah! Um momento só, desculpe! Esqueci-me de dizer que havia o pessoal distrital ... situação difícil para nós, pois ele estava fracamente graduado. Os Adjuntos distritais eram um primeiro e um segundo por cada Distrito; depois, uma dactilógrafa, por aí. Portanto, eram três pessoas e de graduação hierárquica fraca, porque o primeiro Adjunto teria talvez a "letra" J ou K, por aí; equivalia no Exército, sensivelmente, a quê? Um Tenente era a "letra" J, logo Alferes/Tenente, para trabalhar com o Governador de Distrito (na mesma "letra" de um Coronel, mais ou menos), perante o qual não tinham que mostrar nada, mas ele, por outro lado, era a cúpula local da estrutura administrativa que nos fornecia material! Uma situação falsíssima. Por exemplo, se um Administrador de Concelho ou Circunscrição falava com um Adjunto Distrital dos SCCIM que ainda por cima trabalhava instalado no Governo do Distrito, o Governador chamava: *"Oiça lá, ó Administrador, de que é que vocês estiveram a falar?".* A tendência era evidentemente para o indivíduo, o Administrador ou o próprio Adjunto, explicar, ceder, este último coitado, o que se podia esperar? Portanto eram duas, três pessoas por Distrito. A estrutura era esta. Vulne-

120

rabilíssima a pressões e melindres. Espelho do que era um comportamento feudal: "o <u>meu</u> distrito", "a <u>minha</u> circunscrição", a pirâmide que não admitia intromissões laterais.

AKV: E em termos, literalmente, daquilo que temos hoje na Torre do Tombo, portanto o arquivo documental dos SCCIM? Como é que funcionava essa produção de papéis escritos, qual era a logística por trás deles? Entrava uma informação, e como é que se processava, qual era a cadeia do tratamento?

FAM: A informação recebida era praticamente toda recolhida a nível distrital, e não só, mas o normal era isto: entrada a nível distrital; depois enviada para a sede. E a nível distrital era recolhida como? Essencialmente do Quadro Administrativo, mas podia ser recolhida também da OPVDC. Podia ser recolhida de uma conversa com alguém de interesse. Não com *cover protection,* as situações de *cover protection,* nos SCCIM, contaram-se pelos dedos das mãos... Eu pessoalmente nunca actuei dessa maneira e só conheço que, dos meus Serviços em Lourenço Marques, tivesse actuado com *cover protection* um funcionário. Ele fez, antes de eu entrar, várias viagens à Tanzânia, ao Congo Brazza, ao Congo Kinshasa (Leopoldville na altura), sob o disfarce de caixeiro viajante e outros. Foi, julgo, único caso, porque quisemos diferenciar os Serviços face à PIDE. Nunca se quis actuar de uma maneira que pudesse parecer-se com a de polícia secreta e, por outro lado, a própria PIDE não queria isso... Era muito ciosa e, no caso que conheço de *cover protection* , a PIDE reagiu mal. Chegou a ameaçar prender o nosso funcionário, porque ela queria reclamar para si só esse papel, é evidente... Suportava mal a própria concorrência militar na pesquisa de terreno.

AKV: A relação com outros Serviços , PIDE incluída, é coisa de que falaremos. Mas primeiro só para continuarmos a seguir o fio da...

FAM: Ah, referiu-se ao material. O material entrava portanto dos Distritos, as fontes podiam ser diversas. Fazia-se localmente uma avaliação; depois, em função de outros elementos que tivéssemos na sede, cruzávamos e atribuíamos então avaliações de A a F e de 1 a 6 e a classificação de segurança propriamente dita.

AKV: Está a falar a nível dos Adjuntos?

FAM: Os quatro Adjuntos, portanto competia-nos a nós isso.

AKV: Não era, portanto, a nível mais baixo, era logo a esse nível?

FAM: Os Adjuntos era o nível mais baixo que começava nos Distritos.

AKV: Não, mas digo, uma vez entrado na Sede...

MOÇAMBIQUE MEMÓRIA FALADA DO ISLÃO E DA GUERRA

FAM: Uma vez entrado o material na Sede, os processadores procuravam elementos correlacionados e cruzavam o material.

AKV: Mas não faziam avaliação?

FAM: Não, não faziam avaliação do material. "Casavam" elementos, e era a nós que competia fazer a avaliação... Para essa avaliação feita na Sede entrava em linha de conta material militar, material PIDE, militares estrangeiros, e material dos Serviços civis; não só Quadro Administrativo mas dos Serviços civis na generalidade (a parte religiosa, por exemplo, vinha pela Educação)... Havia uma porção de intervenções na parte religiosa, ressalto isso num documento meu, era uma coisa impressionante: mexiam os SCCIM, a PIDE, a Polícia de Segurança Publica, os Serviços de Educação, a Acção Psicológica... Portanto, competia-nos a nós avaliar essas coisas e ir para a frente. Às vezes havia, como hei-de dizer, não é "pouco profissionalismo"... havia um ritmo que nos ultrapassava, uma necessidade de se "andar depressa," de maneira que a avaliação nem sempre era perfeitamente executada, sobretudo na confirmação por outras origens. No capítulo da idoneidade das fontes, que se explicitava pelas letras A, B, C, D, E, F, funcionava-se muito bem. No confirmar por outras origens, níveis de 1 a 6... era difícil. Mas tínhamos o cuidado de só utilizar informações categoricamente A1 e A2. A3 já nos deixava certas reservas cautelares. B também nos merecia algum crédito. De C para baixo, C, D, E, F, praticamente "deitávamos fora".

AKV: E em termos de funções, portanto isto é uma estrutura que está, por um lado, debaixo do Comando Chefe, e por outro do Governo Geral...

FAM: Sim. Hierárquica e administrativamente estávamos subordinados ao Governo Geral; funcionalmente ao Governo Geral e ao Comando Chefe. Era uma situação difícil. Por exemplo, o Comando Chefe <u>pedia-nos</u> um esforço de pesquisa para conhecer qualquer coisa, não nos mandava uma <u>ordem</u> de pesquisa... A diferença está em que se a <u>ordem de pesquisa</u> era dada por alguém que estivesse em escalão superior, já o <u>pedido de pesquisa</u> era feito normalmente de igual para igual. Portanto, eles, os militares, tratavam-nos de igual para igual, porque estavam a lidar com o Governo Geral, no qual nós, SCCIM, estávamos inseridos. Isto era quase um campo de "protocolo". Mas depois, no desenvolvimento da tarefa que nos tinham pedido, havia ressabiamentos por vezes, melindres etc., em que o Comando Chefe não reagia institucionalmente, fazia-o prevalecendo-se da circunstância de o Director dos Serviços ser um militar (quando era). Aí, o Director dos Serviços que estava em comissão civil, aparecia-nos funcionando para o exterior militar como Coronel ou Tenente Coronel, e a nossa reacção, a dos civis, a minha por exemplo, era má. Isso tinha que ver com a clivagem civil/militar que se notou muito em Moçambique nas Informações; abordei isso nos meus trabalhos.

AKV: Mas eram todos de formação militar?

FAM: Todos quem, o pessoal?

AKV: Os Adjuntos...

FAM: Formação militar, muito relativa... Por exemplo, eu tinha sido Oficial miliciano; Romeu Ferraz de Freitas também, havia muitos anos; o irmão Afonso, que foi Director, não fez serviço militar...

AKV: A clivagem civil/militar era sentida?

FAM: Era até assumida por mim, pois encarava a questão desta forma: fui Oficial miliciano numa determinada fase da vida; isso teve muita importância na minha formação, mas ponto final, parágrafo. Militarmente estou na situação de disponibilidade, não tenho nada que aturar assomos militares, sou funcionário civil. Isto espelhava-se numa coisa: combinavamos todos entre nós e nunca tratámos os Directores militares pelo posto, tratavamo-los sempre por "Senhor Director"! O Director, por exemplo, ao telefone anunciava-se: *"Fala o Coronel Fulano"* ou *"fala Fulano"*. E nós: *"Senhor Director, faça favor"*. Isto era uma forma de lhe fazer sentir que não eramos militares. Mais coisas: ele pedia-nos, por exemplo, uma coisa qualquer, um apontamento, um trabalho para o exterior, sei lá... – e nós: Informação/Parecer nº X, data, assunto, e depois começavamos: *"Conforme determinação de V. Exª tal, tal, tal, oferece-nos dizer sobre o assunto em epígrafe, pontos 1, 2, 3, 4, 5..."*. Chegava-se ao fim e assinavamos, nome e categoria. De entrada o Director olhava com espanto e dizia: *"Mas o senhor Dr. assinou?"*. *"Assinei. O senhor Director pediu-me uma informação para o Governador-Geral, eu agora estou a dar-lha".* *"Quê, mas isto, agora segue assim?!"* *"Nos serviços civis é assim. Agora se o senhor Director concorda, visa e submete superiormente; se não concorda ou quer acrescentar, põe uma capa, diz de sua justiça, e o que eu escrevi vai anexo".* Eles não gostavam nada, porque o procedimento militar não era este: um individuo entregava o expediente, o chefe assumia a responsabilidade e assinava. No meio civil, era como eu e os outros fazíamos. De entrada havia atritos deste tipo, onde o próprio Director de Serviços, se militar, se sentia condicionado a tratar connosco. Entretanto eles, militares, e nós civis juntavamo-nos para dizer mal da PIDE. Funcionava um pouco assim...

AKV: Às relações intergovernamentais já iremos chegar, mas primeiro, para perceber melhor a competência dos SCCIM, qual era a obrigatoriedade de lhes chegar material de outros Serviços?

FAM: Estava determinado por lei que todo e qualquer tipo de elemento de informação que os Directores de Serviços considerassem de interesse seria encaminhado para os SCCIM. Isso fazia parte da lei orgânica destes, a quem era mandado concentrar material respeitante à política, à administração e à defesa.

MOÇAMBIQUE MEMÓRIA FALADA DO ISLÃO E DA GUERRA

AKV: Para efeitos de arquivar informação, ou para comentar?

FAM: Para efeitos de estudar, interpretar, analisar e difundir ao nível por nós entendido. Ou para nos pedirem opiniões. Fora disso, eram obrigados a responder a qualquer coisa que perguntassemos.

AKV: Sim, mas aí já por iniciativa dos SCCIM.

FAM: Exacto.

AKV: Eu perguntava pela responsabilidade dos SCCIM em resposta a informação recebida dos outros Serviços. Portanto, só se fosse acompanhado de um pedido explícito de comentário à informação é que os SCCIM comentariam, caso contrário, apenas recebiam o material que depois tratavam para produzir informação?

FAM: Exacto. Em princípio.

AKV: Se recebessem, portanto, um documento, como compulsei muitos que constam no Arquivo, vindo da PIDE, por exemplo, que faz uma leitura claramente errada (lembro-me de uma Informação, por exemplo, que mostra uma ignorância pavorosa do Islão, não perceberam nada[27]); face a casos destes, avisavam, corrigiam?

FAM: Conforme. Se víssemos que era em absoluto necessário corrigir, rigorosamente indispensável, só; fora isso não nos metíamos, pois na PIDE eram extraordinariamente susceptíveis. Às vezes isso fazia-se de viva voz, agora escrever num documento *"os senhores disseram isto assim/assado, está mal"*, nem pensar. Ficavam muito "tristes" à maneira deles...

AKV: Mas eles fariam a própria apreciação da sua informação, e deduziam conclusões, a partir daí, que poderiam estar completamente erradas...

FAM: Exacto...

AKV: E os SCCIM podiam ter conhecimento, mas não tomavam qualquer medida?

FAM: Exacto. Nem as estruturas militares propriamente ditas. Só funcionava uma cautelosa e cordial conversa. Ao fim e ao cabo, creio que a essência da sua pergunta foi esta: quem controlava a informação da PIDE em termos de avaliação técnica? Ora, ninguém o fazia frontal ou formalmente. A PIDE fornecia e estava a pala-

---

[27] Informação nº 569/67-GAB, Pº – Pasta 57-Missões, Secreto, datada de 14 de Abril de 1967, emitida pelo Subdirector da delegação de Moçambique da PIDE e enviada aos SCCIM, com o assunto: "Ligeiro estudo comparativo entre os Sunni e os Wahabe, de filiação islâmica" (ANTT, SCCIM nº 413, pt. 1, fls. 257-260).

vra dita. O que depois se passava é que, a nível interno dos SCCIM, como no Exercito, fazíamos a nossa crítica ao que ali vinha, muitas vezes uma crítica violenta; mas ninguém escrevia. De vez em quando, em reuniões dos Conselhos da Defesa, afloravam-se assuntos que eram de ordem polémica; aí, diga-se, o Director da PIDE assumia uma atitude muito urbana e aberta ao que lhe pudessem dizer; mostrava-se pronto a refundir e a reformular, mas ... essa sua atitude urbana ... era facilmente reversível para dura, se por acaso a questão não lhe era diplomaticamente posta. Desde que houvesse cuidado a pôr-lhe o assunto, era facilmente abordável, as correcções faziam-se de viva voz, e ele depois alterava as classificações que a PIDE tinha dado: *"Em aditamento ao nosso Relatório tal, informa-se que a avaliação foi reponderada e é afinal a seguinte..."*. Mas, nunca lhe era posto o assunto por escrito, porque aí não reagia bem.

AKV: Mas, então, havia uma estrutura para esses encontros regulares, de reuniões inter-serviços?

FAM: Não, não dos SCCIM com a PIDE.

AKV: Ah não?

FAM: Não. De todos os Serviços de Informação com a PIDE. Do Gabinete Militar do Comando Chefe, dos três ramos das Forças Armadas, SCCIM, PIDE, Polícia de Segurança Pública...

AKV: E qual era a regularidade dessas reuniões?

FAM: Já não me lembro bem. Parece-me que eram de quinze em quinze dias. Os SCCIM presidiam.

AKV: E quanto ao controlo de Informação, a nível de imprensa internacional, da metrópole, da província, das outras províncias, como é que funcionava?

FAM: Bom, essa informação vinha avaliada, no que toca à Metrópole e ao Estrangeiro, pelo Gabinete dos Negócios Políticos do Ministério do Ultramar. Nos SCCIM ligávamos normalmente pouco a isso. Nós mesmos recebíamos muitos jornais e revistas, era feito recorte no Centro de Documentação... Em suma, havia duplicação de esforços Metrópole/Moçambique.

AKV: Certo.

FAM: ... Os recortes depois circulavam pelos Adjuntos.

AKV: Eu compulsei as pastas de recortes[28], uns vêm com anotações outros não ...

---

[28] ANTT, SCCIM nº 414, 389 fls.

MOÇAMBIQUE MEMÓRIA FALADA DO ISLÃO E DA GUERRA

FAM: Às vezes fazíamos anotações. Se víamos que a peça tinha interesse... pegávamos no recorte e fazíamos ou um "Relatório de Notícia" ou um "Boletim de Difusão de Informações". Eventualmente, às vezes fazíamos um Pedido de Pesquisa.

AKV: E a imprensa internacional, também estava incluída nesses...?

FAM: Sim, claro. Sobretudo a nível do Ministério do Ultramar, do Gabinete de Negócios Políticos, recebíamos muita coisa em matéria de imprensa internacional.

AKV: Voltando à informação recebida dos outros Serviços, em que conta tinha a avaliação de informação feita internamente por cada um desses Serviços?

FAM: De uma maneira geral era fraca. Exceptuava-se a avaliação táctica, de campo, mesmo, a avaliação táctica feita pela PIDE, relativa por exemplo a acampamentos, a posições da guerrilha, etc.; e a militar a mesma coisa. Essas informações eram boas, sobretudo as da PIDE. Tudo quanto era informação estratégica de concepção global e tal era menos bem avaliada.

AKV: Uma questão...

FAM: Era pouco fiável a avaliação. Excepto se vinha A1, A1/A2, então não nos oferecia discussão...

AKV: A diferença era entre, digamos, informação, portanto, local, por assim dizer, por um lado, e, por outro, as tentativas de síntese, de enquadramento, de pensar a globalidade e de interpretar essa globalidade.

FAM: Quando se interpretava uma globalidade, se se fazia uma análise mesmo global, ela não era avaliada, não. Havia alguém que assinava e cada um de nós considerava *"isto vem de fonte tal"*, *"é idónea"*, não havia uma avaliação formal, porque era um pouco como as minhas coisas... Quando eu escrevia um papel, por iniciativa minha, ninguém avaliava... se "avaliavam" era de viva voz, comentando uns com os outros. Não, não me submetiam a uma avaliação... técnica, formal.

AKV: Uma das perguntas que eu tinha para lhe fazer, de certa forma ficou respondida, mas repito que só agora é que verdadeiramente me compenetrei do facto de que a sua entrada nos SCCIM não estava especificamente ligada ao Islão, que trabalhava mais áreas, e que só progressivamente é que se foi, digamos assim, especializando mais nessa temática.

FAM: Muito por gosto meu, e porque os outros se apercebem: *"Ele gosta, lê, estuda, deixem-no"*.

AKV: Referiu o facto de que com a entrada nos SCCIM passou a ter acesso a outros meios, a recursos que antes não tinha; que tipo de recursos, concretamente; acesso a uma biblioteca, acesso a livros ?...

FAM: Não, estamos a falar sobretudo de imprensa, de recortes de imprensa internacional, sempre. O meu... digamos... a minha entrada mais profunda, se pode dizer-se assim, no campo do Islão, remonta à ida para França como bolseiro do Quai d'Orsay. Em França o estudo é sistemático, organizado, tutelado, estou um ano lectivo a fazer leitura intensa e a ser orientado; quer dizer, tinha de prestar contas do que lia ao meu orientador, um Professor da Faculdade de Letras d'Aix-en--Provence, especialista de nível académico internacional. Depois de eu ter lido em prazo marcado uma série de livros recomendados, ele fazia-me várias perguntas em diagonal, para ver se eu dominava o estudado. Depois prescrevia novo lote, etc. E era exigente.

AKV: Falaremos mais detalhadamente da importância dos seus estudos em Aix, mas precisamente, o que sempre me surpreendeu é que o inquérito dos SCCIM é muito anterior a esse aprofundamento de estudos. Leio o seu Relatório de Serviço no Estrangeiro[29] – redigido quase como em ponto de situação quando termina o período de estudos em França – e realmente esse Relatório é extraordinário pela análise global que faz da questão; mas, cronologicamente na nossa história, o questionário dos SCCIM foi elaborado antes disso...

FAM: Foi.

AKV: Portanto, com as bases que tinha antes. Então, a informação que traz à formulação do inquérito...

FAM: Do questionário...

AKV: ... vem de onde? Com acesso a que fontes, que informação, que recursos...?

FAM: Arquivo Histórico; bibliografia sobre História de Moçambique. Surgem-me à lembrança o General Teixeira Botelho, um Alexandre Lobato e os materiais confidenciais que lia "clandestinamente", por "cumplicidade" de Nuno Vaz Pinto, que sendo membro do Governo me dá acesso à documentação militar classificada que recebe. Eu estudava-a bem, fixava-a. Os conhecimentos que adquiro são, antes de fazer esse questionário, uma fusão de recortes dos SCCIM, do que li no Arquivo Histórico de Moçambique, do material da Região Militar, das minhas conversas pessoais com os Dulás, por exemplo. Quer dizer, a minha sensibilidade para o questionário vem daí...

AKV: Há algumas...

---

[29] "Relatório de Serviço no Estrangeiro", de 26 de Julho de 1968, da autoria de Fernando Amaro Monteiro (ANTT, SCCIM nº 412, fls. 434-446).

MOÇAMBIQUE MEMÓRIA FALADA DO ISLÃO E DA GUERRA

FAM: ... O mais é uma construção, como hei-de dizer, é uma construção vinda de estudar a parte étnica tratada por Romeu Ferraz de Freitas, é um olhar para a Carta. A Carta Étnica lida com cuidado é impressionante... não é verdade? Uma advertência! Estava-se em cima do explosivo, havia que manuseá-lo depressa, muito depressa, com muita disciplina e com muita delicadeza. "Com a ponta dos dedos", como eu gostava de explicar aos outros... As conversas com o Dr. Velêz Grilo e com Jacques Honoré (Cônsul Geral de França em Lourenço Marques) aguçam-me muito a percepção do contexto. Qualquer deles era espectacular!

AKV: Antes de passarmos ao questionário, umas últimas perguntas sobre o panorama da documentação acessível... A propósito, desculpe o parênteses mas acabo de me lembrar, a propósito de imprensa, de uma velha dúvida minha que lhe queria pôr. Sabe, por acaso, quem era que na imprensa de Moçambique assinava com o pseudónimo "Pinho do Monte"?

FAM: Pinho do Monte? ... Eu tenho impressão, julgo sem certeza que era um rapaz chamado Abel Tavares de Almeida, tenho a impressão... Na imprensa moçambicana, em que jornal?

AKV: Pois, eu por acaso não tenho aqui agora... O que se passa é o seguinte: nas pastas de recortes dos SCCIM constam vários artigos sobre os muçulmanos em Moçambique assinados "Pinho do Monte"[30]. Artigos de uma atitude extremamente hostil ... e fiquei com curiosidade de saber quem era.

FAM: Esses jornais deviam ser controlados pela União Nacional, semanários da União Nacional, depois Acção Nacional Popular, o "partido" do Governo...

AKV: Não creio, mas eu depois dou-lhe assa informação.

FAM: Ou no jornal *Diário*... católico, de Lourenço Marques... podiam ser duas pessoas aí... ou eram talvez o Abel Tavares de Almeida, ou um sujeito cujo nome

---

[30] Série de artigos assinados "Pinho do Monte", publicados sob o título "Notas Africanas" no jornal *Diário de Moçambique*. Alguns artigos dos artigos desta série podem ser encontrados numa pasta de recortes de imprensa, no núcleo arquivístico dos Serviços de Centralização e Coordenação de Informações de Moçambique, datando de 3 e 10 de Junho, e 1, 7, 17 e 22 de Julho de 1960. Neles, o autor manifesta-se desfavoravelmente em relação aos cofiós, citando a opinião de José Júlio Gonçalves sobre o seu significado (*DM*, 10/6/60), e às mesquitas, pela acção política de doutrinação que nelas se faz (*DM*, 1/7/60). No essencial, a posição do autor resume-se pelos seguintes argumentos: que os "principais autores das grandes deslealdades para com a Autoridade são certos funcionários menores que o maometanismo conseguiu meter nas repartições" (*DM*, 3/6/60); que "não haja dúvida, a mesquita é sempre uma ilha estrangeira e uma fábrica de estrangeirismo, dentro do território nacional"; e que o islamismo está de mãos dadas com o comunismo (*DM*, 17/7/60), o "maometismo não é muralha inexpugnável contra o comunismo em África. É o contrário. É porta aberta. É quinta coluna" (*DM*, 22.7.60). ANTT, SCCIM nº 414, *DM*, 3/6/1960, fl. 384; *DM*, 10/6/60, fl. 383; *DM*, 1/7/60, fl. 381; *DM*, 7/7/60, fls. 379-380; *DM*, 17/7/1969, fl. 378; *DM*, 22/7/60, fl. 377; *DM*, 7/8/60, fl. 375.

ENTREVISTA DE ABDOOLKARIM VAKIL A FERNANDO AMARO MONTEIRO

não me recordo, muito gordo, com a cabeça completamente rapada à navalha, que depois saiu de Lourenço Marques e terá ido para... para o Congo, Kinshasa, aí por volta de 1965. Portanto, os artigos são anteriores a 65?

AKV: São, são. Depois confirmo a referência. De qualquer forma, essa era, como disse, uma questão parentética. A questão que lhe queria pôr, é a seguinte: quando integra os Serviços e se começa a interessar por esta questão, vai ler toda a documentação arquivada nos SCCIM?

FAM: É claro! Sobretudo parte político-religiosa ou socioreligiosa. Despachava o que tinha que despachar nas horas de serviço, e depois ficava. Dizia antes: *"quero ver a pasta A, quero ver a pasta B"*, e estudava até às tantas... Isso interessava muito para o questionário. Estudei o material que havia. Não me importava com o horário. Era "a nossa guerra" e "o meu desforço" contra o que o limitado General Mário Silva, Ministro do Exército, me fizera. Duas razões justapostas.

AKV: Há várias questões que se põem com respeito a essa documentação de arquivo anterior à sua chegada, mas há uma, cuja referência permitirá talvez esmiuçar um pouco melhor as várias vias de informação dos Serviços. Refiro-me a um documento datado de 7 de Junho de 1963 que regista uma "Informação prestada pelo informador Valy Mamede a 1 de Junho de 1963"[31]. O teor dessa informação é de que a sessão solene promovida pela Associação Anuaril Issilamo, para a qual é convidado o Governador de Distrito de Lourenço Marques, é um golpe de hipocrisia, porque esta Associação sempre se manteve afastada das actividades promovidas pelas outras associações, essas sim, que realmente estão do lado do Governo. Isto, está na cara, é um joguete do informador; ele, que nessa altura representava o MAFIL, está a orquestrar uma situação com a informação que vai dando... Numa segunda informação de 6 de Junho, citada no mesmo documento, sobre a tal sessão solene, refere o facto de, por trás da mesa da presidência, haver uma grande bandeira da Associação, e uma bandeira nacional pequena e suja! Isto é descredibilizar a Anuaril Issilamo a favor do MAFIL, Atlético Maometano, e Comunidade Maometana Indiana,...

FAM: Atenção, esse Valy Mamede não é Suleiman Valy Mamede! Era um homem que resistia a tudo... e a mais alguma coisa. Tinha habilidade para se sair bem em todas as situações!

---

[31] "Informação prestada pelo Informador Valy Mahomed em 1 de Junho de 1963", 7 de Junho de 1963. Com base nessa Informação, fez-se uma outra, relativa a associações islâmicas, com o nº 2023, Confidencial, datada de 24 de Junho de 1963, emitida por A. Ivens Ferraz de Freitas, Chefe Interino dos SCCIM, e enviada para o Governador do Distrito de Lourenço Marques, (ANTT, SCCIM nº 419, fls. 16-18; 19-20).

MOÇAMBIQUE MEMÓRIA FALADA DO ISLÃO E DA GUERRA

AKV: Encontro várias referências a este informador. Há, por exemplo, uma nota... esta curiosamente cruza os dois Valys..., uma nota do Director de Serviços do Centro de Informação e Turismo, Luís Queirós Botelho de Sousa, ao Chefe dos SCCIM[32], acerca...

FAM: Nessa altura os SCCIM nem eram sequer Direcção de Serviços e eu ainda não estava lá. Eram uma Chefia de Serviços, logo abaixo, portanto, do nível de Direcção.

AKV: Exacto, é de Janeiro de 65. A nota, em si, informa ter recebido carta assinada em nome das Confrarias Maometanas Nativas da Cidade de Moçambique a propósito da publicação do livro do Assahel Mazula, *Cristo e Maomé*[33], e do descontentamento que o livro causou junto da "população nativa Maometana"[34]. No topo, vem uma anotação manuscrita em que se lê: "O sr. Marques Jorge que veja pelo Valy a reacção na cidade"; a intenção, portanto, de avaliar ou agir sobre a informação recebida, sondando a opinião através do informador referido...

FAM: Marques Jorge, o Tenente miliciano José Fernando dos Santos Marques Jorge, meu compadre que não vejo desde 1974, foi, que eu saiba, o único elemento dos SCCIM a fazer pesquisa coberta e a usar informadores. Havia na época referida alguns indivíduos que nos prestavam informações, Marques Jorge talvez coordenasse portanto a tentativa de, em contacto com as pessoas, sondar o resultado dos actos da Administração. Mas esse tipo de práticas termina , que eu saiba, relativamente cedo; salvo erro, não posso precisar, mas talvez 67, 68. Creio que não passa daí... Os Serviços, nessa altura, assumem decididamente a vocação de um órgão instalado em gabinete e que não entra nesse tipo de coisas. Até aí tínhamos de facto informadores. Que eu saiba, havia por exemplo um indo-português que era nosso Vice-Cônsul em Zanzibar ... está a ver onde isto remonta? Deixou o Sultanato quando se deu a revolução local, portanto, veja, em 1964.

AKV: Sim, mas o aspecto que me interessa nisto, aparece muito claro noutra nota feita sobre mais uma "informação prestada pelo Valy Mamede", esta de 1 de Fevereiro. Reza a nota: "Um indivíduo de confiança pertencente à comunidade ismaelita, Agha Khan, comunicou-lhe o seguinte" – comunicou-lhe a ele, Valy Mamede – "o Agha Khan mandou comunicar à Associação Ismailia para que, por

---

[32] Carta do Director dos Serviços do Centro de Informação e Turismo, Luís Botelho de Sousa, ao Chefe dos Serviços de C.C. de I., Lourenço Marques, datada de 26 de Janeiro de 1965, remetendo carta de protesto assinada por Abdurrazaque Assane Jamú em nome das Confrarias Maometanas (Nativas) da Cidade de Moçambique, e pedindo republicação nos jornais de Lourenço Marques de um artigo de Suleiman Valy Mamede sobre esta questão que fora publicado no jornal lisboeta *Aurora Africana*.
[33] Mazula 1964.
[34] Nota manuscrita, datada de 28 de Janeiro de 1965.

130

todos os meios, evitassem que os seus membros fossem colocados nas Forças Armadas Portuguesas. // No caso de tal não lhes ser possível os membros que viessem a ser incorporados nunca deviam tomar parte na luta contra os africanos e deviam procurar ao máximo auxiliar a acção que os 'movimentos de libertação' estão a desenvolver dentro da Forças Armadas Portuguesas, procurando 'desmoralizar' os outros militares, especialmente os africanos, e procurando colher o maior número de informações que poderão ser transmitidas para o estrangeiro, onde actuam os lideres do movimento de 'libertação' de Moçambique. // Estas instruções, além dos 'ismaelitas', também abrangerão os 'hindus', os quais na sua grande maioria estão afastados dos pais que foram expulsos de Moçambique e que agora se encontram estabelecidos no Quénia e Tanganica, onde lhes terão sido dadas também instruções neste sentido, as quais transmitem aos filhos que estão em idade de ser incorporados."[35] Ora, isto, pelo menos como eu a leio, é uma "informação" que nitidamente procura extremar..., procura pôr os ismaelitas sob suspeita.

FAM: Em 1 de Fevereiro de 1965 eu ainda não estava nos Serviços. Entrei em Junho por uma razão: sendo Professor do Ensino Técnico ainda em 1964/65, tive que acabar o ano lectivo antes de entrar; isso atira para princípio de Junho; devo portanto ter entrado nas Serviços em meados ou fins de Junho, por aí. Mas lembro-me disso... Vinha de uma personalidade rebuscada. Deslocava-se a Lisboa, ia cumprimentar o Ministro, aparecia a dizer-me que tinha cumprimentado o Ministro, assumia uma atitude confabulatória, como se tivesse alguma coisa "na manga" que o Ministro lhe tivesse dado...

AKV: Alguma vez ouviu alguma coisa que fundamentasse esta informação?

FAM: Independentemente da cautela e reserva com que eu recebia as suas aproximações, a Ismaília, de facto, assumiu desde sempre uma posição extremamente hábil em relação ao Governo, procurando o mais possível não se comprometer. De acordo com aquilo que lembro, o Conselho Supremo da Ismaília terá dado instruções para Moçambique no sentido de "tirem o dinheiro daí", inclusivamente recorrendo ao velho processo que muita gente usou, para se conseguir salvar, das transferências encobertas, quer dizer, jogos de facturação, está a ver?

AKV: Mas isto foi mais tarde, não foi?

FAM: O quê, essas transferências?

AKV: Sim.

---

[35] "Informação prestada pelo Valy Mohamed, em 1/2/1965" (ANTT, SCCIM nº 408, fls. 22-23). Esta informação foi comentada no Boletim de Difusão de Informações nº 58/65 dos SCCI, de 10 de Fevereiro de 1965 (ANTT, SCCIM nº 408, fls. 614-617).

FAM: Não foi muito mais tarde, parece-me que começaram relativamente cedo, isso deve ter começado para aí em 65, 66, se bem recordo. Bom, isso em relação às transferências invisíveis. Houve também instruções no sentido de "*quando os filhos atingirem cerca de dezasseis, dezassete anos, ainda antes de irem ao recenseamento, tirem-nos daí*". Há ainda instruções no sentido de "*sejam muito corteses com as autoridades, muito simpáticos, muito bem educados, mas evitem o mais possível ser conotados com a guerra, por assim dizer*". Essa política de "relações públicas" traduz-se em duas coisas: não havia cerimónia nenhuma que eles perdessem, vinham sempre com os colares de flores, eles e os hindus também, os chineses é que eram mais relapsos nessas coisas... Sorrisos e simpatia sempre presentes no cerimonial. Os sunitas não eram, na aparência tão abertos... o AbdoolKarim pode inferir, embora também estivessem atentos ao protocolo.

AKV: Compreendo o que está a dizer, portanto havia uma certa...

FAM: Um distanciamento grande...

AKV: Um distanciamento, mas aqui o que se diz é especificamente que... uma vez no Exército, deviam desmoralizar e actuar contra...

FAM: Nunca tive processo de avaliar isso.

AKV: Portanto havia aqui uma tentativa de mexer com a informação num certo sentido.

FAM: Sim, claro que havia. O informador procurava indispor, não é? Agora, como o classifico em termos de fonte? O máximo como D ou mesmo E.

AKV: Pois sim, não duvido que a cautela com esta fonte informadora fosse partilhada[36], mas sobre ela foi, mesmo assim, elaborado um BDI[37]. Deixe-me citar um outro caso. Trata-se de um Relatório de Notícia, o nº5/966, de 05/02/1966, que, como aparece devidamente indicado, foi elaborado sobre uma notícia "confidencial" recebida a 20 de Janeiro de entidade informadora marcada "reservado", alertando para uma "Ofensiva de expansão do islamismo". A notícia em epígrafe aparece neste RN resumida em quatro pontos que passo a citar, o primeiro de forma abreviada: "1 – acentua-se o expansionismo islâmico entre as massas negras da República da África do Sul, Suazilândia e Moçambique", etc.; 2 – Em Moçambique

---

[36] Aliás, em comentário aparecem duas notas contraditórias: por um lado, "Esta informação merece um estudo profundo", mas por outro "a hipótese de inclusivamente o próprio Valy ter previsto um 'negócio' à sua moda' também nos parece de considerar".

[37] O Boletim de Difusão de Informação nº 58/6 dos SCCIM cita a notícia sobre a questão da incorporação de jovens da Comunidade Ismaelita nas Forças Armadas. Uma nota manuscrita à margem remete para o seguinte documento como sua fonte: "Informação Prestada pelo Valy Mohamed, em 1/2/1965", s/referência, s/data, ANTT, SCCIM nº 408, fls. 22-23.

calcula-se que haja cerca de 1000000 de islâmicos e islamizados. Tal quantitativo encontra-se essencialmente distribuído pelo Distrito de Cabo Delgado, Niassa e Moçambique; no entanto nota-se haver progresso na difusão do islamismo no sul da Província; 3 – em Lourenço Marques têm-se registado ultimamente casos de conversão de cristãos ao islamismo sendo bastante falado o de um professor africano da Missão Suíça (agora conhecido por Abdullah). Tem-se verificado, sem se encontrar uma justificação clara, que a Missão Suíça procura aproximar-se das organizações islâmicas estabelecidas em Lourenço Marques e dos seus mais representativos elementos. Ainda recentemente aquela missão concedeu uma bolsa de estudo a um indivíduo maometano". Primeiro ponto: Este RN tem distribuição para o Gabinete Militar, PIDE; Comando Geral PSP. Segundo ponto, sobre este RN é elaborado um BDI "confidencial", reproduzindo o mesmo texto, com distribuição para o Ministério, Gabinete do Governador-Geral, Secretário Geral, Secretários Provinciais, e Governadores de Distrito[38]. Finalmente, terceiro ponto, este mesmo BDI é por sua vez remetido por Eugénio de Castro Spranger, em substituição do Director de Serviços , ao Director of Military Intelligence, Pretoria[39]. Temos portanto uma informação que é "oficializada", transmitida a todos os outros Serviços, incluindo estrangeiros, a partir de uma fonte de informação reservada. Acontece que entre a documentação do Arquivo encontrei o documento original da notícia, onde aparece marcado: "informação prestada por Valy Mamede em 20 de Janeiro de 66"[40], ou seja, uma fonte que acabou de me dizer que é "D" ou mesmo "E" na sua opinião! Posta em circulação, *verbatim*, pelos SCCIM...

FAM: Não fui eu... É impossível... Quem é que pode ter pegado nisso?! Outro colega meu, qualquer, não sei, não faço ideia quem fosse. Mas, o Relatório de Notícia era assinado pelo Director... Em baixo, no canto inferior esquerdo, não está um número?

---

[38] Relatório de Notícia nº 5/966, Confidencial, de 5 de Fevereiro de 1966, emitido pelo Director em exercício dos SCCIM [Eugénio de Castro Spranger] e destinado ao Gabinete Militar, PIDE/DGS, Comando Geral da PSP e BDI-Entidades Civis, com o assunto: "Ofensiva de Expansão do Islamismo" (ANTT, SCCIM nº 410, fl. 516). Sobre este relatório foi elaborado o Boletim de Difusão de Informações nº 104/66, Confidencial, Procº H/9, de 5 de Fevereiro de 1966, emitido pelos SCCIM e destinado ao Ministério do Ultramar, Gabinete do Governador-Geral, Secretário-Geral, Secretários Provinciais e Governos de Distrito em Moçambique, com o assunto: "Ofensiva de Expansão do Islamismo" (ANTT, SCCIM nº 410, fl. 515).

[39] Enviado a 11 de Fevereiro.

[40] Ver ANTT, SCCIM nº 410, fls. 517-518. A esta Informação foram adicionados vários comentários com algum interesse, nomeadamente sobre a "ideia "pátria" para os maometanos" e sua relação com a "ideia religião", concluindo que "no caso de se tornar necessário, sobreporão o seu conceito de 'unidade religiosa' ao conceito de 'unidade pátria'". Os comentários referem também a inclusão de "vários panfletos que têm estado a ser distribuídos na República da África do Sul por organizações maometanas", os quais, porém, não constam do arquivo.

AKV: Provavelmente estará, só que na transcrição que fiz eu não incluí...

FAM: Claro, se tiver um número, era importante dizer-mo, porque então posso dizer-lhe talvez de quem era. O procedimento era este: do lado esquerdo era o número de quem escrevia, do lado direito era o número de quem dactilografava. O meu número de identificação era 6, portanto só poderá lá estar 6 por um erro incrível, porque eu nunca passei...

AKV: Essa é uma referência muito útil, a que ficarei mais atento. Mas ao levantar esta questão não estava propriamente a referi-la a si; o que me interessou, e isto pelo rasto de um caso específico, foi a incidência sobre o tratamento das informações nos Serviços; o que ela mostra é que havia a possibilidade de informações pouco seguras avolumarem uma certa importância...

FAM: Pois, isso dá-se em qualquer aparelho de Informação.

AKV: Com certeza.

FAM: Em qualquer sistema de Informação esse risco existe. Uma vez lançado na corrente é muito difícil parar. E depois... as pessoas até podem começar a ver fantasmas, não é?

AKV: Exacto.

FAM: Na medida em que começam a estar muito interessadas no conteúdo de um relatório qualquer, há uma tendência implícita, a que é preciso fazer muita força para resistir, para arranjar elementos que confirmem aquilo que subjectivamente se quer assumir... Está a ver como é? Infecta a informação. É por isso que são muito importantes as reuniões, o debate à mesa, o *feedback* das coisas... Ora, isso de entrada funcionava bem, depois bastante mal, cheio de clivagens, como em Julho de 1973 comentei ao Professor Marcello Caetano com notório desprazer e impaciência dele.

AKV: Última referência, meio provocatória, meio anedótica, para completar este panorama de informação e relações inter-serviços antes de passarmos à questão do questionário. É uma história picaresca que já me ouviu contar em Silves: o caso do empréstimo do livro de José Júlio Gonçalves à PIDE. Reconstituindo pela documentação temos, resumidamente, o seguinte: fins de Junho inícios de Julho de 1967 os Chefes de Brigada Frade e Silva Leite da PIDE, em visita aos SCCIM, mostram interesse pelo livro *O Mundo Árabo-Islâmico e o Ultramar Português*. A 6 de Julho o livro é-lhes enviado de empréstimo a coberto de uma Carta do Director dos SCCIM ao Subdirector da PIDE, em que aquele expressamente solicita "a sua devolução com a possível brevidade, dado tratar-se de um exemplar único". Sete meses mais tarde, nova carta do Director dos SCCIM ao Subdirector da PIDE solicitando

ENTREVISTA DE ABDOOLKARIM VAKIL A FERNANDO AMARO MONTEIRO

que "V. Exª se digne promover a devolução do exemplar do livro"[41]. Duas semanas mais tarde o livro é finalmente devolvido, com a explicação de que "A demora na sua devolução foi devida a não se ter conseguido obter outro exemplar e sermos obrigados a copiar as partes que mais interesse têm para estes Serviços"[42]. Isto é inacreditável! Primeiro, porque isto é uma publicação da Junta de Investigação do Ultramar; um livro que foi contemplado com o prémio "Abílio Lopes do Rego" da Academia das Ciências de Lisboa, que se destinava a "estimular o progresso dos estudos de administração colonial"! Como é que é possível que a PIDE não conseguisse obter um exemplar do livro...?!

FAM: AbdoolKarim, havia no Arquivo Histórico!...

AKV: [risos] Essa é a primeira questão. A segunda é a seguinte...

FAM: ... na Biblioteca da Câmara ...

AKV: [mais risos] ... O livro de José Júlio Gonçalves, no que toca a Moçambique não foi feito com base em trabalho de campo, nem com conhecimento da realidade de Moçambique, se não me engano...

FAM: Não sei.

AKV: A correspondência não especifica a edição em causa. A primeira, de 1958, feita sobre a tese do autor para o Diploma de Altos Estudos Ultramarinos em 57, não integrou qualquer estudo de campo; a segunda, de 1962, sim; mas nesta o que sobressai é o quão pouco esse confronto com as realidades do contexto contribui para a revisão do texto. Portanto, não se compreende que um Serviço ... em Moçambique, para avaliar uma realidade local, precisasse de um livro publicado em Portugal, que ainda por cima nem sequer se baseia num conhecimento directo e profundo desse contexto. Dá que pensar sobre os fundamentos da...

FAM: Isso é ... um arabesco qualquer, de um funcionário da PIDE, aí a nível de Chefe de Brigada que devia ter imenso que fazer, devia estar muito ocupado com outras coisas, e que se desculpa! Queria ter copiado o livro e não conseguiu, o que é absurdo; já nesse tempo havia fotocópias, mas ele pôs a dactilógrafa a bater o livro, provavelmente por que lhe convinha ter as coisas paradas. Isso parece jogada interna dum sujeito qualquer; jogada visível porque havia o livro em Lourenço Marques...

AKV: Portanto...

---

[41] Director dos Serviços, Major Fernando da Costa Freire, ao Subdirector da PIDE, Lourenço Marques, 6 de Julho de 1967; Id., 6 de Fevereiro de 1968.
[42] Carta do Subdirector da PIDE ao Director dos SCCIM, Lourenço Marques, 20 de Fevereiro de 1968.

MOÇAMBIQUE MEMÓRIA FALADA DO ISLÃO E DA GUERRA

FAM: E talvez igualmente na biblioteca do Liceu... Ridículo.

AKV: Portanto *[rindo]*... não há que tirar daqui ilações sobre a forma como a PIDE... usava as suas fontes?...

FAM: É um caso, penso que esporádico, de um esperto qualquer, a nível para aí de Chefe de Brigada...

AKV: Que talvez diga mais sobre as pequenas rivalidades e atritos entre os Serviços. Bom, chegamos então à questão fundamental, que é a do questionário dos SCCIM. Ele é remetido às autoridades competentes, para aplicação, em Fevereiro de 66[43]. Quando é que começou a elaborar o texto?

FAM: Praticamente devo ter começado isso talvez em Novembro, Dezembro de 1965, demorei muito tempo a fazê-lo. Esse questionário era o tal tipo de trabalho que eu fazia depois do horário terminado. Ia ler pastas e pastas, os RN's que havia, os BDI's, os RI's, recortes de imprensa, tudo isso para tirar a informação que me interessasse e que anotava. Com base na informação que fui tirando, comecei a elaborar o questionário. A finalidade era arranjar uma forma de interrogar que não desse possibilidade de escapar. Se reparar bem nas malhas do questionário, ele é "infernal", sobretudo para os aplicantes, a quem obrigava a muito cuidado. Os sujeitos que não eram nem profissionais na matéria, nem estariam muito interessados por vezes, eram os Administradores de Concelho, de Circunscrição, ou de Posto, ou os Adjuntos respectivos, que aplicavam as perguntas. Isso dava um trabalho doido porque... era maçador; era maçador para quem era ouvido, também... Tinha esse defeito. Mas era preciso. Lembro-me perfeitamente de ter pensado: *"Isto... isto é um interrogatório, uma coisa perfeitamente cansativa, mas há duas hipóteses: fazem-se várias vagas de questionários, para ir decantando resultados; ou faz-se assim. A fazer assim, claro, o Administrador de Posto, o Administrador de Circunscrição... vão fazer imensas falhas; agora cá estamos nós a nível SCCIM para olhar para cima e ver: aqui há uma falha nítida, este sujeito não sabe o que está a perguntar mas, na essência, o que isto quer dizer é aquilo ou aqueloutro. E há que se chegar depressa! A resultados que é preciso atingir depressa!"* Compreende? Esses resultados que se atingissem depressa seriam depois compulsáveis, verificáveis *in loco* por mim ou por alguém qualificado que lá fosse... Se não se obtinha uma coisa óptima, de nível comparado ao académico, obtinha-se em contrapartida uma arma "quanto bastante", em princípio, no contexto da guerra. E a guerra não ia compadecer-se com uma preocupação antropológica perfeccionista, mas queria o suficiente...

---

[43] Guião de Questionário, s/ referência, Confidencial, Emissor: S.R. Portugal, Província de Moçambique, Serviços de Centralização e Coordenação de Informações. Assunto: "Questionário e Notas Anexas – Islamismo em Moçambique". ANTT, SCCIM nº 408, fls. 12-21. Conforme se refere em vários documentos dos SCCIM, esse questionário foi distribuído, em 19 de Fevereiro de 1966, por todas as instâncias que o deveriam aplicar.

AKV: Claro, compreendo o contexto e em função dos objectivos,...

FAM: Está a ver? A ideia era essa.

AKV: Vamos por fases. Na elaboração, tem já presentes, portanto, todos esses problemas da falta de tempo dos responsáveis que irão aplicar, das suas limitações,...

FAM: Faz-se uma pergunta assim, porque, se faz mal a pergunta aqui, vai cair acolá.

AKV: Exacto.

FAM: Se o aplicante do questionário não está a operar com eficácia, eu vou aperceber-me disso através das respostas tais e quais...

AKV: Teve acesso, consultou, pôde comparar ou aprender com alguns outros exemplos de questionários, questões de metodologia que lhe dessem alguma orientação ao arquitectar a estrutura e concatenação das perguntas e...

FAM: Não.

AKV: Lendo o questionário, e particularmente lendo-o com o conhecimento do uso a que depois vai pôr as respostas a algumas das perguntas, são perfeitamente identificáveis certos objectivos, "esta pergunta está cá porque o resultado a que quer chegar é aquele". Desta perspectiva, quais eram os principais articulados...

FAM: A operacionalidade, essencialmente. ... Quem era "quem" e "o quê"; quem dependia de quem; de onde; porquê; para onde.

AKV: Mas não só; não só.

FAM: Diga, mais.

AKV: Há uma questão, por exemplo, que se percebe muito nitidamente que foi importante para efeitos da forma de comunicar com as comunidades muçulmanas, a identificação de certas aberturas, que se prestavam a aproveitamento, por exemplo nas questões relacionadas com a crucificação de Cristo.

FAM: Ah! Tem razão, sim senhor. Ao fim e ao cabo, aquilo que eu chamava "brechas".

AKV: Exacto.

FAM: Brechas aculturativas. Depois fiz um estudo sobre isso, acerca da mancha cristológica da Zambézia[44] ...

---

[44] Monteiro 1991, 1992.

AKV: Exacto. Exacto. Mas ficando-nos em termos deste núcleo...

FAM: ...Isso interessava. Interessava, porque permitia depois, mais tarde, explorar aquilo que se chamam "coeficientes de reactividade" ou, até, vulnerabilidades, ao fim e ao cabo.

AKV: Que outros exemplos pode citar?

FAM: O Cristianismo: a afinidade ou a repulsão relativamente ao Cristianismo. À Igreja Católica em particular. Essencial isso.

AKV: O uso do Português?

FAM: Não recordo que essa tenha sido uma preocupação minha de primeiro plano, na altura.

AKV: Talvez sim. Veja, há claramente uma tentativa de sondar – pelo menos é a leitura que tiro – as sensibilidades em torno da possibilidade de se usar o Português na *khutba*; algo que teria implicações importantes mais tarde.

FAM: Isso já é outra coisa. Uma ideia extravagante e atrevida que tive. A de na *khutba*, às Sextas-feiras, vir a ser eventualmente invocado o nome do Chefe de Estado, o que era impossível, evidente, porque ele era cristão, etc., etc., mas pelo menos orar-se por ele à Sexta-feira.

AKV: Mas o uso da língua portuguesa, não era esta também uma questão que depois se torna importante na sua visão de uma política islâmica portuguesa?

FAM: Evidentemente, havia dois escopos quanto ao Português. Um, era o de tentar perceber o que se dizia; o outro era de ver da possibilidade de se poderem espalhar textos doutrinários em língua portuguesa, para obrigar à sua prática, bater a influência veicular do Suaíli no Norte, e, simultaneamente, controlar o que é que as hierarquias islâmicas diziam aos seus dirigidos, pois tínhamos notícias de casos em que as pessoas eram exploradas por alguns oportunistas.

AKV: Sim, mas para além dessa questão do controlo, parece-me muito ou até mais importante a intenção de promover um discurso islâmico em Português para próprio uso interno da comunidade, melhor, um discurso islâmico português estruturando uma visão e uma vivência de comunidades islâmicas que fossem portuguesas. Ou não?

FAM: Isso fazia parte de uma estratégia...

AKV: Exacto.

FAM: ...de captação...

AKV: Exacto.

FAM: ...e de utilização...

AKV: E tudo isso dependia...

FAM: Talvez fosse preciso eu reler o questionário! Havia a medula, como lhe digo, operacional, extremamente preocupada: *"Como é que isto é, de onde é que vem, quem dá ordens, quem as recebe, reflectem-se onde, porquê, vão para onde?"* Por outro lado... a possibilidade de explorar brechas, para dividir, ou de ver pontos que fossem exploráveis para unir com determinado desiderato.

AKV: Mas deixe-me fazer-lhe uma pergunta acerca de uma questão específica. Em geral, quanto à maior parte do questionário, vejo as perguntas e percebo perfeitamente porque é que lá estão, o uso a que se prestam as respostas, etc., mas há uma, na secção II, 4.i), em que se lê: "O que entende por 'guerra santa'? Fundamentação da resposta à luz da doutrina". Isto, quanto à pergunta que seria posta; agora, se formos ver as notas em anexo que acompanhavam o questionário, que infelizmente não vêm reproduzidas no seu livro...

FAM: Não as tenho.

AKV: Ah não tem? Estão no Arquivo.

FAM: Não tenho as notas em anexo. Só trouxe comigo o questionário em si...

AKV: Nessas notas, portanto, a 25, que é a que corresponde a essa pergunta, explica: "O conceito de 'guerra santa', pregado por Mahomet, é um dos que mais se presta a ser utilizado pela subversão. Ver alínea a) do nº4 do BDI nº 614/65 de 21/12/65". Ora, se isto é um elemento dos que mais se presta a ser utilizado pela subversão, pressupõe-se que a pergunta, e a resposta que receber, eram de importância fundamental.

FAM: Fulcral.

AKV: Posto isso, há duas questões que me surpreendem: uma, é o posicionamento dessa pergunta; ela aparece, aparentemente sem nexo nenhum, entre duas outras, a anterior sobre o abate de um animal para que a carne seja *halal*, e a seguinte, sobre o luto e as práticas funerárias ... Ora, uma questão desta importância, enterrada assim no meio destas duas, suponho que só pode ser deliberadamente...

FAM: Foi para duas coisas: para provocar um desequilíbrio psicológico a quem está a ser interrogado e é surpreendido por uma coisa dessas, estilo descompressão/pressão/ descompressão = surpresa/vulnerabilidade; e, simultaneamente, para testar o aplicante, para ver se o funcionário está com atenção ao que faz ou se está, pura e simplesmente ali, a mandar o Cabo de Cipaios fazer perguntas... Isso, introduzido aí no meio, pretende ser um expediente de interrogatório; a pessoa não está à espera, vem num determinado ritmo, estão a perguntar-lhe coisas que parecem de carácter "folclórico", metem-lhe essa, o individuo "desliza" com mais facilidade; ou então, se não está, se é o aplicante e não está a actuar com atenção, vê-se, até pelo tipo de resposta que obteve e não explorou.

AKV: Por acaso não se lembra, assim de repente, a que se refere a alínea a) do nº 4 do BDI?

FAM: Não. Compreende, a documentação é muito extensa!... E tantos anos!

AKV: Claro! *[risos]...*

FAM: Há uns números que me ficaram na cabeça, esse número ficou-me, o 614; e há um trezentos e sessenta e qualquer coisa que também me ficou, agora, agora porquê, não me lembro.

AKV: Não se preocupe, depois se vê. Mas voltemos à pergunta sobre a "guerra santa". O posicionamento da pergunta, agora já ficou esclarecido. O que ainda me deixa alguma perplexidade, porém, é o objectivo da pergunta em si. Como eu disse há pouco, pela maior parte prevejo na pergunta o aproveitamento a que se prestam as respostas que antecipa, ou seja a lógica por trás da pergunta. Mas nesta aqui, não atino o que imaginava que ia alcançar com as respostas. Explico-me: tomemos as respostas efectivamente recebidas. As do Distrito de Moçambique, por exemplo, (exemplo que não é exactamente ao acaso, escolhi-o precisamente porque apresenta um leque de respostas bastante diverso, e põe bem o problema[45]. Portanto, "O que entende por 'guerra santa'?" Do Concelho do Erati temos a resposta do "Xehe" Cabarro Abubacar Faque: "Desconhece"; do Concelho do Erati, Posto Administrativo de Alua, a de Abudo Puaniera, "Xehe 'Bispo'"; "Não sabe"[46]; do Concelho do Erati, Posto Administrativo do Mirrote: "Desconhece. Perguntado se pode matar uma pessoa para ganhar a graça de Deus, respondeu que não é o acto permitido pela lei corânica". Nas respostas de alguns outros inquiridos aparece ainda a variante "nem pela lei corânica e mesmo pela sua consciência". Isto aliás, para vários dos inquiridos, o que levanta outra questão fundamental, que é a do papel mediador, e interferências, do inquiridor[47]. Este, por exemplo, introduz aqui, por sua própria iniciativa, a pergunta adicional: "E pode matar alguém em nome de Deus?" Além do que, muitas das respostas que regista são iguais, exactamente

---

[45] ANTT, SCCIM nº 417, 488 fls.

[46] Segundo nota do aplicante do questionário, o inquirido "é considerado o xehe principal (é designado por bispo) e toda a área do Posto é abrangida pela sua autoridade no aspecto religioso" (Inquérito ao Xehe Abudo Puaniera, de 15 de Março de 1966, realizado por João Nascimento Gomes, Administrador do Posto Administrativo do Alua, Concelho do Erati, Distrito de Moçambique. ANTT, SCCIM nº 417, fls. fls. 262-264; 270).

[47] Neste caso, o Administrador de Posto Gustavo de Magalhães.

iguais, para muitos dos inquiridos, o que levanta questões quanto à espontaneidade ou mesmo fidelidade das respostas registadas, da natureza formulaica das respostas remetidas pelo inquiridor. De qualquer forma, continuando com as respostas dos inquiridos: Piche Maravilha[48], "conhecido por xehe", do Posto Administrativo de Nacaroa: "Declarou nada saber sobre 'Guerra Santa"; Abdul Agige Ayob[49]: "Não sabe fundamentar e nem explicar o que foi a 'guerra santa'"; Habibo Mucula[50], "xehe" da Circunscrição de Imala: "O inquirido diz que nunca ouviu falar em guerra santa"; da Circunscrição de Muecate, Daudo Gulamo, "ajudante do xehe Abdulrazaque Assane, de Moçambique'': "Foi Moamed quem pregou a guerra santa, mas não sabe explicar o motivo"; Mamudo Essilamo, "Imamo", "Foi a guerra pregada por Mahomed, para aderir as populações ao islamismo. Tem consciência de que foi Maomed que pregou a 'Guerra Santa'". Desculpe, sei que a leitura das respostas vai longa, mas a letra e o sentido do leque das respostas é importante. Abudo Ussene, "Califa"[51], ah, não desculpe, este é um dos tais casos em que a resposta é exactamente igual à anterior; Saide Mujojo, "Xehe" do Posto Administrativo de Corrane: "Desconhece" ; Amade Burraimo, "Xehe" da Circunscrição de Memba: *"Que a guerra santa não se destina à conquista de terras e mulheres, mas sim para impor o islamismo"*. E agora chegamos às mais interessantes: da Administração da Circunscrição do Mogincual, Eburano Ossufo, que "desempenha as funções de

---

[48] Segundo indicação do Administrador de Posto, Aurélio Madureira de Freitas, o inquirido de 72 anos de idade, "serviu como soldado na guerra [de 1914-16], tendo a patente de 2º cabo, actuando ao lado dos portugueses contra os alemães em Palma, Mocímboa da Praia, Negomano, Chomba, Mocímboa do Rovuma, Montepuez, Porto-Amélia e Quelimane" (Inquérito a Xehe Piché Mavila, recolhido a 23 de Março de 1966 por Aurélio Madureira de Freitas, Administrador de Posto, Posto Administrativo de Nacaroa, Administração do Concelho do Erati, Distrito de Moçambique. ANTT, SCCIM, nº 417, fls. 294-298).

[49] "De nacionalidade paquistânica", nascido a 25 de Julho de 1936 (Inquérito de Abdul Agige Ayob, de 23 de Março de 1966, recolhido por Aurélio Madureira de Freitas, Administrador de Posto, Posto Administrativo de Nacaroa, Administração do Concelho do Eráti, Distrito de Moçambique. ANTT, SCCIM, nº 417, fls. 320-323).

[50] Apresenta algum interesse a seguinte nota não assinada do inquiridor do Posto Administrativo de Mecuburi: "O inquiridor concluiu das declarações do inquirido de que o mesmo é um convicto puro e leal à sua religião. Homem dos seus 55 anos de idade [e, como aprendemos por outra resposta (II.8.a), integrado no islamismo desde os 25 anos]. Respondeu a tudo com boa vontade embora se notasse que estava um pouco desconfiado. Nada se notou de deslealdade à Soberania Portuguesa. Anteriormente nunca criou qualquer problema de carácter político ou desleal à autoridade local. Formo dele bom conceito embora não acredite o inquiridor na lealdade destes maometanos no caso da subversão lhes bater à porta e lhe pedir guarida e auxílio" (Inquirido Xehe Habibo Mucula, s/data e s/autoria, Posto Administrativo de Mecuburi, Circunscrição de Imala, Distrito de Moçambique. ANTT, SCCIM, nº 417, fls. 325-330).

[51] Ver Inquérito de Califa Abudo Ussene, de 15 de Setembro de 1966, recolhido por António Pedro Gomes do Amaral, Administrador da Circunscrição do Concelho de Meconta, Distrito de Moçambique (ANTT, SCCIM, nº 417, fls. 417-420).

xehe": "A guerra santa consiste na conquista de todo o mundo para a religião islâmica. À luz da doutrina, todo o maometano deve fazer guerra contra todos aqueles que não professam a sua religião pois esta é a vontade do Profeta. O inquirido é da opinião que tal doutrina, hoje, não tem aplicação prática, pelo menos em Moçambique, pois o governo tem poder suficiente para esmagar qualquer tentativa e os maometanos são portugueses e não querem milando com o governo". E a última, do Xerife Alide, "Xehe"[52], cuja resposta é remetida assim: "Segundo pregou Maomé, todos os maometanos podem e devem fazer a guerra santa com todas as pessoas que não pratiquem o Islamismo a fim de as converter a esta religião. O inquirido dá a entender que não tem feito guerra porque não tem armamento nem poder para fazer guerra. Feita a pergunta: se amanhã os maometanos recebessem armas e ordens combateriam os negros que praticam a religião tradicional? Respondeu o inquirido positivamente, porque era dever dos maometanos combater aqueles que hostilizam a sua religião"[53]. Ou seja, temos aqui um grande leque de respostas desde o "desconhece", "não sabe", "não tem fundamento", até...

FAM: O que reflectia a posição de que a "guerra santa" era um assunto quentíssimo, fugiam a ele. Mesmo ao mais alto nível, relativo, era muito difícil obter respostas francas nessa matéria.

AKV: Daí eu lhe perguntar o que esperava alcançar com as respostas?

FAM: Ver, justamente, qual era a reactividade das pessoas a esse tipo de pergunta e qual era o grau de à-vontade com que se mexiam. Isto mesmo; como viu, dos ignorantes ou hesitantes até ao último. Isso permitia-me ver, fazendo uma pergunta dessas, testar: ou me respondem francamente, e é sinal...

AKV: Caso destes dois últimos, por exemplo?

FAM: ... Nessa altura, se um tipo de respostas como a última está generalizado, a decomposição chegou longíssimo; a um ponto tal, que se responde com uma atitude de "intimidade". Se se esquivar à resposta, se diz que não sabe ou se dá respostas disparatadas, isso é nitidamente ignorância, ou, então, vontade de evitar a colisão, por medo ou por outras razões (por exemplo, camuflagem). Agora, quando

---

[52] Segundo nota do inquiridor, "o inquirido é considerado a pessoa mais entendida sobre religião no posto sede" (Inquérito do Xehe Xarifo Alide, de 28 de Junho de 1966, recolhido por José Maria Ribeiro Filipe, Administrador de Circunscrição do Mongicual, Distrito de Moçambique. ANTT, SCCIM, nº 418, fls. 10-16).

[53] Note-se, porém, que resposta exactamente idêntica é citada para o Imamo Muhussune Abdalá (mais surpreendentemente ainda em vista da indicação referida na nota anterior), o que novamente remete para o problema das respostas formatadas. Cf. Inquérito do Imame Muhussune Abdalá, de 28 de Junho de 1966, recolhido por José Maria Ribeiro Filipe, Administrador de Circunscrição do Mongicual, Distrito de Moçambique (ANTT, SCCIM, nº 418, fls. 17-22).

o inquirido assume e diz *"é isto assim e eu tenho o dever de praticar"*, repare!, se essa resposta for a predominante, o que é que isto nos diz? A evidência do facto praticamente consumado. Foi o tipo de reacções que encontrei na Guiné em 1972... a total descontracção dos dignitários islâmicos a responder, a sensação de impunidade total de que gozavam, era o aguardar do facto consumado... A queda do Poder português na Guiné é uma coisa que está patente nas conversas com as chefias muçulmanas que não me camuflam nada, enquanto que conversar com um dignitário muçulmano em Moçambique me demorava horas para ser útil; normalmente a conversa nunca levava menos de três a quatro horas, chegava a haver casos em que eram cinco horas de reunião na mesquita, reuniões colectivas, todos nós sentados no chão da mesquita a falarmos até eu conseguir extrair três ou quatro coisas com algum interesse! Na Guiné, as conversas eram pergunta/resposta; quase "taco a taco"; a conversa resolvia-se em meia hora ... pois eles perguntavam, *"mas afinal o que é que o senhor quer saber"*, assumiam imediatamente aperceber-se do objectivo. Eu punha a pergunta e eles *"ah sim pois, estiveram aqui ontem à noite, homens do PAIGC e tal"*, era a desinibição total, tipo *"isto é assim, então e depois?"* Era a decomposição do Poder oficial, de Bissau, este de um paradoxal brilhantismo, note-se. Coragem, enorme esforço militar e civil, sinceridade. Mas o fim a curto ou médio prazo era uma evidência. Ninguém mentia, pois nem valia a pena! Foi o que senti. Em Jabicunda, Bigine, Ingoré, Aldeia Formosa, Cambor, nos subúrbios de Bissau, em toda a parte. Numa dessas localidades receberam-me muito bem... e cinco minutos depois de sair começaram a cair tiros de morteiro, muito precisos, sobre o local onde eu tinha estado.

AKV: Entendo, mas há uma outra questão ainda... Por exemplo o Administrador da Circunscrição de Muecate, António Júlio Campos, em muitas das respostas dos inquiridos faz o seguinte comentário: "Mostrou uma ignorância quási completa acerca do que se lhe perguntou. Desconhece o verdadeiro sentido do Alcorão". Como é que lidava com esse tipo de resposta ou comentário?... Ou seja, para si reflectia mais o inquiridor ou o inquirido? Reflectia realmente o grau de conhecimento da religião da parte dos muçulmanos... Como tratava essas respostas do inquiridor?

FAM: Traduzia, na enorme maioria dos casos, o panorama real. A ignorância era muito grande, a pertença ao Islão era uma pertença de solidariedade *social, cultural, e afectiva*. Consistência doutrinal? Uma minoria, uns dez por cento de esclarecidos. Como a minha finalidade imediata era determinar a <u>operacionalidade</u>, era o pragmatismo do controlo/utilização, esse tipo de respostas não me incomodava nada, diluía-se no conjunto. Era-me possível apurar quais os grandes pólos articuladores do Islão em Moçambique. Era logo aí que eu queria chegar: palpar um grande *poder fluido*, informal mas eficientíssimo, e entretanto ganhar tempo com isso para conhecer um pouco melhor outros aspectos. Mas vital, repito, era chegar aos x

nomes a que cheguei, vinte, e perceber para onde é que se projectavam e de onde recebiam ordens, se e como se intercomunicavam. Isso foi atingido! Depois, no outro plano dos questionários, a minha preocupação era ver o que se podia usar em termos de propaganda, ou melhor em termos da Acção Psicológica: por onde é que tudo era explorável, quais eram os coeficientes possíveis de reactividade.

AKV: Mas, então, pondo as coisas nesses termos, se a grande maioria demonstra ... incoerências, falta de conhecimento da doutrina, o nível de conhecimento técnico que vemos nos seus trabalhos, por exemplo em relação à questão do *Ijmâ*, etc., todas essas linhas de acção que requerem conhecimento para produzirem o efeito pretendido eram esforços perdidos. Tinham efeito era sobre aqueles tais dez por cento que identifica. Era dos líderes que procurava o assumir de posições que depois eles transmitiriam aos seguidores?

FAM: Exacto. É isso mesmo.

AKV: Só a eles, portanto, é que importava chegar, que importava actuar?

FAM: Repare... Havia a guerra. Havia a pressão inimiga sobre as populações. Estávamos condicionados pelo tempo, tinha que se reagir rapidamente. Havia centenas de inquiridos. Nem eu nem estrutura nenhuma dos SCCIM podia ou tinha tempo para actuar junto de cada inquirido, por exemplo; isso era completamente inviável. Portanto, havia que se chegar a um resultado útil, pragmático, explorável. Foi ao que se chegou. *Vamos depressa trabalhar a cúpula das 20 pessoas apuradas.* Como é que se senta esta gente à mesa, mais ou menos depressa e motivada? Um bom pretexto são os *Hadiths* de El-Bokhari. Trabalhemos pois numa versão dos *Hadiths* de El-Bokhari, é a forma de conjugá-los à mesa; essa conjugação serve, em diálogo, para ver se e por onde se digladiam uns com os outros. Bom, isso resultou! E serve para exibir, a quem estivesse interessado, em território português ou no estrangeiro, o espectáculo ímpar de um Poder colonial (tradicionalmente justaposto à Igreja Católica) tratar de maneira séria e rigorosa à volta de uma mesa, par-a-par com lideranças muçulmanas, textos reportados à Tradição Islâmica. Com total respeito pela forma e pelo conteúdo. Oito dias, cinco a seis horas diárias. Nunca se viu, que eu saiba, e numa guerra revolucionária, um Governo Geral de província/colónia auto-constituir-se zelador da pureza da Fé de uma comunidade até aí tratada como "coisa dominada". Também nisto resultou... embora provocasse alguns ressentimentos (previstos, aliás) no clero católico. Mas esse, francamente, não me preocupava muito nos meus planos. Ele já era uma nebulosa, de qualquer maneira! Ficar só "amuado" já não era mau! Portugal passava acima deles, para mim. Isso não diminuía, em nada, as minhas convicções de Fé católica. Uma coisa era a Igreja como Corpo Místico de Cristo, outra o Estado do Vaticano projectado no terreno da guerra a tirar-nos o tapete.

ENTREVISTA DE ABDOOLKARIM VAKIL A FERNANDO AMARO MONTEIRO

AKV: Agora deixe-me pegar numa questão um pouco diferente para explorar um pouco mais longe... A citação é longa mas importa citar por inteiro. O Administrador do Posto do Bajone, Concelho de Maganja da Costa, António da Costa Furtado...

FAM: Zona difícil!

AKV: ... fez acompanhar as respostas ao questionário de um pequenino intróito que diz o seguinte: "Um estudo sério sobre a actividade maometana exige largos conhecimentos sobre a própria religião de Mahomé, além de abundantes fontes de consulta, pois as dificuldades na recolha de tais assuntos são muitas e de modo algum podem ser resolvidas de qualquer maneira sob pena de se fazer uma afirmação menos exacta. Numa área administrativa como a do Bajone onde 99% da população é mahometana ou adepta, doutrinada por 4 xehes e uma infinidade de alifas, mualimos, emamos e outros dignitários, merecia um estudo mais profundo e cuidado. Porém, contra toda a expectativa vem a falta de tempo e de meios, factores indispensáveis para todo e qualquer estudo. Todavia o pouco que se conseguiu obter aqui fica exposto". Exposto isto, passa então às respostas dos inquiridos, depois, na secção 5ª, um espaço previsto no questionário para comentários que o inquiridor quisesse adicionar, ajunta: "durante o interrogatório" a um dos inquiridos, "o xehe mostrou-se sempre solícito, sempre a melhor boa vontade em elucidar todos os pontos duvidosos, embora tenhamos notado que falhava em um ou outro pormenor que atribuímos tão somente aos seus rudimentares conhecimentos da sua própria religião. Da nossa parte também, faltou-nos um livro ou qualquer apontamento que nos servisse de guia, pois muitos pontos nos ficou por entender, pois que se tratava de assuntos para nós desconhecidos. Pedimos à livraria Domus de Nampula que nos fornecesse um Tratado sobre a religião Mahometana, respondeu-nos que actualmente não havia em stock, daí por diante procurámos estudar por nós mesmos, apesar da falta de tempo tudo aqui expusemos"[54]. Ora aqui está um Administrador que foi um bocadinho mais longe...

FAM: Consciente.

AKV: ... Que se interessou pelo assunto, consciente de que o responsável por uma localidade com uma população 99% muçulmana, quer aprofundar conhecimentos, e no entanto não tem o mínimo acesso a um livro de referência, a um manual...

---

[54] Comentário à resposta do inquirido Xehe Ossifo Chebane Mote (Inquérito de 22 de Novembro de 1966, recolhido por António da Costa Furtado, Secretaria do Posto Administrativo do Bajone, Concelho de Maganja da Costa, Distrito da Zambézia, in ANTT, SCCIM, nº 415, fls. 117-120; 122). Este "Xehe" viria a ser um dos indivíduos com quem Fernando Amaro Monteiro conversou depois longamente.

FAM: Não tem nada.

AKV: Não tem nada?

FAM: Nada!

AKV: E isto podemos dizer que era... a generalidade do caso?

FAM: Quer caso melhor? Transpondo para a Igreja: o Bispo de Nampula, D. Manuel Vieira Pinto, um homem tão lutador, tão determinado, tão vanguardista, tão difícil para a Administração Portuguesa, conversando comigo na Ilha de Moçambique, parte importantíssima da sua Diocese, mostra-me desconhecer completamente que, segundo o Alcorão, Cristo não foi crucificado. Fica espantado a olhar para mim, não tinha a menor noção do que dizia o Alcorão em matéria de Cristianismo, não sabia, de todo, da veneração dos muçulmanos por Maria, nem por Jesus, não tinha... Nada, repito. Nada. Quando lhe falei do assunto, ele disse *"Ah! Sim, de facto! Eu li qualquer coisa."* Isto é espantoso! É o Bispo da diocese mais islamizada de toda a província de Moçambique; um Bispo! E era um homem tido como Bispo de vanguarda!

AKV: A questão do Bispo, como diz, é fundamental para entender as relações entre as comunidades religiosas em Moçambique, mas quanto à Administração...

FAM: Sim?

AKV: ... que é o fundamental para aquilo de que estamos aqui a falar, eu pergunto-lhe: isto não implica que todo o seu projecto, de certa forma, se movia em areias movediças? Porque, em que é que interessa ter, por exemplo, uma tomada de posição pelo Governador-Geral, na capital de província, com tudo o que ela implica e simboliza de uma marcante tomada de posição do Poder, se a realidade concreta, imediata, face a face, que todos os dias, no quotidiano, os muçulmanos encontrariam, era a Administração local, e essa era perfeitamente ignorante das suas realidades, crenças, etc.? Havia, da sua parte, consciência deste problema?

FAM: Havia; e era um desespero. Eu atingi, parcialmente, os meus objectivos: provei por A mais B a importância do Islão em Moçambique; provei por A mais B que era possível conversar; provei por A mais B que era possível perceber quem nele mandava; provei por A mais B que eu, pessoalmente, conseguia falar com eles... Mas também me ficou provado por A mais B que o Governo, ou seja, o Poder, não era capaz de ultrapassar uma certa linha e entrar em profundidade no assunto. Porque não tinha, por um lado, meios... e porque, sobretudo, <u>ele não tinha uma convicção firme sobre si próprio!</u> Para que houvesse estruturas e fosse possível desenvolver e usar meios adequados para trabalhar, era preciso, antes, que houvesse uma filosofia a informar a acção do Poder; eu lembro isso ao Governador-Geral quando lhe escrevo (ao Engº Pimentel dos Santos) que não há Política, não há acção possível sem uma Filosofia que a informe. O Governo não tinha uma filosofia que o informasse porque ... fazer tudo para quê? Encruzilhada: ou Portugal era uno e indivisível, ia do Minho a Timor, éramos todos Portugueses, sentemo-nos todos à mesa e demos as mãos numa Pátria completamente integrada; ou caminhava para as independências, que seriam, na melhor das hipóteses, independências bem controladas; ou caminhávamos para uma Federação? O conjunto era o quê, afinal de contas o que é que o Poder queria?! Não sabia. Ele mesmo não sabia. Repare, AbdoolKarim, isso está intrinsecamente ligado à questão do funcionário administrativo ser capaz ou não ser capaz, ser honesto – como o de Bajone era – de certa maneira um pretensioso, até não se lhe pedia que fosse longe, ele era apenas Administrador de Posto e o que tinha a fazer no caso em apreço era uma aplicação cadastral, não se lhe estava a pedir mais nada. Mas o sujeito era sério, e, portanto, estava a querer trabalhar bem. Todavia repare: quantos Administradores de Posto havia em Moçambique? Já reparou o que implicava estar a dar uma acção formativa a centenas de Administradores de Posto? Era impossível, sobretudo em guerra. Pueril. Não era tempo de *formar*. Era tempo de *mandar e ser obedecido*. Como se fosse o tempo de que fala o Ecclesiastes.

AKV: Mas isto não vai ao coração da ...

FAM: Vai ao coração de algo cruel? Vai, vai! *[risos]*

AKV: ... bom, isto sai um pouco fora da nossa conversa, vai à questão, precisamente, da formação da administração colonial portuguesa.

FAM: Vai, tenho de dizer-lhe que sim. Com tristeza. Mas com lucidez. E não só da Administração Ultramarina. Era do País inteiro.

AKV: E...

FAM: Eu tentei, uma vez... desculpe falar outra vez de mim, mas ao fim e ao cabo está a dirigir-se-me...

AKV: Claro.

FAM: Tentei formar, pela parte que me tocava. Formei uma equipa de pessoas para me acompanharem; dei, na qualidade de Investigador da Universidade de Lourenço Marques, dezassete aulas de hora e tal, não é tão pouco como isso, a uma turma de Licenciados. Depois seleccionei quatro[55]...

---

[55] O Curso, estabelecido por despacho do Governo Geral, decorreu entre 11 de Junho de 1971 a 11 de Agosto de 1971 e foi frequentado por professores do ensino secundário. Visava a preparação futura de um grupo de trabalho dedicado ao estudo do islamismo e à constituição do *Ijmâ* em Moçambique, sendo este o primeiro termo encontrado para o que depois seria designado como "Conselho de Notáveis". Dos professores que frequentaram o curso foram escolhidos 4 elementos para integrar o referido

MOÇAMBIQUE MEMÓRIA FALADA DO ISLÃO E DA GUERRA

AKV: Mas aí, desculpe, vamos saltar um bocadinho, só para chegar a essa questão, já que a abordou.

FAM: ... depois disso o que é que podia fazer mais? O que eu pessoalmente, havia de fazer mais?

AKV: Desculpe, mas já que mencionou esse curso, deixe-me só dizer uma coisa. Eu tive acesso aos seus relatórios sobre ele[56]... As presenças eram muito... erráticas. Queixavam-se porque não tinham tempo, eram professores, etc.... E no fim, o seu próprio relatório mostra que... a aproveitar, seriam estes; pois era o que se podia ter...

FAM: Exacto. Era mesmo o que eu pretendia dizer no relatório. E disse-o.

AKV: Exacto.

FAM: Era o que podia haver; e, ainda assim, no plano humano-funcional o conjunto não foi um êxito. Foi uma das razões do futuro Grupo de Trabalho[57] ter aca-

---

Grupo de Trabalho. De entre vários documentos dos SCCIM que se reportam a esse curso, podemos destacar dois. O primeiro é um Anexo à Informação nº 22/70 (de 30 de Setembro de 1970 e emitida por José de Vilhena Ramires Ramos, então Director dos SCCIM, in ANTT, SCCIM nº 420, fls. 94-95), documento datado de 26 de Setembro e produzido por Fernando Amaro Monteiro, no qual este sugere o recrutamento de professores para responder à necessidade de se encontrar elementos capazes de supervisionar o referido *Ijmâ*. Amaro Monteiro justificava a sua sugestão da seguinte forma: "O professorado é uma classe que detém sempre, aos olhos dos nativos, um prestígio especial – advindo da circunstância de ser formado por veículos de promoção social". Os médicos eram outra classe profissional utilizável, no caso de os professores serem em número insuficiente. Apurado o "grau de idoneidade política" dos professores contactados para este efeito, através de informação facultada pela DGS, eles seriam sujeitos a um curso nocturno sobre o islamismo em geral e, particularmente, sobre a conjuntura muçulmana em Moçambique. Considerava-se que só no final do curso seria feita menção à constituição do *Ijmâ* (ver ANTT, SCCIM, nº 420, fls. 96-100).

Outro documento relevante para este assunto é a Informação não numerada, de 12 de Agosto de 1971, emitida por Fernando Amaro Monteiro e destinada ao Governador-Geral de Moçambique (apensa à Informação nº 15/71, de 22 de Setembro de 1971, de José de Vilhena Ramires Ramos, Director dos SCCIM, in ANTT, SCCIM nº 413, fls. 671-673). Neste documento constam a referência do despacho, datado de 12 de Outubro de 1970, emitido pelo Governador-Geral de Moçambique, e são dadas informações acerca do número de sessões (dezassete), assuntos e plano das aulas, bibliografia a consultar pelos alunos, bem como a indicação do nome, número de alunos (nove) e suas faltas. Frequentaram o curso: João Apolónia Pinto Fernandes, Joaquim António de Almeida Nogueira, Luís Filipe Pereira, Walter Joaquim da Silva Anatole Marques, José Pedrosa Alves, Rui Afonso Sanches da Gama, Sidónio Catarino Nazaré, Joaquim Pinto Oliveira e António Ferreira Caetano. ANTT, SCCIM nº 413, fls. 674-682.

[56] Ver a Informação de 12 de Agosto de 1971, citada na nota anterior. Aí se indica que, num curso de dezassete aulas, se registaram as seguintes faltas: 5, 3, 15, 15, 9, 2, 6, 4, 11.

[57] Grupo de Trabalho sobre Assuntos Islâmicos, criado por Despacho do Governador-Geral de Moçambique (Pimentel dos Santos), a 29 de Fevereiro de 1972, para vigorar até 31 de Dezembro de 1972, prazo em que deveria ser apresentado um relatório final sobre a sua actividade. Foram nomeados os seguintes membros: Presidente, Dr. Fernando Amaro Monteiro, investigador da Universidade de Lourenço Mar-

ENTREVISTA DE ABDOOLKARIM VAKIL A FERNANDO AMARO MONTEIRO

bado, embora eu não a invocasse. Como solução para acção teria de ser um fracasso.

AKV: Estávamos portanto, perante um *one-man show*.

FAM: De certa maneira. Repare: Jorge Jardim também era um *one-man show* *[risos]*... Cada um de nós no seu nível e escala... Jardim era muito mais importante do que eu, de longe, não havia comparação.

AKV: Mas noutros sectores, noutros ...

FAM: Éramos personalidades solitárias, cada um no seu meio e possibilidades. Jorge Jardim ia movendo as suas teias. Eu tentei as minhas, mais modestas e obscuras. Mas deparo com estas impossibilidades todas de que falamos, e isso lentamente justapõe-se ao colapso do regime, notório desde o marcelismo. É a partir de 1972 que mais sinto: estou aqui a "puxar" por estes sujeitos e eles, na realidade, só estão interessados em "latarias" como a de me pedirem umas palavras para pôr no *Notícias* na quadra do Natal. Era um "número especial" do Jornal, para o qual o Governador-Geral Pimentel dos Santos me pediu que lhe fizesse uma "mensagem de Natal". Como nós os dois só praticamente tratávamos de muçulmanos, fiz-lhe essa parte. Ele era católico praticante: fizesse portanto o resto! Uma vez que só falávamos dos muçulmanos, redijo-lhe a parte respeitante aos muçulmanos...

AKV: Sem saber que... *[risos]*.

FAM: ... e não me adianto quanto à parte respeitante a católicos ou protestantes, pois ele podia dizer-me dada a frieza das nossas relações: *"Ó senhor Dr. porque está a preocupar-se com uma coisa que eu não lhe pedi?"* À cautela frisei-lhe que era a parte dos muçulmanos. Só. Resposta dele *"Gostei muito!"*... Manda o Secretário telefonar--me. E eu fiquei preocupadíssimo: *"Não me digam que este senhor vai, no Natal, e dirigindo-se a todos os crentes de Moçambique, só falar de muçulmanos!"* Em termos de sensatez e de Acção Psicológica era um desastre! Ligo para o Secretário: *"O senhor Governador-Geral vai com certeza também falar para cristãos, não vai? Vai incluir?" "Ah! Sim, pois, pois."* E eu pensei: *"Há aqui qualquer coisa que vai falhar".* E falhou. *Gaffe* impressionante. É uma coisa... Há-de concordar: em termos de Acção Psicológica foi um perfeito desastre, crispou os católicos, os protestantes, as seitas, deixou as pessoas a criticarem... E os muçulmanos sorriam-se. Eu também me sorria, se fosse muçulmano. Ou, se fosse FRELIMO, diria que o inimigo estava "tonto"!

---

ques; Vogais: Dr. Rui Afonso Sanches da Gama, Professor da Escola Comercial de Lourenço Marques; Dr. João Apolónia Pinto Fernandes, Professor da Escola Comercial de Lourenço Marques; Dr. Joaquim António de Almeida Nogueira, Professor do Liceu Salazar; Dr. Joaquim Pinto Oliveira, Professor da Escola Preparatória Joaquim de Araújo (ANTT, SCCIM nº 413, pt. 2, fls. 470-471).

AKV: Aliás, o professor já tinha várias vezes levantado a questão de que importava não pensar em termos de uma comunidade específica, mas sim da malha de relações ...

FAM: Exacto. Aquilo era um terreno humano, era uma malha, um tecido composto por várias vertentes... essas malhas conviviam entre si, pouco, senão mal, e nós teríamos mesmo que suscitar convívio. Era completamente errado introverter os muçulmanos. Estava, no fundo, a estimular-se um enorme "ego" na comunidade islâmica e depois não havia vazão... Quando há uma auto-estima muito alta, muito desenvolvida, é preciso dar-lhe vazão, trabalho, exercício, senão isso gera psicoses. Em qualquer organismo.

AKV: Este problema a que se está a ...

FAM: Mas, AbdoolKarim, isto que lhe estou a dizer a si, aqui, era completamente impossível de dizer àquele senhor... porque não havia margem para esta conversa, não havia hipóteses. Era extraordinariamente formal: *"Queira ter a bondade", "Exmo. Sr.", "V. Exa.",* o nosso trato era este, de parte a parte, e não passávamos disto. Sejamos sinceros: antipatizávamos de todo um com o outro. Salvava-se a boa educação, porque era obrigatória, *sine qua non...*

AKV: Mas o perigo inerente, que depois se tornou uma realidade concreta, dessa auto-estima se fechar: esteve consciente disso desde o início?

FAM: Sim, sim.

AKV: Havia a necessidade imperativa de controlar sempre a forma como esta auto-identificação se ia estabelecendo, e depois accioná-la imediatamente, sem dar oportunidade a que outros...

FAM: Sem se correr o risco de gerar vazios manipuláveis pela subversão. Ou vulneráveis à "depressão" colectiva, ao cepticismo ansioso, à impaciência em crescendo.

AKV: Isso falhou, não é verdade?

FAM: Falhou. Falhou. Como é que se podia? Eles, os líderes muçulmanos, no fundo pressentiam um colapso que os angustiava. O regime sentia-se em colapso. O Governador-Geral reflectia o colapso do regime... De maneira que, chegada a altura de dar um passo em frente, ele dizia-se: *"Isto seduz-me, posso ficar na História, mas estou dependente do Amaro Monteiro, tenho que fazer o que ele diz porque não percebo nada desta matéria, estou-lhe portanto na mão. Agora vamos lá a ver, como é... E ainda por cima não é fácil de contactos, é duro, não há possibilidade de eu que sou o Poder, o nº 1, me impor de facto a ele".* Compreende? E depois havia a PIDE ao lado, o Governador-Geral perguntava obviamente à PIDE *"acham bem?"* E a PIDE *"Pois é... ele é que sabe, não é?*

Mesmo com precedentes…" Compreende? Feria-se no seu amor próprio, ultra exacerbado sempre. Era um homem que na Universidade se formara a vintes, e entendia que podia ver tudo através desses vintes. Só que eram na área da Engenharia. Não aceitava as próprias e naturais lacunas no resto!

AKV: E o outro factor, o Ministro do Ultramar? Bastante interessado nesta questão, mas pensando em termos da Guiné e Moçambique ao mesmo tempo… Essa articulação de cúpula criava outro nível de dificuldades ou era uma vantagem?

FAM: O Ministro, Professor Silva Cunha, era hermético. O meu relacionamento com ele era muito formal, pelas vias regulamentares. Era um personagem muito curial e não ultrapassava as vias regulamentares, nunca deixava o Governador-Geral em xeque, e para eu lhe explicar que tinha dificuldades de entendimento com o Eng.º Pimentel dos Santos, foi só no fim, mesmo, na segunda metade de 73… Só então lhe pude fazer compreender a nossa "alergia" recíproca. Desabafei que pensava ir-me embora para Angola. Eu fora convidado (mas não lhe contei isto com receio de alguma interferência negativa!) para Director dos Serviços Culturais da Companhia dos Diamantes (DIAMANG), no Dundo, com condições excelentes a todos os títulos. Silva Cunha interveio com a sua seca vivacidade: *"Impossível! É imprescindível em Moçambique. Não pode sair de lá!"* Comentou-me: *"De toda a parte me chega que o senhor Dr. é uma pessoa de feitio muito difícil!"* Eu: *"E V. Ex.ª também acha?"* E ele: *"Está a ver?! São coisas assim!"*

AKV: Portanto não podia desbloquear essa…

FAM: O Ministro interveio, nem me deixou continuar a queixar mais, e disse-me: *"Esteja descansado que esse problema vai ultrapassar-se com certeza, tenho a certeza absoluta".* Ora "ultrapassou" mesmo. Cheguei a Lourenço Marques e uma semana depois o problema estava "ultrapassado". O Governador-Geral recebeu uma ordem ministerial, em mensagem cifrada seguida de ofício, <u>secreto</u>: *"Aguente fulano em Moçambique de toda a maneira".* E eu apareço convidado para Director do Centro de Informação e Turismo, sem querer… e sem me interessar. O Governador-Geral falou-me de Portugal e apelou para o meu patriotismo, os meus grandes deveres. Era a maneira de me fixarem em Moçambique; não queriam que eu fosse para Angola. A importância formal do Centro de Informação e Turismo era enorme. O Director dos Serviços despachava directamente com o Governador-Geral nas matérias de Informação (leia-se Comunicação Social), de Relações Públicas, e de Cultura Popular e Espectáculos. Para o Turismo tratava com o Secretário Provincial (depois de Estado) da Economia. Mas os seus meios humanos e materiais não correspondiam à missão atribuída. Era o que havia disponível para me "fixar"… Ainda se pensou em mim, de passagem, para Governador do Distrito de Moçambique, mas creio que ganharam os medos do ciúme do Quadro Administrativo… Que-

MOÇAMBIQUE MEMÓRIA FALADA DO ISLÃO E DA GUERRA

riam-me em Moçambique por causa dos muçulmanos e não só. Agora, se me perguntar: *"Mas com estas ... fraquezas todas?, aqui, ali e acolá, afinal queriam-no lá para quê?"* Tem toda a razão, não tem lógica. Mas o comportamento do regime era ilógico na parte final, não havia propósito definido, estava-se numa situação de "vamos a ver o que é que diz o Presidente do Conselho", compreende? E Marcello Caetano não se definia. É como a queda da Monarquia, é a mesma coisa em 3 a 5 de Outubro de 1910: El-Rei não deu nenhuma ordem; mas El-Rei não dava, pois estava constitucionalmente à espera que o Governo actuasse. Estávamos em ambiente de colapso. Faltava a tomada técnica do Poder. Isso ia ser feito pelo MFA, no desastre de 25 de Abril de 1974.

AKV: Deixe-me voltar a uma questão que me ficou de há pouco quando falávamos da administração colonial. Um Poder colonial existe na medida em que consegue exercer o seu controlo administrativo sobre um território, na medida em que é uma realidade e uma presença concreta na vida das populações. Para a maioria da população entre as fronteiras do território de Moçambique, havia essa consciência, sentia a presença da Administração Portuguesa como realidade concreta?

FAM: Sim. Havia! Só em sítios muito distantes é que não, em locais muito distantes, mesmo mato, lá para dentro, pontos isolados nas áreas dos Postos Administrativos, porque nas sedes das circunscrições ou concelhos, que eram múltiplas, e nas suas periferias, havia nitidamente a noção de uma Administração presente. Havia um hospital a nível de concelho, fraquinho mas funcionando, os postos de saúde, havia as pistas... Tudo funcionava. As escolas. Tudo funcionava.

AKV: Passemos então a...

FAM: ... O que ainda hoje me dói... O que é que leva as pessoas, o que me levava a mim a estar praticamente sozinho nesta história toda? Um idealismo... Um idealismo um pouco suicida, uma coisa de que eu próprio tinha perfeita consciência: combate desigual. Tinha a consciência disso, mas sentia a compulsividade do que "tinha de ser". Em 1969 ou 70 o Cônsul americano da CIA, o braço da CIA em Lourenço Marques que actuava com a *cover protection* de Cônsul (havia uns quatro Cônsules americanos, o Cônsul Geral e mais três ou quatro e o da CIA era um deles) chamou-me *"Ó Fernando!"* (Ele tratava-me pelo nome próprio, ia-se embora e deu um *cocktail* de despedida), e disse-me cedendo a um impulso, *"Você é um sujeito assim e assado,"* umas coisas elogiosas, *"modifique um bocado a sua atitude, porque pode ter um lugar fundamental no Moçambique do futuro, e você está ... a fazer tudo para se afundar com uma situação que não tem possibilidades de continuar."* E eu respondi-lhe: *"Muito obrigado pelo que me está a dizer, mas tenho obrigação de acabar assim mesmo, tenho essa obrigação."* Ele continuou *"tenho imensa pena que me diga isso"*, e abraçou-me. Era isto, AbdoolKarim, é um bocado difícil de explicar ou perceber, mas senti que ia "cair" com a situação, e sentia obrigação de fazê-lo. Para perceber isso é preciso remontar à minha ideia de Portugal, ao meu Rei, à minha juventude, à minha formação familiar e individual, etc.

AKV: Bom, vou tirá-lo daí e vou lançá-lo de volta ao terreno. É o seguinte:... Voltando ao questionário, e aos problemas com que esbarrou, um deles que se percebe imediatamente compulsando as respostas, vendo as datas a que eram remetidos para os Serviços, é que... havia imensas faltas, que as respostas vão chegando muito tardiamente...

FAM: Sim.

AKV: ...há repetidos pedidos para que os questionários aplicados sejam remetidos...

FAM: Sim, sim.

AKV: Há uma Informação de 9 de Fevereiro de 1967, assinada pelo Director dos SCCIM, Fernando Costa Freire[58], que refere o facto de que um ano após a difusão do questionário continua a haver numerosas divisões administrativas em falta. Tendo em conta o facto de que se se continuasse à espera das respostas que faltavam, as outras perderiam actualidade, sugere enviar Fernando Amaro Monteiro para aprofundar as informações junto dos elementos mais preponderantes da hierarquia islâmica. É daqui, portanto, que saem as suas missões...

FAM: Sim, o começo... e um bocado mais tarde.

AKV: ...que são, portanto:...

FAM: Ilha de Moçambique...

AKV: Ilha de Moçambique, Lumbo, Cabaceira, Mussoril, Sanculo, António Enes, Ilha de Quiloa[59]; Inhambane, Lourenço Marques e Gaza[60]; e depois Niassa, Tete, Zambézia, e Manica e Sofala[61]. São as três missões de estudo que decorrem...

---

[58] Informação nº 3/967, de 29 de Fevereiro de 1967, da autoria do Director dos SCCIM, Fernando da Costa Freire, com o assunto: "Estudo do Problema Islâmico na Província" (ANTT, SCCIM nº 408, fls. 5-10).

[59] "Relatório de Serviço nos Distritos de Moçambique e Cabo Delgado de 6 a 23 de Novembro de 1968", Secreto, de 29 de Novembro de 1968, emitido por Fernando Amaro Monteiro (ANTT, SCCIM nº 412, fls. 363-371).

[60] "Relatório de Serviço nos distritos de Inhambane (de 22 de Janeiro de 1969 a 27 de Janeiro de 1969), Lourenço Marques (de 31 de Janeiro de 1969 a 2 de Fevereiro 1969) e Gaza (de 5 de Fevereiro de 1969 a 7 de Fevereiro de 1969)", Secreto, de 20 de Fevereiro de 1969, emitido por Fernando Amaro Monteiro (ANTT, SCCIM nº 412, fls. 318-322).

[61] "Relatório de serviço nos distritos do Niassa, Moçambique, Zambézia, Tete e Manica e Sofala, de 10 de Julho a 2 de Agosto de 1969", Secreto, de 9 de Setembro de 1969, da autoria de Fernando Amaro Monteiro, sobre o assunto (ANTT, SCCIM nº 412, fls. 153-166).

Novembro de 68, Janeiro/Fevereiro de 69, e Julho/Agosto de 69. Isto... estas missões interessam-me particularmente porque agora já não estamos na inquirição mediada e à distância, aqui está o próprio Professor a falar directamente com os indivíduos; que são escolhidos, apurados e identificados pela análise dos questionários, é isso?

FAM: Exacto.

AKV: E nesta fase quais eram as questões chave a aprofundar?

FAM: As questões chave a aprofundar eram as tais que referi inicialmente: quem é este homem?, o que é que ele move?, traços da personalidade do indivíduo. Onde é que se projecta a sua acção? ... Donde é que ela é originária?... Como é que ele é utilizável?

AKV: Mas isso é informação que se consiga obter do próprio indivíduo, em conversa com ele?

FAM: Exacto.

AKV: Tudo isso é informação que obtém do encontro?

FAM: Sim. Mas, é evidente, com a ficha dos SCCIM na cabeça.

AKV: Certo.

FAM: Quer dizer, antes de ir à conversa com ele eu decorava os elementos pessoais, e aparecia inusitadamente... Eles normalmente eram ouvidos nas sedes das Circunscrições, era o costume. Mandava-se o Cabo de Cipaios *Vá lá chamar fulano*. Ora eu, pelo contrário deslocava-me aos locais de residência ou às mesquitas, conforme preferissem, mandava embora o carro, ia ostensivamente desarmado, e estava horas de conversa, em directo ou através de um intérprete escolhido por eles... Deixava-os ter a sensação de estarem no terreno deles... e de eu ser... um convidado...

AKV: Excepto num caso, de que aliás até participou, já não me lembro se ele era Administrador ou o que era, insistiu em estar presente e causou-lhe grandes problemas, lembro-me de ver na documentação uma participação qualquer... Bom, excepções à parte, a metodologia, portanto, era criar uma situação de um a um...

FAM: Exacto

AKV:... e estabelecer ... uma conversa...

FAM: Estabelecer uma conversa em que eu procurasse perceber o grau de receptividade dele ao que se dissesse ou o seu grau de hostilidade, e então porquê, o que é que o fazia hostil? Um princípio? Uma circunstância X, Y ou Z ? A situação era ultrapassável?

ENTREVISTA DE ABDOOLKARIM VAKIL A FERNANDO AMARO MONTEIRO

AKV: Deixe perguntar...

FAM: Lembro-me de Quiloa por exemplo, de um homem em Quiloa, que não foi possível interrogar porque pura e simplesmente ele me disse *"Não falo"*. Assim mesmo!

AKV: E aí ... não podia constranger, obrigá-lo...?

FAM: Nada! De maneira nenhuma! Eu disse-lhe: *"Vamos fazer uma coisa... vim de tal parte, falei com A, com B, com C... veja, estabeleça contacto com eles, e pergunte como sou, depois nós voltamos a falar"* . E voltámos meses mais tarde, não sei já em que circunstâncias, e obtive, ao fim e ao cabo, aquilo que queria. Mas não insisti na altura, nem pensar. Eram coisas destas que, da minha parte (apresentado como *vindo da parte do Governador-Geral*, note bem), os deixava em grande surpresa. Espantados! Alguma coisa mudara ou estava para mudar! Produzia o "efeito-surpresa", que eu aproveitava com a profundidade e a pressa possível.

AKV: Agora a questão que me interessa saber, isto não vem nos papéis, e é uma questão pessoal. Até que ponto é que importava... dar a saber o conhecimento que tinha do Islão?

FAM: Eu dar-lhes, a eles, a saber?

AKV: Sim.

FAM: Dava-me credibilidade. Integrava a surpresa. Uma cordialidade espantada. Perante o conhecimento e perante, também, o meu tipo de trato pessoal com eles. Deferente na medida exacta. De igual para igual, mas não esquecendo de invocar que vinha em nome de quem vinha. Um abraço simpático do Poder soberano. Fiável. A merecer crédito.

AKV: E isto estabelecia-se como?

FAM: Tão simples! Por exemplo, invocava muito, usualmente até, no início, quando fazia a primeira abordagem, *"qual era a sua opinião, o que é que acharia de nós fazermos uma tradução para português dos Hadiths de El-Bokhari?"* E o homem ficava... *"Os Hadiths?!"* Tinha uma surpresa e tal, *"Sim, os Hadiths"*, e depois eu citava-lhe, de cabeça, *hadiths* perfeitamente adequados. Isso produzia um impacto psicológico muito grande; jamais branco algum, ligado ao Poder, lhes aparecera a citar *hadiths* de El-Bokhari! Pronto, aí via com muita facilidade o que é que ele sabia dos *Hadiths* de El-Bokhari, qual era nele o grau de domínio da doutrina, qual era o grau da receptividade que demonstrava ou a cautela que tinha... Apanhava-o surpreso e vulnerável em tudo: uma visita inusitada na própria casa ou na mesquita, um trato inesperado, uma ausência de medo ou de cautela, um conhecimento insuspeitado... Tudo me era favorável!

AKV: E a questão...

FAM: ... Se o interpelado tinha cautelas, eu procurava perceber porque é que ele estava assim, alguma coisa o põe desconfiado, o que é que lhe aconteceu?, este homem viu coisas ou ouviu coisas, ou fizeram-lhe mal, ou ganhou medo. Funcionava muito a intuição, um Raio X pessoal... Tentava entrar aí depois, suscitando a confiança não só através do nível de conhecimentos que conseguia demonstrar como através de favores ocasionais ou de promessas exequíveis. Nada de mentiras! E uma atitude humana!, AbdoolKarim, foi tão fácil mover as pessoas nessas circunstâncias, o "ovo-de-Colombo", tão simples, tão simples!

AKV: E a questão do Português? Aqui nestas conversas? Não havia problemas linguísticos?

FAM: Não. Eu usava um intérprete que eles escolhiam, nunca o intérprete da Administração, só em último caso, para trivialidades, se não havia mais nada para tratar, enfim, só para trivialidades o intérprete da Administração servia. Agora para tratar problemas de fundo, nunca: era um intérprete escolhido por eles...

AKV: Agora deixe-me fazer uma pergunta que é um pouco...

FAM: E eu entregava-me nas mãos do intérprete deles, porque dizia *"este homem, se me enganar, engana-se no fundo contra eles, e eles vão compreender."*

AKV: ... Uma pergunta de que peço desculpa, pode parecer um pouco bruta: se precisava de intérprete para falar com eles, em que é que lhes interessaria uma tradução portuguesa?

FAM: Primeiro que tudo, usava o intérprete deles, e o intérprete funcionava muitas vezes como uma cautela inicial, como uma cautela para poder cotejar, pelas reacções somáticas do auditório, a tradução que se fazia. Portanto: eu dirigia-me a eles; percebia que havia possibilidades de se falar em Português com um directamente; estavam os outros a assistir, eu seguia as expressões no diálogo, e o intérprete era uma espécie de braço que usava para perguntar, para me certificar de uma coisa ou de outra. Depois, em princípio, indivíduos destes estavam evidentemente interessados em tudo quanto fosse difusão do Islão; e, quando falava em difundir os *Hadiths* em Português, isso interessava-lhes liminarmente pela razão simples de que tinham a consciência de o Português ser uma língua veicular; e, portanto, interessava-lhes uma versão portuguesa, respondiam imediatamente que sim; como respondiam logo, embora aí com prudentes reservas, que lhes interessava o Alcorão traduzido em Português. Foi-me sempre possível, isso fazia parte de uma paciência grande, de uma disponibilidade para estar horas de conversa, ver directamente as reacções das pessoas, era raríssimo não conseguir entender-me com o grupo e ficar mesmo dependente do intérprete. Aliás procurava, como lhe digo,

ENTREVISTA DE ABDOOLKARIM VAKIL A FERNANDO AMARO MONTEIRO

usar o intérprete como elemento de reserva. Se a interlocução não se podia fazer directamente com o individuo X, eu usava muito o sistema de interlocução de grupo: dirigir-me ao grupo e suscitar reacções colectivas; controlava perfeitamente o que queria dizer... e o que queria saber, através dos somatismos das pessoas. Levava era tempo. Horas!

AKV: E os grupos estavam presentes porque a entidade com quem ia falar assim o decidia?

FAM: Exactamente. Eu dizia *"Esteja presente com quem quiser. Vou falar consigo, X, mas se quiser ter Y, K, Z, etc., venha quem quiser, e sentamo-nos onde quiser... só vos peço atenção, não peço mais nada"*.

AKV: Chegamos então a uma questão que já referimos; entre o redigir do questionário e estas viagens de aprofundamento deu-se a sua estadia em França.

FAM: Sim.

AKV: Como é que se chega a essa viagem?

FAM: À partida pelo Cônsul Geral de França em Lourenço Marques[62], que me foi utilíssimo... Olhe, era uma das pessoas com quem eu conversava sobre o Islão. Era um homem muito, muito isento, muito culto, com uma belíssima bagagem. Espectacular.

AKV: Tinha particular interesse o facto de ter estado no Norte de África?

FAM: Sim, em parte. Ele tinha vivido no Norte de África, pelo menos na juventude, não creio que lá tivesse estado em missão, esteve sim na América do Sul. Mas o pai fez a guerra no Norte de África, a Segunda Guerra Mundial, e ele viveu lá nessa altura. Falava o árabe fluentemente, até deixou o nosso amigo Abdurrazaque aflito porque o interpelou em árabe, e o Abdurrazaque não conseguiu corresponder. O Said Bakr falou, falava com ele em árabe, perfeitamente. Mas sobre Jacques Honoré, Cônsul Geral de França, conversei muito com ele... Obviamente havia muitos materiais de serviço que eu não abria com ele, por todas as razões, ainda por

---

[62] Jacques Honoré. A 23 de Dezembro de 1964, o Governo da República Francesa informou o Ministro dos Negócios Estrangeiros, Franco Nogueira, de que havia nomeado Jacques Honoré como Cônsul-Geral de França em Lourenço Marques. A 29 de Janeiro do ano seguinte, a Secção dos Negócios Políticos Ultramarinos do Ministério dos Negócios Estrangeiros declarava que não via inconveniente nessa nomeação. Ter-se-á mantido nesse cargo até Fevereiro de 1970, data em que a Repartição da África, Ásia e Oceânia do Ministério dos Negócios Estrangeiros declarou que não se levantavam objecções de carácter político à nomeação de Raymond Pierre para o substituir, por indicação, a 3 de Janeiro de 1970, do Governo da República Francesa. Ver AHD, Ministério dos Negócios Estrangeiros, Direcção-Geral dos Negócios Políticos, Repartição da África, Ásia e Oceânia, Proc. 945, nº 599 PAA, pt. "Moçambique – Representação consular da França".

cima era estrangeiro e Cônsul para mais; mas tínhamos uma abertura bastante grande. Tão grande que... até lhe vou dizer isto... ele fazia os seus relatórios para França sobre a situação em Moçambique, e às vezes lia-mos, isto pressupõe o grau de confiança que tinha em mim. Nesses relatórios era às vezes duro connosco, e pedia-me que corrigisse aspectos técnicos! Eu corrigia-lhos, e não procurava interferir no resto! Todavia discutíamos longas horas... Mas as críticas dele eram de um mal perfeitamente aceitável, era um *gentleman* a tratar e, portanto, havia que considerar o quanto simpatizava connosco. As coisas que dizia, desfavoráveis, eram, se o eram, contrabatíveis num plano cordial. Ao fim e ao cabo, também, ambos sabíamos que cada um só dizia ao outro aquilo que podia honrosamente abrir. Um encontro de profissionais...

AKV: E ele serviu-lhe também como fonte de informação acerca do que a Administração Francesa fizera nas suas colónias em termos de política islâmica?

FAM: Lógico. Os métodos pareciam-se. E ele era um admirador entusiasta de Portugal. Sobretudo a partir do governo do Dr. Baltazar Rebello de Souza, entrou em euforia! Bem, o Cônsul às tantas diz-me: *"O que o senhor precisava e era justo que lhe fizessem, era ir descansadamente para França estudar isto"*. E eu respondi: *"Como é que eu posso ir descansadamente para França estudar isto? Estou aqui, trabalho aqui. Tenho mulher e três filhos"* (nessa altura eram três) *"... Não posso"*. Honoré propõe-me entretanto ao Quai d'Orsay para uma bolsa de *3ème Cycle* em França, via Embaixada em Lisboa. O Embaixador, Conde de Rose, interessa-se também. Vim a lembrar-me de uma coisa: eu já tinha o tempo necessário para a "licença graciosa", naquele tempo eram cinco meses mas, depois, com as Juntas médicas e com isto e aquilo chegava-se aos oito meses, *"e bom, vou esticar ao máximo e estou oito meses fora"*. No entanto, quando pus o assunto pelos canais próprios, chegou-se à conclusão de que o próprio Ministro do Ultramar poderia estar interessado nessa formação e seria lógico nomear-me para "comissão de serviço no estrangeiro". Portanto estaria aí o tempo que fosse necessário... Efectivamente, venho de "licença graciosa", isso é posto em Lisboa, o Ministro autoriza a minha passagem a "comissão eventual de serviço no estrangeiro"[63], mas com uma condição, que era a de ficar depois servindo Moçambique um ano por cada mês que estivesse fora, até um máximo de dez. Era o que a lei dizia, e tive que assinar um compromisso nesse sentido... Enfim, vou para fora em condições bastante boas, porque tinha a bolsa do Governo Francês e mais os subsídios da "comissão de serviço" do Ministério do Ultramar que, na época, já estavam corrigidos e me davam em França uma posição financeira confortável. Estava portanto em França não nas condições de um estudante, mas de um caso

---

[63] Despacho ministerial de 22 de Novembro de 1967.

muito especial. Ingresso como *Etudiant de 3ème Cycle* na Faculdade de Letras de Aix-en-Provence[64].

AKV: Há duas coisas que quero separar aqui. Uma aparece muito clara no seu Relatório de Serviço no Estrangeiro[65]: a percepção de que nos meios estudantis, especialmente em Aix-en-Provence, a atitude para com a situação colonial portuguesa era extremamente negativa...

FAM: Era muito negativa.

AKV: ...em relação à qual sugere que se faça alguma coisa para melhorar essa imagem. Bom mas isso é uma questão secundária...

FAM: Quem ia em "comissão de serviço" para o estrangeiro tinha obrigação de, à volta, fazer um relatório e prestar ao país informações com interesse sobre o que tinha visto lá fora, era uma norma.

AKV: Quanto aos estudos islâmicos, que é o que nos interessa aqui, a experiência foi portanto, fundamental.

FAM: Foi muito importante.

AKV: Pode explicar um pouco como é que...

FAM: Chego, instalo-me, vou logo falar com o meu designado "Director de Estudos", que era o Professor Miège, Jean-Louis Miège[66], especialista muito bom. A Faculdade de Letras de Aix-en-Provence tinha uma série de institutos, destes que existem nas universidades, institutos, centros de estudo e tal... Era o caso dele, Director do Centro de Estudos da África e do Centro de Estudos do Mediterrâneo; havia além disso o Professor André Bourde[67], que era Director do Centro de Estudos do Oceano Índico, uma competência.

AKV: Com quem mais tarde se propôs fazer...

---

[64] Fernando Amaro Monteiro partiu para França a 3 de Dezembro, começou os trabalhos a 5 de Dezembro de 1967, terminando a 30 de Junho de 1968.

[65] "Relatório de Serviço no Estrangeiro", de 26 de Julho de 1968, da autoria de Fernando Amaro Monteiro (ANTT, SCCIM nº 412, fls. 434-446).

[66] Jean-Louis Miège (n. 1923, Rabat - ...) historiador, professor universitário e Director do Institut d'Histoire des Pays d'Outre-Mer, em Aix-en-Provence, autor de uma vasta obra sobre Marrocos, relações do Norte de África com a Europa, História Mediterrânica e África Subsaariana.

[67] André Bourde, Director do Centre d'Étude des Pays de L'Océan Indien, a quem Fernando Amaro Monteiro veio mais tarde, em 1970, como bolseiro da Fundação Calouste Gulbenkian, a apresentar uma proposta de tese de *Doctorat d'État* sobre *L'Islam au Mozambique*, que foi aprovada mas não teve seguimento. Dera-se entretanto o 25 de Abril e Fernando Amaro Monteiro deixou Moçambique, seguiu para Angola e, depois disso, para Portugal, de onde seguiu novamente para França, tendo estado em Toulouse, de cuja Universidade foi docente.

FAM: Exacto, o *Doctorat d'État*. Tudo isto intercomunicava, muito bem montado, cheio de informação; portanto, era possível passar dos livros e documentação deste para os daquele, daí para a Biblioteca Geral, dali para não sei quê, depois havia as ligações com a Câmara de Comércio de Marselha, também. Portanto, como pode calcular, e como sabe por experiência própria, os recursos não faltavam. Uma pessoa instalava-se confortavelmente a estudar num sítio e tinha tudo o que queria e mais alguma coisa. Ainda por cima, havia indicações do Professor Miège, nas coisas que dependiam dele: *"Este senhor vem recomendado pelo Ministério dos Negócios Estrangeiros"*, porque a minha bolsa era, como disse, do Quai d'Orsay... De forma que fui tratado muito bem a nível de assistência... e do que precisasse. Repare, eu até... *merecia*, entre aspas, ser bem tratado, porque evitava o mais possível maçar. Já trazia bases suficientes para me sentar a ler sem incomodar ninguém...

AKV: O que é que o marcou mais em termos das oportunidades que se lhe abriram neste período? O contacto com o professor, a investigação, as leituras...?

FAM: Investigação, leituras. Investigação sobre temas concretos, explícitos. E segui, claro, o plano indicado pelo Professor Miège. Os nossos contactos processavam-se desta forma, ele recebeu-me e disse-me: *"Vai começar por ler isto e aquilo, e aquilo e aqueloutro"*; e era duro a "receitar" dava-me para aí uma vintena de livros! *"Agora vá ler isso e depois venha cá no dia tal, para tirar dúvidas e eu conversar consigo"*. Eu ia lá na data e hora marcados, e levava-lhe eventualmente dúvidas. Depois ele, em conversa, sem me sujeitar propriamente à situação de exame , conversava um bocado comigo e pedia-me opinião sobre isto, e sobre aquilo, e sobre aqueloutro; tirava-me "transversais", sempre, tendo assim oportunidade de ver se eu lera ou não lera, porque essas opiniões "cruzavam" a bibliografia toda. Respondia-lhe; estávamos aí uma hora e tal de conversa. Para a vez seguinte, lá levava outra quantidade de indicações. Eu li... nesse espaço de tempo, umas cento e tal obras... E fiz, em espaço "record", único havia desde anos na Faculdade, o *Doctorat d'Université*. O mesmo nível que o *Doctorat de 3ème Cycle*, mas menos formal na exigência do tempo de execução. Por autorização especial do Senado Universitário fui dispensado da obrigação de dois anos lectivos, e aceite só com um... de sete meses!, com fundamento na "bagagem" que já trazia de Moçambique, sob proposta do Professor Miège. Curiosamente, não gostávamos nada um do outro no plano pessoal. Fazíamos atrito! Mas ele era muito isento, e eu cumpria sempre. Era um convívio muito cansativo mas frutuoso. A minha média de trabalho em Aix-en-Provence era de doze horas diárias. Não passeava um bocadinho! Fins de semana incluídos.

AKV: Aquele seu anterior tomar conhecimento das comunidades por convívio, depois deste conhecimento livresco, secou...?

FAM: Não. Não. Tirei a "prova dos nove" e fiquei entusiasmadíssimo. Vi, claríssimo, mais coisas. Apercebi-me da importância dos *Hadiths*, quer dizer, sensibilizei-me ainda mais para a sua enorme importância.

AKV: Mas, por outro lado, o Islão concreto, o Islão vivido na prática do dia a dia, aquele que se lhe dava conhecer pelo convívio com pessoas, era inteiramente diferente do Islão textual.

FAM: Claro.

AKV: E os seus próprios estudos ali ... eram principalmente sobre casos concretos, de formas de vivência do Islão, trabalhos antropológicos e tudo mais, ou centrados nos textos, nos *Hadiths*, no Corão e tal?

FAM: Tinha que conciliar as duas coisas. Procurei fazer as duas coisas, mormente a parte de estudo centrada nos *Hadiths*, que interessavam muito porque ajudavam imenso a definir o tracejamento mental e cultural das pessoas, o Alcorão, em particular alguns suratas. Lembro-me da importância que foi, para mim, reflectir sobre as suratas "conjuratórias", a 113 e a 114, minúsculas, mas que importavam muito por causa dos procedimentos mágico-religiosos tradicionais[68] e o "casamento" respectivo com o Islão... Esses aspectos foram-me extremamente importantes para entender aquela gente. Procurei tirar um "retrato" geral do Islão e, ao mesmo tempo, entender a massa com a qual ia trabalhar, e perceber, aí, num plano pragmático, qual era o porvir possível da situação em terrenos humanos que actuavam de acordo com determinados cânones. Era uma preocupação dupla. Por um lado, a parte erudita interessava-me, evidente, mas depois havia o objectivo muito pragmático de perceber *porquê*, como é que vão reagir as pessoas X e Y. Está a ver? A minha estadia lá foi muito conseguida nesse aspecto. E além do mais havia outro factor... havia os colegas de seminários. Lembro-me perfeitamente que os europeus me olhavam de esguelha, porque eu não os frequentava, quis aproveitar o tempo a todos os títulos e, além do mais, não me dava muito bem com pessoas junto de quem o nome português era péssimo: *"um país fascista, colonial-fascista, reaccionário, etc., etc., etc., e este sujeito tem todo o perfil de ser reaccionário."* Curiosamente, os franceses hostilizavam-me, os americanos, os ingleses, toda essa gente; os africanos magrebinos ou negros não. Lembro-me só que um senegalês, uma vez, começou a falar alto comigo e eu consegui diminuir bem aquela exaltação do homem a propósito do "colonialismo português"; ele ficou a dar-se muito bem comigo. Em suma, lidei bem com a situação e os meus companheiros habituais de almoço ou jantar no restaurante universitário eram um sudanês e um tunisino, ambos muçulmanos. Pensei: *"Isto é-me útil, eles não me maçam, são pessoas muito simpáticas, preocupam-*

---

[68] Surat al-Falaq e al-Nas.

se comigo, tratam-me bem, fazem-me companhia; comemos juntos. Não estão a massacrar-me com críticas e, simultaneamente, são muçulmanos e dá para eu os perceber. Estou a ver, digamos, os parâmetros comportamentais em que este ou aquele indivíduo se mexe". Foi muito útil para mim.

AKV: Deu-se, portanto, um salto quantitativo na sua relação de conhecimento do Islão?

FAM: Lógico, lógico. Ali tratava com sujeitos que estavam fazendo doutoramentos de *3ème Cycle*. Com muito bom nível, sobretudo o sudanês. E muito correctos, ambos, repito. Nunca nenhum me "quezilou" com observações ou perguntas aborrecidas sobre Portugal ou a guerra de África. Para quem estava isolado no estrangeiro isso era importantíssimo.

AKV: Quando mais tarde, em 1971, vem a dar na Universidade o Curso sobre o Islamismo a que já referimos, prepara uma bibliografia para os estudantes do Curso[69]; essa bibliografia, que li com imenso interesse, reflecte directamente as suas leituras de Aix?

FAM: Sim. Absolutamente.

AKV: Mas conseguiu trazer... uma biblioteca, digamos assim, para Moçambique?

FAM: Sim. Está na Universidade, estará na Universidade hoje Eduardo Mondlane, em Maputo. Essa biblioteca entrou no espólio da Universidade de Lourenço Marques; dei uma quantidade de referências; a Universidade tinha dinheiro, funcionava muito bem, esses livros foram de França para lá. Outros comprei-os eu, enfim, para mim próprio, na modéstia dos meus recursos. Trouxe comigo o que era básico para me aguentar, por exemplo a tradução corânica da Régis Blachère[70], os *Hadiths* de El-Bokhari na síntese de G. H. Bousquet[71] que depois traduzi... Vamos lá, uma vintena de livros essenciais para minha exclusiva consulta, para conseguir entender-me melhor com aquela panóplia humana.

AKV: Uma das questões que se levanta, que tem directamente a ver com essa diversidade que acaba de referir e com a minha pergunta anterior sobre a relação

---

[69] Ver Informação, Secreta, de 12 de Agosto de 1971, emitida por Fernando Amaro Monteiro (Investigador da Universidade de Lourenço Marques), com o assunto "Curso sobre Islamismo a professores do Ensino Secundário", e destinada ao Governador-Geral de Moçambique. Neste documento, consta uma lista de bibliografia a consultar pelos alunos do curso (cf. ANTT, SCCIM, nº 413, fls. 674-682).

[70] Blachère 1947.

[71] El Bokhari, *L'Authentique Tradition Musulmane: Choix de H'adiths*, tradução, introdução e notas de G.-H. Bousquet. Paris: Fasquelle 1964.

ENTREVISTA DE ABDOOLKARIM VAKIL A FERNANDO AMARO MONTEIRO

Islão-textual / Islão vivido, é a seguinte: à medida que vai explorando o terreno, que vai acumulando conhecimentos, que conta se vai dando de diferenças ou clivagens entre comunidades muçulmanas indianas e as chamadas "afro-maometanas" em Moçambique ? Como é que entendia, na altura, esta relação?

FAM: Apercebia-me de que era uma relação algo difícil... em que normalmente o afro-maometano estava... numa situação de tutelado pelo muçulmano de origem indiana e lhe era com relativa frequência relapso, se quiser; desejoso de ultrapassar essa dominância, e isso tornou-se-me muito evidente quando reparei que nas zonas norte tinha havido, estava havendo, ou já decorria desde havia muitos anos uma "ascensão", digamos, em capilaridade, uma lenta ascensão do elemento negro, do leque entre tenuemente mestiçado a negro "puro", relativamente aos asiáticos mestiços. Quer dizer, havia um refrescamento do tecido social em que os antigos senhores asiáticos ou de predominância asiática estavam perdendo a relevância em favor do elemento negro ascendido, está vendo? Isto deu-se no Norte e no Centro, e no Sul também; nos três teatros. No Norte já tinha passado a nível das confrarias; por exemplo, temos a figura emblemática do velho Mahando Selemangy, que era o "Xehe" titular da sua confraria, mas não fazia rigorosamente nada porque não o deixavam fazer; estava ali, era "o velho", mas não lhe correspondia qualquer poder efectivo. Delegara a título permanente. Só mantinha uma posição "titular".

AKV: E essas duas malhas, Islão-confrarias e Islão não-confrarias em Moçambi-que, havia que aproximar de formas completamente diferentes?

FAM: No Distrito de Moçambique (depois desdobrado), Islão não-confraria era praticamente inexistente, porque tudo, tudo estava sob uma enorme influência das confrarias, mesmo que não formal.

AKV: No Distrito de Moçambique ou na Província de Moçambique?

FAM: Não, o Distrito de Moçambique, nessa época chamado de Moçambique, apanhava Nampula, por aí fora... Veio, como já disse, a dar dois distritos, um com capital em Nampula e outro com capital na Ilha de Moçambique.

AKV: Sim, mas eu perguntava em termos de Moçambique província.

FAM: Havia, sim, o Islão não-das-confrarias. O Islão das confrarias encontrava--se sobretudo em Cabo Delgado, em Moçambique, no Niassa, na Zambézia, um pouco no Sul (as confrarias sediadas em Lourenço Marques), mas em todo o caso havia o Islão que escapava ao controlo das confrarias.

AKV: Exacto, daí a minha pergunta, porque toda a sua acção, todo este processo despoletado pela política de aproximação só funcionava através de relações influenciáveis pelas confrarias.

FAM: Nem sempre.

AKV: Accionando os dignitários, a repercussão só se transmitiria pelas redes das confrarias.

FAM: Podia não ser. O caso, por exemplo, do "Xehe" Mussá Amad Dulá, em Lourenço Marques: não actuava via confraria. Mais quem? Na Beira e em Vila Pery não actuavam por confraria. E mais.

AKV: Em termos de percentagens, de que valores estamos a falar...

FAM: Em oitenta e cinco por cento do terreno eram as confrarias que dominavam, de forma directa ou indirecta. Simplesmente, no Sul a massa que não era das confrarias dava-lhes uma importância relativamente pequena, só as pessoas que compunham mesmo o respectivo núcleo duro é que lhes davam importância. Enquanto no Norte, por exemplo, no Distrito de Moçambique, em Cabo Delgado, e também no Niassa (em terceiro plano aí) quem não era das confrarias era, todavia, um periférico delas, estava sensibilizado na periferia por elas. Portanto, elas dominavam aquele Norte todo, eram extremamente importantes, sobretudo em Cabo Delgado, Moçambique (Nampula depois e Ilha), para efeitos de accionamento no quadro da guerra que se travava.

III

AKV: Nós já falámos um pouco dos elementos de que se pôde valer para começar a estudar o Islão e hoje queria começar, passando por aquilo de que já falamos, mas diferenciando um pouco mais nitidamente duas... duas ordens de saber, digamos assim. A primeira podemos designar por um conhecimento elaborado a partir da percepção interna, portanto, dos próprios muçulmanos, por exemplo pelas conversas com a família Dulá, primeiro; o contacto com alguns outros muçulmanos que foi estabelecendo a partir daí; e depois, finalmente, mas já de uma forma muito diferente, as missões de aprofundamento junto dos dignitários, que foram importantes. Essas foram, digamos, as vias de conhecimento, assim, através dos próprios muçulmanos, falando sobre as suas realidades. Um segundo campo, digamos assim, é o olhar externo. Que é... ou através de documentação, livros, trabalhos de que pôde ... que pôde usar, e... a nível da administração portuguesa, ou de alguns outros elementos fora da administração, conversas que teve e elementos a que chegou; a que depois se somam também os estudos em França, que é uma outra ordem de ... de relacionamento. Eu queria começar por aprofundar alguns destes elementos. Então, primeiro, para mapear o campo, queria começar com o seguinte: hoje, retrospectivamente, está tanta gente a trabalhar sobre isto, tanta gente quer dizer, relativamente falando, há já alguns marcos que podemos estabelecer, textos e personalidades que realmente percebemos que marcaram este processo da relação com o Islão. Eu queria falar sobre alguns deles, passar em revista, mas queria que fizesse duas coisas, os seus comentários sobre elas. Primeiro queria que me dissesse, especialmente quanto a documentação e estudos, que acesso teve na altura a essa documentação, se a conhecia, se teve a oportunidade de a ler e de a apreciar – portanto, isto é documentação ou de 64/65 quando tinha em preparação o seu projecto ou, mais tarde, de 65 a 70, quando já está a decorrer o projecto. E segundo, queria que pensasse em termos de linhas de força, como é que o campo da relação com o Islão estava a ser estabelecido, dentro do qual o seu projecto emerge e se estrutura em relação a outros projectos também, alguns que conver-

MOÇAMBIQUE MEMÓRIA FALADA DO ISLÃO E DA GUERRA

gem, alguns que, que... que, digamos assim, criam interferência ou obstáculos ao seu projecto, e aí já queria que usasse uma perspectiva mais retrospectiva, portanto com o que sabe hoje, como é que vê, como é que o seu projecto se inseria nesses outros projectos que estavam em campo. Portanto, por um lado, o seu olhar histórico, na altura, e por outro, o de agora, retrospectivamente. E quero estabelecer os vários elementos destas linhas de força em termos de diferentes escalas. Primeiro podíamos começar com o Centro de Estudos Políticos e Sociais, aqui há que pensar, por exemplo, nas Missões de Estudo e nos Relatórios do Centro de Estudos. O primeiro é o de Jorge Dias e as Missões de Estudo sobre as Minorias Étnicas. Ora, temos como referências que vale a pena mencionar, o Relatório de 1956[72], que vê o problema de Moçambique centrado, principalmente, na acção dos Indianos – isto em relação ao Islão, claro – em termos dos Indianos, e dos "Indianos Maometanos" em particular, que ele vê essencialmente como graves ameaças à soberania nacional, devido ao obstáculo que criavam à assimilação dos indígenas. Portanto, sabemos que estes relatórios eram lidos por... por Salazar, pessoalmente, que lhe eram enviados e que lhes fazia anotações...

FAM: Claro.

AKV: ...a questão está em saber, e é essa que eu estou a levantar consigo, se estes relatórios e esta actividade do CEPS também tinham eco ou chegavam a Moçambique? Portanto, o relatório de 56 que é principalmente centrado na questão dos Indianos Maometanos; o relatório de 59[73] que levanta a questão da islamização do planalto dos Macondes, já muito especificamente está centrado aí, porque considera que esse planalto ou os Macondes, aliás, era o que ele chama "um reduto inviolável" e que agora está a começar a ser islamizado; portanto, ele alerta para, se aí então até onde é que vai chegar, chama a atenção para a falta de escolas, para a solenidade das festas islâmicas e para... a atitude complexada, diz ele, das pessoas instruídas nas missões que, por um lado, são destradicionalizadas e que, por outro, não são integradas no campo português, ficam... abertas à islamização, diz ele. O relatório de 1960 já está mais centrado especificamente na questão do Tanganica e... em particular da formação da "Tanganica Mozambique... Maconde Union"...

FAM: Precisamente.

---

[72] Trata-se do relatório, já citado na Introdução, que tem o título de *Minorias Étnicas nas Províncias Ultramarinas*, conjunto de vinte e três páginas dactilografadas que apresenta a classificação de confidencial, a data de 18 de Outubro de 1956 e a indicação de António Jorge Dias como autor (AOS/CO/UL-37, pt. 1, fls. 2-24).

[73] *Relatório da Campanha de 1959 (Moçambique, Angola, Tanganica e União Sul Africana)*, classificado como confidencial, Missão de Estudos das Minorias Étnicas do Ultramar Português, por Jorge Dias (Chefe da Missão), Manuel Viegas Guerreiro (Adjunto) e Margot Dias (1ª Assistente). Lisboa: Centro de Estudos Políticos e Sociais da Junta de Investigações do Ultramar, 1960 (AOS/CO/UL-37, pt. 2, fls. 26-84).

ENTREVISTA DE ABDOOLKARIM VAKIL A FERNANDO AMARO MONTEIRO

AKV: ... que ele vê como, por um lado, criando uma frente contra o Islão, mas por outro, pelo próprio facto de ser transnacional... uma vez mais subverte a soberania nacional. Portanto, estes três relatórios: teve conhecimento deles, tiveram algum eco, tiveram alguma influencia... são de 56 até 60, portanto, muito antes do seu período.

FAM: Não, na época não tive conhecimento desses relatórios. O eco era mínimo, em Moçambique, desse tipo de relatório. Teriam conhecimento, em Moçambique, o Governador-Geral, o Secretário Geral, quando muito, no Moçambique desse tempo, a 2ª Repartição da Região Militar que trabalhava, justamente, em Informações, mas sem que o fenómeno veiculado ou referido ou estudado por esses trabalhos de Jorge Dias ou até pelo livro do Professor José Júlio Gonçalves sobre o Mundo Árabe-Islâmico e o Ultramar Português, que era...

AKV: A esse já vamos daqui a mais um bocadinho...

FAM: ... mais divulgativo, sem que isso tivesse um eco real sobre os demais elementos responsáveis. E, quando digo "sem que tivesse um eco real", custa-me até dizê-lo porque a impressão que eu colhia, tirando três, quatro pessoas no máximo, é de que ao mais alto nível, em Moçambique, os responsáveis viviam numa atitude, como direi, de intropatia, relativamente a estes fenómenos todos. Viviam crentes na sua própria suficiência, ou na suficiência do sistema para conseguir responder a tais desafios, ou na possibilidade de um recurso à África do Sul em situação de emergência. O espectador nas ameias, não é? Estávamos espectadores nas nossas próprias ameias. Estávamos confiantes no valor das muralhas, confiantes no "alcance útil" das peças que beneficiavam pelo menos uma área profilática à volta das ameias. Creio que esta forma metafórica de me referir à atitude dos responsáveis é um bocado dura, talvez; mas, francamente, mesmo muitos anos depois considero que traduz, realmente, como era a posição das pessoas, a posição, por exemplo, de um General Costa Almeida... Esse Governador-Geral impacientava-se, por exemplo, com o que os SCCIM pudessem dizer sobre o Islão. Houve uma época em que se insistiu muito com ele sobre o tema, lembro-me perfeitamente que correspondeu a 1966/67, foi nessa época que o Director dos SCCIM, Oficial superior do Estado Maior, lhe referia muito o assunto, por indução das minhas análises ou até pelo peso evidente dos acontecimentos. Ora, perante o Director dos SCCIM, em face duma Informação apresentada por mim, ou que pelo menos o Director dos SCCIM lhe disse ser da minha lavra, o Governador-Geral teve um movimento de impaciência. Isso foi-me transmitido depois pelo Director dos SCCIM, dizendo: *"Dr. Amaro Monteiro, custa-me dizer-lhe isto, desculpe, mas será conveniente agora, por um bocado de tempo, não se falar ao senhor Governador-Geral nestas questões, porque ele hoje impacientou-se e disse-me 'começo a estar farto deste tema'"*... Isto é uma barbaridade, não é verdade, a todos os títulos...

AKV: Mas que por outro lado, dá bem a medida do que se passava.

FAM: Pois. O sujeito era empírico. O Cônsul Geral de França, Jacques Honoré, que era um homem com profundo sentido de ironia, conversou um bocado com o General Costa Almeida e definiu-mo dizendo *"é um excelente Sargento-piloto, agarra nos comandos do seu aparelho e faz uma aterragem impecável, mas fora isso não vê mais nada".* O Governador-Geral comentou ao Director dos SCCIM *"diga lá ao seu colaborador que pare com isto, que já começo a estar farto destas coisas"* . E eu respondi, com bastante impertinência: *"O senhor Governador-Geral, se está farto, se está maçado não tem outro remédio, está pago para o efeito, portanto é para essa e outras coisas que ele é Governador-Geral, e vai ter que se maçar porque eu não vou calar-me".* O Director, num reflexo militar perante o que o General comentara, formalizou-se e disse-me: *"Eu não tomo conhecimento do que me está a dizer".* E eu respondi: *"Pode tomar conhecimento e pode transmitir, na certeza plena de que vou continuar a escrever porque é de minha consciência. O senhor Director, depois, se não quiser não leva, mas eu escrevo e assino".* E continuei a escrever e a assinar. Durante alguns dias o Director ficou frio comigo. Mas era uma excelente pessoa, e depois passou-lhe.

AKV: Mas, portanto, estes relatórios de 56 a 60, antecedem o seu período, de qualquer forma...

FAM: Sim, sim.

AKV: ... antecedem, também, o lançamento mais especificamente interessado, a nível da Província, sobre estas questões?

FAM: Não tenho conhecimento...

AKV: Não ficou traço qualquer...

FAM: Não ficou traço nenhum, pelo menos não me lembro de ter lido nada. Como lhe disse há bocado, nem sequer o livro de José Júlio Gonçalves era ponderado ou lido, a não ser por um curioso ou outro. Mas a nível de responsáveis, como lhe digo, ninguém estudava nada. Estou evidentemente a excluir disso o Intendente Ferraz de Freitas, os outros Directores e os Adjuntos centrais dos SCCIM...

AKV: Sim, mas já aí vamos.

FAM: ... mais duas ou três pessoas, e mais ninguém.

AKV: Mas, por exemplo, já a um nível um pouco diferente, nas suas viagens e nas suas missões de aprofundamento não houve nenhum eco de ter estado lá Jorge Dias, por exemplo...?

FAM: Vago, um vago eco. *"Quando fulano passou por aqui,..."* , ecos desse tipo. É claro que eu sentia o valor do Professor Jorge Dias, até porque fui aluno dele, à distância. Como "aluno voluntário" do Curso Complementar do Instituto Superior de Ciências Sociais e Política Ultramarina, fiz a cadeira de Antropologia Cultural com ele, de maneira que sabia quem era Jorge Dias. Mas... quantas pessoas em Lourenço Marques saberiam a sério quem era Jorge Dias, quantas, no total? Infelizmente poucas! Uma dúzia?

AKV: Portanto, uma das perguntas que me interessava era a seguinte: se a grelha de análise que ele usa teria depois deixado alguma consequência? Mas, pelos vistos, não. E a segunda questão é a seguinte: a sua apreciação, ou na sua apreciação...

FAM: Peço desculpa por interrompê-lo. O que quer que fosse que se escrevesse, do exterior, poderia despertar nas pessoas interesse, mas despertava, simultaneamente, e este é um ponto fulcral!, a consciência viva de que se estava diante de um dique imenso, que poderia desabar, e o melhor, portanto, era fazer de conta que ele não existia.

AKV: Bem, esses relatórios eram confidenciais, de qualquer forma...

FAM: De qualquer das maneiras.

AKV: Pois. E, a nível da sua apreciação mais tarde, teve a oportunidade de visitar o planalto dos Macondes, ou de...

FAM: Não, ao Planalto não fui. Estive apenas, enfim, em áreas nas quais havia população maconde: estive em Mocímboa da Praia, estive em Palma, estive em Quionga. Havia uma mancha muito grande, nessa área, de Macondes islamizados.

AKV: Mas, portanto, esta problemática que ele levantava, continuou a ser de algum interesse específico? Ou seja, da islamização dos Macondes e da relação com a Tanzânia, ou o Tanganica...

FAM: A islamização dos Macondes é um fenómeno que praticamente não era sentido. Vi-o nos locais que acabo de referir, mas confesso-lhe que nunca me preocupou *especificamente* a islamização do Planalto. De uma maneira geral, o que dizia respeito às afinidades dos Macondes com a Tanzânia e essas vias, era domínio da PIDE, e também de Jorge Jardim. Dos SCCIM, não. Limitávamo-nos a uma actividade recolectora em relação a isso, estudos dos documentos que nos chegavam, mais nada.

AKV: Mas,... bom...

FAM: Fornecidos pela PIDE. Na generalidade.

AKV: Sim, pois. Mas dado que parte da sua contribuição era, precisamente, a forma como integrava essa informação para formular visões globais e de acção, aí interessava a forma como esse problema, digamos assim, dos Macondes seria ou não integrado na sua visão, não é?

FAM: Na visão que procurei ter do problema não contemplei especificamente os Macondes... Mas para Sul, Oeste, e Costa, sim.

AKV: Pois, pois.

FAM: A minha preocupação foi dirigida à generalidade visada naquelas quatro fases, sabe? Porque, AbdoolKarim, não havia tempo! Rigorosamente era isto. Olhava-se para a Carta Étnica, olhava-se para o evoluir da situação militar, olhava--se para os relatórios que vinham das Administrações a falar do estado de espírito das populações, para outros elementos que nos davam uma visão em termos de APSIC, e a sensação era: tem que se reagir muito depressa, não há tempo para considerações de pormenor. Digamos que eu nutria duas visões: uma era a do Investigador da Universidade de Lourenço Marques, depois de 1970; outra era, anterior a essa e simultânea, a do combatente. Prioritária esta. Havia Guerra! Tem é que se responder, e depressa, porque a sensação fundamentada da meia dúzia de esclarecidos era de "vai cair", "vai bater"! Na consciência do "vai bater", duas hipóteses se punham: ou vamos fazer frente e procurar resistir; ou vamos apenas, pura e simplesmente, fazer de conta que o problema não existe! Como se diz que o avestruz faz. E na primeira, no primeiro caso – porque a segunda exclui-se – no primeiro caso, no "vamos procurar resistir", punham-se "nuances" dentro de: a todo o transe, de Bandeira levantada e nas ameias; ou fazer tempo para que o Poder central decidisse "qualquer coisa", ou os militares, por exemplo, resolvessem fazer "alguma coisa". E quando se pensava nos militares para "fazerem alguma coisa", pensava-se não em nada semelhante ao 25 de Abril, mas sim num golpe de uma direita militar que passasse a actuar em termos muito mais convincentes e pragmáticos. Isto com bastante injustiça para o papel das Forças Armadas, para o papel delas naquele conflito, porque a sensação de que os militares não resolviam o problema começou a ser sentida muito cedo e com bastante injustiça na apreciação sobre o préstimo deles. Só muito tarde se toma, e pouca gente toma, a consciência de que o problema não era de resolução militar. Sim, política. Embora isso não retirasse aos militares as suas obrigações, como não podia retirar a todos e quaisquer quadros da Administração Civil as respectivas obrigações, também. A guerra era total, revolucionária.

AKV: Pois. Nós vamos voltar a algumas dessas questões, parece-me. Mas, em termos dos relatórios, deixe-me só mencionar mais alguns, embora... eu esteja a perceber que provavelmente não teriam tido também qualquer impacte, mas vou mencioná-los por outras consequências que podem ter. O Relatório da Missão de Estudos sobre os Movimentos Associativos em África, do Professor Silva Cunha.

FAM: Sim.

AKV: ...que foi baseado na campanha de 58 na Guiné.

FAM: Pois.

AKV: ...e com Relatórios em 59[74]. Ora ... o relatório em si, não... suponho que não conhecia, também?

FAM: Silva Cunha?

AKV: Sim.

FAM: O relatório Silva Cunha, li-o depois, como é evidente, até lhe faço referência num livro meu, *O Islão, o Poder e a Guerra...*

AKV: Pois.

FAM: ...mas na altura não o li.

AKV: Pois, pois. Mas, quanto a esse Relatório, a razão para o mencionar é a seguinte. Após ele, Silva Cunha faz também uma conferência no Instituto de Altos Estudos Militares, logo a seguir, em 59[75], na qual apresenta uma apreciação que, embora centrada principalmente na Guiné, faz referência também aos muçulmanos em Moçambique. Mais tarde, quando já está no Ministério do Ultramar, parte da sua forma de entender o problema tem bases nesse Relatório, suponho eu; portanto, na percepção que ele tinha de alguns problemas. Era preciso lidar com a questão da Educação, que ele já levanta aqui neste Relatório, e várias outras; vários outros aspectos talvez. Retrospectivamente, tem algum comentário sobre o efeito, ou a importância que poderá ter tido esse Relatório?

FAM: Se teve, não em mim. Terá tido a nível de um dos Directores do Serviço, o Intendente Ferraz de Freitas, não do Director seguinte, Coronel Costa Freire, que era um homem muito mais militar e de menos vocação humanística ou sociológica. Da parte do Intendente Ferraz de Freitas, que já morreu, sim, seguramente. Mas não se reflectiu sobre o *staff*, propriamente. A sensação que isto pode transmitir passados tantos anos!, assusta até, assusta com efeitos retroactivos; dá a ideia de um"barco em desgoverno" ; mas era precisamente isso, apesar de "núcleos duros" aqui e ali, tipo "a Bandeira nas ameias"...

---

[74] *Missão de Estudos dos Movimentos Associativos em África. Relatório da Campanha de 1958 (Guiné)*, por J. M. da Silva Cunha (Chefe da Missão) [José Maria Gaspar e Fernão Araújo Vicente, 1º 2º assistentes], Lisboa: Centro de Estudos Políticos e Sociais – Junta de Investigações do Ultramar, 1959. Confidencial (AOS/CO/UL-29, pt. 1, fls. 307-427).

[75] Ver Cunha 1997.

AKV: Isto interessa-me particularmente pelo que diz sobre a relação entre as estruturas, ou seja isto uma estrutura, o CEPS, está subjacente à Junta de Investigação do Ultramar...

FAM: ...do Ultramar, como é evidente.

AKV: ...cujos Relatórios são entregues no Ministério do Ultramar para apreciação...

FAM: Exacto.

AKV: ...mas depois, não têm...

FAM: Não têm escoamento útil na proporção! Era isso mesmo! Passa-se nesse aspecto o mesmo que ao nível de Junta de Investigação do Ultramar ... Lembro-me perfeitamente de um homem muito sério que era o Presidente da Junta, o Engenheiro Carlos Krus Abecassis. A Junta produzia muito bom material, o qual era transmitido ao Ministro do Ultramar e provavelmente mereceria despacho laudatório para essas circunstâncias, "Visto com muito apreço. Comunique-se às instâncias próprias", depois descia até às Províncias, onde um ou outro interessado leria por incumbência do próprio Governador ou Governador-Geral, conforme o caso da Província. E depois? Não havia possibilidades de aplicar as recomendações, de difundir o conhecimento por estruturas que efectivamente actuassem...Então, o que é que acontecia? Morria, pura e simplesmente, no trajecto. O mesmo viria a acontecer, por analogia com as instruções definidas pelo Governo Geral ou pelo Comando Chefe para todos os escalões até ao nível de Batalhões na parte militar, das Companhias isoladas, e na parte civil até ao nível de Circunscrição, por vezes mesmo de Posto: iam perdendo o impacto à medida que eram escoadas. A informação esvaía-se! Aos diversos escalões achá-la-iam complexa demais... Face às circunstâncias que eles experimentavam no terreno, diriam, *"esta gente está aqui a escrever coisas que nós não temos de todo possibilidades de aplicar, até porque não as entendemos, não estamos preparados para isto"*, ou, pura e simplesmente, *"não há já nada a fazer"*, era a constatação do impossível a médio prazo. Portanto, há um "ponto de embraiagem", desculpe-me esta imagem, que se vai fazendo face a esses documentos: *"Sim, está bem, vou ver, vou examinar, não notámos nada disto que foi dito, ficamos na dúvida sobre..."* e assim passava o tempo. Esvaímento, disse eu. E repito. Morte lenta, por perda de sangue, contínua...

AKV: Em termos de pensar as várias formas como o objecto "problema Islão" estava a ser estruturado, interessam também as Campanhas e os Relatórios da Missão para o Estudo da Missionologia Africana, e aqui há dois que podem interessar: um é o Relatório do padre Albano Mendes Pedro, *Influências político-sociais do Islamismo em Moçambique*, elaborado em 61, que interessa também porque o padre

Albano Mendes Pedro já tinha, por exemplo, em 59 publicado um artigo "Isla-mismo e Catolicismo em Moçambique" que saiu na revista *Volumus*[76] e tinha um conhecimento concreto e directo da...

FAM: Esse não conheci, conhecia o outro Relatório dele.

AKV: Ah! Conheceu o Relatório?

FAM: O Relatório publicado por ele. Por outro lado, falei umas duas vezes com ele, e isso só contribuiu para adensar em mim a sensação do peso do problema com que se trabalhava. Mas, ao mesmo tempo, deu-me para sentir que "o volume da gra-vidade que este senhor me está a transmitir não tem de todo repercussão nas estru-turas executivas próprias". Ou seja, fez-me sentir ainda mais a dificuldade enorme que havia para se responder à situação. A quase incapacidade. Dentro, a falta de recursos humanos, a falta do *know-how*. No exterior, a imensa pressão sobre Portu-gal. Estávamos "sobre o fio da navalha", era o que eu sentia.

AKV: Mas deixe-me tentar pensar aqui a questão nestes termos: o padre Albano Mendes Pedro, neste Relatório, está a actuar em relação a uma estrutura, digamos assim, governamental...

FAM: Ele presta a informação para esse nível.

AKV: ...enquanto missionário que vai publicando estes artigos, por exemplo, na *Volumus* e tal, está a nível da missionação, portanto...

FAM: Claro.

AKV: Quem lia eram os interessados por estas questões. Nas suas conversas com ele, como é que... apreciava o conhecimento dele sobre o Islão, porque ele tem alguns artigos interessantes, de coisas que escreveu, por exemplo, também sobre Marrocos e tal, mas... na minha leitura, um pouco limitados. Como é que...

FAM: O que achei dele foi: um homem preocupado, que constata a existência de um fenómeno (que não era preciso ser brilhante para constatar), um pouco na situação de, como hei-de dizer, contemplar uma evidência, uma novidade de La Palisse, pronto; essa expressão traduzia o que os estudiosos, poucos, sentiam. Embasbacar com a gravidade, fazia-se em princípio. Apercebê-la na extensão e pro-fundidade já era menos conseguido. Enfim, a estes anos de distância, acho me pareceu que era um homem com a visão um bocado limitada. Ou então demasiado "orientada". Era frequente, sem querer ser injusto, que os sacerdotes católicos, quando se metiam a estudar este assunto, fossem extremamente influenciados pelo seu papel, pela face de missionários; e, aí, pouco preparados para tratar um

---

[76] Mendes 1959.

fenómeno destes... O ecumenismo não lhes tinha batido à porta ainda; eles tinham as suas próprias "ameias" demasiado altas, demasiado "artilhadas"...

AKV: Portanto, isto é, este Relatório é de 61, elaborado em 59, na campanha de 59, portanto, de qualquer forma antes do Vaticano II...

FAM: Sim, sim.

AKV: ...portanto teria as suas limitações de qualquer forma, mas...

FAM: Mesmo depois do Vaticano II, francamente.

AKV: ...mas, em termos de percurso de vida e carreira, ele era uma pessoa com um conhecimento concreto da situação em Moçambique?

FAM: Pareceu-me. Tinha alguma obrigação disso, viajou bastante. Sim, pareceu-me.

AKV: O outro Relatório...

FAM: Agora, não era por ali que íamos à guerra, não... não era por ali. Se me perguntar, então íamos por onde ou por quem? Não sei. Francamente, nunca vi, até Baltazar Rebello de Souza, ninguém para irmos à guerra. Autêntico. Repare, é um bocado, para mim até como católico, um bocado duro dizer isto: mas, pasme-se!, o Bispo da Diocese mais islamizada de Moçambique, D. Manuel Vieira Pinto, desconhecia completamente a doutrina corânica quanto a Cristo. Era demais! Haveria D. Eurico Dias Nogueira, Bispo de Vila Cabral, sim! É verdade. Mas só, numa Conferência Episcopal... Havia depois outro Bispo de alta qualidade ecuménica, mas esse não era católico romano... Refiro-me a D. Daniel Pina Cabral, Bispo anglicano dos Libombos[77].

AKV: Outro grande relatório das mesmas campanhas da Missão para o Estudo da Missionologia Africana é o de Silva Rego, intitulado *Alguns Problemas Sociológico-Missionários da África Negra*, de 1960[78].

FAM: Fez até um curso de missionologia.

AKV: Exacto. E esse curso de missionologia[79] teria muita importância em termos das estruturas portuguesas para a preparação de Administradores, que tinham

---

[77] Presbítero da Igreja Lusitana, sagrado Bispo em 1967, Diocese Anglicana dos Libombos.

[78] Cf. Relatório, Confidencial, datado de 1960, da autoria de A. da Silva Rego (Chefe da Missão), Maria da Conceição Tavares Lourenço da Silva e José Júlio Gonçalves (1º Assistente da Missão), *Missão para o Estudo da Missionologia Africana. Relatório da Campanha de 1959*, Lisboa: Centro de Estudos Políticos e Sociais da Junta de Investigações do Ultramar, 1960 (AOS/CO/UL-37, pt. 5, fls. 124-483). Ver também Rego 1960.

[79] Rego 1956.

de frequentar tais cursos. É interessante, os três pontos principais que eu vou mencionar deste Relatório são os seguintes: primeiro, que é preciso uma nova táctica de missionação; já não é a da refutação imediata, mas sim a táctica que ele chama "da compreensão". Mas o que ele entende por "compreensão" é o seguinte: levar os muçulmanos, pela explicação (por eles próprios) da sua doutrina, a entender as contradições do Islão porque, e cito, "recorde-se, a propósito, que um muçulmano que discute assuntos religiosos é já um muçulmano meio abalado e o Alcorão proíbe qualquer discussão". Portanto, se conseguirem entrar em diálogo com um muçulmano, isso implica que ele já está meio a caminho e, depois, é só levá-lo a ver as suas próprias contradições e acabou *[risos]*. Esse é o primeiro elemento. O segundo, era o da necessidade de impor, face à expansão do Islão, uma barreira em termos de criação de missões; portanto, as missões seriam elas próprias um obstáculo que impediria a expansão do Islão. O terceiro seria atender à crise dentro do Islão, entre ortodoxos e modernistas, os últimos criados pela ocidentalização do Islão. Na relação entre estes três vectores estaria, digamos assim, uma resolução, uma forma de enfrentar o problema do Islão.

FAM: É evidente que a última base de trabalho, se pode chamar-se assim, no fundo aliciaria, ou pelo menos obteria aceitação de princípio das pessoas que fossem mexer no assunto, dentro do "dividir para reinar", do jogar com tudo o que fossem factores de fractura e clivagem. Agora, os outros dois, francamente! Só essa postura de que a partir do momento em que se conseguia conversar... se atingia meio caminho, era muito ingénua... e limitada.

AKV: Mas, portanto, mais uma vez, este relatório também não...

FAM: Não, nada disso, nada disso determinou coisa nenhuma.

AKV: Pois.

FAM: Nada disso determinou coisa nenhuma. Falava-se, conversava-se mas não saía daí nada. Zero.

AKV: E teve alguma oportunidade de conversar, directamente, com Silva Rego?

FAM: Sim, várias vezes em Portugal... E fui aluno dele também, digamos "por correspondência". Fui "aluno voluntário" da cadeira dele, e fi-la com dezasseis valores, mas...

AKV: Essa cadeira fê-la onde?

FAM: Aqui em Lisboa, no Instituto Superior de Ciências Sociais e Política Ultramarina, disciplina de "História da Colonização Moderna e Contemporânea", de que ele era o titular.

AKV: Então, mas em que ano?

MOÇAMBIQUE MEMÓRIA FALADA DO ISLÃO E DA GUERRA

FAM: 65, 66, por aí...

AKV: Então, mas como é que... veio a Lisboa?...

FAM: Fiz as frequências em Lourenço Marques e vim cá fazer a final, escrita e oral.

AKV: Mas isso não consta no currículo que...

FAM: Não, isso não incluí no abreviado. Quer dizer, está no meu currículo completo, que inclui as cadeiras de Antropologia Cultural, Historia da Colonização Moderna e Contemporânea, Direito Internacional, e Estratégia e Política Militar, tirados em Portugal no Curso Complementar do ISCSPU.

AKV: Então vou ter de voltar a isso.

FAM: Não me pareceu importante para incluir num resumo curricular. Mas foram, salvo erro, em 65/66 a cadeira com Jorge Dias, em 66/67 as outra três. Depois não fiz mais cadeiras do Complementar[80]. O trajecto foi este: vim de Moçambique cá para gozar "licença graciosa", mas já com a ideia de aproveitar esse espaço o mais possível, e então, como já tinha feito frequências em Lourenço Marques, fiz aqui as finais e segui para França ... Depois vim de França e regressaria a Moçambique, tendo estado ausente quase um ano. Entre acabar o ISCSPU e ser bolseiro do Governo Francês para estudar Islão em Aix-en-Provence fiz a segunda escolha.

AKV: Agora suscitou-me algumas perguntas novas, vou interromper um pouco a narrativa, mas de qualquer forma... Essas cadeiras estavam estruturadas, portanto... Podia dar a noção de como é que aqui se preparava alguém que iria exercer cargos administrativos? Qual era a apreciação que fez dessa cadeiras?

FAM: Eram muito fáceis. Pelo menos consideradas a minha preparação universitária anterior e a experiência profissional nas SCCIM.

AKV: Isso interessa-me muito especificamente deste ponto de vista: o Professor era alguém que já conhecia a realidade africana; para alguém daqui que fosse depois exercer funções, que levasse apenas essa preparação...

FAM: Das que fiz, para sermos mais precisos e mais justos, a cadeira do Professor Silva Rego era fraca, fácil de mais; as outras, a do Professor Henrique Martins de Carvalho, Direito Internacional, boa; Estratégia e Política Militar, do Brigadeiro

---

[80] Efectivamente, do Curriculum Vitae de Fernando Amaro Monteiro consta o seguinte: "Em 1965, no Instituto Superior de Ciências Sociais e Política Ultramarina (Lisboa), faria, do respectivo Curso Complementar, como aluno voluntário, as disciplinas de Antropologia Cultural, História da Colonização Moderna e Contemporânea, Direito Internacional, e Estratégia e Política Militar".

Rocha Simões, interessante e com muita aplicação possível num teatro de guerrilhas, porque era a análise comparada de uma série de movimentos, com uma transversal, uma teoria da subversão armada, interessante. Enfim, Jorge Dias dispensa comentários.

AKV: Ele também tratou o Islão nessa cadeira?

FAM: Em nenhuma dessas quatro cadeiras, as referências ao Islão eram profundas. Aliás, o Professor Silva Rego, que Deus tenha em descanso, era uma pessoa que, a apreciar as coisas (isto sem pôr em causa o valor que ele pudesse ter), estava muito fortemente marcado à partida pela sua qualidade de missionário, sacerdote de uma determinada época, a época pré-conciliar, em que a atitude era sempre fortemente retráctil em relação ao Islão; continha em si o propósito deliberado de travagem, pelo menos! O propósito nem sequer era sofisticado, era ingénuo, facilmente visível...

AKV: Bom, é muito improvável, mas nas suas conversas com ele alguma vez tocaram, especificamente, a questão do Islão?

FAM: Tocámos... mas não com especial profundidade.

AKV: Porque há uma particularidade da experiência dele que se dá com os outros que falavam sobre o Islão a esse nível; é o facto de ele ter sido missionário num país islâmico, portanto, em Malaca, se não me engano... Mas não dava para se perceber?

FAM: Não. Não deu. Não fez uma incidência especial sobre esse assunto, falou-me nisso com a mesma naturalidade, por exemplo, que pôs na narrativa da sua estadia na Bélgica durante a Segunda Guerra, o contacto com as forças da ocupação alemã; eram do mesmo peso na conversa dele. Não me falou como especialista ou como pessoa que, pelo menos, estivesse preocupada com o assunto. Aliás, a minha relação com ele era formal, um bocado aluno/professor, ele era muito mais velho do que eu. Só veio a ser mais informal já anos depois do "25 de Abril", quando estive para ir dirigir o Arquivo Histórico de Macau, coisa de que desisti depois. Tivemos então umas conversas porque ele era uma espécie de *eminence grise* do Arquivo, uma espécie de entidade "tutelar" sem o ser formalmente. Ultrapassava a tutela legal, que era a Direcção dos Serviços de Educação locais. Coisas tipicamente portuguesas. Ele ia a Macau, punha e dispunha. Essa foi uma das razões que me levaram a desistir de ir para Director do Arquivo Histórico local, porque pensei: isto é um problema, vou para ali com ideias de fazer isto e aquilo ou aqueloutro, e não consigo porque me aparece um senhor que não faz parte da minha escala hierárquica e vai intrometer-se nos assuntos. Isso iria meter-me numa carga de problemas com o próprio Director dos Serviços de Educação, em que, conforme disse, o Arquivo

MOÇAMBIQUE MEMÓRIA FALADA DO ISLÃO E DA GUERRA

Histórico se inseria. Ainda por cima, ele seria um intromissor respeitável, velho, meu antigo professor, etc.; logo, difícil de "sacudir" sem mágoa para nós dois e sem problemas funcionais para mim.

AKV: Isso foi em que ano?

FAM: Estava eu no Estado Maior General das Forças Armadas, portanto 76/79, as minhas conversas com o Professor Silva Rego serão de 77/78. Por aí. Porque eu depois acabaria por ir para Macau como Director dos Serviços de Educação e Cultura, em 82, salvo erro.

AKV: Além das campanhas e respectivos Relatórios, uma referência obrigatória quando se fala do Centro de Estudos é o famoso livro de José Júlio Gonçalves. Vale a pena falarmos um pouco mais sobre ele, que foi das coisas que sobre o Islão se publicaram que mais impacto teve. Acabou de me dizer há pouco que mesmo esse livro tinha pouca circulação...

FAM: Sim, pouca, a meu ver e para o que era preciso.

AKV: Qual era a sua apreciação do livro? Que utilidade tinha, por exemplo, como fonte de informação para efeitos de formular uma noção do terreno, digamos assim?

FAM: Bom... *[longa pausa de hesitação]* Seria sem dúvida uma base primeira de trabalho... mas não chegava.

AKV: Mas levanta uma questão interessante que eu ainda não...

FAM: Era uma forma de partir, não é? Para quem não soubesse nada do assunto, era uma forma de partir. Para mim, que já tinha lido outras coisas achei que era pouco... Note: pouco para o que era preciso. Em Moçambique.

AKV: Mas há uma questão que ele levanta, não explicitamente mas pela própria estrutura do livro, e que é a seguinte: o que ele tenta dar com o livro é uma visão global do Islão em todo o espaço português...

FAM: Claro.

AKV: Ora, interessava, do ponto de vista específico de quem trabalhava na província de Moçambique, ter essa noção das articulações com outros territórios, pensar em termos globais?

FAM: Para mim, como estudioso do caso de Moçambique e preocupado com a guerra aí, não tinha. A visão global do Islão no espaço português para mim não tinha urgência. Era um aspecto muito interessante, claro, cultural, académico. Mas uma segunda prioridade, pela pura e simples razão de que não havia "espaço islâmico português", propriamente. Havia, sim, uma guerra revolucionária, uma ope-

ENTREVISTA DE ABDOOLKARIM VAKIL A FERNANDO AMARO MONTEIRO

racionalidade subversiva. Havia que definir, com a máxima urgência, uma <u>filosofia de acção</u>, uma <u>doutrina do "estar"</u>, e uma <u>ordem de operações</u>. Isso sim, era urgentíssimo, <u>vital</u>. O resto... ver-se-ia.

AKV: E nunca se apercebeu, fora o caso Suleiman Valy Mamede, de que falaremos mais tarde, de quaisquer formas de articulação ou circulação de conceitos, de informação e de pessoas entre os vários...

FAM: Não de entrada. Só depois. E com grande impaciência, porque eram para mim nefelibatismos que prejudicavam a premência das coisas pragmáticas. Só em 1970 "vesti a pele" de Investigador de Universidade, mas nunca por nunca me esquecendo que dera ao Governador-Geral, Eng.º Arantes e Oliveira, a minha formal palavra de honra em como poria acima de tudo a visão do combate integrado contra a subversão. Isso fora a condição *sine qua non* para ele me deixar "sair" dos SCCIM. Repare: "sair" é uma forma de dizer. Pura e simplesmente eu passei a ser, desde então, 1970, um "alter ego" secreto do Governador-Geral para o campo sócio-religioso, Islão sobretudo, com autoridade não escrita para "mobilizar" os recursos que entendesse, SCCIM incluídos. Com toda a diplomacia, claro... Aí o melindre do papel, pois às vezes deparava com resistências e não podia invocar abertamente o aval do Governador-Geral, que decorria aliás do Ministro do Ultramar... E depois tinha de conciliar isso com uma atitude académica, sobretudo "intra muros" da Universidade, para não chocar as susceptibilidades naturais desse meio, ainda por cima cheio de influências coimbrãs, sempre tão ciosas... Era muito cansativo... E depois havia a face pública de Director do jornal *Tribuna*. Três "faces", num total de doze a catorze horas diárias de actividade, durante quase quatro anos! E funcionando gratuitamente no que tocava à assistência ao Governador-Geral. Era uma honra! E, diga-se de passagem, eu preferia que fosse assim... pois me deixava os movimentos livres para ser, à minha vontade, uma "pessoa de feitio muito difícil", como se foram queixar ao Ministro do Ultramar. *"Toda a gente se queixa!"*, disse ele. *"E V. Exa. também?"*, perguntar-lhe-ia eu. Ele excitou-se: *"Está a ver? É isto!"*.

AKV: Nenhuma forma de articulação, portanto, entre o contexto islâmico de Moçambique e os da Guiné ou Timor? Nem mesmo via Lisboa?

FAM: Mais tarde... vim a aperceber-me de que haveria por parte de pessoas como o Professor Henrique Martins de Carvalho e o General Câmara Pina, por exemplo, o apoio a Suleiman Valy Mamede.

AKV: Sim, mas o caso de Suleiman Valy Mamede é algo que quero pegar um pouco mais além. Por agora, o que queria saber era se, na altura, a questão da articulação entre contextos islâmicos se punha enquanto problema.

FAM: No espaço português? Não.

AKV: Não havia sequer, por exemplo...

FAM: Nunca, porque me apercebi imediatamente de que não havia relação causa-efeito nessa perspectiva, em termos da guerra revolucionária. Portanto, virava a página ou impacientava-me, conforme os casos.

AKV: É tão simples como isso?

FAM: Tão simples como isso. Evidentemente não havia relação. Rito chafita em Moçambique e alguns hanafitas, muito poucos; rito malikita na Guiné; Timor completamente excêntrico; em relação a Macau um folclore, rigorosamente mais nada. Não mais do que um apontamento cultural/turístico. Logo, o que interessava? As conexões internas, as ligações ao exterior; articulações, abcessos; fissuras exploráveis. E era muito, já.

AKV: E mesmo o facto de haver um ou outro exilado ou estudante de Timor em Portugal que depois tomava conhecimento dos contextos africanos, não havia...

FAM: No contexto da época e no grau de preocupação respectivo, não ponderei sequer essa hipótese.

AKV: Depois, ainda e como ponto final em relação ao Centro de Estudos... haveria que pensar em termos mais gerais de um, digamos assim, de um quadro de investigação e da ideologia que lhe estava subjacente, que é, especificamente, uma concepção geoestratégica estruturada por Adriano Moreira, uma forma de pensar o lugar de Portugal, a evolução das colónias, a relação de Portugal com o Ultramar e, muito especificamente, a questão do Eixo Bandung-Cairo-Islão[81]... Teve alguma relação com o CEPSE, com Adriano Moreira, com...?

FAM: Não. Relação pessoal, directa, nunca. É evidente que nos SCCIM impressionava-nos sempre o que Adriano Moreira tivesse dito. Era nessa época – como ainda hoje é, muito – uma figura de referência. Portanto, aquilo que ele pudesse dizer interessava, e não pouco. Mas volto a insistir num aspecto que me parece extremamente importante para apreciar bem o que acontecia em Moçambique: uma coisa era aquilo que seria muito interessante de ouvir e muito interessante de ler, outra era a realidade acutilante do mapa de situação posto à frente, das mensagens diárias e dos telegramas, das baixas, dos "indícios técnicos" a avolumarem-se aqui, ali e acolá. Era a sensação do "há que responder depressa". Muito depressa, *antes que estejamos*", como eu comentei uma vez que entrei nos SCCIM, em 1965, "*a discutir a situação táctica ao Sul do Incomati...*" Lembro-me do silêncio que esse comentário suscitou e do sorriso de Romeu Ferraz de Freitas! O Rio Incomati passava, como sabe, pertíssimo de Lourenço Marques...

---

[81] Ver Vakil 2003a, 2004a.

AKV: Temos então, por um lado, o empirismo, o pragmatismo que, conforme referiu, estrutura a resposta à escala do contexto local: temos, por outro lado, alguém que tenta integrar essas informações para formar, digamos assim, uma visão mais global, de conjunto. Essa visão de cúpula, por sua vez era reconduzida para informar a situação local, ou não?

FAM: Não.

AKV: Pronto. Segunda questão: a realidade local, a sua apreciação no contexto específico dos SCCIM, fazia-se repercutir junto do CEPS ou não?

FAM: Não.

AKV: Não havia qualquer canal de comunicação...

FAM: Não.

AKV: ... qualquer forma de...?

FAM: Nada. Um eco longínquo... Infelizmente as coisas aconteceram assim. Quanto às ligações entre Lisboa e o que se passava nas províncias e das províncias para Lisboa eram como se estivéssemos a uma distância de ligações de vapor. Antigas. Dos anos 40.

AKV: E o "pivot" que seria o Ministério do Ultramar também não funcionava em termos de...

FAM: O Gabinete de Negócios Políticos do Ministério do Ultramar devia ser o "pivot" para isso. Espantosamente, tinha meios muito escassos e uma acumulação enorme de trabalho. Portanto, aquilo que nos chegava dele, além de uma ou outra instrução escrita em ofícios, não dava evidentemente para nada de especial, como pode calcular. Havia visitas ocasionais dos Inspectores Superiores, por exemplo Fialho Ponce, lembro-me dele. Em três ou quatro sessões de trabalho faziam conversas à mesa connosco... e tudo morria aí. E a nossa tendência nos SCCIM era: deixem-nos falar, nós é que estamos aqui, nós é que temos de enfrentar este problema; no fundo era isto. Eles tinham consciência disso; a nível do Ministério do Ultramar havia essa consciência, a noção muito concreta de que a possibilidade de transmitirem uma ordem com cunho estratégico e de ela ser efectivamente aplicada... era reduzida. Havia também a noção de que entre a estratégia que o Ministério pudesse desenhar relativamente ao Ultramar e a estratégia que o Eng.º Jorge Jardim pudesse desenhar junto do Presidente do Conselho (ele próprio) podia não haver coincidência e... aí seria melhor o Ministério do Ultramar abster-se e deixar que o Presidente do Conselho tomasse a iniciativa... Mas, em tudo intervinha, por outro lado, a própria postura pessoal do Ministro do Ultramar, que era um homem muito centralizador... Um panorama complexo, em que nos mexíamos à média-baixa luz!

MOÇAMBIQUE MEMÓRIA FALADA DO ISLÃO E DA GUERRA

AKV: Está a falar de Silva Cunha e não de Baltazar Rebelo de Sousa.

FAM: Silva Cunha pois, dedicadíssimo ao país, a Salazar, e depois a Marcello Caetano. Muito centralizador, extraordinariamente trabalhador, queria ver tudo e mais alguma coisa e, por consequência, tinha natural dificuldade em se preocupar grandemente com estratégias. Era absorvido, momento a momento, aqui e acolá.

AKV: Pode explicar-me um pouco mais detalhadamente a relação do Gabinete dos Negócios Políticos do Ministério do Ultramar com os SCCIM? A nível de Governo Geral a relação fazia-se com o Gabinete...

FAM: A nível de Governo Geral, a ligação dos SCCIM com a pessoa do Governador-Geral era directa. Com o Ministério do Ultramar era via Governador-Geral. Ocasionalmente, uma vez ou outra, um "rádio" directo, caso raríssimo; não me lembro sequer até, sei que existiram, mas não me lembro de caso concreto nenhum. O Governo Geral ligava pois entre si os SCCIM e o Ministro do Ultramar, quando caso disso. O Comando Chefe era directo a Lisboa. A PIDE estava sempre em ligação directa com o respectivo Director Geral, aqui em Lisboa, e a esse escalão faziam-se ligações ulteriores à Presidência do Conselho, se caso disso. De forma que era complexo fazer funcionar qualquer estratégia nestas circunstâncias. Repare que havia um Presidente de Conselho, os Ministros militares, o Estado Maior General, ou os Estados Maiores dos três ramos em Lisboa; o Ministro do Ultramar; o Ministro do Interior também, de certa forma, preocupado porque a PIDE respondia junto dele em articulação directa, com Marcello Caetano, e, por consequência, preocupava-se, por exemplo, com o problema dos estudantes agitadores na Universidade e a sua inserção depois nos Cursos para Oficiais Milicianos. Muito pouco eco da parte militar, esta suportava mal a ingerência mesmo pontual de um Ministro civil. Jorge Jardim e a sua política à "ilharga" com o Presidente do Conselho... Por vezes, percebia-se mal quem mandava em quê e até onde!

AKV: Há uma questão em que nós também já tocámos, mas agora não me estou a lembrar especificamente. Havia a possibilidade de os SCCIM, por exemplo, no seu projecto de accionamento da massa islamizada, face a eventuais resistências a nível do Governo Geral na Província, usar o peso do Ministério do Ultramar ou apelar para algum?

FAM: Se isso acontecia fazia-se directo junto do Ministro, e chegou a acontecer. *Off record*, claro, no governo Pimentel dos Santos.

AKV: ... Portanto, o período Silva Cunha de 65 a 73 cobre todo o seu período de serviço nos SCCIM e, logo depois, o seu período de consultoria ... Quando Baltazar Rebelo de Sousa chega ao Ministério do Ultramar, já não teve efeitos ou consequências, não é verdade?

FAM: Não. Deixe-me rever. Baltazar Rebello de Souza era um homem muito sagaz, muito propenso a interpretar reacções das pessoas, penso que até a circunstância da sua formação médica o predispunha para isso. Ele percebeu que a relação entre mim e o Governador-Geral Engº Manuel Pimentel dos Santos era má. Aí, recuou no relacionamento comigo de uma forma perfeitamente nítida, porque não queria "comprar essa guerra", claro... O Ministro do Ultramar anterior, Prof. Silva Cunha, pelo contrário interveio nesse relacionamento, e impôs a minha presença, a minha continuação em Moçambique, obstando mesmo a que eu saísse de lá, através de ordem para o Governador-Geral. Rádio cifrado, "muito urgente", primeiro, e ofício a seguir, ambos "secretos", dizendo ao Governador-Geral que eu não devia sair de Moçambique e tinha de ser ali mantido a todo o custo. Nunca consegui acesso à leitura directa dos dois documentos por uma série de circunstâncias rocambolescas que não vêm agora para o caso. Mas o próprio Prof. Silva Cunha me confirmou largos anos depois, já nos anos 1990, quando ambos estávamos na Universidade Portucalense: deu ordens para que eu não saísse de Moçambique. Para além de o Ministro achar que eu era imprescindível em Moçambique por causa dos muçulmanos, APSIC, etc., ele não me queria em Angola, onde eu crescera, integrara o conhecido Liceu Nacional de Salvador Correia, tinha os meus pais, etc. Ele, não duvidando do meu patriotismo, receava "por método" que eu, em Angola, fosse vítima de uma sedução subversiva! Silva Cunha sabia do meu anti-salazarismo, do meu "monarquismo independente", e então, à cautela, diz *é aí preciso e, ao mesmo tempo, não convém que saia"*... Como projectava provocar entretanto a exoneração do Director dos Serviços do Centro de Informação e Turismo de Moçambique, Luís Queirós Botelho de Sousa, decidiu "juntar o útil ao agradável". *"Proponha-me a exoneração de fulano e a nomeação de beltrano"*, diz ele a Pimentel dos Santos. Subitamente, sem que nada mo fizesse prever, vejo-me em meados de 1973 diante de um Governador-Geral muito nervoso, a cumprir a para ele penosa ordem de me convidar para um cargo de primeiro plano público, no qual teríamos mesmo de despachar uma vez por semana... Eu quis escusar-me, mas ele, muito tenso, apelou para o meu patriotismo, falou-me dos "nossos grandes deveres", etc. Tocou no meu "irrecusável". E assim vem a "cair" o meu propósito de aceitar o convite da Companhia dos Diamantes de Angola (DIAMANG), feito em 1973, para ali ser Director dos Serviços Culturais e de Educação Permanente. Perante o apelo patriótico que Pimentel dos Santos me dirige, eu sucumbo e aceito, em princípio, ser proposto oficialmente para um lugar que à partida detestava... por uma série de razões. Baltazar Rebello de Souza, entretanto Ministro do Ultramar, quando se apercebe de que eu estava a dilatar a data da tomada de posse do lugar de Director do Centro de Informação e Turismo, compreende claro que isso era devido ao meu mau relacionamento com o Governador-Geral... Eu escrevi-lhe uma carta, amável, em que lhe dava a entrever, subtilmente, que não estava nada feliz; ele respondeu-me com

MOÇAMBIQUE MEMÓRIA FALADA DO ISLÃO E DA GUERRA

uma carta pessoal, muito amável, também, mas dizendo... *"é preciso que V. Exa. continue a dar ao Governo da Província todo o bom apoio que tem dado"*. Tom completamente inusitado, porque o nosso tipo de relacionamento não justificava já que o Dr. Baltazar Rebello de Souza me tratasse numa carta particular por "V. Exa." Distanciava-me, enfim, para fazer uma "profilaxia" das maçadas que antevia...

AKV: Mas, portanto, o facto de ter ido para o Ministério do Ultramar alguém com conhecimento directo de governação de Moçambique não veio alterar especificamente...

FAM: ... Nada, em relação a este assunto nada, excepto no sentido de: "continuem, porque o caminho é este."

AKV: Pois, e mesmo o facto de ele, Baltazar Rebelo de Sousa, entretanto Ministro do Ultramar, ter sido peça fundamental naquele processo de abertura em relação aos muçulmanos, também veio a ter consequência mais tarde porque...

FAM: Não teve tempo.

AKV: Pois. Era demasiado tarde.

FAM: Não havia já margem de tempo. Era tardíssimo.

AKV: O Ministro Silva Cunha não tinha conhecimento directo de Moçambique?

FAM: Não, não tinha. Foi lá várias vezes, estudava tudo muito a fundo, incansavelmente, sejamos justos, mas... nunca viveu em Moçambique... Repito: era um homem muitíssimo sério a estudar tudo. Era um homem de Estado moldado na mais pura escola salazarista. Mas não era pessoa para rasgos de génio. Baltazar Rebello de Souza poderia vir a tê-los, mas entretanto sobreveio o 25 de Abril.

AKV: Os estudos de Silva Cunha sobre a Guiné poderão ter tido algum impacte sobre a forma de pensar a realidade muçulmana em Moçambique? Ou mesmo de dar especial atenção a essa questão...

FAM: Não, excepto num outro aspecto importante, como as seitas: o que ele escreveu sobre os movimentos associativos na África negra, o problema das seitas cristãs nativas[82]. Esse trabalho teve muita importância, era um elemento de consulta, lembro-me de aí ter percepcionado, juntamente com a obra interna de

---

[82] Na qualidade de chefe da Missão de Estudos dos Movimentos Associativos em África, Silva Cunha produziu diversos relatórios e estudos para o Centro de Estudos Políticos e Sociais da Junta de Investigações do Ultramar: *Movimentos Associativos na África Negra*, em 1956; *Relatório da Campanha de 1957*, em 1958; *Aspectos dos Movimentos Associativos na África Negra* (2 vols.), em 1958-1959; *Guiné: Missão de Estudo dos Movimentos Associativos em África*, em 1959; *Movimentos Associativos entre os Indígenas de Angola*, em 1965. Para uma análise crítica do segundo e do último destes textos, ver Gallo 1988: 41-51.

Afonso Henriques Ivens Ferraz de Freitas sobre a seitas cristãs nativas[83], o que era a real importância desse outro mundo. Já o abordara quando apreciei directamente, em várias visitas, as seitas da área de Lourenço Marques, precisamente na mesma altura em que descobrira o fenómeno Amade Dulá e a sua escola corânica. Já tinha visto as seitas "no terreno". Corresponde à época dos meus passeios a pé pelos bairros do Caniço, na companhia de um amigo da Opus Dei. Organização a que eu não pertencia nem pertenço. Foi uma casualidade.

AKV: Em termos desta questão a que eu chamei o "mapear" das várias estruturas e as diferentes escalas, uma delas é, claro, os próprios SCCIM: há dois documentos sobre os quais lhe quero perguntar qual era a relação que tinha com eles. Portanto ainda as mesmas perguntas que lhe fiz há bocado, na época e agora na retrospectiva. Um é o documento de Romeu Ivens Ferraz de Freitas *A Conquista da Adesão das Populações*[84]... Isso constituía alguma forma de programa, digamos assim, que depois estruturava a forma como os SCCIM planeavam diferentes elementos? Esse documento é de 65.

FAM: É um documento de referência, não só nos SCCIM como para todo o Quadro Administrativo, para os canais militares todos, etc., embora provocando certos incómodos. Porque, no caso dos canais militares, havia um incómodo bastante grande, de partida, na percepção e na manipulação de tudo quanto pudessem ser essas ligações de população, obviamente. Repare, nem na Academia Militar nem na antiga Escola do Exército, nem nos Cursos de Oficiais Milicianos, nem em nenhum sítio militar, se davam coisas dessas com o pormenor que seria requerido. Talvez, no Centro de Operações Especiais de Lamego, noções do que era a guerra subversiva etc., etc. Mas, concretamente, de populações de Moçambique, zero. Ninguém sabia nada de coisa nenhuma. Havia referências inconsistentes ao Islão, na Guiné e em Moçambique, mas nada voltado para uma percepção técnica no terreno. Havia uma idiossincrasia militar grande, de princípio, um pouco na atitude de quem diz *"isto é uma coisa que os civis é que têm a obrigação de saber, o Quadro Administrativo é que tem obrigação de saber, a PIDE que se meta nisso se quiser, etc., nós somos militares e estamos aqui para resolver este problema militar, o problema da acção armada."* Só cerca talvez de 1967 é que pessoalmente vejo elementos militares a falarem do quadro sociológico na guerra que se travava; e só ao nível de Oficiais de alto gabarito como por exemplo o Comandante Adriano Coutinho Lanhoso, que veio a morrer Almirante, e que estava nessa altura no Gabinete Militar do Comando Chefe, ou o Comandante Carlos Ivens Ferraz Wandschneider de Mesquita – primo dos Ferraz

---

[83] Freitas 1957.
[84] Freitas 1965.

de Freitas, que estava no Comando Naval. E repare: eram da Marinha, que só através dos Fuzileiros e das lanchas no Lago tinha presença na acção armada.

AKV: Essas percepções dos dois Oficiais citados, traduziram-se de que forma? Em documentação ou...

FAM: Havia, da parte deles, uma sensibilização junto das estruturas respectivas, e, por tabela, junto do Comando Chefe em Nampula. Foram muito úteis. Custa-me dizer isto, até porque fui Oficial miliciano do Exército, mas este Ramo ficava, num plano, digamos, "académico", bastante aquém da Marinha. Ela era muito mais maleável e sensibilizável para os problemas. Quanto à Força Aérea era, em comparação com os outros dois Ramos, talvez demasiado "jovem", digamos assim, embora integrasse a componente muito importante dos Pára-quedistas...

AKV: Mas como é que a Marinha chega a estas concepções? Através de *briefings* e de papéis?

FAM: Por contacto verbal assíduo connosco, SCCIM. E os *briefings*. Tínhamos reuniões muito frequentes, quinzenais. Aqueles dois Oficiais, recordo-me, estive sentado à mesa com eles sei lá quantas vezes. Tinham sempre perguntas e comentários vivos, arrojados...

AKV: Isso fazia parte da estrutura...

FAM: E o Director da PIDE era a mesma coisa.

AKV: Fazia parte daquela estrutura das reuniões...?

FAM: Com certeza. Para se poder fazer a coordenação militar/civil...enfim, era, tinha que ser toda a *intelligence* a reunir-se. Estavam os SCCIM, os Oficiais de Informações da Marinha, da Força Aérea, do Exército, a PIDE, e da Polícia de Segurança Pública. Agora, verdadeiramente, o que se notava é que havia três atitudes destacadas em tudo: a dos SCCIM; a da PIDE na percepção muito específica do problema, o papel preventivo/repressivo constantemente, os dois factores intrinsecamente ligados, eles não conseguiam separar uma coisa da outra, sempre preocupados com a "fulanização" de tudo; o Exército, representado nessas reuniões através de um Oficial Superior estacionado em Lourenço Marques, no Quartel General da Região Militar, portanto no Escalão Recuado, que fazia o seu melhor para transmitir às instâncias próprias em Nampula o que se aprendia ali, mas com pouco sucesso. Em todas as estruturas militares se passou, apesar do brilhantismo de alguns elementos que conheci, e da boa vontade generalizada da maior parte do Quadro Permanente, aquele fenómeno da água que é deitada sobre a areia, se escoa e não atinge sítio nenhum. A mesma coisa se passava com os trabalhos feitos na Metrópole ou naquilo que se pudesse dizer à Metrópole. A Informação perdia-se pelo caminho, as directrizes e as sugestões caíam no vazio; nada, mas na prática nada atingia de facto utilmente o objectivo. As únicas coisas que conseguiam um eco directo eram aquelas que teriam um reflexo sobre a defesa de posições no terreno ou sobre a movimentação de dispositivos militares. Portanto muito: *os grupos estão a entrar pela área tal porquê?", "dirigem-se para ali, porquê?", "estão à procura de quê?", "quem os apoia?".* A PIDE, preocupadíssima em saber se eram os sujeitos A, B, C, ou D, que apoiavam, porque tinha que actuar imediatamente; o Exército a precisar dessas informações para as suas operações, impossíveis de outro modo. Os SCCIM preocupados em perceber quem seriam os clãs que apoiavam o Inimigo, as etnias que se comprometiam na guerra e por quê, o que é que estava a passar-se, que velhos ódios tinham ressuscitado ou que velhas afinidades se tinham reavivado. Na verdade era isto. As ópticas dos SCCIM, da PIDE/DGS e dos militares não se interligavam no devido grau numa guerra que... todos concordavam fazer unidos! Era assim. Eu senti assim. E ninguém, Governador-Geral, Comandante Chefe, o Poder Central, dava o necessário "murro na mesa". Ninguém.

AKV: Mas, esse documento, o de 65, que já disse ser um documento de referência, para si e na elaboração do seu projecto...

FAM: Qual documento de 65, desculpe?

AKV: *A Conquista da Adesão das Populações...*

FAM: Ah! Pois, sim. Sim.

AKV: Está, digamos assim, subentendido no seu projecto?

FAM: Está. O meu projecto, obviamente, partiu, no que respeita às populações, dos elementos que Romeu Ferraz de Freitas trabalhara antes.

AKV: Pode especificar alguma coisa mais...?

FAM: Como pode calcular, o trabalho magno de Romeu Ferraz de Freitas representa a fusão de toda uma porção de estudos seus, anteriores, e do que ele próprio explorara pessoalmente. Portanto, torna-se uma coisa inverificável porque não havia já tempo para isso! Havia que partir do princípio de que tudo aquilo estava bem; e foi um trabalho muito sério, de um homem sério e muito competente. Agora, até podia ter brechas e tê-las-ia mesmo quanto à localização de populações ou quanto à identidade delas segundo a opinião de pessoas como António Rita-Ferreira ou outros que tinham as suas influências nos canais administrativos. Às vezes Administradores de Circunscrição com algumas luzes na matéria diziam: *"Estas populações que estão aqui não são isto ou aquilo ou aqueloutro. São antes isto ou aquilo e aqueloutro".* Ferraz de Freitas perfilhava, a meu ver, um ponto de vista muito pragmático, que procurei seguir também e que era este: não interessava muito saber, por exemplo, se os Macondes que estavam na área de Quionga eram Macondes efectivamente, ou se eram "Suaílis" como eles diziam que eram. Porque o importante era aquilo que eles diziam que eram, se o fossem no comportamento social, cultural e politico. Se se assumiam convictamente, porque num caso ou noutro poderíamos estar em presença de reminiscências étnicas ou clânicas. A partir do momento em que os indivíduos actuam como identificados com o meio suaíli, para nós, SCCIM, era um bocado, como hei-de dizer, "académico", estar a pensar se havia duzentos anos eles viviam ou não no Planalto dos Macondes. Integravam o espaço suaíli e o espaço islâmico, era esse o facto comportamental na circunstância em apreço.

AKV: Mas a...

FAM: Porque em presença da guerra que estava à frente dos nossos olhos, o que era importante era eles serem muçulmanos, actuarem convictamente como tal, e mostrarem-se inseridos num contexto suaíli. Agora, um António Rita-Ferreira, mais académico, veria diferentemente.

AKV: Mas, então, deixe-me ver se estou a entender bem. Eu tinha presumido que a importância e a contribuição deste estudo, *A Conquista da Adesão das Populações*, para o seu projecto tinha sido em termos de orientação; agora, se o estou a compreender, o que me está a dizer é que foi mais do que mero enquadramento, que foi em termos propriamente de valência concreta também?

FAM: Não, não foi em termos de orientação. Em termos de organização global e de concepção de projecto não fui influenciado por nada anterior; enfim, tê-lo-ei sido subconscientemente. Terei sido por aquisição contínua de dados e elaboração interior. Todavia, ao traçar as minhas propostas de actuação e ao submetê-las superiormente, eu não tivera nenhuma norma ao lado, nem nenhum documento inspirador. Foi, tanto quanto posso analisar-me, uma autoria plena.

AKV: Mas faz parte de uma política de conquista de adesão das populações...?

FAM: É evidente que em lato senso faz, e aí servia-me em sentidos como este, por exemplo; quem está no *hinterland* da Ilha de Moçambique? Quem está , supunhamos, em Mecanhelas? A área de Nampula apresentava 400 e não sei quantas mesquitas, se não estou em erro. Na *Conquista da Adesão das Populações*, vamos lá a ver quem são as etnias que estão na área de Nampula, quais os clãs preponderantes, etc. Então quem é que eventualmente estará em ligação com estes no Niassa? Se havia, por hipótese, um prolongamento qualquer para a Zambézia, quais são as probabilidades de ligações clânicas do ponto A com o ponto X ou do ponto Y para o ponto Z; e quais são, por outro lado, as ligações em termos de hierarquia islâmica ou, se quiser, concertação islâmica, etc. E que possibilidade é que há de se sobreporem duas malhas, como em certos pontos acontecia? Ou não há sobreposição possível?

AKV: E conversou com ele sobre a forma como ele tinha elaborado esses dados étnicos a clânicos?

FAM: Não detidamente. Não detidamente, porque o trabalho merecia um crédito '"A1", digamos, era um *vademecum* distribuído a toda a Informação. É evidente que terei conversado, em cinco anos de convivência, centenas de vezes com Romeu Ferraz de Freitas e, portanto, dessas conversas vinha-me a convicção de que eu estava propondo bem, e ele próprio lia as minhas coisas... sempre houve entre nós um intercâmbio muito grande. Eu lia todos os trabalhos dele, as informações correntes de serviço, o mais, muitas vezes até ele me pedia *"diga-me lá o que é que acha da maneira como eu ponho isto aqui"* e eu sugeria-lhe isto, aquilo ou aqueloutro. Eu era solicitado também um bocadinho como "recta pronúncia", os colegas pediam-me que interviesse por vezes no estilo para evitar certas situações de colisão ou pelo contrário para provocá-las: *"Que efeito quer obter?"*, perguntava eu. *"Quero obter o efeito X"*, respondia um. *"Então ponha ali um ponto e vírgula, faça parágrafo, mude aquele adjectivo, o tempo do verbo aqui, e tal"*, pediam-me isso. A minha conversa com eles era frequente, almoçávamos com frequência. O ambiente nos quatro Adjuntos centrais (nível de "Chefes de Gabinete" em Angola) era agradável. Éramos muito solidários.

AKV: Pelo que se sabe ...

FAM: Eu mostrava-lhe as minhas coisas, que em termos do que ele conhecia de populações achava cem por cento correctas. O que não conhecia era o Islão, como ele próprio comentava: *"Disso não sei, agora em termos daquilo que eu conheço está correcto, é isto mesmo"*.

AKV: Do que lhe foi dado perceber, ou veio a saber, a metodologia dele para a elaboração desse *vademecum* teria sido o contacto directo em cada um dos sítios, era?

FAM: Sim. Ele era, basicamente, Topógrafo-Geómetra Chefe, portanto foi um homem que fez em Moçambique o caminho todo da topografia... Foi ascendendo na escola dos Serviços Cartográficos, de Agrimensura, o que implicava conhecer o terreno a pé, ou de machila, ou de tipóia; conhecia com um pormenor impressionante. Agora, em que anos é que se desenrolou esse percurso curricular, não sei concretamente.

AKV: E os trabalhos, também dos SCCIM, de *Prospecção das Forças Tradicionais*, de Nampula[85], de Manica e Sofala[86], e do Distrito de Moçambique[87], de José Alberto Gomes de Melo Branquinho, portanto, lá estavam e...

---

[85] José Alberto Gomes de Melo Branquinho, *Prospecções das forças tradicionais* – Nampula, 1966. Secreto.
[86] José Alberto Gomes de Melo Branquinho, *Prospecção das forças tradicionais – Manica e Sofala*, Relatório Secreto para os Serviços de Centralização e Coordenação de Informações, Província de Moçambique, Lourenço Marques, 1967 (AHM, Secção Especial, III p. 6 – nº 19).
[87] José Alberto Gomes de Melo Branquinho, *Relatório da Prospecção ao Distrito de Moçambique (Um estudo das estruturas das hierarquias tradicionais e religiosas, e da situação político-social)*, SCCIM, Nampula, 22 de Abril de 1969 (AHM, Secção Especial nº 20, Cota SE, 2 III).

FAM: Melo Branquinho era um homem muito sério, distinto funcionário, muito cumpridor, muito atento e preparado, que trabalhou no que respeita às populações propriamente, parte étnica, e aí, tudo leva a crer, em consonância de retaguarda com Romeu Ferraz de Freitas. Agora, na parte do Islão, não tinha preparação específica para o assunto, sim a geral.

AKV: Mas era com prospecção no terreno que ele fazia esses trabalhos?

FAM: Fazia. Prospectou de lés a lés as áreas que os seus trabalhos mencionam.

AKV: E consultou esses trabalhos? De qualquer forma eles são de 66, 69, portanto chegam já demasiado tarde para lhe serem úteis...

FAM: Não. Eu já estava suficientemente orientado no que me interessava quando Melo Branquinho começou a prospectar; de maneira que nunca o consultei, ele é que me fez algumas poucas perguntas a mim sobre as áreas islamizadas.

AKV: Portanto, o...

FAM: E depois considerou os meus elementos nos seus desenvolvimentos no terreno.

AKV: Qual era a aplicação que ele dava no terreno?

FAM: Neste sentido: já ia informado sobre as coisas quando chegasse, sem prejuízo de esforços paralelos que quisesse fazer. Agora, sobre o Islão ...

AKV: Mas então o que sai aqui, entre 66 e 69, nestes trabalhos, já está revisto por si, ou é ...

FAM: Não...

AKV: ...contém ainda alguns elementos...

FAM: Eu não revi nada.

AKV: Portanto contém elementos não fiáveis?

FAM: A questão não pode pôr-se assim. Eu não tinha nem queria o monopólio do fiável! Ninguém o censurou na matéria, ele escreveu com plena liberdade. Simplesmente, eu disse ao Director dos Serviços: *"Atenção, no que diz a respeito ao Islão ele não é cem por cento exacto"*. Lembro-me perfeitamente de ter concluído assim: *"... Também pelas conclusões que tira, e que já li, não prejudica nada, de maneira que, pela parte que me toca, nada a opor"*. No que respeita <u>ao Islão</u>. No que respeita à óptica étnica, ele estava mais preparado do que eu e tinha a constante concertação técnica com Romeu Ferraz de Freitas. Era, repito, um excelente elemento, um caso muito raro no seu contexto.

ENTREVISTA DE ABDOOLKARIM VAKIL A FERNANDO AMARO MONTEIRO

AKV: E esses trabalhos produzidos pelos SCCIM tinham circulação depois junto das outras...

FAM: Tinham. Mas eram a tal água deitada na areia; escoavam-se.

AKV: Além desses que mencionei, o Ferraz de Freitas...

FAM: Eram muito grandes ...

AKV: ...e tal, havia mais algum?

FAM: ...eram muito extensos, de maneira que as pessoas exclamavam: *"Isto fica aqui para eu ler depois"*, *"Mandaram isto, que chatice!, estes tipos estão para lá em Lourenço Marques a escrever coisas destas, a gente tem lá tempo para isto"*. Nível civil. A nível militar, a mesma coisa. Um comandante olhava para aquilo e perguntava: *"Já reforçaram os postos da guarda?"* Compreende? Eram linguagens diferentes; uma forma de loucura; linguagens completamente diversas. A PIDE, depois DGS, estava com atenção especial, mas fazia-o um bocado no espírito de *"quem é que possivelmente prendemos amanhã?"* [risos]... ou *"quem é que se prende para depois de solto andar aí a fazer de 'choca' e atraír outros?"* O papel, a atitude deles era sempre muito operacional, não estava voltada para estudos eruditos... Eram muito agressivos, compulsivamente operacionais.

AKV: A nível dos SCCIM houve, além dos trabalhos de Ferraz de Freitas e de Melo Branquinho, mais algumas obras de referência...?

FAM: Não. Havia umas coisas esparsas. Uns trabalhos dos Administradores das áreas de Manica e Sofala e da Zambézia sobre seitas, Testemunhas de Jeová; mas eram trabalhos fracos. Além do mais, faltavam-lhes os meios. Bibliografia onde, por exemplo? E tempo? Estavam sempre, verdade se diga, solicitados para respostas imediatas.

AKV: Mas para o Islão especificamente?

FAM: Não, não havia. Até por uma razão muito simples: a partir de determinado momento, quando comecei a trabalhar no assunto e os SCCIM começaram a pôr cá fora coisas que as pessoas viam tratadas lá dentro, isso complexou um bocado as instâncias civis e militares, de maneira que se calaram todos e ficaram à espera de mais. Em termos chãos foi isto.

AKV: Falando ainda de estruturas, a 2ª Repartição do Quartel General da Região Militar, chefiada por Pedro Cardoso de 65 a 68, se não me engano, produz dois...

FAM: Não me lembro...

AKV: ...produz dois SUPINTREP'S...

MOÇAMBIQUE MEMÓRIA FALADA DO ISLÃO E DA GUERRA

FAM: Não me lembro...

AKV: Um sobre Populações de Moçambique[88], e outro sobre o Panorama Religioso de Moçambique[89]. A estes teve acesso? São ambos de 67, portanto, mais uma vez, já posteriores à preparação do seu trabalho...

FAM: Francamente, não me lembro. Li-os com certeza absoluta, não devo ter achado nada de especial, sem querer ser injusto. Devo ter comentado *"não me contam nada de novo, passemos adiante"*.

AKV: Falemos então de uma outra estrutura extremamente importante no contexto ainda das forças do terreno: Igreja e missionários. Ora, eu queria mencionar aqui várias instâncias, uma delas Frederico José Peirone. Portanto, ele vai elaborando uma série de estudos com base em contactos reais, directos com as populações. Tem, por exemplo, um artigo de 63, "Correntes Islâmicas Moçambicanas", na revista *Ultramar*[90], e um outro artigo que poderá ter tido alguma influência no seu trabalho, o "Ensaio para uma cristologia islâmica"[91].

FAM: O...?

AKV: *"Ensaio para..."*

FAM: Sim. Trabalho muito interessante, tive acesso a ele antes de entrar nos SCCIM. Isso integra aquele conjunto de coisas que pude ir lendo e estudando no período de tempo que medeia entre 62 e 65, e salvo erro, foi-me facultado pelo então Major Nuno Vaz Pinto, Secretário Provincial das Obras Públicas.

AKV: Sim , já se lhe referiu antes.

FAM: Li, portanto, o Padre Peirone nessa altura... e depois nos SCCIM já não me lembro bem, mas recordo que o li com particular interesse e até o reli em França.

AKV: Mas portanto ele era um... era reconhecido como...

FAM: Reconhecido como um homem muito sério.

AKV: Chegou a ter contactos directos com ele?

---

[88] Supintrep (Relatório Suplementar de Informação) nº 22, "Populações de Moçambique", Janeiro de 1967, Confidencial, emitido pela 2ª Repartição do Quartel-General da Região Militar de Moçambique (Arquivo da Divisão de Informações do Estado-Maior General das Forças Armadas).

[89] Supintrep nº 23, "Panorama religioso de Moçambique", Outubro de 1967, Confidencial, emitido pela 2ª Repartição do Quartel-General da Região Militar de Moçambique (ANTT, SCCIM nº 105, fls. 16-221).

[90] Peirone 1963.

[91] Peirone 1962.

FAM: Não. Nunca o conheci. Nunca tive nenhum contacto directo com ele. Ainda tenho um livro dele lá dentro (gesto). As coisas escritas pelo Padre Peirone eram muito sérias, muito documentadas, e muito bem...

AKV: E em relação especificamente ao uso...

FAM: Aí era completamente discrepante em relação ao Professor Silva Rego, que era professor universitário, ou ao Padre Porfírio Gomes Moreira, por exemplo.

AKV: Pois, mas já lá vamos.

FAM: Nada, nada que se comparasse com ele, nem de longe.

AKV: Em termos da atenção que prestou mais tarde à questão da cristologia islâmica no seu trabalho, o trabalho do Padre Peirone serviu-lhe de base, ou foi apenas mais um elemento...

FAM: Não, era apenas mais um elemento de estudo. Mais nada. Foi alguém que li, que li detidamente na altura e que mais tarde me serviu como ponto de apoio para estudar a cristologia islâmica no próprio Alcorão. Segui as indiciações do padre e fui directo às suratas e aos versículos indicados. Depois repetiria tudo sem "bordão". Mas para a abordagem facilitou-me muito a vida.

AKV: Em termos desta relação com o Islão, eu queria mencionar também o nome do padre António Maria Lopes, que em 65 publica *A Igreja e o Islão em Diálogo* e que depois vem a ter uma segunda edição em 67, ambas da Tipografia das Missões, de Cucujães[92], e em 65, também, publica *Palavras de Mólumo a Jesus Cristo*[93] que tem uma particularidade, foi publicação bilingue em português e naharra.

FAM: Não conheço essa última publicação.

AKV: Esse padre teve alguma relação, teve alguma importância, porque...

FAM: Pessoalmente, não. Quando li o livro dele não me pareceu que houvesse necessidade de ir contactá-lo.

AKV: E não sabe se estes livros tinham algum efeito a nível de missionação, de missionários, de...

FAM: Entre padres poderiam ter, entre leigos... nada. O "meio" de Moçambique era Lourenço Marques... As elites, os dirigentes, tudo, sem ofensa para eles, padeciam de uma limitação que é muito própria das épocas de crise: as pessoas estão com uma árvore à frente e não são capazes de ver a floresta, não é verdade?

[92] Lopes 1965a.
[93] Lopes 1965b.

Era uma gente extremamente absorvida pela árvore que tinha à frente... A vida era muito agradável, muito fácil, uma alta qualidade por pouco dinheiro, depois a África do Sul estava perto, era um enorme conforto para se ir a compras, dentista, e para *"just in case"*... Isso influenciou extraordinariamente a atitude das pessoas, perante a História, perante a hora que se estava vivendo, como perante a própria vida, o que explica, depois, o fragor de casamentos que rebentaram quando se dá a "Revolução". Marido e mulher deixaram de ir jantar a casa de A ou B ou C, deixaram de ir ao cinema e de cear em grupo, e portanto ficaram confrontados com o estarem sozinhos à frente um do outro no meio das dificuldades e sobretudo dos receios do futuro. A realidade foi esta. Era um tempo dourado, estou a lembrar-me de uma senhora do "Grémio", em Lourenço Marques, que comentava às amigas: *"Eu adoro países subdesenvolvidos".* O marido dizia-lhe: *"Ó filha, mas porque é que dizes isso?"* E ela *"Ai, temos todos os criados que quisermos, nunca faltam criados aqui, há seis milhões de criados" [risos].* O marido repreendia *"Ai filha, não podes dizer isso".* *"Mas é verdade"*, contestava ela. E era! *[risos]* O subdesenvolvimento da massa era muito confortável para a elite.

AKV: Mas este tipo de vozes como o Padre António Maria Lopes não era muito frequente?

FAM: Não, não era frequente. E também não tinham eco, ou o eco era mínimo.

AKV: Pois...

FAM: AbdoolKarim, é cruel mas não tinham eco! Eu compreendo, está a tirar informação e eu estou-lhe respondendo: tristemente não tinham eco; uma pessoa ou outra lia; das pessoas que eu conhecia poderíamos ler eu, mais duas, três, liam o Dr. Vítor Hugo Velêz Grilo, comunista e agnóstico, que teve uma influência enorme em mim, monárquico e católico como era e sou. Pois ele conseguia ser um grande português, por bizarro que pareça. E um homem "religioso", lá muito no fundo...

AKV: O facto de ter tido publicação bilingue em naharra tinha particular importância?

[longo silêncio]

AKV: Ou era um gesto, digamos assim?

FAM: Eu penso que era um gesto, não penso que tivesse conseguido nada em especial. Ele fez a tradução bilingue naquilo que podia fazer... Já não foi mau!

AKV: E chegamos então ao nosso famoso Porfírio Gomes Moreira.

FAM: Pois.

AKV: E é o seguinte, então. Há várias expressões que interessam. Há uma, por exemplo, que vem na carta que cita no seu "Posfácio"[94] e em que levanta aquela tal questão de *kalam*, que ele disse que...

FAM: *"Onde é que está o erro?"*, perguntei-lhe eu.

AKV: Portanto, uma das perguntas que eu faço é se ele, quando punha esta questão e dizia *"na propaganda da administração há este erro"*, e lhe diz isto a si, tinha consciência de com quem estava a falar, ou seja, com o autor?

FAM: *[longa pausa]* Como é que eu lhe hei-de dizer...?

AKV: Na sua resposta diz-lhe assim: ah fiquei com curiosidade de saber qual é o tal erro e tal... *[risos]*

FAM: Percebi qual seria o erro, o que segundo ele seria "erro". ... Quando na Mensagem[95] se fala de Cristo, diz-se na eulogia: "Nele reside a paz"... não é? Isso, teologicamente, em termos islâmicos, é erro... Mas é um erro consciente, um risco com o qual se conta; porque se o Governador-Geral dissesse na Mensagem " que esteja em paz", que é a intenção da *eulogia* em termos de Islão, isso seria automaticamente não reconhecer a divindade de Cristo. Pois se Ele é divino, nele reside a Paz. Donde, em termos votivos, "Nele <u>resida</u> a <u>Paz</u>". Aí é fácil, em tradução, depois, alegar que o Governador-Geral tinha querido dizer "que a paz esteja com ele", facilmente confundível com "Nele reside a Paz". Na tradução era fácil "jogar" com a intenção do Governador-Geral, e foram essas as indicações que se deram. Mas é um "malabarismo verbal" que tive de introduzir ali, explicando-o ao Governador--Geral, porque ele à partida me dissera *"Cuidado, não me arranje sarilhos com os Bispos"*. E foi a única forma de não arranjar sarilhos com os bispos católicos. O Padre Porfírio Gomes Moreira apercebeu-se e largou essa piada *[risos]*. Obviamente, essa particularidade estilística e verbal não foi apercebida pela massa.

AKV: Mas, portanto, ele sabia que Fernando Amaro Monteiro era o autor deste projecto, digamos assim?

FAM: Devia saber. Repare, nunca ninguém me falava nisso. Nunca houve <u>ninguém</u> que se dirigisse a mim e dissesse: *"Você no outro dia fez e aconteceu tal"*. Ninguém! As pessoas podiam desconfiar que era eu, mas não ousavam dizê-lo à minha frente pelo menos: porque o Governador-Geral era tido como o autor oficial, como é evidente; porque as pessoas compreendiam que isso era gizado em meios a que não tinham acesso, nem tinham de ter; e porque sabiam que, mesmo que fosse eu,

---

[94] Ver Monteiro 2003b: 305.

[95] *Mensagem de Sua Exa. O Governador-Geral, Dr. Baltazar Rebello de Sousa, aos maometanos da Província de Moçambique*, Lourenço Marques, 17 de Dezembro de 1968 da era de Jesus Cristo / e 26 do Ramadan de 1388 da Hegira, folheto impresso A5 de 4 fls. (ANTT, SCCIM nº 413, pt. 1, fls. 232-237). Sobre o processo de difusão e aproveitamento da Mensagem, ver ANTT, SCCIM nº 413, fls. 45-49, 218-219.

não iria dizer-lhes nem responder a comentários. Muito embora, estou convencido, se apercebessem que era eu, porque algumas vezes diziam-me coisas a sondar, do género *"quem fará aquelas coisas ao Governador-Geral, não é ele de certeza"*. Eu olhava para outro sítio, mudava de conversa, as pessoas paravam. Havia, apesar de tudo, alguma disciplina colectiva.

AKV: Mas ele, Porfírio Gomes Moreira, estudou com Félix Maria Pareja, uma das grandes autoridades orientalistas, ou islamólogos da Europa, e isto veio a ter implicação na forma como se inseriu na relação com o Islão?

FAM: Não. Creio que os encontros presenciais dele com o Padre Pareja são posteriores à introdução no Islão. Ele faz sobre o Islão uma porção de estudos... tipo apontamentos policopiados, oferecia-os um bocado a nível das autoridades interessadas. O Padre Porfírio Gomes Moreira tinha uma postura muito curiosa, era uma pessoa que... estava sempre um pouco a dar "recado", compreende como é? Aparecia e dizia: *"Tenho aqui um papel que escrevi sobre o assunto"*. Havia nele uma necessidade muito grande de protagonismo, estava sempre por trás da cortina a tentar fazer alguma coisa e a meter-se nos assuntos. Porquê? Tinhas instruções concretas de alguém? Dava então realmente "recados"? Fazia "sondagens"? Ou isso correspondia, pura e simplesmente, a um recorte da sua personalidade? Ponto de interrogação, não sei. Talvez dois vectores conjugados. Nunca percebi. Nem me preocupava muito, francamente, a não ser que ele viesse dar algum recado assustador. Que aliás ninguém lhe entregaria ou que ele não quereria dar... De todo. Não era o género de chegar até aí.

AKV: Vamos pegar um bocadinho nisso. Por exemplo, na comunicação...

FAM: Agora que ele já "operava" antes de ir para o Padre Pareja, já; porque ele, se chegou a ir, vai estudar Islão com o Padre Pareja depois de 68.

AKV: Não.

FAM: Não?

AKV: Não, e digo-lhe porquê. Porque é assim... eu ia chegar aí através da questão do que chamo o "jogo duplo", que é: por um lado, em coisas que ele assina, há uma abertura para o Islão...

FAM: Pois. Um "abraço ecuménico"?

AKV: Mas no arquivo dos SCCIM nós temos, em várias cópias, aliás um documento intitulado "Elementos recebidos de Região Militar a título particular em Setembro de 67, Redigidos pelo Sr. Padre Porfírio Gomes Moreira"[96]...

---

[96] "Elementos Recebidos da Região Militar a título Particular em Setembro 67. Redigidos pelo Senhor Padre Porfírio Moreira. Apontamentos sobre Islamismo", 22 de Dezembro de 1967 (ANTT, SCCIM nº 412, fls. 512-633). Cf. também ANTT, SCCIM nº 410, fls. 49-138.

ENTREVISTA DE ABDOOLKARIM VAKIL A FERNANDO AMARO MONTEIRO

FAM: É dele. Pois, lembro-me disso. Não da data.

AKV: Isto... recebidos em Setembro de 67, em que ele lá tem *"circulem isto, por favor mas não mencionem o meu nome porque isso depois punha-me numa situação difícil"*. Bom, no contexto desse documento ele refere que tinha falado com o grande mestre dele, Félix Pareja, acerca da questão da tradução do Alcorão, se devia ou não ser traduzido.

FAM: Pode ter "falado" em correspondência, em troca epistolar não estudou propriamente, ou se estudou terá sido no género do outro dizer *"leia isto, ou leia aquilo ou leia aqueloutro"*, à distância. Ele só vai a Espanha depois, em 69, ou mesmo depois de 69. Porque me diz *"Vou agora"*, não sei se chegou a ir, faço reserva. *"Vou agora para Espanha trabalhar com o Padre... vou tirar a minha licenciatura em 'Charia' junto do Padre Pareja."*

AKV: Bom, antes de chegarmos então à questão do objectivo dele em pôr em circulação estes "Elementos..."

FAM: Não sei onde é que ele poderia tirar uma licenciatura em Direito Islâmico em Espanha ... Creio que só havia em França ou em Itália. Mas talvez pudesse. Contudo, como poderia ausentar-se três ou quatro anos de Moçambique?

AKV: No seu "Relatório de Serviços na Metrópole"[97], que é precisamente quando assiste ao IV Congresso...

FAM: O IV Congresso Internacional de Estudos Árabes e Islâmicos[98].

AKV: ...onde conhece o ...

FAM: <u>Pessoalmente</u> o Padre Porfírio Moreira, visto que já o conhecia de nome.

AKV: A questão a que queria chegar é a seguinte: no seu "Relatório de serviço na Metrópole" diz a certo ponto qualquer coisa no sentido de que este homem representa uma linha de acção do Bispo de Vila Cabral, e que este projecto, digamos assim, paralelo, de abertura para com o Islão, pode causar interferências no Projecto dos SCCIM e que há, portanto, que avançar com toda a rapidez...

FAM: Exacto. Não me lembro em rigor de ter escrito isso, mas corresponde ao que eu pensava. Não me lembro mas corresponde. Naquele contexto, a Igreja não podia ficar à frente na corrida. Ou, pelo menos, não poderia ficá-lo em demasia. Urgia "lançar" o Estado – entenda-se o Poder colonizador. A bem, claro! Mas urgente.

---

[97] "Relatório de Serviço na Metrópole", Secreto, de 12 de Setembro de 1968, da autoria de Fernando Amaro Monteiro (ANTT, SCCIM nº 412, fls. 408-414).
[98] IV Congresso de Estudos Árabes e Islâmicos, Coimbra e Lisboa, 1-8 Setembro de 1968.

AKV: Há aqui duas questões. Primeiro, saber se o Padre Porfírio representava efectivamente alguma coisa em termos de um projecto estruturado e na sua articulação com o Bispo de Vila Cabral. Segundo, sendo esse o caso, em que sentido e porquê ele representaria uma interferência negativa.

FAM: É muito simples. O projecto Vila Cabral, chamemos-lhe assim, já existia.

AKV: Existia?

FAM: Existia. O Projecto Vila Cabral existia neste sentido: era uma atitude nova da Igreja, uma atitude de <u>iniciativa</u>. Em termos de estratégia, face à acção do poder politico, era uma competição fortíssima. Era "competição" tudo o que nesse momento retirasse iniciativa ao Estado, mesmo que fosse lançado com o melhor propósito possível e quiçá também contasse a favor do Estado. E era uma competição "perigosa"; efectivamente era, na medida em que podia fugir ao controlo, porque a situação não era de maneira nenhuma propícia a que surgissem iniciativas "esparrinhando" e amanhã não se pudessem estancar num caso de necessidade. A situação era de alto risco, emergência, era uma situação de guerra, exigia respostas muito disciplinadas, muito concatenadas, sem intromissões lateralmente ao comando ou na escala da competência deste. Quem quer que entrasse nestas respostas tinha que obedecer a ordens ou tinha que aceitar o que lhe fosse dito, e não podia aparecer com iniciativas não integradas. Isto explica a retracção dos SCCIM ou, se quiser, a minha retracção, diante dos projectos como o da Diocese de Vila Cabral e diante de projectos como Suleiman Valy Mamede / General Câmara Pina / Professor Martins de Carvalho, etc., etc., fosse quem fosse. *"Nada. Não venham aqui mexer porque a hora é muito complicada, os elementos concretos estão aqui, a subversão armada avança por aqui, por ali, por acolá. Não é o Islão que está a avançar."* Ou melhor, o Islão avançava, sim, mas o que me preocupava era a guerra e qual o papel que o Islão poderia fazer contra ela ou a favor.

AKV: Deixando de parte o segundo aspecto que mencionou...

FAM: Isso era onde o Bispo de Vila Cabral não seria bem-vindo ao panorama, muito embora fosse explorável dizer-se *"o Bispo de uma diocese da Província portuguesa de Moçambique fez assim"*. Nessa ordem de ideias a intervenção dele era explorável em APSIC. Mas a pessoa do Bispo representava um risco, pois não era possível dizer-lhe: *"Senhor D. Eurico, muito bem, mas agora não diz mais nada!"*. Não era possível, claro! E, se fosse possível, ele, homem muito digno, não aceitaria. De maneira que era um risco, de qualquer forma.

AKV: Mas tem alguma forma de consubstanciar ou estabelecer alguma ligação entre Porfírio Gomes Moreira e... a linha...

FAM: Ele disse-me que tinha ligações constantes com o Bispo de Vila Cabral.

ENTREVISTA DE ABDOOLKARIM VAKIL A FERNANDO AMARO MONTEIRO

AKV: Mas, então, como é que se entende esta duplicidade dele? Por um lado, aquele relatório que ele apresentou à Região Militar diz muito claramente, e várias vezes repete, que em relação à política dos que, por erro de ilusão, por muito bem intencionados que sejam, crêem que é possível "aportuguesar" o Islão, há que imediatamente se convencerem de que é impossível, porque o Islão é...

FAM: AdboolKarim, só há uma explicação ... muito simples e que se ajusta. Não é que eu visse o Padre Porfírio a entrar em quaisquer "maquinações" de retaguarda; não, também não era pessoa para isso. Não diabolizemos o homem! Simplesmente havia nele, quanto a mim, uma necessidade de protagonismo muito grande, era homem que tinha uma necessidade enorme de protagonizar numa situação especial; é engraçado, ele não queria vir à ribalta, mas gostava de protagonizar nestas jogadas. Falava comigo, insinuava que tinha havido um erro de "Kalam"; estava com "dor de cotovelo" por o Poder político se ter metido naquilo em que a Igreja tomava a iniciativa de mexer. Depois olhava desconfiadíssimo para Suleiman Valy Mamede, mas se necessário conversava com ele, podia dizer-lhe uma coisa ou duas que o animassem se eu não estivesse presente; e da mesma forma falaria com o Bispo, dizendo de mim: *"Aquele sujeito que está ali é que anda a fazer os discursos do Governador-Geral"*. Vê como é? Ele vivia assim. Era quase uma questão de comportamento compulsivo...

AKV: Mas vejamos as peças no tabuleiro, o que nós temos é o seguinte: o Governo Geral, através dos SCCIM e por sua mão, tinha um projecto; há outra linha de força que, concordo, é perfeitamente identificável com, ou pelo menos tem por figura simbólica, o Bispo de Vila Cabral; temos depois a mexer no mesmo terreno alguém que no seu relatório está conotado com esse "projecto Igreja", mas que, a julgar pelo que ele próprio diz, está não apenas a opor-se ao vosso (Amaro Monteiro/ SCCIM) projecto mas também à própria linha do Bispo de Vila Cabral, pois considera que qualquer forma de pactuar com o Islão, seja com traduções ou pelo "aportuguesamento" do Islão, etc., representa uma ilusão, um erro, um erro fatal, aliás. Portanto, qual é exactamente a posição dele no meio disto?

FAM: É como eu lhe digo, do meu ponto de vista há nisso um protagonismo compulsivo, uma necessidade enorme de andar a "dizer coisas", a tirar efeitos por ele próprio. Só há outra hipótese que me chegou a passar pela cabeça e que ponho aqui a titulo meramente "académico": alguma força, alguma entidade, fosse o que fosse a que ele pudesse estar ligado e lhe desse instruções para procurar não deixar avançar nem de um lado nem do outro, para como alternativa fazer "ponto de embraiagem" na situação. Porque se seria um risco continuar-se, seria por outro lado também um risco não fazer nada; portanto, dar um alento ao Bispo, travar os SCCIM, vice-versa, desconfiar de A, B, de C e de D. Quer dizer, alguém ou alguma força que fizesse apelo à inércia, e só vejo, nestas circunstâncias, uma força que

MOÇAMBIQUE MEMÓRIA FALADA DO ISLÃO E DA GUERRA

pudesse fazer isto: a DGS; não vejo outra. Deus tenha o Padre Porfírio em paz. Não é uma conclusão, é apenas uma hipótese "académica", perfeitamente possível. Seria muito uma coisa ao estilo DGS, *"nada de evoluções rápidas, deixemos isto estar como está, não alteremos, estamos a ver, fiquem quietos..."*

AKV: Aquela carta que excerta no seu 'posfácio' representa o facto de que havia com ele um diálogo mais ou menos constante ou...

FAM: Não, por isso é que a carta me despertou especialmente a atenção. Ele sentiu-se obrigado a intervir, quis-me dar o recado com aquela carta, quis dizer *"isto está a ser mal visto por nós clero"*. Inclusivamente, a carta era incorrecta até para o Governador-Geral; só extractei aquele bocado para não atingir o Dr. Baltazar Rebello de Souza, mesmo muitos anos depois, não valia a pena, não é? Mas a carta era mesmo insolente para com o Governador-Geral. Ou ele queria que eu a exibisse, e então era suicida; ou contava que eu não o fizesse, como não fiz, e foi insensato, incorrecto.

AKV: Mas por causa da Mensagem?

FAM: Por causa da Mensagem. Muito sinceramente, a impressão que eu tenho é esta: a Igreja não teve outra coisa a fazer senão aplaudir imediatamente, assim que a Mensagem saiu; <u>logo!</u> No dia seguinte, os telefonemas ou os telegramas dos Bispos católicos representavam uma adesão praticamente <u>total</u> ao conteúdo e à forma da Mensagem, não havia mais nada que fazer senão isso. Mas, <u>na realidade</u>, digeriram <u>muito mal</u> uma "pastoral" do Poder. Coisa inusitada! Que não era uma "intromissão", repare! Se se pode falar de "intromissão", foi-o um pouco a Carta do Bispo de Vila Cabral[99]. Um testemunho ecuménico, sim senhor, inteiramente de acordo; belíssima mensagem, inteiramente de acordo; politicamente muito oportuna , sim senhor, para a Igreja e até porque serviu a Portugal na altura. Mas o que ela noutro plano <u>representava</u> era aquilo que eu, pessoalmente, receava, e nos SCCIM foi receado também: uma virtualidade da acção da Igreja que retirasse a iniciativa ao Governo, ou que tornasse difícil qualquer contra-indicação do Governo. Nesta ordem de ideias era uma força rival a eliminar ou a condicionar. Da maneira mais arredondada possível, mais delicada possível, mas depressa. A Igreja apercebe-se disso... Eu vou falar com o Bispo de Vila Cabral e D. Eurico viu, viu perfeitamente que os SCCIM estavam cientes do que ele representava. E, de uma maneira geral, o clero católico reagia mal às coisas governamentais. Apercebia-me sempre, nos con-

---

[99] Ver Nogueira 1966. Na documentação dos SCCIM consta também uma tradução francesa deste texto, emanada do Consulado Geral de França em Lourenço Marques, com o título de *Texte de la Lettre Ouverte Adressée par L'Eveque de Vila Cabral Mgr. Eurico Dias Nogueira aux Musulmans de son Diocese a propos du Cinquentenaire de Fatima* (ANTT, SCCIM nº 410, fls. 345-357).

tactos que tive com alguns Bispos. Tratavam-me o mais cortesmente que é possível, nunca ouvi outras palavras que não fossem de consideração e simpatia, mas sentia-lhes uma retracção/cautela, quer por representar um concorrente político, o Governador-Geral, quer também por me sentirem simpatizar com o Islão. Reacção de "ciúme", de despeito, de desconfiança, tudo junto? Não sei. Confesso-lhe nunca me preocupou muito, católico que sou. Uma coisa, para mim, é a Igreja como Corpo Místico de Cristo, em que me integro de coração humilde e espero morrer; outra é o edifício político e administrativo da Igreja, as directrizes estratégicas da Santa Sé, a Secretaria de Estado do Vaticano, etc. Durante a guerra habitavam por lá alguns patifes, perfeitos exemplares do maquiavelismo renascentista. Ressalvo, com o devido respeito, o Papa. Mas alguns outros fizeram muito mal a Portugal e tinham procedimentos *ad latere* esquisitíssimos, cuja raiz não se percebia. E não seria para perceber, com certeza...

AKV: A nível de Bispos havia alguma dicotomia em termos de abertura / não abertura?

FAM: *[pausa demorada]* Havia, por exemplo, uma reacção muito desconfiada do Arcebispo de Lourenço Marques[100]. Homem honesto, mas muito retraído; não era hostil, mas muito retraído e com certa sobranceria. Até exprimia essa atitude na sua postura nas cerimónias islâmicas a que comparecia, uma postura distanciada... e fria, muito pouco condicente com a sua qualidade de pastor de uma Igreja ecuménica. Eu lembro-me de Gulamo, em que estava o Governador-Geral Baltazar Rebello de Souza a ler a Mensagem na mesquita dali, foi um momento político muito alto, o tal em que a segurança fora entregue às Confrarias... O Arcebispo apercebeu-se, na altura, do momento político. Reagiu mal, pelo menos somaticamente. Estava recostado numa cadeira de espaldar, atirado para trás, de banda, com a perna traçada, numa postura displicente que não dizia nem com o local, nem com a solenidade do momento, nem com o discurso do Governador-Geral. A atitude dele era <u>ostensiva</u>; queria mostrar que "dava de barato" o que se estava a passar, lembro-me disto perfeitamente. Sendo um homem de portuguesismo sem mácula, naquela ocasião, afinal, não percebeu Portugal! Fiquei triste de vê-lo.

AKV: Chegando então a D. Eurico, talvez se lembre que em Silves pus a questão de saber – porque mencionei que Eric Genoud via a postura do Bispo de Vila Cabral como algo que tivesse sido pensado no Vaticano[101] e eu levantei essa questão, e mais ou menos toda a gente disse que não. Por pura coincidência, dois dias depois estava eu em Coimbra, numa conferência organizada pela Reitoria da Uni-

---

[100] D. Custódio Alvim Pereira (1915), Arcebispo de Lourenço Marques de 1962 a 1972.
[101] Conversa pessoal e correspondência de AbdoolKarim Vakil com Eric Genoud.

versidade, em que D. Eurico, agora Arcebispo Resignatário de Braga, era orador convidado, e para a qual contribuiu discursando em registo de testemunho pessoal sobre a sua relação com o Islão em Moçambique, e o que ele deu a entender nesse testemunho pessoal foi simplesmente: *"eu era um jovem, cheguei lá um pouco de pára-quedas, de repente apercebi-me desta realidade e comecei a aprender pragmaticamente como mover-me no terreno"*. Portanto, não fazia parte de nenhum projecto pré-concebido, nem...

FAM: Talvez não. Estou, vejamos, convencido de que não levava instruções do Vaticano. Tudo foi gerado lá. Até porque a percepção da influência de n forças no terreno, pela Diocese, era fraca. Por exemplo, D. Eurico não sabia qual era a malha dos pólos dirigentes dentro do Distrito, apercebia mal isso; nunca apercebeu o papel do "Xehe" Abudo Michongué, "apostou" sempre no "Xehe" Cassimo Abdala. Nunca "detectou", passe o termo, que o verdadeiro accionador das coisas estava no Malawi. Não entendeu, tinha fraca informação. Por outro lado, a sua intenção pastoral, doutrinária, era genuinamente ecuménica no primeiro plano. As outras percepções ou ópticas viriam depois, faço-lhe essa justiça.

AKV: Porque ele ia tacteando?

FAM: Sim, tacteava... Escolheu muito bem o termo, é isso, tacteava. Convidava-os para casa, convidava-os para almoçar ou para jantar com ele ... sentava-os apostolicamente à mesa, com o que os cativou muito. Houve entre ele e os "Xehes" um intercâmbio afectivo muito bom, ele não fazia perguntas, portanto é natural que não se apercebesse da importância do "Xehe" Abudo Michongué. Era um Bispo genuíno, embora, claro, com a sua dose de homem político, compreensível sobretudo na circunstância.

AKV: Além da maneira como ele foi interferindo, com a sua abertura, que determinava no Governo Geral a expectativa que já mencionou, havia um outro factor ainda, que é a relação dele com Suleiman Valy Mamede. Há uma carta que acompanha a dádiva dos muçulmanos do Niassa para a construção da mesquita em Lisboa...

FAM: Dez contos. Era uma boa soma na época.

AKV: Fazem acompanhar essa quantia com a seguinte nota: "Foi o sr. bispo cristão da nossa terra, que é muito nosso amigo, que explicou a nós que havia um sr. doutor, gente grande em Lisboa, que era da nossa religião, e que ele queria fazer uma mesquita grande e linda na capital de Portugal", etc., etc.[102] Portanto, o teor é o seguinte – e eu, por acaso, não transcrevi essa parte: está aqui um muçulmano,

---

[102] Carta transcrita in *O Islão*, órgão da Comunidade Islâmica de Lisboa.

que é grande doutor, na capital de Portugal, e quem nos deu essa percepção foi o sr. Bispo que nos falou dele. Isso cria um estatuto para Suleiman Valy Mamede, que depois se vai repercutir lá e que é exactamente o contrário do que os SCCIM querem com o seu projecto, não é?

FAM: Evidentemente.

AAKV: Portanto, havia mais este nível de interferência. A relação de Suleiman Valy Mamede com o Bispo, não é?

FAM: Que nós apercebemos em Lourenço Marques. O Bispo, como digo, fugia-nos ao controlo, compreende? Com uma pessoa como Suleiman Valy Mamede, por menos nível que pudesse ter, era da mesma forma, falava-se um pouco com ele ou palpava-se um pouco o seu tipo de iniciativas e via-se: é um homem que só se pode aliciar, só se pode introduzir neste plano caso obtenha com isso compensações muito fortes. Era o tipo de pessoa só utilizável se fosse possível "seduzi-la completamente". Ora, ele só era seduzível completamente a um preço muito alto. Não compensava o risco. Não estou a pensar em termos monetários, estou a pensar em termos de compromissos, etc.; não havia razão nenhuma para se jogar tanto, tão forte, numa "carta" que não se conhecia bem. Não se sabia onde é que ele iria parar; porque tinha características pessoais que recomendavam pouco o seu aliciamento.

AKV: Nós havemos de voltar a essa questão, mas para completar o elenco da Igreja e das missões: Sebastião Soares de Resende, Bispo da Beira[103], vale a pena incluí-lo neste xadrez ou não?

FAM: Não.

AKV: Não tem...?

FAM: Não. Aquilo que D. Sebastião tivesse dito não riscava nada já para nós.

AKV: Um último elemento que não sei sequer se conhece: o Padre Albino da Silva Pereira, que escrevia com o nome literário de "Lobiano do Rego". Eu tenho-o estudado muito, porque ele tem sete livros em que ataca o Islão de forma bastante forte, mas de uma forma muito interessante, porque o livro dele *Pátria Morena* tem um prefácio de Gilberto Freyre – Freyre, quer-me parecer, cai numa ..., sem perceber muito bem em que é que se estava a meter, cai numa...

FAM: Esparrela.

---

[103] Do Bispo da Beira sobre o Islão, ver Resende 1948 (reproduzido sob o título "O Islamismo" em Resende 1994: 158-164).

MOÇAMBIQUE MEMÓRIA FALADA DO ISLÃO E DA GUERRA

AKV: É. Lobiano do Rego é um homem que cria uma associação, a LAIN, Associação de Leigos para Missionação no Ultramar[104]...

FAM: Algo como a "Leigos para o Desenvolvimento" de agora?

AKV: Não conheço essa. Bom, não me está agora a lembrar exactamente o nome por trás da sigla, mas o que interessa é o seguinte: ele opõe-se em absoluto à formação da comunidade islâmica em Portugal e à mesquita de Lisboa. Isto, aqui, em Lisboa. Mas ele começa também a interferir em Moçambique: escreve uma carta para o Governador-Geral[105]; escreve outra para o Governador do Distrito de Manica e Sofala; o Governador do Distrito de Manica e Sofala envia a carta ao Governador-Geral que por sua vez a reenvia aos SCCIM[106]; e o Governador-Geral de Moçambique envia a carta que recebeu para o Ministro do Ultramar em Lisboa[107]. Isso é uma carta em que ele (ele Lobiano do Rego, ou Padre Albino da Silva Pereira) explica que é uma pessoa que conhece a realidade de Moçambique desde 1947 e que sabe muito bem o que são os muçulmanos em Moçambique, e que o que eles representam, essencialmente, é uma terrível ameaça para a soberania portuguesa. E, portanto, apela ao Governador-Geral para que faça qualquer coisa; cita especificamente o nome de Suleiman Valy Mamede, avisa contra o que ele pode fazer em Moçambique e anda a tentar fazer na Guiné, e pede que seja...

FAM: Começo a ter uma ideia dessa carta.

AKV: Ia perguntar-lhe se isso chegou a...

---

[104] A designação correcta é Leigos Apóstolos da Integração Nacional. Para se perceber melhor os contornos desta organização, que não deve ter ultrapassado o estádio de simples projecto, há que consultar a documentação presente no Arquivo Oliveira Salazar (ANTT, AOS/CO/UL-32, fls. 1-7). Sobre o Padre Albino da Silva Pereira e o seu pseudónimo, ver nota 17 da Introdução; cf. ainda Rego 1959: 77-83; s.d.: 290-292 e 411-423; 1966: 41-49 e 93-122; 1978: 27-29.

[105] Ver Carta nº 360, de 19 de Junho de 1970, emitida por Fernando da Costa Freire, director dos SCCIM, destinada ao Padre Albino da Silva Pereira. Nela o destinatário é informado do seguinte: "Encarrega-me Sua Exa. o Governador-Geral de acusar a recepção e agradecer a V. Exa. a carta de 14 de Maio de 1970 e o recorte de Jornal que a acompanhava. [...]". O recorte, de um jornal não identificado, do artigo de Lobiano do Rego, "Deus ou Alá?", está junto a este ofício (ANTT, SCCIM nº 420, fls. 82 e 85). O artigo em causa é todo ele construído como uma polémica do autor com Suleiman Valy Mamede, presidente da Comunidade Islâmica de Lisboa.

[106] Ofício nº 915/A31a), de 29 de Maio de 1970, enviado por Custódio Augusto Nunes, Chefe de Gabinete do Governador-Geral de Moçambique, ao Director dos SCCIM, na qual remete cópia "da carta remetida a esta Repartição do Gabinete pelo Governador do Distrito de Manica e Sofala". A referida carta, da autoria do Padre Albino da Silva Pereira, segue em anexo com uma indicação manuscrita relativa à data [970/5/15]. Consiste num excerto intitulado "Deus ou Alá?" que extraiu da sua própria obra *Política de Unidade*, na época em fase de publicação (ANTT, SCCIM nº 408, fls. 17-18).

[107] Carta nº 410/C, de 19 de Junho de 1970, emitida por Eduardo Arantes e Oliveira, Governador-Geral de Moçambique, destinada ao Ministro do Ultramar, remetendo fotocópia da carta e o artigo "Deus ou Alá?" de Lobiano do Rego (ANTT, SCCIM nº 420, fls. 82 e 85).

FAM: Não contou nada para nós. Agora que me falou nisso, até tenho a impressão de que me lembro dele, tinha um nariz grande e usava óculos, salvo erro, vi-o uma vez. Não contou nada para nós, porque a argumentação era fraca.

AKV: E o facto de ele andar a publicar isto em cartas de jornal não interferia em nada?

FAM: Nada.

AKV: Porque era contrário ao seu projecto, mais uma vez?

FAM: Indiferente, melhor dizendo. A partir do momento em que o projecto dos SCCIM foi concebido e começou a andar, pouco ou nada nos interessava, a mim pelo menos, aquilo que pudessem dizer ou deixar de dizer. A não ser, evidentemente que nos viesse de sectores muçulmanos ou repercutisse, em grau averiguado, opiniões deles.

AKV: Mesmo que afectasse a opinião pública adversamente, que criasse...

FAM: Não. Porque, por exemplo, se se verificasse que essa afectação estava a avançar demais, haveria do Governo Geral uma ordem para a Censura: "Cortar!", não é verdade? Se fosse necessário, seria assim. De forma que bem podiam andar a dizer coisas... Nada em princípio nos pararia. Houve uma certa reacção, de resto, à política concebida, nomeadamente quando se repetiram as Mensagens dos Governadores Gerais: aí, à terceira, a do Engenheiro Arantes de Oliveira, o Clero reagia já mal nos bastidores. E, às vezes, não só nos bastidores. O jornal *Diário*, da Arquidiocese de Lourenço Marques, dirigido pelo Padre Joaquim dos Santos, um sujeito mais do que ambíguo e intoxicante, introduzia pequenas maldades nas reportagens sobre a acção do Governo em cerimónias de muçulmanos, embora "puxasse", e alto, pelo relevo. Isentava-se, pois, de acusações de sabotagem através do destaque, mas fazia-a pelos cantos, de uma forma que podia ser imputada a eventual ignorância do jornalista encarregado da peça. Processo hábil, digno do Director do jornal. Depois a PIDE, mais tarde DGS, a partir de um determinado momento, quando vê que o fenómeno está "assinado" pelos Governadores Gerais, caucionado pelo Ministro do Ultramar, dirigido internamente nos Serviços por um sujeito chamado Fernando Amaro Monteiro, entrou "de prevenção"; não direi prevenção rigorosa!, mas numa prevenção constante. Aumenta aí a vigilância sobre mim, por exemplo, sobre a minha correspondência , sobre os meus telefones, etc., etc., sobre o que eu ia ou não ia fazer ao "mato", pois a preocupação dela era esta: o que é que pode surgir de novo, que nós não possamos ou nem saibamos controlar. A PIDE/DGS, perante a política seguida pelos Governadores Gerais, ficou expectante, a realidade ultrapassou-a, compreende? Deu por si a reboque dos factos. Mas estava atenta no sentido de reprimir; só que não tinha por quê. Quando o

Governador-Geral Baltazar Rebello de Souza foi falar à mesquita de Gulamo, no Lumbo, e eu introduzi aquela nota inconcebível de a segurança ser assumida pelas Confrarias...

AKV: Sim, lembro-me.

FAM: ... na altura o Director da PIDE, então António Fernandes Vaz, disse-me: *"Senhor Dr., esperemos que corra bem, porque se não correr, como deve compreender alguém tem que responder por isso"*... Era perfeitamente claro! Não gostavam nada. Como não gostou nada o Governador do Distrito, Dr. José Manuel Marques Palmeirim. Quando lhe disseram *"não há interferência de autoridades administrativas, não precisamos de nada!"*, foi para ele uma tremenda desfeita! Não. A partir do momento em que a política foi aprovada e iniciada, andou com a firmeza possível. A possível, repito. Não lhe escondo uma coisa: tive nisso um papel muito esforçado para se conseguir manter o rumo e o calendário. Os próprios Governadores Gerais, a determinado momento sentiam receio. Não era que tentassem "parar", mas transpareciam o humano receio de a pessoa <u>deles</u> ou de o Governo Geral deles, de cada um deles, ser afectado por causas ligadas à matéria. Eu percebia. Mas não dava espaço a hesitações. Tinha um *feedback* impecável, que era difícil suster. Representava um ritmo indiscutível.

AKV: Pois. Estas referências, que vou mencionar agora, podemos tratar de forma muito breve. Há um livro de Mello Machado, Major A. J. de Mello Machado, *Entre os Macuas de Angoche* que... ele esteve em Moçambique em 63, depois trabalha isto em 68, e é publicado em 70, por isso não deve ter relevância...

FAM: Conheço o livro... É mais de interesse histórico que outra coisa qualquer.

AKV: O ... Álvaro Pinto de Carvalho...

FAM: Ilha de Moçambique.

AKV: ...publica 'O Islamismo em Moçambique' na *Voz Africana*[108]...

FAM: Pessoa muito modesta, de conhecimentos históricos ou políticos muito empíricos. Muito bom a traduzir. Era meu... controlador de traduções em Macua. Mandavam-se fazer as traduções à PIDE , à Emissora Oficial de Moçambique, etc. Eu, depois de tudo isso, pegava naquelas coisas e levava-as a Álvaro Pinto de Carvalho que me traduzia para Português oralmente, à minha frente, sem o texto original. Questionava-o sobre detalhes da forma e respectivo significado. Eram horas; muito cansativo.

AKV: De que língua para que língua?

---

[108] Carvalho 1972.

FAM: De Macua para Português. De Macua e Coti. Ele falava fluentemente Macua e Coti; este era um "patuá" próprio dali, da Ilha e das Terras Firmes.

AKV: E qual era a relação dele com os meios islâmicos?

FAM: Muito boa. <u>Com as Confrarias.</u>

AKV: E o trabalho dele sobre o Islão?

FAM: Era, como já disse, um homem simples – Instrução Primária com bom nível, 4ª classe antiga – e cujo horizonte de vida fora ser funcionário administrativo da Câmara Municipal local, talvez a nível de 3º ou 2º Oficial. Mas era proprietário razoável na área, palmeirais de família. Aliás era miscigenado, embora um leigo não notasse nada porque ele tinha a pele muito branca. Mas chamavam-lhe "Álvaro Macua", precisamente, por duas razões: porque nascera ali, vivera sempre ali, falava macua fluentemente, e parece que tinha distante sangue macua.

AKV: Mas eu estou a fazer confusão, o que é muito possível e provável talvez, ou...

FAM: Suponho que era informador da DGS.

AKV: Era isso que eu ia dizer.

FAM: Suponho. Friso.

AKV: Não foi ele que a certa altura encoraja Abdurrazaque Jamu a publicar certas coisas ...

FAM: É ele.

AKV: É, não é?

FAM: Tudo quanto eram publicações das Confrarias, ou induções às Confrarias para mandarem telegramas, ou fazerem e acontecerem, vinha do Álvaro Pinto de Carvalho. As Confrarias, repare uma coisa,...

AKV: Então, aí, ele não representa também uma interferência?

FAM: Umas "incursões", tentativas sem grande perigo. Preciso dele para as traduções! Como era, digamos, figura de pouco peso, eu subtilmente fazia-lhe notar, em conversa, *"não mexa nisto, não faça isso, deixe-os quietos, não induza a nada."* Ele, que era muito esperto, sensível e bem educado, compreendia logo e acatava, embora gostasse do protagonismo junto das Confrarias... Às vezes, quando via que era perigoso dizer-lhe que parasse, deixava-o induzir as Confrarias a mandarem os telegramas do costume: simplesmente, depois, em conversas com os "Xehes" das Confrarias, dizia por exemplo *"Vi o telegrama que os senhores mandaram no outro dia a tal parte"*, e deixava cair logo a conversa. E eles, espertos, <u>finos como um coral</u>, viam que eu não mostrava interesse nenhum pelos telegramas "de regozijo" ou "de repúdio" nem por esse tipo de acção e diziam *"foi o senhor Álvaro"*... Percebiam nitidamente a quem era vantajoso obedecer. E eu mudava de conversa. Nunca lhe disse de concreto *"pare com isso!"*, porque senti que, se o fizesse, magoava-o, criava um inimigo local, não valia a pena, bem me bastava que ele eventualmente pudesse dar informações minhas à DGS! De maneira que o utilizava para traduções; tinha a certeza de que ele nunca falharia, pois interessava fosse a quem fosse que não falhasse. E dava ênfase ao valor da sua contribuição nesse plano. Ele ficava feliz. E por fim percebeu que não devia contrariar-me.

AKV: Quanto às duas referências que vou citar, queria só saber literalmente se chegou sequer a ter conhecimento delas e, sendo o caso, se o interessavam: Hélio Felgas, que publica ...

FAM: Hélio Esteves Felgas, *Guerrilha e Contra Guerrilha*...

AKV: ...que publica, por exemplo, 'O Islão e a África' na *Revista Militar*[109]. O que me interessou na exposição dele é o facto de focar especificamente a articulação Islão/Comunismo; portanto, o que ele via não era a diferença, mas a forma como se articulavam. Ele via o Islão como uma...

FAM: Sim, via.

AKV: ...uma frente do Comunismo, digamos assim.

FAM: Esteves Felgas, nessa altura, tinha peso aqui em Portugal, ao nível do Estado Maior, ao pé de Santa Apolónia. Não transcendia Santa Apolónia! Podia ser lido noutros sítios, e foi; efectivamente, lembro-me disso. Mas era um típico Oficial do Estado Maior, muito teórico, e muito situacionista, laborando atrás da sua secretária em termos de manter uma boa imagem.

AKV: Mas isso ia confundindo as coisas, porque na medida em que amalgamava o Islão e o Comunismo, duas entidades que...

FAM: Era, ia confundir, criava perplexidades; a nós SCCIM, não criou perplexidade nenhuma, deixava-se falar. *"Vamos em frente, deixa-o falar. Não o contrariamos."* Era a única atitude possível, porque senão era comprar tantas guerras, tantas guerras que não havia possibilidade, não é?

AKV: Claro.

FAM: Agora, que se lia, líamos. Estávamos sensíveis a todas as possibilidades e a mais algumas, em princípio. Com a escassez de meios de que dispúnhamos, muito

---

[109] Felgas 1965a; ver também Felgas 1965b e 1965c.

marcada, a nossa faculdade de perceber alguma coisa vinha do que se ia lendo de jornais estrangeiros, do que se ia sabendo através dos Serviços sul-africanos e rodesianos, de fontes inconvencionais, o Cônsul Geral de França ajudava muito conversando connosco, e outras pessoas de qualidade que lá fossem. Ah! E recebíamos, evidentemente, as informações que vinham da PIDE e se situavam num plano estratégico; quer dizer, vindas do exterior, recolhidas lá fora, havia coisas com o maior interesse, mas que depois eles não eram capazes de interpretar devidamente, porque lhes faltava pessoal ao nível adequado. Eram uma fonte simultaneamente útil para nós sabermos coisas; mas, por outro lado, temível, tanto mais que tinham uma autonomia operacional praticamente total. Não esqueçamos que a PIDE, em última análise, dependia directo de Lisboa, do Governo Central, e tinha uma capacidade para actuar muitíssimo grande.

AKV: Amanhã tocamos um bocado nisso. Um indivíduo chamado Rogério Seabra Cardoso publicou na *Panorama*, a revista do SNI, um curioso artigo intitulado "Islamitas Portugueses. Linha de força de um passado, realidades de um presente, bases do futuro"[110]. É um artigo interessante, porque era uma espécie de síntese de tudo o que estava a ser feito em termos de aberturas para com o Islão.

FAM: Seabra Cardoso? O nome não me diz nada.

AKV: Por último, chego àquela interessante personagem que é Francisco José Veloso, Juiz Conselheiro, promotor, por exemplo, da campanha para a inclusão do nome de Deus na Constituição, articulou Suleiman Valy Mamede, judeus, e cristãos,...

FAM: Exacto.

AKV: ... publica também, na revista *Resistência*, uma carta enviada pelo chefe das confrarias islâmicas ao *Novidades*, em apoio desta campanha para a inclusão do nome de Deus na Constituição; apoia muito fortemente Suleiman Valy Mamede; publicou um artigo em cada um de todos os números da revista *O Islão*, órgão da Comunidade Islâmica de Lisboa, desde o primeiro até 1974.

FAM: Exacto.

AKV: Além disso, fez de Suleiman Valy Mamede representante da Sociedade de Língua Portuguesa, aquando da sua viagem a Moçambique; portanto, torna-se uma peça no tabuleiro.

FAM: Uma peça inserida na linha ou na alternativa Suleiman Valy Mamede, muito apoiada pelo General Câmara Pina, pelo Professor Henrique Martins de Carvalho e outros até 1970, mais ou menos.

---

[110] Cardoso 1970.

MOÇAMBIQUE MEMÓRIA FALADA DO ISLÃO E DA GUERRA

AKV: Então vamos juntar ao ponto seguinte, precisamente o Ciclo de Conferências no IAEDN em Novembro-Dezembro de 1970[111], porque a minha questão é a seguinte: na revista *O Islão* sai um programa deste Ciclo de Conferências no Instituto de Altos Estudos da Defesa Nacional, que tem o nome de Suleiman Valy Mamede a proferir uma conferência[112]. Depois, quando se dá a conferência, ou série de conferências, não fala Suleiman Valy Mamede, fala Fernando Amaro Monteiro.

FAM: Por ordem do Ministro do Ultramar, Professor Silva Cunha.

AKV: O é que se passou?

FAM: Uma súbita ordem, que de todo não esperava. Estava eu em Lourenço Marques e fui, sem perceber porquê, chamado ao Reitor da Universidade, Professor Vítor Crespo – com o mesmo nome do Almirante do 25 de Abril mas sem ter nada a ver. O Reitor diz-me *"O senhor Dr. está autorizado, tem todo o apoio para ir à conferência"*. E eu: *"Mas qual conferência, senhor. Reitor?"*. *"Então?, a conferência que vai fazer em Lisboa"*. Exclamei: *"Eu não sei de conferência nenhuma, qual conferência?"* Fiquei convencidíssimo de que ele estava a ver se eu tinha quaisquer ligações que explicassem a minha ida a Lisboa, subitamente, assim. Repeti: *"Não, não sei de nada"*. E ele: *"Então, chamam-no para uma conferência e o senhor Dr. não é consultado antes?"* *"Não."* E ele estendeu-me nessa altura uma comunicação do Governo Geral, que lhe é mandada pelo Chefe do Gabinete, Tenente-Coronel Custódio Nunes. Um telegrama do Ministro, Professor Silva Cunha, a marcar-me uma conferência no IAEDN numa determinada data, breve, não fixou o tema, mas marcou o dia. Não era propriamente uma "ordem", mas era um "convite muito forte", a compelir. Vou ao Governo Geral falar com o Chefe do Gabinete, *"mas o que é isto?"*, até porque a reacção dele foi inusitada; seria natural, dado o meu pé de relação com o Governo Geral, que me tivesse comunicado antes, feito um telefonema, por exemplo. Ele saca o telegrama, *"É para ir fazer uma conferência, chegou agora"*. *"Mas o que é isto, afinal?"*. *"O senhor Dr. é*

---

[111] Ciclo de Conferências "Incidências árabes e islâmicas no Portugal de ontem e de hoje", Instituto de Altos Estudos da Defesa Nacional, Lisboa, 16 Novembro-10 Dezembro 1970, promovido pelo general Luís da Câmara Pinha e Prof. Dr. Henrique Martins de Carvalho, Subdirector do Instituto de Altos Estudos da Defesa Nacional.

[112] No programa então anunciado pelo boletim da Comunidade Islâmica de Lisboa, em que o tema do ciclo de conferências tinha a designação de "Portugal, o Islão e o Mundo Árabe contemporâneo", os conferencistas indicados eram Francisco José Veloso, António Dias Farinha, Suleiman Valy Mamede, Ângelo Galamba de Oliveira, Coronel Hermes de Araújo Oliveira, Tenente-Coronel Santos Reis e Coronel Basílio Pina de Oliveira Seguro. As comunicações de Suleiman Valy Mamede versavam sobre "A Religião muçulmana e o Direito dos Povos Islâmicos. Direito privativo das comunidades muçulmanas portuguesas", e "Contribuição do Islão para a Civilização Contemporânea. Papel dos Muçulmanos portugueses" (cf. *O Islão: Órgão da Comunidade Islâmica de Lisboa*, nº 9, Agosto de 1970: 23-24).

ENTREVISTA DE ABDOOLKARIM VAKIL A FERNANDO AMARO MONTEIRO

que há-de saber o que fazer". Senti que o Chefe de Gabinete, por qualquer motivo que não percebi, não ficou muito satisfeito com a minha vinda a Lisboa. Mas como as minhas relações com ele foram sempre distantes, hostis mesmo numa dada altura, pensei: isto é o rescaldo do sarilho. De maneira que escolhi o tema para falar, lembro-me que foi *"Perspectiva...Análise...*

AKV: *"Traços fundamentais...*

FAM: *"...da evolução do islamismo em Moçambique".*

AKV: *"da evolução do Islamismo, com vista à sua incidência em Moçambique".*

FAM: *"...com vista à sua incidência em Moçambique".* Portanto, era o contexto do Islão e depois a incidência em Moçambique. Entre o dia em que recebo o "convite" e a data marcada para a conferência era um espaço de tempo relâmpago. Cancelei compromissos, fechei-me num gabinete que me arranjaram e onde ninguém se lembraria de procurar-me, fui para lá com meia dúzia de livros, sentei-me a produzir, e daí a pouco estava em Lisboa, no Instituto de Altos Estudos da Defesa Nacional. Entretanto, ocorreu um sarilho enorme. Sarilho porquê? O Governo Geral passava-me guia de marcha para eu me apresentar em Lisboa, para a conferência; o Reitor da Universidade anuncia-me que vai dar indicação à Secretaria para me passar a guia. Eu explico: *"Não preciso, porque já tenho a do Governo Geral."* Não queira saber o que foi aquilo. Levantou-se uma alta susceptibilidade da parte do Reitor, porque entendia e bem que, sendo eu Investigador da Universidade, tinha que viajar com uma guia dele e não com uma do Governador-Geral. A Universidade reagia à tutela que o Governo Geral lhe queria impor... Quando o Chefe de Gabinete me passa a guia, em nome do Governador-Geral, devia saber que estava a comprar-me um sarilho, a entrar na competência do Reitor. Foi um custo para eu conseguir convencer o Professor Vítor Crespo que não tinha qualquer intenção de desrespeitar as competências dele! Disse: *"Se não quer que eu use a guia, eu não uso, porque sou Investigador da Universidade, mas então faça V. Exa. o favor de se entender com o senhor Chefe de Gabinete, ou com o Governador-Geral, ou com o senhor Ministro, mas eu é que não tenho culpa disto."* Resumindo e concluindo, acabei por vir com a guia do Governador-Geral... salvo erro, por concordância do Reitor. De qualquer das maneiras, isto é secundário; esse problema burocrático-administrativo só tem importância para que veja as "guerras" que havia. Chego a Lisboa, e a conferência foi de uma frieza impressionante. O Dr. Francisco José Velozo estava presente, foi frígido comigo, e eu não percebi porquê. Estavam umas dez pessoas, doze, na conferência: ele, uma série de Almirantes e de Generais, o Professor Henrique Martins de Carvalho, e como representante do Ministro estava o Chefe do Gabinete de Negócios Políticos, Dr. Alexandre Ribeiro da Cunha. Quer dizer, uma conferência que me deu um "stress" enorme a preparar tinha uma assistência diminuta. Houve um nítido boicote. Uma nítida resistência passiva de toda uma série de pessoas que poderiam estar presentes e não foram lá. De entrada nem percebi bem, olhei para aquilo e espantei-me. Foi uma coisa nitidamente feita para me "recusar", me hostilizar, para me demonstrar antipatia ou pouca receptividade. Não tem outra explicação senão o ter sido todo o "sector" de Suleiman Valy Mamede que poderia ir lá e não foi. Bem, fiz a conferência, felicitado pelas pessoas presentes, é evidente, depois fui cumprimentar o Ministro e ele disse: *"Já sei que fez uma boa conferência".* Eu comentei: *"Estava muito pouca gente."* E ele respondeu secamente: *"Isso não tem importância nenhuma, era por causa da hora e as pessoas são preguiçosas!"* Ele saberia com certeza. Mas, na altura, foi uma surpresa desagradável! Depois, a conferência veio a ser publicada na *Revista de Ciências do Homem* da Universidade de Lourenço Marques[113].

AKV: E na *Revista Militar*[114], como lhe disse uma vez.

FAM: Não sabia. Vim a saber depois.

AKV: Mas esse ciclo de conferências, na medida em que eram todas sobre o Islão, representa o quê? Uma maior tomada de consciência em relação a esta questão em Portugal?

FAM: Representa o Professor Henrique Martins de Carvalho, o General Câmara Pina, o Dr. Francisco José Velozo, todo um grupo interessante de pessoas desta terra, gente com muito valor aqui, mostra uma tentativa por parte de um grupo da "inteligência" portuguesa, um gesto <u>integrado</u>, na tentativa que uma parte da "inteligência" portuguesa à Direita vinha fazer para controlar a vida nacional, de alguma maneira. Era um núcleo a organizar-se para controlar as coisas, e essas pessoas jogaram na "carta" Suleiman Valy Mamede, pela simples razão de que esta era uma "carta" relativamente fácil de jogar: vivia aqui, simpático, bom *public relations*, cordato, Presidente da Comunidade Islâmica de Lisboa, a poder usar-se numa solução política qualquer, sabe-se lá! Henrique Martins de Carvalho não tinha sido muito favorável à guerra de África quando ela começou; o próprio General Câmara Pina, que era um chefe militar muito bom, mexia-se, a partir de certo momento, com desconforto nisto tudo. Portanto eu admito que tivesse havido uma análise quanto à Guiné e a Moçambique; na primeira imperava a legenda de Spínola, mas em Moçambique não havia figura emblemática, então. Eu seria um estorvo de bastidor; nunca imaginaram que pudesse desencadear mecanismos tão vivos. Até, por fim, indirectamente a reacção do próprio Ministro. Essa chamada para mim para vir fazer a conferência representa, da parte do Ministro, o "eclipse" de Suleiman Valy Mamede. Como daí para diante, inclusivamente, a recusa do Ministro em con-

---

[113] Monteiro 1972b.
[114] *Revista Militar* nº 6, Julho de 1972: 287-314.

tinuar a dar qualquer espécie de aval a viagens de Suleiman Valy Mamede a Moçambique. Ele, Ministro, deve ter passado lateralmente recado para pessoas como Martins de Carvalho, Câmara Pina e outros que daí por diante pararam de "fazer fogo". Isto aliás justapõe-se a uma fase curiosa da vida portuguesa em que Câmara Pina, Henrique Martins de Carvalho e outros são chamados a pensar no projecto da Monarquia em Portugal. Pelo menos é-lhes instilado esse propósito. Outro "golpe de mestre" de Salazar que, na realidade, não queria de todo a Monarquia... ao contrário do que se propalou e ele próprio fez supor.

AKV: Eles são monárquicos?

FAM: Henrique Martins de Carvalho de que maneira! E Câmara Pina também. É a eles que é cometido, com conhecimento e indução de Salazar, um programa para a educação do então Príncipe da Beira, D. Duarte Pio, actual Duque de Bragança. E começam o programa de oito anos. Em 73 venho a estar com o General Câmara Pina, almoço em casa com ele, já então o General estava muito parado, o projecto abortara. O CEPS está ligado a Martins de Carvalho, a Câmara Pina e a essa gente toda, e esse sector aparece com Suleiman Valy Mamede. Havia nitidamente um projecto da parte de uma certa Direita para tomar conta dos acontecimentos. Havia. E Kaúlza de Arriaga, por exemplo, pensa a determinado momento no Comando Conjunto da África Austral (Angola e Moçambique).

AKV: Nesse ciclo de conferências fala também Basílio Pina de Oliveira Seguro...

FAM: Sim.

AKV: ... com uma comunicação intitulada "Contribuição dos muçulmanos portugueses para a estabilidade nacional em Moçambique"[115], portanto, também incidindo sobre a questão de Moçambique. Qual é o...

FAM: O nível dele? Basílio Seguro, Governador do Distrito de Cabo Delgado, do ponto de vista de percepção das populações e da importância do Islão em Moçambique era fraquíssimo... Logo em 1964 percebi isso, quando o conheci Major, em Palma. Não sabia onde estava. De todo. Não percebia a diferença entre um suaíli de Quionga e um maconde islamizado de Mocímboa, por exemplo. Coisas assim. Graves, pelo menos para mim. Semanas antes de a FRELIMO iniciar naquele Distrito a actividade armada! Para se documentar como um básico vulgar, podia pelo menos ter lido na *Grande Enciclopédia* o artigo sobre Cabo Delgado. Coisa que, estou convencido, não fez, pelo desconhecimento que patenteava na própria conversa corrente.

---

[115] Seguro 1972.

IV

AKV: Se não se importa vamos retomar a conversa onde a interrompemos ontem e repegar algumas questões que ficaram por abordar. Quero começar por voltar ao projecto de accionamento das populações, mas, muito explicitamente, fazê-lo pela perspectiva que lhe propus para estas conversas. Já várias vezes historiou esse processo, em artigos de revista, numa tese académica, na versão em livro dessa mesma tese, sempre, necessariamente, com a distância adequada ao género. O que lhe peço é que o volte a fazer mais uma vez, mas agora num discurso de memória e narrativa oral, por um lado, mas também, e por outro, com particular atenção para tentar historicizar um pouco o processo porque, nas versões publicadas, o projecto é apresentado com a nitidez de um plano, retrospectivamente desenhado em toda a sua globalidade de objectivos e fases. O que eu quero é que me fale de como o projecto se foi desenvolvendo na realidade concreta das coisas, passo a passo, com todos os solavancos, problemas de concretização, oportunidades e surpresas de que sofreu ou beneficiou. Quando e como é que foi concebido? Com quem é que falou na altura? Quais as primeira formulações que fez do projecto? No papel as fases são muito claras, raciocinadas, lógicas, mas como foi que desenharam e aplicaram na realidade, com quanto mais tactear, pragmatismo e adaptação do que aquilo que deixou escrito sugere?

FAM: Detesto estar sempre a falar em primeira pessoa, mas não tenho outro remédio...

AKV: Compreendo, mas nos trabalhos anteriormente publicados o projecto aparece sempre referido na terceira pessoa; o que eu quero aqui é que o assuma como seu e me fale...

FAM: Pois.

AKV: ...assumidamente, na primeira pessoa, do seu papel nesta história.

FAM: Bom. Dia a dia, momento a momento, comecei a aperceber-me da extraordinária necessidade de se fazer alguma coisa, quando conheci a família

Dulá, o que equivale a dizer, logo em finais de 62 ou princípios de 63, não sei precisar bem. Era para mim evidente, olhando para aquela gente e vendo, por exemplo, o que fazia o velho Amad Dulá, que ele estava marginalizado. Estava, estavam ele e a sua gente praticamente ostracizados e desconfiados pela generalidade das autoridades. Achei isso profundamente injusto, achei que era uma prática discriminatória, e, pior, que era uma agressão (insisto neste aspecto) politicamente muito estúpida! Pondo de parte a ordem moral ou a injustiça, era enorme estupidez política e psicológica que ressaltava da circunstância de os muçulmanos serem uma comunidade poderosa, inserida em áreas vitais da Província, e que haveria de ser considerada com ponderação e bom senso, se se quisesse evitar o amanhã de uma formidável reacção. Quer dizer, apercebi-me logo de que a comunidade islâmica constituía em Moçambique como que um interruptor. Era uma imagem que se usava imenso, porque um premir de botão pode apagar ou pode acender. Portanto, era uma situação aleatória, que dependia de quem a manobrasse. Tive a percepção, como hei-de dizer, histórica, política, intuitiva, sem precisar de falar com muita gente, que isso havia de acontecer, ou por um lado ou por outro. Ou a FRELIMO tentaria accionar, ou outra entidade qualquer tentaria accionar. Ou fosse como fosse, se o Governo Português não o fizesse, seria uma comunidade que se colocaria marginal em relação a um processo político que se desenvolvesse; a aguardar dizer a sua própria palavra na altura oportuna ou a tentar não dizer palavra nenhuma.

AKV: Vai se tomando consciência da necessidade de fazer alguma coisa...

FAM: Alguma coisa.

AKV: ...e fazê-la imediatamente.

FAM: Depressa. E, à cabeça, a coisa que logo se podia fazer, politicamente correcta e moralmente justa, era não hostilizar. Portanto, seria, na medida do possível, captar. Porque era evidente que podiam ser aliados importantíssimos. Isto coincide com o clima pré-concilar; aquilo que se passa à volta do Concílio Vaticano II é um incentivo a que se tome uma atitude dessas. Todavia, tenho uma dificuldade muito grande em lhe dizer qual é o momento exacto em que penso: *"Há que atrair esta gente num plano sistemático"*. Até porque, antes de Junho de 1965 (minha entrada nos SCCIM), eu não detinha qualquer possibilidade de intervir no processo! Era apenas um observador muito preocupado.

AKV: Compreendo, mas a questão que lhe punha era um pouco diferente. É a seguinte: aquele plano que conhecemos, o plano em quatro fases – a delineação desse plano, a esquematização, a definição daquilo em que consiste cada uma das fases, de qual o processo de transição de uma fase para outra, esse, esse plano em si...

FAM: Sim, sim...

AKV: ...quando é que aparece?

FAM: Esse plano em si aparece a materializar-se em 1965, melhor 1966, a partir do momento em que se distribuem os questionários. Os questionários representam, digamos, um proto-plano. Quando se lançam os questionários...

AKV: Os questionários antecedem...

FAM: exacto. Há uma intenção: antes de se actuar tem que se conhecer! Um axioma muito simples: não se pode actuar sem se conhecer! Não há operações sem informações, diz a linguagem militar. E a do senso político também.

AKV: Esse conhecer é a primeira fase?

FAM: Necessidade absoluta de conhecer...

AKV: Certo.

FAM: ...para depois actuar.

AKV: Portanto, quando se lançam os questionários, é já tendo em mente...

FAM: A ideia de actuar.

AKV: É um processo...

FAM: Que contém em si a ideia de actuar. Agora, o lançamento dos questionários, isso é muito fácil de ver...

AKV: Sim, sim, isso, é Fevereiro de 66.

FAM: Pois, tem dados, não é? À medida que nos começam a chegar as centenas de respostas aos questionários, começa a tomar corpo em mim a ideia de como se podia lançar um plano desses. Quais eram as vias que se viam surgir. Isso vai amadurecendo muito naturalmente, nas reacções do Director dos Serviços àquilo que ia aparecendo; mas nos meus próprios colegas, ao material que ia aparecendo relativo ao sector islâmico; nos comentários de Romeu Ivens Ferraz de Freitas sobre a importância do que se estava a fazer. Tive sempre o apoio entusiástico deste meu colega, que era sem dúvida a pessoa com mais nível naqueles Serviços. O Director também apoiou, sempre laqueado pelas limitações do Governador-Geral, General Costa Almeida, mas percebendo que aquilo era muito importante. Depois, numa dada ocasião, vai lá o Inspector Fialho Ponce do Gabinete de Negócios Políticos do Ministério do Ultramar, e ele disse que era apreciado em Lisboa, a esse nível, o que se estava a fazer; portanto, isso foi um incentivo.

AKV: A experiência francesa nas colónias da África Ocidental, a dos ingleses, e a da Itália, isso não influiu em nada?

MOÇAMBIQUE MEMÓRIA FALADA DO ISLÃO E DA GUERRA

FAM: Não. O que teve influência em mim não foi nada referente nem aos italianos, nem aos ingleses; foi, sim, referente à atitude que a Administração Colonial Francesa usava nos seus próprios territórios relativamente às confrarias. Mesmo isso... Trocando impressões com o Cônsul Geral de França, Jacques Honoré, nos anos 66-67, ele, diplomata muito culto e arguto, entende que íamos entrar no bom caminho... Apresenta-me o que a Administração Colonial Francesa fizera como paralelo ao que nós estávamos fazendo; simplesmente, dizia-me, nunca tinha havido nada tão sistematizado pelo lado francês. Tanto que ele considerou sempre inédito o discurso muçulmano que a determinado momento o Poder começou a fazer, nomeadamente com as Mensagens do Dr. Baltazar Rebello de Souza. Dizia-me: *"Não conheci nada na Administração Colonial Francesa que se aproximasse disto, com um Governador-Geral a falar a toda uma Província nestes termos."* Nunca tinha havido.

AKV: O documento que fala disso, documento seu, assinado por si, refere-se-lhe como "primeira medida de aproximação"[116]. Quando é que se definiu que a primeira medida devia ser essa, e porque é que teve essa ideia?

FAM: Qual medida? Refere-se à...

AKV: À Mensagem do Governador-Geral.

FAM: A Mensagem de Baltazar Rebello de Souza surge no decurso do aparecimento da *Carta Fraterna* do Bispo de Vila Cabral. Olhei para a iniciativa de D. Eurico Dias Nogueira e lembro-me que comentei a Romeu Ivens Ferraz de Freitas: *"O Bispo de Vila Cabral tomou a prioridade. Um Bispo tomou a prioridade. Isto é um problema. O Poder tem que fazer alguma coisa! Senão a Igreja toma a dianteira nesta hipótese de diálogo com o Islão. Temos que nos adiantar. Já."* A partir daí, olhando o perfil do Dr. Baltazar Rebello de Souza, achei que ele quadrava às mil maravilhas no lançamento de uma operação destas. Era nitidamente um homem talhado, o adequado para uma sedução de massas como aquela que conseguiu.

AKV: Portanto, isto era menos estruturado do que uma leitura do seu livro sugere, ou seja, há um processo em andamento e o processo vai-se redefinindo conforme as circunstâncias vão aparecendo. O que há é uma firmeza na noção de que se tem que fazer alguma coisa.

FAM: Vamos lá a ver se eu consigo concatenar ideias. A ideia de captar, arrasta de imediato, e justaposta a ela, a ideia de aproveitar, a ideia de explorar o resultado se este fosse bom. Lembro-me perfeitamente que fiz este raciocínio e o transmiti

---

[116] Informação nº 18/68, Secreta, de 30 de Outubro de 1968, emitida por Fernando Amaro Monteiro e dirigida ao Governador-Geral de Moçambique [Baltazar Rebelo de Sousa], com o assunto: "Primeira medida de aproximação das comunidades islâmicas da Província" (ANTT, SCCIM nº 413, pt. 1, fls. 229-231).

às outra pessoas: ou se consegue captar, agarrar nas pessoas e fazer alguma coisa; ou não se consegue captar sequer, e então não vale a pena fazer nada. A meu ver, um sinal catastrófico de fim. As Cartas, a étnica sobretudo, falavam por si.

AKV: Sim, mas a minha pergunta é esta: foi o papel de um Governador-Geral – que podia ser este ou aquele, mas aconteceu ser Baltazar Rebelo de Sousa, e o facto de ser Baltazar Rebelo de Sousa, como disse há bocadinho, fê-lo pensar em termos de uma certa actuação...

FAM: Sim, sim.

AKV: Foi o papel de um Governador-Geral, mas podia ter sido a publicação de uns *Hadiths*, ou poderia ter sido a actuação através das confrarias... ou seja, os elementos em si não faziam parte de um plano pré-concebido. São elementos que se foram afirmando no terreno, e que se vão jogando conforme...

FAM: Afirmou-se <u>antes</u> do Governador-Geral, e para efeitos de captação, a ideia de traduzir uma Selecção de *Hadiths*, e, eventualmente, de se traduzir o Alcorão, visto que a versão de Bento de Castro era fraca. Surgiu isso primeiro. Porque pensei: isto é vital. É fundamental, como processo de vir a sentar o Governo Geral à mesma mesa com as chefias islâmicas.

AKV: E esses não são elementos que surgem a partir dos próprios muçulmanos? São coisas que são concebidas em termos de um plano?

FAM: São concebidos por mim, em França, em 1968, lendo os *Hadiths* em tradução francesa. E relendo o Alcorão também numa excelente tradução francesa. Volto a Moçambique, o plano vai-me surgindo cada vez mais nítido na cabeça... olho o perfil do Governador-Geral, a irradiar simpatia, comunicabilidade, ansioso por fazer coisas, a marcar uma época nova no estilo da Administração Portuguesa. Este homem é ideal para fazer algo: o quê? Vamos aproveitar aquilo que o Bispo de Vila Cabral fez, vamos tirar o processo de sedução das mãos da Igreja e assumi-lo nós, o Poder político.

AKV: Se não tivesse havido aquela *Carta Fraterna* do Bispo, o processo – pensando agora em termos do que se lembra da altura – ter-se-ia ainda arrastado mais tempo ou teria na mesma avançado então?

FAM: Não ponho a questão em termos de uma coisa ser função da outra. O facto de a Carta do Bispo ter aparecido deu-me uma ideia. Mas não fui apresentá-la como uma "iluminação". Fui dizer: *"Atenção: fulano fez; é bom que o Poder faça. Quanto antes"*. Servi-me disso como argumento. Agora, se pergunta se me teria lembrado, caso o Bispo não o tivesse feito, não sei... Talvez. Ou outra coisa qualquer, porque a minha opinião (e eu tê-la-ia conseguido passar superiormente) era a de que seria muito urgente actuar.

AKV: Pois, mas o que eu perguntei foi...

FAM: O que eu teria era, provavelmente, investido noutra coisa imediatamente, como a *Selecção de Hadiths*, por exemplo. Ou outra coisa mais espectacular, conforme acabei de dizer.

AKV: Portanto, não estava ainda nada estabelecido de que seria a nível do Governador-Geral? Seria a nível dos...

FAM: Era preciso que o Poder, no meu entender (e isso surge-me logo de entrada) tomasse uma atitude dinâmica e interessada. Isso surge-me logo. Na altura em que o percepciono e sugiro, ainda estava em Moçambique Nuno Vaz Pinto, como Secretário Provincial das Obras Públicas. Quando se dá a revolução de Zanzibar, ainda eu não estava nos SCCIM, sugiro a Vaz Pinto para que ele faça eco ao Governador-Geral: *"Dêem asilo político ao Sultão imediatamente. Mandem-lhe um navio de guerra. Mandem buscá-lo. É um tiro internacional em termos de propaganda"*. Ele ficou a olhar para mim com certo espanto, e disse: *"Essa é boa. Não me teria lembrado disso"*. Insisti: *"É preciso que o Poder português saia da passividade em que está diante dos acontecimentos e tome uma atitude nova, uma atitude mais dinâmica, mais maleável, e que nem sequer traz grandes despesas"*.

AKV: Pois.

FAM: Havia navios de guerra em Moçambique nessa altura, 2 ou 3, talvez. *"Mandem uma fragata ao encontro dele. Vão buscá-lo"*. O Sultão andou ali um espaço, penando de um lado para o outro a bordo de um iate em condições incríveis, até que os ingleses foram buscá-lo, como é costume. Se o AbdoolKarim reparar, os ingleses tramam com frequência os reis e levam-nos depois ao exílio, é uma coisa engraçada. Não há monarca nenhum a ir para o exílio que não tenha os ingleses a apitar quando entra a bordo de um navio deles. É uma coisa curiosa.

AKV: Voltando à minha pergunta, o momento em que o Governador-Geral actua representa então o início da segunda fase.

FAM: Não, primeiro momento da primeira fase.

AKV: Mas a primeira fase é Conhecer.

FAM: Ah, sim! Mas essa, digamos, é um pressuposto do plano.

AKV: Ah.

FAM: Eu não a consideraria propriamente como fase. Embora os Serviços a tivessem na mente como fase. Porque, óbvio, é uma pré-fase, chamemos-lhe assim. Era uma antecipação a algo que havia de surgir explicitamente faseado. Era uma pressuposto indispensável.

AKV: Pois.

FAM: Porque não se podia começar acção psicológica nenhuma sem se ter uma ideia de "a quem" se estava discursando; "para onde", "para quê".

AKV: Claro.

FAM: Lembro-me que o meu lema era sempre: *"Quem? De onde? Para quê? Para onde? Sobre quem?"* eram perguntas que fazia sistematicamente ou que punha quando tentava qualquer coisa. Portanto, em 1968, regresso de França com a ideia muito firme de que era preciso apresentar um projecto em fases, explorar aquilo que se estava conhecendo já através da aplicação dos questionários; era preciso mergulhar o Poder a sério no assunto. Bom, chego a Moçambique e nessa altura defronto-me com a *Carta Fraterna do Bispo de Vila Cabral aos Muçulmanos da sua Diocese*, e digo *"realmente este homem é brilhante, isto é um documento brilhante"*. Perfeitamente oportuno, há que fazer alguma coisa. E por todas as razões: até porque se o Poder político nada fizer, perderá cada vez mais o controlo do clero católico...

AKV: Pois.

FAM: Porque estava perdendo. Isso via-se pelos Serviços e pelos relatórios que nos chegavam: estávamos perdendo o controlo do que se passava a nível católico, nomeadamente o clero das missões. Leva-se ao Governador-Geral – lembro-me perfeitamente disso – a proposta para começar a operação de captação. Tratava-se de suscitar a primeira ida dos muçulmanos ao Governo Geral. São os muçulmanos que começam. É reservado à majestade do Poder não ser ele a ir ao encontro. Logo, suscito que lá vão. E eles vão. Lembro-me que intervim nesse processo dizendo aos dignitários islâmicos: *"Não posso prometer nada, não posso explicar nada, não posso dar garantia nenhuma, mas estou convencidíssimo de que vale a pena irem. Dêem-me esse crédito"*. Lembro-me de que disse ao "Xehe" Mussá Amad Dulá: *"Preciso deste crédito. Agora não me faça mais perguntas. O senhor já me conhece e sabe que eu, para lhe dizer isto, é porque tenho razões fortes. Induza os outros a irem. Olhe que presta um serviço muito importante a todos"*. Bem, ele acreditou em mim e induziu os outros a irem. O Governador-Geral agradeceu etc.,etc. e depois, daí a pouco, anuncia-se com grande difusão que ele vai falar aos muçulmanos de Moçambique. Isso criou uma expectativa muito grande. Havia muita gente com medo entre os muçulmanos, esperavam uma qualquer atitude severa, o que seria perfeitamente inusitado, mas espalharam-se boatos negativos. Há um trabalho de preparação para que os muçulmanos se reunissem em grande quantidade nas mesquitas na noite da *Laylat'ul Qadr*, em que o Governador-Geral ia falar. Efectivamente isso conseguiu-se: as mesquitas estavam cheias. Foi tudo solene, pomposo mesmo, majestático para acentuar uma viragem. A gravação do Governador-Geral, feita sob meu controlo, foi precedida pelos primeiros acordes do Hino Nacional. O Dr. Baltazar Rebello de Souza rompeu com a Sura

"Fatiha" e terminou com a saudação ritual. As mesquitas rompem em entusiásticas salvas de palmas. Bem, escuso de repetir: o êxito foi... foi colossal. Lembro-me perfeitamente que o próprio Governador-Geral me observou: *"Mas depois disto é preciso aproveitar!"* Ele ficou entusiasmadíssimo quando viu o texto da Mensagem. Recordo-me que apresentei duas versões. Uma primeira versão em que não fazia alusão a Fátima, e uma segunda versão em que dizia "e meditem bem na beleza deste sinal, a Virgem Nossa Senhora, padroeira da Nação Portuguesa, escolheu para nos aparecer e falar uma povoação chamada Fátima, nome da filha querida do Profeta", etc. Pensei: bem, vou apresentar estas duas versões, por uma razão muito simples: psicologicamente, o facto de se lhe apresentarem duas versões, com esta no fim, vai provocar uma adesão entusiástica à segunda, que é a mais acutilante. Se lhe apresentássemos só uma versão, ele podia ter uma hesitação qualquer; se fossem duas a tendência seria para escolher logo uma. E ia, evidentemente, escolher a que mais interessava que fosse escolhida: a que tinha, de facto, um conteúdo ecuménico grande e uma sedução psicológica muito forte, como pode calcular, não é? Até para o convicto católico que ele era. Psicologicamente atingiu toda a comunidade cristã também. Interessou-a!

AKV: Na documentação vê-se bem, depois, que a exploração do efeito foi muito bem pensada, portanto, quer através das notícias dos jornais...

FAM: Tudo.

AKV: ...quer através da divulgação internacional, quer através do lançamento de...

FAM: De panfletos, várias traduções[117] que controlei; essas traduções todas, controlei-as...

AKV: Exacto. Portanto, foi tudo muito bem estudado em torno desse momento. Agora eu queria voltar um pouco à noção de que isso estava um pouco mais maleável, através de uma referência específica. Eu queria falar da questão...

FAM: Só – desculpe, não se perca, mas não me queria esquecer disto: no fundo, o plano de quatro fases, muito embora já o tivesse no peito, nasce formalmente na

---

[117] Os exemplares da "Mensagem de Sua Excelência o Governador-Geral Dr. Baltazar Rebello de Souza aos Maometanos de Moçambique. Lourenço Marques, 17 de Dezembro de 1968 da Era de Jesus Cristo e 28 do Ramadan de 1388 da Hégira" foram difundidos e distribuídos em várias versões linguísticas e podem ser encontrados em ANTT, SCCIM nº 413, pt. 1, fls. 232-237. Existem também exemplares da Mensagem em ANTT, SCCIM nº 412, fls. 256-282. Como exemplo do controlo que Amaro Monteiro exerceu sobre as traduções da Mensagem, veja-se a sua recomendação no ponto 2 da Informação nº 26/968 dos SCCIM, de 28 de Dezembro de 1968, cujo assunto era, precisamente, a "Exploração, no exterior da Província, da Mensagem de S. Exa. o Governador-Geral aos Maometanos de Moçambique" (ANTT, SCCIM nº 413, fls. 48-49).

conversa com o Dr. Baltazar Rebello de Souza. Nasce aí: *"E agora, depois, o que é que se faz? Tem que se aproveitar isto"*, diz-me ele entusiasmado. *"Senhor Governador-Geral, o que há a fazer é continuar esta operação. Enquanto apuramos bem a quem nos dirigimos, vamos seguir de imediato com a Selecção da Hadiths para vincularmos as chefias e, através disso, accionarmos esta massa a nosso favor"*. "Nasce" aí o plano, nesse momento. E criou-se, sem ninguém querer, uma situação funcional delicada: transcendi os escalões hierárquicos, porque o Governador-Geral passou a querer tratar de tudo directamente comigo. E isso repetiu-se com os seus sucessores até final...

AKV: Nessa altura, quando em conversa com o Governador-Geral elabora essa noção das quatro fases, qual é a noção do estado a que se chegaria no fim? Ou seja, o que é que se teria conseguido?

FAM: O que é que se tinha conseguido se se desenvolvesse até ao fim?

AKV: Sim. Em termos concretos, qual seria a situação da província em termos das relações dos muçulmanos com o poder português?

FAM: A ideia era associar intimamente a comunidade muçulmana de Moçambique ao processo de guerra. Era, ao fim e ao cabo, arrastar toda a gente no combate à FRELIMO, identificar toda a gente com o poder português, aproveitar o enorme potencial que era constituído pelo Islão moçambicano. A situação de Moçambique tinha de mudar. Era forçoso. Era a História. Mas, então, que a mudança fosse *sui generis*. Que fosse o próprio Poder a tudo mudar, *com a aliança poderosa dos muçulmanos*. A ideia era essa.

AKV: Pois.

FAM: E quando digo associar ao processo de guerra, quero dizer não só apoio, como militarmente até. Militarmente. Para ser aliança íntima, um compromisso total.

AKV: Já aqui, nessa altura, tem essa...

FAM: Sim, sim, sim. Desde o princípio. Desde o princípio, disse sempre: *"É perfeitamente possível utilizá-los militarmente se for necessário"*.

AKV: Bom, aí já...

FAM: O que seria preciso era convencê-los disso, ou suscitar-lhes a reacção espontânea. E não me enganei, a reacção começou a surgir mais tarde...

AKV: Já...

FAM: Mas não foi aproveitada – o General Kaúlza de Arriaga, o próprio Governador-Geral Pimentel dos Santos, etc., tiveram receio de armá-los na específica qualidade de muçulmanos. Receio de não controlarem o processo. Receio, talvez,

MOÇAMBIQUE MEMÓRIA FALADA DO ISLÃO E DA GUERRA

também de ficarem demasiado dependentes da minha colaboração, que se tinha convertido em indispensável até aos olhos de Lisboa.

AKV: Nós já vamos chegar a essa questão. Primeiro queria introduzir uma questão só para pensar um bocadinho mais sobre o desenvolver do plano. Queria falar um pouco da questão das peregrinações a Meca, pelo seguinte – vou historiar um pouco o processo : a 31 de Outubro de 67 o Ministério do Ultramar remete aos SCCIM para apreciação, uma carta enviada àquele Ministério e ao próprio Ministro por Saide Amur, Abdulrrahmane Adam Bey e Abdurrazaque Assane Jamu[118], na qual, em nome das confrarias religiosas de Moçambique, solicitam que, à semelhança do que se passara na Guiné em 66, portanto, no ano anterior, fosse concedida a deslocação a Meca, a expensas do Estado, a dez individualidades, nove delas das confrarias, e a outra, Suleiman Valy Mamede.

FAM: Isso era o "Xehe" Abdurrazaque Jamu a mexer-se. Era um protagonista imparável! Difícil de controlar.

AKV: Há uma questão aqui que eu acho bastante interessante. É o facto de uma política adoptada na Guiné em 66 ter reflexo imediato, em 67, em Moçambique. E essa triangulação, suponho eu, terá sido projectada em Lisboa pelo Suleiman Valy Mamede, porque em Moçambique tomaram conhecimento do que se estava a passar na Guiné e quiseram aproveitar isso... Não?

FAM: Não. O "Xehe" Abdurrazaque estava muito bem informado sobre tudo e mais alguma coisa. Era um homem informadíssimo, e os outros também o estavam. Tinham notícias pelos jornais. E ouviam todas as estações de rádio e mais algumas, portuguesas e estrangeiras, Rádio Cairo, Rádio Pequim...

AKV: Ainda ontem estivemos a falar...

FAM: Os jornais falavam do assunto, da Guiné.

AKV: Lembra-se, ontem, estivemos a falar sobre se havia articulações...

FAM: Não. Não havia articulações. Aí, estou absolutamente convencido de que não houve reacção por articulação. O que houve foi um homem esperto e que tinha iniciativa. Abdurrazaque Jamu estava sempre a ter iniciativas, deve ter dito aos outros, todos leram nos jornais ou souberam pela rádio o que se passava. *"Vamos pedir também para nós"*.

AKV: Certo.

---

[118] A carta foi remetida aos SCCIM a coberto do oficio nº 5557/D-6-12 de 31 de Outubro de 1967. Ver ANTT, SCCIM nº 412, fl. 108.

FAM: O que surge perfeitamente lógico. Até porque eles se tinham dado conta de que alguma coisa iria a mudar ou tinha, já, começado a mudar. Portanto, vamos "aproveitar"...

AKV: Retomando o fio deste processo: estávamos em 31 de Outubro de 67. A seguir vem a apreciação dos SCCIM, que é de 23 de Novembro, assinada pelo então Director dos Serviços, Costa Freire[119], que estrutura a questão em termos do seguinte: há um "islamismo negro" cuja característica mais importante é a "despolarização" e há as confrarias que impõem uma disciplina e uma hierarquização, portanto, uma coisa muito disciplinada[120]. Então, temos essas duas forças em contenção, diz ele, e cito: "O grupo porventura a beneficiar da visita a Meca a expensas do Estado, deveria ser constituído por representantes dos sectores mais representativos do islamismo presente na Província, com preponderância do sector negro autónomo", e "as confrarias seriam representadas apenas por um elemento". Ou seja, ele inverte. Ele acha que aqui, dado o equilíbrio de forças entre confrarias, que são hierarquizantes, e o "islamismo negro que é solto", há que privilegiar este sobre o outro. Depois vem o despacho do Governador-Geral, Costa Almeida[121], datado de 11 de Dezembro de 67, que estabelece que não há vantagem em conceder relevo e promoção ao grupo peticionário, mas esclarece, no entanto, que ao contrário do que diz Costa Freire, "a sugestão de que o grupo a beneficiar da visita a Meca seja constituído por representantes do principal – em número – sector islamizado da província (o Negro), não nos parece de aconselhar, na medida em que em experiências anteriores se facilitou por esta via, o aliciamento de indivíduos contra os interesses nacionais". Portanto, aí ele joga com o lado das confrarias e não com o "islamismo negro" despolarizado. Vem a seguir um despacho do Ministro do Ultramar, Silva Cunha, datado de 23 de Dezembro[122], que é comunicado ao Governador...

---

[119] Fernando Guilherme Rebocho da Costa Freire, então Major do Corpo do Estado Maior.

[120] Informação nº 26/67, Secreta, de 23 de Novembro de 1967, emitida pelo Major Fernando da Costa Freire, Director dos SCCIM, com o assunto: "Visita a Meca, a expensas do Estado, de um grupo de muçulmanos das confrarias de Moçambique" (ANTT, SCCIM nº 412, fls. 108-113).

[121] Despacho de 11 de Dezembro de 1967, emitido pelo General José Augusto da Costa Almeida, Governador-Geral de Moçambique (ANTT, SCCIM nº 412, fl. 106).

[122] Ofício nº 6581/D-6-12, de 30 de Dezembro de 1968, do Gabinete dos Negócios Políticos do Ministério do Ultramar, dirigido ao Governador-Geral de Moçambique, comunicando o despacho que o Ministro Silva Cunha exarou sobre o assunto reportado no ofício nº 1137/S, de 13 de Dezembro do mesmo ano (ANTT, SCCIM nº 413, fl. 85). Na Informação nº 8/968 dos SCCIM, de 11 de Abril de 1968 e com o assunto "Informações e sugestões sobre o Islamismo em Moçambique, no quadro da guerra subversiva", pode ler-se que o despacho do Ministro havia sido exarado sobre o assunto constante da Informação nº 26/67 dos SCCIM, a que se segue igualmente o texto do referido despacho (ver ANTT, SCCIM nº 413, fl. 64).

FAM: De 1967?

AKV: De 1967 ainda. Que é comunicado ao Governador-Geral a 30 de Dezembro e que faz saber: "Concordo, mas deve a província estudar uma política de atracção dos muçulmanos negros, que permita exercer sobre eles influência efectiva" – o que é um pouco estranho porque já está em andamento de qualquer forma...

FAM: Pois.

AKV: "Para esse efeito", continua, "pode ser aproveitada a concessão de facilidades para as viagens a Meca", porque "este método tem sido seguido com bons resultados na Guiné, onde é a população islamizada que mais fiel se tem mantido à soberania portuguesa" Ou seja, ele dá a entender que quer se siga esta política das viagens a Meca...

FAM: Exacto.

AKV: Ora, temos aqui, assim, já várias fases, e em que há varias opiniões em relação ao que é que se há-de fazer e se se há-de fazer ou não. Depois, a próxima fase do processo desta questão da peregrinação a Meca vem a 22 de Dezembro de 68, no dia do Ide, quando o Governador-Geral, pelos vistos, segundo um relatório seu, patenteou a ideia de promover a ida a Meca de alguns dignitários muçulmanos.

FAM: Isso já em Dezembro de 68?

AKV: Dezembro de 68, exacto.

FAM: Pois.

AKV: Que foi cronologicamente o documento seguinte que encontrei sobre esta questão. Depois, vem uma informação sua[123], a 1/69, datada de 28 de Dezembro de 68, em que aprecia esse comentário do Governador-Geral, pronunciando-se pelo não aconselhável da aplicação desta política, atendendo, por outro lado, às diferenças de contexto entre Moçambique e a Guiné, o que não justificaria fazer em Moçambique necessariamente o que se está a fazer na Guiné...

FAM: Exacto.

AKV: Por outro, há o momento específico da evolução da política de aproximação aos muçulmanos em Moçambique – deu-se agora a mensagem do Governador-Geral, há que não...

FAM: Que não ser demais?

---

[123] Informação nº 1/69, Secreta, emitida por Fernando Amaro Monteiro e dirigida ao Governador-Geral de Moçambique, com o assunto: "Peregrinação a Meca" (ANTT, SCCIM, nº 412, fls. 103-105).

AKV: ...não avançar imediatamente, e, atendendo ao equilíbrio com os sectores católicos, neste momento não seria aconselhável. Mas o Governador-Geral decide ir avante com esta iniciativa, sugere oito nomes[124]. Na informação 26/69 de 12 de Dezembro de 69, mais uma vez Fernando Amaro Monteiro, reportando-se ao despacho do Governador-Geral em Janeiro daquele ano[125], dá seguimento à decisão de avançar com a escolha de 8 elementos tendo por critério a futura composição da lista do *Ijmâ*[126], a receptividade deles, o seu poder de accionamento, e o terem ou não ido a Meca. Portanto, esta é a próxima fase, que é já a da escolha – pelos vistos o Governador-Geral decidiu que se vai avançar mesmo, e aqui já é só uma questão de escolher quem e como. A seguir, a viagem vem a realizar-se, e é mesmo em cima da hora, porque isto é Dezembro e tem que ser para Fevereiro. A viagem vem a concretizar-se, com partida para Jeddah a 22 de Janeiro, e passagem por Lisboa, no regresso, de 19 a 26 de Fevereiro de 1970[127]. Pelo programa das visitas em Portugal, incluído na pasta[128], vê-se que foi tudo minuciosamente pensado e estruturado, com visitas turísticas, programa de actividades etc., e, já regressados a Moçambique, dá-se então uma exploração propagandística da viagem em termos de comentários, dos jornais, tudo isso[129].

FAM: Claro.

AKV: Este exemplo, este caso que é, aliás, um caso bastante longo, de 67 até 70, mostra muitas linhas de tensão em relação ao que se está a passar. O seu projecto está em desenvolvimento, mas sofre interferências, as quais tem que integrar ou ultrapassar. Esta sugestão de se organizar a peregrinação a Meca, por exemplo, vem descarrilar um bocado a coisa, porque não vem a propósito naquele momento.

FAM: Não. Era a pressa que tomou o Poder depois da Mensagem de 1968! Era como se tivesse descoberto um filão. Agia por vezes quase inconsequentemente.

---

[124] Mualimo Mussá Amad Dulá, de Lourenço Marques; Mualimo Cassimo Ali Mussagy, de Lourenço Marques e Inhambane; Imam Baua Mohamed Rachid, da Beira (Matacuene); "Xehe" Ossifo Chebane Mote, de Bajone (Zambézia) [o qual veio mais tarde a retirar o pedido]; "Xehe" Abudo Michongué, de Vila Cabral; "Xehe" Cassimo Abdallah, de Vila Cabral; "Xehe" Mohamed Said Mujabo, da Ilha de Moçambique; "Xehe" Abdurrazaque Assane Jamu, da Ilha de Moçambique.

[125] Informação nº 26/969, Secreta, emitida por Fernando Amaro Monteiro e dirigida ao Governador--Geral de Moçambique, com o assunto: "Peregrinação a Meca" (ANTT, SCCIM nº 412, fls. 93-97).

[126] Ver a lista dos futuros elementos constituintes do projectado *Ijmâ*, num Anexo à Informação nº 26/969, supracitada (fl. 97).

[127] Partida de Lourenço Marques para Jeddah em 22 de Janeiro de 1970, com regresso por Lisboa, onde permaneceram de 19 a 26 de Fevereiro de 1970. Ver Cópia, Programa e itinerário dos peregrinos a Meca, s/referência (ANTT, SCCIM nº 412, fls. 29-30).

[128] Ver Cópia, Programa e itinerário dos peregrinos a Meca, s/referência, 1970 [datação provável] (ANTT, SCCIM nº 412, fls. 29-30).

[129] Ver largo número de recortes de imprensa em ANTT, SCCIM nº 414, 389 fls.

MOÇAMBIQUE MEMÓRIA FALADA DO ISLÃO E DA GUERRA

Dar-me-ia muito trabalho condicionar a hierarquia, que acabaria por aceitar-me, mas algo melindrada, olhando-me de revés mas acatando o que eu dizia.

AKV: Temos o Ministro do Ultramar interessado na questão. Temos o Governo, o próprio Governador-Geral apoia. Temos as confrarias interessadas em se movimentar para um lado ou para o outro. Temos Costa Freire a dizer: a avançar então com estes e não aqueles. Como é que mantém o projecto sob controlo?

FAM: Se reparar bem, na altura em que isto começa a passar-se eu não estava em Moçambique, estava em França, não é?

AKV: Exacto.

FAM: Incontactável, dada a classificação das matérias sobretudo pelo telefone, com o Director dos Serviços, ou fosse com quem fosse. Alem do mais, o Coronel Costa Freire não quereria estar tão dependente de mim, deve ter achado que podia avançar. E há uma coisa que explica as atitudes do Poder nessa matéria; quer o próprio despacho do Ministro, quer, digamos, o interesse dos Governadores Gerais nesta questão das idas a Meca. É que estava presente o exemplo da Guiné, as fotografias que apareciam nos jornais, um certo *show* que o General Spínola fazia sobre o assunto e despertava a apetência do mesmo nível em Moçambique. Era típico de um Poder de cunho nitidamente personalista, como era o Poder politico português durante o antigo Regime; e, quanto mais grave se foi tornando a situação, maior era a tendência de accionar um protagonismo de massas a seu favor. O facto de na Guiné isso se estar a fazer, catalisou uma necessidade urgente, que o Poder sentiu, de começar a fazer o mesmo em Moçambique. Mas, neste fenómeno compreensível, o aborrecido era que o Poder reagiu, até ao fim, muito amadoramente. Seduzido pela hipótese que tinha surgido de "fazer coisas", pura e simplesmente, à boa maneira portuguesa, com superficialidade, etc., com muito pouca consciência real. Desesperei a tentar explicar e "impor" procedimentos pragmáticos. Objectivos. Com cabeça, tronco e membros. E nisso tinha que frear toda a gente que contactava com o Poder directamente, e tendia a ceder diante do que sentia ou supunha ser a vontade do Governador-Geral. Ou ao Ministro mesmo. Era-me difícil dizer: *"Não pode haver 'show off' nisto, por sistema. Faz-se 'show off' na altura própria e na dose adequada, só."* Pronto, isto explica, digamos, as interferências que havia e se repetiam ao longo de toda a minha actuação nesta matéria. Sempre em "guerra" com as pessoas que intervinham directamente. Eu tive "guerras" com o Dr. Baltazar Rebello de Souza, muito tenuemente; tive "guerras" com o Eng. Arantes de Oliveira, muito tenuemente também; mas com o Eng. Pimentel dos Santos as coisas correram sempre em grande tensão, porque ele não tinha humildade para ouvir, detestava consultar e acatar. O próprio General Kaúlza de Arriaga, por exemplo, queria por vezes tomar *n* atitudes, mas não deixava de me ouvir, embora eu percebesse que ele ficava nitidamente contrariado por lhe dizer: *"Senhor General, não convém, não faça. Não vá. Mande um telegrama. Faça-se representar mas não vá."* Como com o próprio Governador--Geral, havia uma tendência enorme para o "popular". O Governador-Geral vai à mesquita, no dia do Id, aquilo é programado ao milímetro; e, à boa maneira portuguesa, houve fugas ao protocolo, pela necessidade de popularizar o Poder, de promover, *show*...

AKV: Mas dado que...

FAM: Dar beijinhos às crianças e abraços às pessoas, pronto, é isto.

AKV: Mas, tendo conhecimento do papel da promoção de viagens de peregrinação nas políticas das administrações coloniais francesa, inglesa, desde princípios do século...

FAM: Sim...

AKV: Não tinha contemplado esse elemento no seu plano, como uma das possíveis alavancas?

FAM: Tinha. É evidente. Como foi aplicado a seguir. Mas, simplesmente, a minha teoria era: usemos pouco, de uma forma comedida, porque este aspecto específico vai dar origem a que as pessoas que vão viajar fiquem possuidoras de uma dignidade particular, a do *hajee*, e, além do mais, venham a revestir-se de uma importância muito acrescida. Ora eu preciso de duas coisas: preciso de saber concretamente quem manda, onde, até onde, e sobre quem – e isso ainda não está bem maduro, precisa de um controlo; e, em segundo lugar, é preciso decidir com sossego, com rigor, se as circunstâncias aconselham que se faça uma despolarização e, logo, aumentar o número de peregrinos a Meca (como se usava na Guiné) ou se, pelo contrário, é preferível que em Moçambique isso fique restrito a *n* pessoas que se saiba muito bem o que é que vão fazer, para serem usadas nesse sentido. A conclusão que tirei foi: deve haver muito cuidado a fazer isto, porque só deve ser usado para pessoas que se possam controlar bem. Das quais se possa tirar segura vantagem. Foi o meu ponto de vista final. Donde, recebi bastantes assédios, desde Oficiais Superiores, Generais mesmo, altos funcionários, até ao Padre Porfírio Gomes Moreira. Porque não faz ideia , de repente parecia que em Moçambique se tinha descoberto o Islão; quer dizer, ao ter-se enveredado por esta política, toda a gente queria fazer coisas para imitar os Governadores Gerais. E o último Governador--Geral, então, perde o senso das coisas quando me manda pedir que prepare uma Mensagem de Natal para publicar num número especial do *Notícias* de Lourenço Marques. Como ele era católico, eu deduzi que só me solicitava umas linhas para os muçulmanos, e preparei-as, esperando que ele se dirigisse por suas palavras aos cristãos. Qual não é o meu espanto quando leio naquele jornal as Boas Festas do

Governador-Geral: dirigiu-se <u>só</u> aos muçulmanos! No Natal! O Islão dominara-lhe a preocupação subconsciente!... E produziu-se este absurdo porque foi incapaz de me chamar pessoalmente, por orgulho. Só tratávamos por recados e por cartas, veja como isso era funcional! Acho que nos detestávamos reciprocamente, ao contrário do que aconteceu com os dois antecessores dele.

AKV: Mas ficando um pouco pela questão das peregrinações...

FAM: De repente, o Islão entrou em moda, compreende? Toda a gente se afadigava a querer simpatizar com o Islão, na proporção directa da gravidade que sentiam na evolução política. E isto estava conotado com esforços daqui [Lisboa] – com a linha Câmara Pina / Henrique Martins de Carvalho. Havia uma consciência a nível geral, de repente: *"Espera! Isto é uma 'mina'. O Islão pode ajudar a reverter a situação"*. Agora, na descoberta do caminho para a exploração da "mina", surgiam disparates e tentações de disparates. Quem quisesse realizar com cabeça, tronco e membros, suscitava antipatias e problemas, como era o meu caso.

AKV: Quanto a essa questão que levantou, a da despolarização ou não, que esta política das peregrinações podia ajudar a facilitar ou não, voltemos um pouco à posição de Costa Freire. A posição de Costa Freire é de jogar, não nas confrarias mas no Islão que ele chama o Islão Negro. Mas já antes, durante a sua estadia nos SCCIM, eu estou em crer que toda a sua orientação tinha sido em torno das confrarias.

FAM: Antes de eu estar nos SCCIM?

AKV: Não. Quando lá esteve, antes de partir para França. Não estava já a pensar em termos de...

FAM: Estava a pensar, sim, em termos de me interessar conhecê-las.

AKV: Mas esta noção de que haveria três forças islâmicas na província: uma a das confrarias, outra a do Islão Negro, fora das confrarias, e a terceira do Islão asiático (à qual já voltarei daqui a pouco), esta era a percepção que tinham, a percepção de partida?

FAM: Sim. Tivemos essa percepção.

AKV: E qual é que interessava nessa altura?

FAM: Interessava-nos sobretudo, pelo menos a mim, ver o que se passava com o Islão da massa fora das confrarias, portanto da massa sobre a qual não se conhecia comandamento. Quanto à massa das confrarias conhecia-se mais ou menos onde é que estas mandavam. O resto da massa aparecia informe, sem "sistema de cristalização". E a mim interessava-me conhecer como é que tudo "cristalizava", em termos de mineralogia... A axialidade dos sistemas!

ENTREVISTA DE ABDOOLKARIM VAKIL A FERNANDO AMARO MONTEIRO

AKV: Mas então explique, depois, no fim, todas as suas políticas, quer seja esta escolha de quem foi a Meca, quer seja o *Ijmâ*, o Conselho, são todas confrarias não é verdade?

FAM: Nem tudo. Nem tudo. Se vir a composição verificará, por exemplo, que no encontro dos notáveis reunidos na Ilha de Moçambique, para aprovação da *Selecção de Hadiths*, estavam presentes os elementos das confrarias, salvo erro, 8 ou 9, mas eram no total 20 pessoas. Mas tive por óbvio que <u>nada</u> se podia fazer sem as confrarias.

AKV: Então explique-me um pouco melhor...

FAM: Elas eram essenciais no tabuleiro.

AKV: Portanto, conforme o projecto se foi definindo e as forças se começaram a tornar mais claras – quem é que comanda onde, como é que se mexe o quê – como é que se "cristalizou", no final, a sua forma de conceber as forças das confrarias e das não-confrarias, ou seja, de como actuar sobre as não-confrarias? Qual era o meio de actuar, dado que precisamente não existem vias desse lado?

FAM: A única forma de actuar sobre as não-confrarias era detectar as preponderâncias e como é que elas se ligavam entre si, e eventualmente ao exterior. Isso atingiu-se, foi claramente definido. Na altura em que se faz a reunião na Ilha de Moçambique, em 1972, está claramente definido quem é que dominava uma massa de um milhão e tal de pessoas e quais eram as linhas de ligação ao exterior. Carachi, por um lado, meios asiáticos e negros fora das confrarias; ou então, nas confrarias, Comores e a Península Arábica. Como é que se iria pegar nesta massa? É muito simples. Era justamente usar um Conselho de Notáveis: conseguir agregar as pessoas que tinham maior potencialidade de accionamento, as confrarias por definição e os outros líderes por realidade.

AKV: Uma realidade que se manifestava como? Era por via dos régulos? Era por comandamento em termos de autoridade tradicional? Como era?

FAM: Fiz um relatório sobre isso, é das pouquíssimas coisas de que não tirei cópias. Lembro-me perfeitamente que havia dignitários não inseridos nas confrarias, que tinham autoridade *de per si* e exerciam-na em termos, digamos formais, como entidades islâmicas, entrando aí pouco a ligação com o factor étnico, que tinha um peso reduzido. Havia outros que actuavam em simbiose com as estruturas clânicas. De qualquer das maneiras, ou por simbiose com essas estruturas, ou por si próprios, detinham influências reais, conforme apurado das respostas aos questionários e conforme apurado do resto dos elementos que se vieram juntando nos Serviços a propósito das mais variadas coisas. De forma que, a partir de um momento, está definido, no conjunto, quem é que interessa movimentar. E essas pessoas que interessa movimentar são as que autenticaram a *Selecção de Hadiths* de El-Bokhari.

AKV: Pois.

FAM: E das quais votam vencidos os que não estiveram de acordo com o aspecto referente à *bid'a*. À inovação religiosa. Todas as pessoas que autenticaram a *Selecção de Hadiths* vão a Meca.

AKV: Pois. Exacto. Eu já volto a essa questão. Mas agora deixe-me levantar umas questões que se ligam exactamente com essa última de que falamos: a questão de terminologia e classificação, por exemplo. É óbvio que é fundamental que a arrumação tenha sido correcta, quer no pensar quem é que pertence onde, quer na própria concepção da classificação que usaram, dado que esta vai depois definir os percursos que se aplicam a cada caso. Vejamos, por exemplo, a questão dos termos "muçulmanos" e "islamizados". O livro *Moçambique na Actualidade* de 1973, publicado pela Imprensa Nacional de Moçambique em 1974, tem uma secção sobre o panorama religioso em Moçambique – eu não sei se esta publicação é das que tiveram contribuição sua...

FAM: Como é que se chama, desculpe?

AKV: *Moçambique na Actualidade*, 1973.

FAM: Não me lembro.

AKV: Bom, na secção "panorama religioso de Moçambique", começa por citá-lo a si, concretamente o artigo "Traços fundamentais de evolução do islamismo", de que já falamos ontem, e cita-o a propósito de...

FAM: Quem é o autor disso?

AKV: Não tem autor. Chama-se *Moçambique na Actualidade* e é publicado pela Imprensa Nacional de Moçambique.

FAM: Não me lembro... Devo ter visto isso mas não me recordo.

AKV: Bem, a parte sobre o Islão é toda tirada dos seus artigos, de qualquer forma. Mas, como estava a dizer, começa por citá-lo a si especificamente para fazer uma distinção entre "muçulmanos", que explica ser "explicada em sentido estrito aos seguidores convictos da religião"...

FAM: Sim, e "islamizado".

AKV: ...e "islamizado", "designando globalmente todo o indivíduo não praticante, influenciado em maior ou menor grau pelos padrões culturais e, portanto, vivenciais determinados pelo Islão". Ora, esta classificação muçulmanos/islamizados veio a ter peso sobre a forma de conceber e pensar a forma de actuação junto dos muçulmanos?

FAM: Não propriamente. A classificação em si, não. Servia apenas para "isolar", "isolar" em termos sociológicos, quem eram os sujeitos da acção. Ajuda-me a "isolar" os sujeitos da acção, a determinar quem devia pertencer ao "Conselho de Notáveis".

AKV: E são os muçulmanos não "islamizados"?

FAM: São os muçulmanos propriamente ditos.

AKV: Pois.

FAM: É evidente.

AKV: Os "islamizados"...

FAM: Cheguei à conclusão de que os islamizados eram sempre influenciáveis por esses, seriam perifericamente indutíveis, e interessava-me justamente, na grelha que se fez, o tal "isolamento" em termos da população. Interessaram-me muito particularmente as pessoas que eu via que tinham possibilidades de chegar aos islamizados e de manipulá-los. Para que os islamizados não ficassem em desgoverno, porque nessa altura... podia-nos rebentar o tiro pela culatra.

AKV: E esta diferenciação, sobrepunha-se a um quadro geográfico?

FAM: Separação entre muçulmanos e islamizados?

AKV: Exacto.

FAM: Não. O que avultava no quadro geográfico é que havia mais muçulmanos no Centro e Sul, se quiser, desenhando de Inhambane para Sul, mais muçulmanos no sentido formal. Para Norte mais islamizados nas áreas sobretudo de Cabo Delgado e Niassa.

AKV: E isso não tinha consequências na forma de relacionamento com as populações que se achava que estavam mais ou menos abertas à subversão?

FAM: Estávamos particularmente atentos a esse aspecto, evidente. Se a sedução dos muçulmanos, se todo o discurso sobre eles se fazia para actuar contra a subversão, é evidente que se estava particularmente atento a isso.

AKV: Procurarei explicar melhor o sentido e a razão da minha pergunta quando retomar a questão em termos de um outro contexto de que havemos de falar. Por agora, ainda em torno da questão das classificações, queria tocar na questão do "Islão asiático" que também aparece pontualmente referida na documentação. A noção de um Islão asiático aparece, por exemplo, na já referida informação 26/67,

MOÇAMBIQUE MEMÓRIA FALADA DO ISLÃO E DA GUERRA

de 23 de Novembro de 1967, respeitante à proposta das confrarias de um apoio governamental à peregrinação a Meca. Costa Freire, que assina essa Informação, comenta a inclusão de Suleiman Valy Mamede na lista dos nomes propostos na carta da seguinte forma: "Julga-se merecer reflexo a circunstância de se tratar de um muçulmano asiático. Na província, o islamismo asiático tem-se mostrado mais articulado ao exterior que o islamismo negro e vem-se esforçando por assumir o comandamento deste; atitude esta que parece de contrariar, com vista a facilitar a acção tendente a subtrair os muçulmanos negros – a grande maioria – à influência de correntes islâmicas que no exterior servem a subversão".

FAM: Isso é... O Director dos Serviços, quando escreveu isso, tentava exprimir um panorama, é claro. E objectivos. Mas não dominava ainda suficientemente a matéria. O que ele exprime derrapa entre o dois terços certo e o três quartos errado. Há aí um círculo que faz secante a outro, e ele navega no meio ainda sem conseguir nortear-se. Não, eu não perfilharia essa Informação que ele assinou e que é de Novembro de 1967. Estava, como já disse, bolseiro do Governo Francês na Faculdade de Letras de Aix-en-Provence.

AKV: Mas, para chegarmos...

FAM: Desculpe-me só... Como sabe, como releva daqui, tudo isto era melindrosíssimo, não é? E mostrava a impreparação generalizada dos quadros portugueses para o tipo de guerra que se travava. Militares e civis faziam da "guerra" um cenário que era, em princípio, de tiros. Demoraram demasiado tempo a perceber a delicadeza de certos mecanismos, que não eram de "fogo à peça!".

AKV: Mas, para chegarmos melhor ao âmago desta questão dos 3 sectores dentro do Islão, a noção de que havia também um "Islão asiático" em campo, queria citar uma segunda referência, sua desta vez. Trata-se de um comentário seu à carta que Suleiman Valy Mamede enviou ao Ministro Silva Cunha quando regressa da viagem a Moçambique, portanto a 31 de Julho de 70. E o seu comentário é o seguinte: "As associações, se sobretudo unificadas (como pretende, por exemplo, o Dr. Abdoolmagid Karim Vakil, gerente da casa Coimbra desta cidade), conduzirão ao domínio de uma elite de origem asiática sobre o negro e fabricarão chefes políticos"[130]. Tinha então a noção de que havia alguns elementos asiáticos que, pela tentativa de criarem associações...

FAM: Era muito mais difícil o controlo governamental, e muito mais difícil a manobra de APSIC, pela razão simples de que eram pessoas... de qualidade diferente.

---

[130] Informação nº 19/70, Secreta, de 31 de Julho de 1970, emitida por Fernando Amaro Monteiro, com o assunto: "Visita do Presidente da Comunidade Islâmica de Lisboa à Província de Moçambique" (ANTT, SCCIM nº 420, fls. 16-23).

AKV: Mas havia concretamente alguma iniciativa de criar associações a partir de...

FAM: Isso, como digo aí, é verdade, vinha de elementos de origem asiática, como de indivíduos negros por eles muito influenciados. Havia um leque de pessoas, realmente gente de categoria, como o Dr. Abdoolmagid Karim Vakil, seu Pai, e havia, por exemplo, o "Xehe" Moamad Iussufo, que era nitidamente um wahhabita, ou que deixou escapar ser wahhabita, e o, como é que ele se chamava?, o Imã Maniar de Quelimane, e outros. Toda a gente que era de origem asiática ou mestiça e mais próxima em termos culturais, do padrão europeu, mais evoluída nessa perspectiva, manifestava-se a favor de uma unidade organizacional. Pura e simplesmente, aquilo que eu tinha estudado da organização islâmica em associações dava-me a ideia da facilidade com que elas se clivavam, e pensei sempre: não interessa nada estarmos a promover uma unidade de organizações, porque se vão talvez favorecer *n* clivagens que não há depois tempo para estudar. Que não há tempo ou possibilidades de controlar. Deixemos pois estar como está e actuemos rapidamente. Volto a insistir sempre: não nos podíamos abstrair do contexto estratégico da guerra e da necessidade de actuar depressa. Portanto, quando me aparecia uma pessoa muitíssimo bem intencionada, como era o caso do seu Pai, meu amigo pessoal, etc., a falar da unificação das associações, eu dizia com os meus botões que era evidente que seria isso o útil de fazer numa perspectiva muçulmana das coisas, numa perspectiva lógica. Portanto, o seu Pai raciocinava logicamente. Agora, eu dizia-me que essas opiniões desconheciam o que se passava por trás e como estávamos realmente a arder, em termos de guerra subversiva. Guerra revolucionária.

AKV: Portanto, a sua preocupação aqui não era a de Costa Freire, não era a de uma articulação com o exterior. Era completamente diferente. Era o facto de que a tendência para a união, pela formação de corpos associativos, internos que fossem, interferia com o projecto em curso.

FAM: Interferia, por uma razão muito simples: eu entendia que só nos interessava a unidade interna que fosse fomentada <u>por nós</u>. No plano da unidade como em qualquer outro. <u>Nós. O critério do Poder</u>. Tudo o resto era excêntrico, arriscado porque difícil de controlar dentro do extremo melindre da situação no terreno expresso ou virtual.

AKV: Exacto.

FAM: O "Conselho de Notáveis" visava uma unidade interna; mas, como tinha nascido sob nossa vigilância, era manipulável, era controlável. Se nos aparecessem de repente com uma associação qualquer, revigorada, por exemplo, na Ilha de Moçambique, eu diria: *"Alto! Está a surgir aqui uma coisa que não nasceu sob controlo e que me escapa"*. E, escapando, tenho portanto mais dificuldade em controlá-la. Porque, depois, como é que se controlava? Debatíamo-nos logo com a "mão-de-obra qualificada" para controlar, e aí caía-se fatalmente na PIDE! Entrava-se na situação de fazer "pedidos de pesquisa" à PIDE: *"fazem o favor de verificar o que se passa"*. Não queríamos recorrer a isso, por uma série de razões: a primeira porque a PIDE não era subtil e, em princípio, quando "punha a mão" estragava...

AKV: Mas esta noção, portanto, aquela a que Costa Freire dá expressão, de que o Islão asiático é articulado do exterior – não só com o exterior, mas sobretudo do exterior – é uma que se ouve muito em Portugal, em opiniões de...

FAM: E era do Paquistão, a partir de Carachi.

AKV: Era concreto; era visto também por si como uma...

FAM: Era. Era uma realidade, vinha de Carachi. Directa ou interpostamente, vinha daí. Lahore, Carachi. Mas Paquistão.

AKV: Mas com expressão política ou religiosa? Qual era...

FAM: Expressões sempre associadas. Era impossível separar o político do religioso num assunto destes...

AKV: Mas o que estava em causa era a noção de soberania, ou era...

FAM: Por essência no Islão, não é verdade? E até no Catolicismo, tantíssimas vezes! Repare, a subordinação dos Bispos a Roma, à Santa Sé, não deixava de ser um factor internacional e político que pesava num plano religioso. E de que maneira!

AKV: Claro.

FAM: Para o Estado português...

AKV: Eu não estou a ser *naive* acerca desta questão, eu quero saber é o seguinte: do ponto de vista de pensar isto como "ameaça", o que está em causa é a questão de soberania efectiva, não é o factor em jogo na relação entre o Governo Português e a subversão da FRELIMO, porque isso não tem nada a ver.

FAM: Não?... Podia ter! quem sabia? Sabíamos lá! Tinham que se considerar as hipóteses todas. Quando D. Eurico Dias Nogueira veio falar nos termos em que falou, foi uma hipótese acautelada. Sabia-se lá se havia alguma combinação de factores! Ora, em Informações, em guerra, quando há dúvidas faz-se como se houvesse ameaça expressa. Portanto, se está a surgir inesperadamente uma associação unitária, isso é inusitado. Pode ser prejudicial e aí, na dúvida, laqueia-se já. Pronto. É um procedimento, por vezes, como hei-de dizer, desagradável e muito antipático; mas é como o procedimento militar num terreno de guerra em sentido estrito. Na dúvida, abre-se fogo. Isto é aparentemente estreito, mesmo primário. Mas é preciso. É o procedimento de qualquer Segurança.

AKV: Compreendo.

FAM: Repare numa coisa: se uma força está no terreno a ocupar uma determinada posição e sabe ou suspeita da aproximação de um efectivo inimigo, este pode dispor de artilharia de um dado calibre, por exemplo, ou de carros de combate. Se não se sabe, na dúvida manda-se reconhecer. E previne-se tudo, com os meios de segurança disponíveis.

AKV: Claro.

FAM: Evidente, não é?

AKV: A questão da polémica sobre a *bid'a*, em que é que consistiu exactamente, e porque é que surgiu?...

FAM: É muito simples, tenho aqui um exemplar da *Selecção de Hadiths* editada pelo Governo Geral. É mais fácil dizer-lhe lendo do que recriando. Foi uma produção minha, uma edição toda vigiada por mim, até a encadernação para exemplares dos dignitários foi escolhida por mim, e depois o Governador-Geral, muito amavelmente escreve: "Ao Dr. Fernando Amaro Monteiro, profundo conhecedor do mundo muçulmano, dos seus problemas e das suas motivações, como testemunho de apreço pelo conselho e colaboração dedicadamente prestados, oferece Manuel Pimentel dos Santos, 18 de Novembro de 1972". Quer dizer, o Governador-Geral oferece-me um exemplar do meu próprio livro, não é? *[risos]*. Estávamos na fase em que só nos correspondíamos por escrito! Desculpe estes considerandos, mas o episódio veio-me à memória. Isto viria a ser o futuro "Conselho de Notáveis" , estão aqui todos. E lembro-me que essa questão da *bid'a* está aqui logo de entrada. Localizo-a já: "Deve ser repelido quem quer que introduza na nossa fé uma inovação (bid'a) que nela se não fundamente"[131]. Isto discutiu-se à mesa, com toda aquela gente, escrupulosamente: o que é que queria dizer "bid'a"? Uma polémica tremenda entre as vinte pessoas, e eu a moderar. Na sequência disso é que surge esta nota que está aqui, que redijo, e na qual vem: "o 'Maulana' Hagi Mahmud Muhammad Maniar, o 'Maulana' Hafiz Muhammad Yacub, o 'Xehe' Momade Issufo, e o 'Xehe' Cassimo Ali Mussagy" (que eram os "wahhabitas") "votaram contra este último parecer"; e esse parecer, contra o qual eles votam, é de que havia "inovações rectas", e inovações que não eram rectas. Eles radicalmente manifestaram-se con-

---

[131] El-Bokhari, *Selecção de Hadiths. Tradições muçulmanas. Versão portuguesa resumida adaptada da tradução francesa de G. H. Bousquet*. Lourenço Marques: Edição popular promovida pelo Governo-Geral de Moçambique: 14. Aquilo que dividiu os dignitários muçulmanos reunidos para autenticar a versão resumida dos *Hadiths* ficou sintetizado no parecer que acompanhava a frase citada na entrevista, onde se afirma que "há correntes, no entanto, que admitem haver 'bid'a-s h'asana-s' (inovações rectas), não contrárias ao seu espírito, baseando-se no conteúdo sunita; consideram que a s. 5, v. 3, não impede a prática de actos não ofensivos dos preceitos fundamentais".

tra *a bid'a* que fosse considerada *bid'a hasana*, ou seja, "aceitável". Atitude radical, portanto, contra a "inovação"!

AKV: Sim, mas a minha pergunta é: a polémica surgiu por causa da inclusão dessa referência; há a polémica porque aparece a referência, mas porque é que aparece a referência?

FAM: Porque estava no texto original. Portanto, não havia que cortar.

AKV: Sim, mas já previa a polémica, com certeza. Houve também tentativa de criar um debate em torno da inclusão de uma possibilidade que interessava ficasse incluída?

FAM: Estava no original. Simplesmente, quando isto é introduzido, com a imbatível alegação de que estava no texto original, eu estava à espera de que se passasse o que se passou a seguir. Pela razão simples de que sabia que os dignitários iam tensíssimos para lá e que iriam explodir de qualquer das formas, porque as opiniões destas pessoas eram de dificílimo controlo; não estavam dentro do plano; não queriam talvez mesmo estar; mas tiveram que ir, embora lhes fosse dada toda a liberdade para se manifestarem, tanto que está aqui expresso o voto vencido de alguns.

AKV: Exacto.

FAM: Sobre os que votaram vencidos, quando os introduzi ali, fi-lo por coerência e pragmatismo: tinham, no terreno, importância efectiva no domínio de muçulmanos, mas sobretudo do que podíamos chamar formalmente muçulmanos, portanto. Sabia que se davam muito mal com os outros e que representariam sempre uma minoria com a qual teria problemas. Mas isso era útil na medida em que suscitava reacções da maioria que poderiam ser saudáveis, reacções contra eles, com o apoio das quais eu poderia funcionar, percebendo ainda melhor o terreno e reforçando a posição do Poder português. *Quod erat demonstrandum*. Foi isso que se passou.

AKV: Pois.

FAM: Salvei essa minoria, naquele dia, de qualquer coisa muito desagradável. Os outros falaram em linchá-los, ou até liquidá-los! Por intermédio do Administrador do Concelho fiz a PSP da Ilha e mais os Cipaios entrarem de "prevenção rigorosa" para protegerem a tal minoria. Lembro-me perfeitamente de uma conversa que tive com o Engº Arantes e Oliveira prevendo isso e ele disse-me: *"Oh senhor doutor, mas eles estão introduzidos? Se o senhor sabe que vão trazer problemas, o senhor introduz?..."* Respondi: *" Senhor Governador-Geral, é bom que se introduzam. Eles têm o direito de lá estar. E, depois, até é bom que haja problemas porque é isso que dá, inclusivamente, verosi-*

milhança. Se não houver problemas e só houver unidade, isto sairá em termos de 'propaganda branca', dirigida aos já convencidos, o que não interessa nada, porque já ninguém acredita". E o Governador-Geral advertiu: *"Olhe que eu confio em si. Faça como entender. Mas veja lá, por amor de Deus, o que é que me arranja!"* Cordialmente , claro! O Engº Arantes e Oliveira tinha uma característica espantosa, era um homem altamente responsabilizante em relação às pessoas; quando tinha confiança, deixava andar, mas nós sentíamos que ele estava com o machado na mão. Como fez em direcção a mim, porque eu sentia-o, mas perfeitamente cordial e amigo. Nunca tolheu! Pelo contrário. Pelo contrário, a prova está aqui. A autenticação do livro fez-se já no governo do Engº Manuel Pimentel dos Santos, mas veio do tempo do Engº Arantes e Oliveira.

AKV: Mas se me estou a lembrar bem, na altura em que se faz a assinatura na Ilha de Moçambique, já o professor Amaro Monteiro tinha mais ou menos perdido a... como é que hei-de dizer, perdido...

FAM: A fé.

AKV: A fé, exacto. É a palavra exacta.

FAM: Tinha passado muito tempo.

AKV: Pois.

FAM: Tinha passado demasiado tempo. Eu apercebi-me logo de início: *"Isto tem que ser rápido, não se pode perder tempo..."*. Lembro-me que, ao longo destas conversas, já lhe falei umas quatro ou cinco vezes no factor tempo.

AKV: Exacto.

FAM: Tempo, tempo, tempo... Tem que ser rápido, rápido, rápido, não é? Compreendeu-se o "dispositivo no terreno"; seduziram-se as pessoas; e depois de se seduzirem as pessoas, era preciso imediatamente comprometer, accionar de seguida, sem demora. Porque, na guerra, quando se concebe, não se deve deixar a massa comandada esperar demais, senão ela "pensa"! Ora, na guerra quem tem de "pensar" é o Comando. Os personalismos levam à indisciplina, logo à descoordenação. Derrota!

AKV: É que não era só o ter-se perdido uma oportunidade, é o ter-se criado um potencial com consequências negativas, não é verdade?

FAM: Que podia ter consequências negativas. Era aleatório. O que já chamei, a propósito de não sei o quê, a "situação de interruptor".

AKV: Porque havia uma janela de tempo de oportunidade para accionar, que uma vez perdida, levava para outro lado.

FAM: Podia levar para o outro lado. Não chegou a levar. Que se tivesse dado por isso! Não chegou a levar, não se abriu nenhuma oportunidade à FRELIMO com isto.

AKV: Não, não nesse sentido, mas no sentido de formarem consciência de si próprios...

FAM: Ah. Sim, sim. Foi o que aliás escrevi...

AKV: ...a ponto de já não serem controláveis...

FAM: ...tomaram uma aguda auto-estima.

AKV: Exacto.

FAM: Uma nítida auto-estima. A partir do momento em que tomam consciência demasiada da própria força que representam, perde-se o controlo se o accionamento não é imediato. Este, a bem dizer, tem que prever no imediato aquele fenómeno psicológico.

AKV: Exacto. Portanto, é nesse sentido que...

FAM: É evidente. Aí se explica, com certeza, que eu estivesse preocupadíssimo e dissesse que entraram numa auto-estima de controlo interrogável.

AKV: Pois.

FAM: Agora perguntar-me-á também: então nesse caso para que é que juntou lá os da minoria? Não podia fazer outra coisa, tinham mesmo que ir, para aquilo ter respeitabilidade; senão entrávamos no tipo de iniciativas em que o regime em todos os campos era fértil e em que ninguém acreditava. Mas, como se conseguiu, isso teve imensa repercussão na altura. Contudo, eu sabia que ao autenticarem o texto e ao ter-se atingido tal repercussão, isso não significava que depois se pudesse tirar já, a partir desta altura, o rendimento <u>operacional</u> que era preciso tirar. Porque, repare, é uma altura em que um homem como o "Xerife" Said Bakr, conservador, enfim, um elemento muito ligado a mim, me veio dizer, com uma ênfase espantosa: *"Se o Governador-Geral ficar a favor dos 'wahhabitas', eu carrego num botão e levanto problemas em 3 Distritos."* Repare, a que ponto tínhamos chegado. Respondi: *"Xerife, eu não ouvi isso."* Repare, é extremamente grave. Isto representa que, a partir daqui, já não é fácil tratar com este homem, porque ele já impõe condições. Portanto, nesta altura, já não era possível dizer: *"Vamos em frente..."* confiadamente, pelo menos. Era preciso ver se os "comandados" estavam a seguir o "comando", está a ver? Era um "desconforto"...

AKV: Portanto, a partir daqui, toda a iniciativa que a administração portuguesa tomasse em relação ao Islão tinha de ter em conta agora não já o equilíbrio católico ou a situação em relação à FRELIMO mas as próprias massas muçulmanas com uma nova unidade e consciência de si.

FAM: Exacto. Era a partir daqui, do hiato que se tinha produzido, dessa lacuna que se verificou por falta de continuidade no critério governativo ao máximo escalão. Repare: não havia uma estrutura que tratasse disto. No fundo, quem tratava era eu, os SCCIM, a Acção Psicológica, etc., tudo com tendência para um descomando que contrariei quanto pude. De cada vez que mudava o Governador-Geral, tinha que haver o trabalho de explicar ao sucessor o que se estava a passar, e isso fazia perder imenso tempo. Apesar de o Governador-Geral ir, digamos industriado, porque ia. Tanto o Eng⁰ Arantes e Oliveira como o Eng⁰ Pimentel dos Santos receberam indicação de Lisboa: *"Está lá fulano. Pode confiar nele para o assunto."* O Ministro do Ultramar, Professor Silva Cunha, encarregou-se disso. Mas havia a individualidade de cada Governador-Geral. Não actuavam tão automaticamente quanto isso. O Eng⁰ Arantes e Oliveira demorou um bocadinho de tempo; e, enfim, o Eng⁰ Pimentel dos Santos enorme tempo, pois não queria estar na situação de receber indicações de ninguém, não queria o *know how* de ninguém, tinha uma concepção omnisciente do Poder. E por mais que lhe explicasse *"Estamos a perder um tempo precioso..."*, havia um movimento, um comportamento somático pelo qual o Chefe da Província parecia dizer: *"O senhor daqui a um bocado faz o meu lugar!"* Aliás, uma vez em que eu pusera, por uma ordem dele, todos os dispositivos a funcionar, *"preciso disto urgentemente, preciso de rádios, preciso disto, preciso daquilo, e de aqueloutro"*, respondeu-me *"Faça"*. *"Eu preciso que V. Exª assine logo, e se V. Exª está ocupado?..."*, *"Assine o senhor"*. Então, quando foi o momento, peguei nos telegramas e assinei "Geral". E pus aquilo tudo a andar. Levei-lhe depois as coisas, já estava tudo mandado, as mensagens, os telegramas, assinados por "Geral", tudo. Ele olhou e disse, encarnado: *"Posto isto, senhor Dr., só me falta levantar e oferecer-lhe a minha cadeira."* [risos] Foi a única vez que vi no Eng⁰ Pimentel dos Santos um bocado de sentido de humor.

AKV: Isso tinha a ver com o Islão?

FAM: Tinha. É evidente. Tinha que ver com a última Mensagem, que ele faz, que se faz na Ilha de Moçambique, em Gulamo aliás, que é a meu ver, do ponto de vista de conteúdo, a melhor, estilisticamente até é a melhor. Pura e simplesmente surge inusitada, já desfasada no tempo...

AKV: Exacto.

FAM: Porque ele quis fazer um *show off* e chamou-me para lançar *motu proprio*, fora de propósito e a três dias de distância, uma iniciativa já desusada! Deu uma ordem. Delicadamente, mas deu uma ordem, sem perguntar opinião. Tem ideia do que fiz nesses três dias? Ele não tinha a noção da complexidade da montagem de uma operação dessas.

AKV: Agora queria recuar um pouco, voltar aos anos 60, quando o projecto está em curso...

FAM: Em termos optimizantes, desculpe, isto começou em 68. O ideal, o ideal teria sido em 1969 começar a exploração do plano. O accionamento. Não se fez, claro. Era humanamente impossível, no contexto que lhe descrevi.

AKV: Pois.

FAM: Fomos "coxeando" com três anos de atraso. Dir-me-á: *"Mas porque é que não se podia andar mais depressa com a Selecção de Hadiths?"* Ora, eu tinha mais que fazer! Não estava a tempo inteiro só a fazer isto, não é verdade? Não havia estrutura. O drama é que o Poder queria fazer omoletes mas não tinha ovos. E ainda por cima andava devagar demais ou fazia coisas que não devia.

AKV: Na documentação que se encontra nos arquivos, em termos de informações que vão recebendo, locais, PIDE, Quartel General, etc., há muito que a noção de que entre sectores islamizados há grande aderência à FRELIMO, ou à subversão, como a maior parte das vezes aparece referido...

FAM: À subversão.

AKV: Em contraste, na documentação por si subscrita, não é essa a percepção com que se fica. Não que não haja a preocupação em relação à possibilidade de estarem ou ficarem susceptíveis a aliciamento pela subversão; o que não transparece, ao contrário das outras informações e pontos da situação, é que já estejam comprometidos com a subversão.

FAM: Não. Nunca tive a noção ou a ideia de que os sectores islamizados estivessem já submetidos à subversão no sentido de accionados já pela FRELIMO. O que eu tinha noção, é de que a subversão os tinha já alcançado. E tinha alcançado por uma mecânica de indução. Natural. Primeiro a subversão é um fenómeno natural, quando ela não é técnica. A subversão vem em tudo, como o desgaste do tempo. Bom, nisso integra um processo evolutivo. Transporta-se a si mesma. Depois havia a subversão técnica, objectiva, exercida por uma entidade X, que podia não ter afectado o indivíduo A, B ou C ou D, mas que afectava o conjunto A mais B mais C mais D, numa situação de expectativa criada face a qualquer coisa que constituía uma incógnita. Um ponto de interrogação. O que é que a guerra vai dar? E nesta altura tinha atingido a própria população europeia também; porque, no fundo, toda a gente estava ciente de que alguma coisa ia acontecer.

AKV: Mas o que é que...

FAM: Quando isso prejudicava a reacção dos organismos...

AKV: Mas em termos concretos, pelo que consta na documentação... cito a título de exemplo: "Há mualimos que estão a fazer peregrinação pelas aldeias e que estão a fazer a propaganda da subversão". "Houve concentração na mesquita tal e o padre não sei quê diz que só podem estar a fazer política contra a soberania", etc. Há, portanto, nitidamente a noção ou a suspeita de que onde anda o Islão anda a subversão... A convicção de que agentes religiosos são, na verdade, sob coberta de serem pregadores ambulantes, agentes da subversão. Como é que via essa questão?

FAM: Era uma hipótese, como disse há bocado. Por princípio, resguardavam-se todas as hipóteses. Mas, objectivamente, não me parecia...

AKV: E a noção de que o Islão e o Comunismo se imiscuíam?

FAM: Nada. Nada. Podia eventualmente aparecer um ou outro indivíduo que pudesse ser, digamos, uma ponta de lança de alguma corrente heterodoxa, ou, enfim, aquilo que o Estaline chamava o imbecil útil, não é? Mas nunca dei por isso, pelo menos.

AKV: E, por exemplo...

FAM: Pelo contrário, o Islão em Moçambique era eminentemente espiritualista e, portanto, seria um aliado potencial da Administração Portuguesa, se isso tivesse sido encarado a cem por cento.

AKV: Mas nas Informações da PIDE vem sempre o contrário?

FAM: Em princípio. Mas a PIDE vivia num fantasma permanente, vivia, vivia... estou convencidíssimo, com vontade de surpreender uma heterodoxia no próprio Dr. Salazar!!!

AKV: Então e o facto de...

FAM: Isto é uma brincadeira.

AKV: Claro [risos]. E quanto a dois factores que a certo ponto se manifestam: os Qadianis...

FAM: Um pouco ridículo.

AKV: Na documentação fala-se de um Alcorão que teria sido produzido por Israel, e distribuído em Moçambique...

FAM: Sim, sim. Pois.

AKV: Uma realidade, ou era mais um fantasma?

FAM: Foi um fantasma...

AKV: Porque, quando se tentou pôr mãos num, nunca se chegou a conseguir encontrar nenhum exemplar.

FAM: Nada. Foi um fantasma que surgiu com bastante peso, alarmou as pessoas. Volta e meia havia uns fogachos, como quando apareceu em Porto Amélia um indivíduo a dizer que tinha visões, coitado, devia ser um esquizofrénico, Jamal, parece-me que era... O Governador de Cabo Delgado, Basílio Seguro, na sua "guerra" local, protegeu imenso esse proselitista muçulmano. Coitado! Não havia razão nenhuma que pudesse levar o Governador do Distrito a fazer nada com ele, porque era apenas um esquizofrénico, com visões. Mas o Governador apresentava-o como um líder potencial. Ora, ligou-se alguma importância a isso. A minha preocupação estava em ver se na realidade ele tinha razão em preocupar-se com o tal Jamal e se havia qualquer coisa que fosse explorável, ou se aquilo era pura e simplesmente uma criação de *show off*. E, no caso em questão, cheguei à última conclusão. O homem era um desgraçado, não servia para nada. Esquizofrénico, de alinhamento paranóide, estava no seu direito de ter visões e de se considerar escolhido para uma missão qualquer, que só existia na sua cabeça conturbada[132].

AKV: Mas o Governador...

FAM: Era um bocado o caso da seita de Qadian. Volta e meia havia "visões" nos poderes locais.

AKV: Um outro caso que encontrei na documentação teve a ver com um jornalista, eu por acaso não trouxe a documentação comigo, mas por linhas altas recordo-me de que o tal jornalista enviara um telex ou telegrama que fora interceptado pelo Governo local e vai parar aos SCCIM. Segundo informação nele contida, haveria um Alcorão a ser distribuído, que originava de Pequim...

FAM: Sim, sim.

AKV: ...que falava de um novo mensageiro...

FAM: De um novo mensageiro, exacto.

AKV: ...que viria do Leste e que daria uma nova...

---

[132] A extensa documentação sobre Amine ou Amini Jamal, que se reporta essencialmente a Agosto e Setembro de 1966, encontra-se em ANTT, SCCIM nº 412, fls. 903-939. Parte destes documentos pode ser igualmente consultada no Arquivo Histórico Ultramarino, mais precisamente no Relatório de Situação nº 15 – Distrito de Cabo Delgado nº 5, Período de 1 de Agosto a 30 de Setembro de 1966, Serviços de Centralização e Coordenação de Informações do Governo Geral de Moçambique [classificação: Secreto], AHU, SR 151 (2ª Caixa), e no Boletim de Difusão de Informações [dos Serviços de Centralização e Coordenação de Informações de Moçambique] nº 602/66 de 18 de Outubro de 1966, AHU, SR 151 (1ª Caixa).

ENTREVISTA DE ABDOOLKARIM VAKIL A FERNANDO AMARO MONTEIRO

FAM: Lembro-me perfeitamente, espalhou-se isso.

FAM: Mas mais uma vez, quando se tentou pôr mão num exemplar nunca se encontrou.

FAM: Nunca se encontrou nada.

AKV: Isso era também uma...

FAM: "Visão". Volta e meia havia delírios. Aconteceu esse; aconteceu o da seita de Qadian; aconteceu o delírio de se andar à procura de sinais no cóccix das pessoas, que era outra coisa espantosa, já lhe contei isso, dá para rir, não é? Já não me lembro como é que isso apareceu. Foi um BDI qualquer, dizendo que eles tinham um sinal específico no cóccix, faziam lá uma espécie de queimadura, era como um ferrete marcado, não é? E lembro-me perfeitamente do ar indignado de um colega a dizer: *"Já viu, o que é a gente estar a pedir aos Administradores que vão verificar o cóccix de um sujeito, isto provoca um problema para aí..."* [risos] Como pode calcular... Um perfeito delírio de um sujeito qualquer; aparecia com uma coisa e induzia a actuar uma máquina que, no fundo, reagia por medo. Porque todas estas reacções eram de medo.

AKV: Voltando então a realidades concretas: o "Xehe" Abudo Michongué, que conseguiu trazer de volta do Malawi...

FAM: Do Malawi.

AKV: Onde é que se insere esta História? Em 70, portanto.

FAM: Quando fui em serviço a vários pontos do Niassa, falei com o Bispo de Vila Cabral, etc., etc. Conversei com os chefes muçulmanos durante perto de 5 horas, sentado no chão de uma mesquita; lembro-me que nessa conversa cheguei à conclusão de que o mais importante dignitário do Niassa estava foragido no Malawi, com imensa gente. Era um pouco a história do "Ovo de Colombo". Estava diante dos olhos das pessoas. E não perdi tempo: procurei promover imediatamente o regresso dele a território português. Fui falar de novo com o Bispo, com o Governador de Distrito, falei com o Comando de Sector, à procura de ver se havia alguma coisa contra o homem e cheguei à conclusão de que ele estava fichado na PIDE. Falei logo com o respectivo Sub-Inspector local, um veterano da "13 Bandeira" na Guerra de Espanha, perguntei-lhe o que havia e informou-me: *"Não temos nada de especial. O homem saiu. Está exilado. Retirou-se para o exterior, nem detectámos ligações especiais."* E eu disse-lhe: *"Considero do maior interesse fazer vir este indivíduo. Mas tenho de ter a certeza absoluta de que não lhe acontece nada."* Isso foi sempre uma condição posta por mim nos contactos com os Governadores-Gerais. *"Quando eu saio para uma coisa destas, nunca pode acontecer a ninguém nada de aborrecido, primeiro porque não me presto a isso*

MOÇAMBIQUE MEMÓRIA FALADA DO ISLÃO E DA GUERRA

nem tão pouco está de acordo com a configuração dos meus Serviços e, em segundo lugar, se um dia acontece uma coisa dessas nunca mais consigo nada! Agora, também não vou colocar o Governo em situações difíceis. Portanto preciso de saber se esta pessoa pode ou não ser induzida a voltar." Aí, o Sub-Inspector da PIDE, quando lhe expliquei como era, teve a noção de que estava a lidar com material muito importante e disse-me: *"O melhor é ouvir-se Lourenço Marques."* Respondi-lhe: *"Está certo. Então vou falar com os meus Serviços."* E falei pela rádio para os SCCIM, estes falariam com a PIDE, etc. Recomendei: *"Falem, obtenham a anuência pessoal do Governador-Geral, porque o caso é suficientemente importante para isso."* Obtém-se a anuência do Governador-Geral, obtém-se a garantia dada pela PIDE de que não se fazia nada ao homem, e eu fomento o regresso dele, dizendo ao "Xehe" Cassimo Abdala: *"Mandem-no vir. Garanta-lhe que não só não lhe acontece nada como até vai ser bom ele voltar."* Recordo-me perfeitamente que tinha mil escudos no bolso e disse: *"Esta é uma pequena contribuição minha para ajudar o regresso do "Xehe" e das pessoas que ele possa trazer."* E entreguei essa nota de conto de reis, que era todo o dinheiro que tinha no bolso. Aí regresso a Lourenço Marques. Dias depois, começamos a ter notícia do afluxo de população regressada do Malawi em circunstâncias excepcionais. Normalmente aquilo que recuperávamos, as pessoas que a autoridade portuguesa conseguia, era o refugo que a FRELIMO deixava escapar. Deixava-nos mulheres grávidas, por vezes; deixava-nos velhos, velhas, coxos. Crianças em estado de subalimentação. E nós dizíamos: *"Recuperámos 15 elementos da população."* "Recuperámos" o quê?! Nós apanhávamos em cima com gente esfaimada ou doente, não é? Era muito raro serem elementos válidos, homens e mulheres em condições. Ora, na sequência dessa minha reunião e das diligências começam a afluir, a regressar, elementos desse tipo, às quantidades, precisamente sobre a zona de Vila Cabral; nós recebemos indicações em baixo. Disse então ao Director dos Serviços: *"Isto é o regresso da gente do 'Xehe' Abudo Michongué. Faça favor, vamos fazer uma verificação!"* Porquê? Porque o Governo do Niassa não associou as duas coisas, e não associou porque não queria associar. Não queria. Nunca se conseguiu que definisse em termos claros quantos é que tinham regressado. Calcula-se que tenha voltado nessa altura, do Malawi, e à volta do "Xehe" Abudo Michongué, um número que varia entre cerca de um milhar, e outro cifrado mesmo em 10.424 pessoas. Não lhe sei dizer números certos: se foram mil, se são as espantosas 10.424, ou se flutuam no meio, porque o Governo do Niassa nunca se explicou. E nunca se explicou por uma razão simples: o Governo do Distrito, o Comando do Sector, a PIDE, essa gente toda ficou extremamente incomodada com a minha interferência no assunto. Foi a demonstração por A mais B de como era altamente rentável fazer acções deste tipo. Repare numa coisa, em termos de despesa de guerra: um Batalhão ocupava a área de um Sector, não é verdade? Um Batalhão são quatro ou cinco Companhias, oscila entre oitocentos a mil homens. Faça as contas a quanto é que custaria manter oitocentos a mil homens dois anos. A manutenção

ENTREVISTA DE ABDOOLKARIM VAKIL A FERNANDO AMARO MONTEIRO

do material, os combustíveis, o Serviço de Saúde, a Intendência, tudo isso. Divida a soma pelo número de pessoas que eles recuperavam na guerra. No final da comissão, cômputo de um Batalhão: recuperaram-se, apanharam-se, capturaram-se, como se dizia, dez armas Kalashnikov, medicamentos, material vário, quatro homens, dez crianças, vinte velhos, etc. E veja a quanto é que saía cada elemento da população "capturado", "recuperado" ou "apresentado" segundo as várias situações. Saía uma enormidade. Donde, a minha afirmação, que julgo fácil de demonstrar: esta guerra não devia ser assente em Batalhões; era sobretudo uma guerra para milícias, grupos especiais, contra-guerrilhas, operações *"intelligence"*, porque com o preço de <u>uma</u> Companhia regular punham-se talvez em acção cinco Companhias de milícias, quer dizer, em vez de duzentos homens do Exército regular, poderíamos ter mil milícias. E com uma diferença: era altamente rentável a milícia, como não era a unidade regular (excepto as de tropas de elite). Era uma guerra para a APSIC, e grupos especiais preferencialmente negros, com o pessoal do recrutamento metropolitano reduzido ao estritamente indispensável. E aviação, claro. Hélis, muitos mais. E *"intelligence"*.

AKV: Então vamos lá ver duas coisas fundamentais...

FAM: Nesta andança que fiz, só isto, repare a quanto saiu. Saiu uma passagem de Lourenço Marques/Vila Cabral ida e volta, mais uns táxis aéreos no Distrito, e hospedagem de dez dias. Baratíssimo, contados os "regressados" e o efeito político da volta do "Xehe" Abudo Michongué. Isto enervava imenso as pessoas. *"Este tipo que está lá em baixo, vem aqui acima, faz três ou quatro reuniões, volta, e há este resultado. Põe-nos em má figura!"* Resultado que até causou problemas ao Governo de Distrito em termos logísticos, porque teve de receber as muitas pessoas e os problemas que surgiram em volta delas. Por isso tudo é que ninguém queria assumir que resultou em cheio. E o próprio Director dos Serviços, um militar, disse: *"Oh Dr. Amaro Monteiro... Eu não quero estar a pressionar o Comando Chefe, porque o Comando Chefe ficou "picado" com esta "operação" de um civil desarmado."* Era a prova por A+B de que a guerra não era "assim". Estava mal gerida. Era preciso conhecer ligações humanas, pessoas ou cadeias nevrálgicas, para accioná-las como se estivéssemos a fazer acupunctura. É a imagem que me acode.

AKV: Mais especificamente, em termos de indivíduos, o regresso do "Xehe" Abudo Michongué foi depois explorado por outras formas individualmente?

FAM: Foi. Foi a Meca.

AKV: Pois, eu vi o nome na lista.

FAM: Pois, foi a Meca. Não, não se gastou mais nada do que isso, o que já foi muito bom. E deu-se-lhe a importância humana a que ele tinha direito, claro.

O que lhe soube muito bem. Das coisas que mais me magoaram, percebe, na minha acção, foi escamotearem-me os resultados do regresso do "Xehe" e não me dizerem nada, porque isto, em termos de guerra, em qualquer sítio, era um "tiro" de alto sucesso, não é verdade?

AKV: Sobre a questão das milícias, num "email" que me enviou a propósito desta questão, refere-se a certo ponto a "um dignitário do Niassa". De quem se trata?

FAM: Bom, eu vou dizer-lho, mas queria pedir-lhe uma coisa. Se lhe fosse possível saber se ele já morreu, isso dava-me mais conforto: Sirage Mucuaiaia, "Xehe" de Marrupa. Oferece quatrocentos homens. Para começar. Quatrocentos homens em termos de contra-guerrilha é muito bom! Seria o início da fase do "accionamento" armado, a fase 4 do plano.

AKV: Não tem, então, nada a ver com o regresso do "Xehe" Abudo Michongué?

FAM: Não, não. Este outro era da área de Marrupa. Apresenta-se voluntário e oferece quatrocentos homens. É um espectáculo.

AKV: Oferecimento esse que...

FAM: É posto superiormente.

AKV: Em que termos?

FAM: Este era o ponto final, o ponto grande onde eu queria chegar, o ponto de exploração do Islão em termos armados. Olhando para uma Carta: os muçulmanos, armados por todo o território, entregues a um comando próprio, "engoliam" toda a guerrilha da FRELIMO. É claro que haveria "factura" a pagar! Mas não tinha Moçambique que mudar? E não era muito melhor mudar por via dos muçulmanos do que mudar pela FRELIMO? O futuro exigia a mudança. Era preciso optar.

AKV: Portanto, em termos do plano de que estávamos falando há pouco...

FAM: Culminaria aí.

AKV: Exacto.

FAM: Mas provoca... Nem o General Kaúlza de Arriaga "compra", nem na circunstância o Governador-Geral quer "comprar". Assustam-se.

AKV: Isto era, suponho, a nível de confrarias?

FAM: Sim e não. O oferecimento do "Xehe" Sirage Mucuaiaia não teve que ver com as confrarias. Mas isto arrastaria depois as confrarias, nomeadamente a gente do "Xerife" Said Bakr. Como se viu depois do 25 de Abril de 1974. Mas isso é outro assunto.

AKV: Lá chegaremos. Neste caso, portanto, a ideia de milícias muçulmanas surgiu de lá? Partiu do próprio...

FAM: É o próprio que se oferece.

AKV: E com essa oferta, faz a sua proposta...

FAM: Faz-se a proposta, o assunto é ventilado numa reunião do Grupo de Trabalho de Assuntos Islâmicos. Fica decidido apresentar-se imediatamente. Apresenta-se...

AKV: Do seu ponto de vista, as vantagens eram aquelas que há pouco mencionou?

FAM: Eram. Ainda por cima Sirage Mucuaiaia era de uma área fulcral. Marrupa! Podia lá haver melhor? As explorações clânicas que depois se podiam fazer à volta disso, etc., etc. Era o começo. E podia não se desenvolver se não se quisesse, porque quatrocentos homens era um efectivo facilmente controlável. Se politicamente se achasse que era melhor não adiantar mais do que isso, era uma mera representação e não se adiantava. Se se visse que havia vantagem, então ampliava-se. Era uma experiência para começar...

AKV: Quais foram as reacções à proposta?

FAM: O General Kaúlza de Arriaga, de entrada, ficou atónito. Depois pensou que, se eram quatrocentos homens, os podia juntar aos seus GE's. Eu disse: *"Senhor General, não. Não. O que interessa é que eles sejam assumidos como entidade muçulmana autónoma." "E o enquadramento?"*, lembro-me perfeitamente. *"O enquadramento de oficiais e graduados normal." "Há que pensar." "Senhor General, se há Oficiais para isto, se possível muçulmanos, se os houver..., de qualquer das formas há que pensar num enquadramento específico para essa gente. Eu sugeria-lhe, inclusivamente, fardamento próprio, cofió, por exemplo, símbolos, a parte da simbologia é muito importante."* O General, que era muito inteligente, teve medo. Dá-me uma resposta espantosa: *"Há que ver que o País é multirracial e é pluriconfessional e, sabe, eu não sei os reflexos que poderia haver se se criasse uma unidade assumidamente confessional num país que é pluriconfessional."*

AKV: Qual foi a resposta? Porque curiosamente, há uma certa lógica nesse argumento.

FAM: Há. Mas respondi imediatamente: *"Senhor General, nessa ordem de ideias, peço desculpa mas estão criados GE's com base na cor negra, quando o país é pluri-racial."* E não insisti mais. Limitei-me a dizer isso. Mas é evidente: GE's, GEP's, a guarda negra do

Palácio da Ponta Vermelha, tudo, havia um apelo aos Negros, mobilizados como Negros, e o País era multirracial. Portanto, a lógica cairia logo por aí. O que se passava era outra coisa. É que o General pensou, como o Governador-Geral pensou: *"Arranja-se aqui um problema, porque é preciso depois controlar isto. Porque, se dá resultado, surge uma força especial muçulmana que passa a criar um desequilíbrio com o Jorge Jardim."* Só o Engº Jorge Jardim é que tinha, digamos, "forças próprias". É evidente que o General Kaúlza de Arriaga deve ter pensado: *"O que é que dirá disto o Jardim?"*; ponto um. Ponto dois: *"Se for necessário, se formos para a frente efectivamente, o Amaro Monteiro é que lidera esta representação. É um elemento que entra novo no processo."*

AKV: Teve consciência disto em termos de...

FAM: Tive. Tive consciência de que ia levantar...

AKV: Seduziu-o a ideia?

FAM: Não. Eu não fazia tenções de exercer comando nenhum. Não podia exercer nenhum comando efectivo; repare, eu vivia em Lourenço Marques. Tinha a minha actividade profissional. Tinha a minha mulher e os meus filhos. Ia agora lá para cima comandar os quatrocentos homens? Não. Mas, por outro lado, que era possível eu controlá-los sem lá estar sempre, era. Obrigava-me a ter comandantes operacionais muçulmanos. Isso seria uma coisa que se poderia fazer numa escala reduzida, para começar. Podia inclusivamente ser logo ali o "Xerife" Said Bakr. De qualquer das maneiras, lancei a ideia e fiquei a ver os reflexos. Ao fim ao cabo eram de medo, perante um fenómeno que o Poder quisera, quando vinculou o plano de quatro fases, no qual a do accionamento era a última. Faltou-lhes afinal a garra para pegarem naquilo que quiseram antes!

AKV: Portanto a coisa morre.

FAM: Morreu.

AKV: E da parte de quem ofereceu?

FAM: Amachucou-o com certeza, deve-lhe ter vindo uma desilusão enorme. Não falei com ele depois disso. Essa desilusão quanto ao que o Poder fazia ou não fazia, está espelhada na conversa que Said Bakr tem comigo depois do 25 de Abril – a que ainda não chegámos.

AKV: Voltemos por momentos ao Jorge Jardim. Eu tinha duas perguntas a fazer-lhe sobre ele. Havia uma ligação entre os projectos Jorge Jardim e a questão islâmica? E conversamente, havia algum reflexo da acção ou da política dele que se fez sentir nos meios muçulmanos? Porque, o Jorge Jardim, do que me lembro das entrevistas...

ENTREVISTA DE ABDOOLKARIM VAKIL A FERNANDO AMARO MONTEIRO

FAM: Não.

AKV: ...das entrevistas que o Freire Antunes publica, não me recordo de nenhuma referência particular à questão islâmica[133]. Portanto, nunca...

FAM: Nada. Não mexia aí. Sei que se agradou muito da política que se estava desenvolvendo. Era uma situação emblemática que lhe serviu para ele citar nas conversas com Banda, mas não incursionava aí directamente. O Engº Jorge Jardim sabia da minha existência.

AKV: Conheciam-se pessoalmente?

FAM: "Como está, senhor Engenheiro?" Só. Não conversámos uma única vez. Tive um elemento afecto a ele funcionando, por escasso tempo, no Grupo de Trabalho sobre Assuntos Islâmicos, a que presidi.

AKV: Jorge Jardim?

FAM: Havia um elemento lá, dele. Não introduzido de propósito, julgo. Ele, por si próprio, era afim de Jorge Jardim. Aconteceu. Parecia desconfiar de mim, quer dizer, olhava-me com algum receio ou curiosidade. Naquele momento, olhava-se com receio para qualquer pessoa que estivesse fora de qualquer esquema formulado. É natural, o Governo olhava-me com confiança mas sempre com precaução, esse elemento olhava-me a tactear, a PIDE olhava-me com cortesia mas sempre alerta. Eu olhava-os a todos com muita atenção, à cautela. Observávamo-nos todos uns aos outros. Típico das situações de pré-colapso.

AKV: Estes elementos do Grupo de Trabalho foram aqueles apurados a partir do curso que leccionou...[134]

FAM: A contra gosto, porque nunca concordei com a maneira como aquele Grupo foi formado, não tinha quaisquer possibilidades de acção. O Governador-Geral, Engº Pimentel dos Santos, para um assunto desta magnitude quis constituir um "grupo de trabalho" a funcionar como se estivéssemos a estudar o problema da "cultura da fécula da batata" em Moçambique. Ou o de pavimentar as estradas de Moçambique. Não entendeu que isto não ia com uma mini-estrutura pendurada no Gabinete de Acção Psicológica, que não tinha meios, tinha uma dificuldade de

---

[133] Mesmo a questão do Sultão de Zanzibar e dos "020", nunca aparece tratada ou explorada sob o ângulo do Islão enquanto facto. Curiosamente, o papel de Amaro Monteiro nesta história também não é referido, como aliás nunca aparece citado em Antunes 1996.

[134] Sobre o Curso de Islamismo a Professores de Ensino Secundário, ver Informação nº 15/71, Confidencial, de 22 de Setembro de 1971, redigida por José de Vilhena Ramires Ramos (ANTT, SCCIM nº 413, pt. 1, fls. 671-673), e Informação (Sem referência, não numerada), Secreta, de 12 de Agosto de 1971, emitida por Fernando Amaro Monteiro e destinada ao Governador-Geral de Moçambique (ANTT, SCCIM, nº 413, fls. 674-682).

MOÇAMBIQUE MEMÓRIA FALADA DO ISLÃO E DA GUERRA

meios muito grande até para mandar dactilografar as coisas! Isto era absurdo. Absurdo. Só podia vir de um homem que não tinha o contacto directo com a realidade. Nem queria ter! Não consigo falar disto, ainda hoje, sem me enervar.

AKV: Falou-me de Kaúlza de Arriaga; deixe-me pôr-lhe uma questão. Em 1962, Kaúlza de Arriaga, que era na altura Sub-Secretário de Estado da Aeronáutica...

FAM: Sessenta e dois.

AKV: ...faz uma visita à Mesquita Grande da Ilha de Moçambique, que foi comemorada com a afixação de uma placa. Ora, isto, em 62, e com placa e tudo, era qualquer coisa de inovador.

FAM: Não sabia. Ou não me lembro.

AKV: A pergunta que eu tinha era: nesta altura, portanto, ele claramente tem alguma noção da importância da...

FAM: Tinha. O General era um homem muito inteligente, apesar da vaidade...

AKV: Portanto...

FAM: E era uma pessoa muito bem-educada, pessoalmente de muito bom trato. Devem-lhe ter feito qualquer convite para isso, fizeram de certeza, e ele acolheu imediatamente porque era muito palaciano na sua forma de estar.

AKV: E mais tarde, quando o seu projecto entra em movimento, qual foi então a apreciação dele?

FAM: Ele apercebeu-se logo da importância de tudo. Falei com ele variadíssimas vezes, longamente, sobre o assunto. Ele apercebeu-se também de que o seu Estado-Maior não estava vocacionado para tratar isto. E, portanto, muito pragmaticamente disse-me a gracejar: *"Bom, eu como soldado aguardo ordens, não é verdade? Faz-se aquilo que o Amaro Monteiro for dizendo."*

AKV: Ele não tinha ninguém no Comando Chefe...

FAM: Tinha o Brigadeiro Pinto Bessa, que era o Chefe do Gabinete Militar do Comando Chefe, e me comentou: *"O senhor Dr. fez-me perder noites a estudar o Islão."* Porque mandavam-se elementos para cima, informações e notícias, e o General passava-os, pela importância que tinham, directamente para o Brigadeiro Pinto Bessa, recomendando: *"Preciso que me estude este assunto."* Ora, o Brigadeiro tinha mais coisas que fazer nas suas funções para além de estudar Islão. Mas como recebia ordens do General para prestar atenção específica àqueles assuntos, normalmente agendava isto para o fim do dia, quando o deixavam em paz. *"Eu perdi noites por sua causa a estudar isto."* Enfim, ele fez o que podia, não é? Simplesmente a estrutura militar não tinha sido preparada para esta guerra. A máquina militar, em certas matérias, estava na situação, só, de receber o que a máquina civil lhe pudesse fornecer, porque não tinha capacidade funcional ou de meios para ir pesquisar. A prova disto está, num determinado momento, quando a situação piora na Zambézia, e eu, em conversa com o General Kaúlza de Arriaga, lhe digo: *"Senhor General, tivemos momentos maus na Zambézia no século XVIII, no século XIX, e foi possível movimentar 'ensacas', esses famosos exércitos privados da Zambézia, a partir de um elemento ou dois que conheciam o terreno clânico na profundidade, fizeram alianças locais muito bem escolhidas, movimentavam aquele tecido, conseguiam manejar 'ensacas' de milhares de homens. Porque é que não tentamos fazer o estudo do terreno humano em condições de responder?"* Ele perguntou: *"Mas onde estão esses elementos?"* *"Esses elementos estão em Lisboa, no Arquivo Histórico Ultramarino. Estão também nos Arquivos Militares, possivelmente".* *"Pois é. E, agora, ver isso?"* *"Senhor General, é muito simples. Não pode deslocar daqui gente para Portugal para ver isso. Mas, por exemplo, há em Lisboa uma porção de Oficiais do Estado-Maior na Reserva, que são mobilizáveis. Fale com o Ministro da Defesa, mandem-nos apresentar ao serviço e eles que vão para o Arquivo Histórico procurar o que aconteceu na Zambézia. Têm que responder à ordem de mobilização, e têm de ser capazes de encontrar, são Oficiais do Estado-Maior."* O General sorriu-se, fez um gesto displicente com a mão, e não disse mais nada. E nunca ninguém foi para os Arquivos fazer esta coisa elementar: ver o que é que aconteceu na Zambézia. Como é que se pegou nas guerras? Quem foram os veículos humanos accionados, etc. Também <u>nunca</u> ninguém viu de forma explícita e concreta, por exemplo, como é que o General alemão Von Lettow-Vorbeck, na I Guerra Mundial, conseguiu chegar do Rovuma até Quelimane, <u>no plano da progressão no terreno humano</u>. Estudou-se essa progressão no plano da táctica militar, no tempo do General Caeiro Carrasco; mas <u>a parte do trato com as estruturas tradicionais</u> nunca ninguém viu. É isto. Todavia, a guerra era feita disso, era uma guerra de "arte", uma guerra de mecanismo de relojoaria, para ser tratado com alta precisão, era preciso sobretudo *know-how*. Os tiros, os instrumentos de agressão, vinham como complemento. Não como actores de primeiro plano, excepto em situações casuísticas. Mas dizer isso ainda hoje susceptibiliza muitos militares, como é natural.

AKV: Voltando precisamente então à questão dos amadorismos, e de como os gestos de amadorismo poderiam interferir com o seu projecto: estou a lembrar-me, por exemplo, de uma carta do Comando Chefe ao Chefe de Repartição do Governo Geral, uma carta do General Henrique Troni, de 10 de Junho de 1970[135].

FAM: General Piloto Aviador.

---

[135] "Programa Muçulmano na Rádio", Ofício nº 2667/N-CC Pº 202.02, Urgente, de 16 de Julho de 1970, emitido por Henrique Troni, Chefe do Estado Maior do Comando Chefe de Nampula, destinado ao Chefe da Repartição do Gabinete do Governo-Geral em Lourenço Marques (ANTT, SCCIM nº 420, fl. 93).

AKV: Aprovando uma proposta de Suleiman Valy Mamede para montar, em Moçambique, um programa semanal de emissão radiofónica dedicada aos muçulmanos, à semelhança do que se fazia na Guiné.

FAM: Essa foi uma diligência directa de Suleiman Valy Mamede ao Gabinete Militar do Comando Chefe, e o General Troni era um homem protagonístico.

AKV: O teor da carta é: já temos aqui as gravações, o próprio Suleiman Valy Mamede já enviou, o Comando Chefe recebeu com muita satisfação esta proposta, considera que poderá ser uma alternativa nacional às emissões do Cairo e da Tanzânia, façam favor de iniciar isso na Rádio Clube de Moçambique. Isto em 1970. Portanto, isto são as tais interferências amadoristas.

FAM: É, é evidente. E eram simultaneamente tentativas de se libertarem do controlo dos SCCIM. No fundo, as pessoas, quando se entreviu a fase final, já estavam fartas de receber indicações. "Faça!" ou então "Não faça, esteja quieto. Ninguém o mandou fazer isso." Porque tal é contrário à mentalidade portuguesa. O português é individualista, residualmente indisciplinado, e não aceita muito tempo indicações desse tipo. Reage mal.

AKV: Mas para além desse defeito que está a atribuir às características do português [*riso*], o que aqui temos, concretamente, é: o Comando Chefe; Suleyman Valy Mamede, sempre a ver onde é que consegue...

FAM: Claro.

AKV: E...

FAM: Os SCCIM a cortarem.

AKV: Exacto. Portanto, isso não teve seguimento?

FAM: Não. Que eu me lembre.

AKV: O que é que pouco antes, em 1969, estão os seus programas de rádio, não é verdade?

FAM: Sim.

AKV: Aqueles programas quinzenais[136], sobre as questões...

---

[136] Série de vinte palestras sob o título genérico de "Muhammad e o Islão", programa radiofónico quinzenal, de quinze a vinte minutos, apresentado por Fernando Amaro Monteiro aos Domingos pelas 20 horas. Mais tarde, na Informação nº 12/969, emitida a 22 de Abril de 1969, Amaro Monteiro propôs que, no âmbito da política de atracção dos "Maometanos da Província", as transcrições das referidas palestras se publicassem a expensas do Estado, mas como edição particular, sob a forma de cadernos de divulgação para venda e distribuição gratuita (cf. ANTT, nº 412, fls. 185-188).

FAM: Eram sobre o Islão. Como é que se chamavam? De momento, não me recordo. Chegaram a ser apenas meia dúzia. Não consegui levar à frente.

AKV: Mas aí, o público a quem eram dirigidos, o público que tinha em mente, era a generalidade da sociedade, os não muçulmanos, portanto?

FAM: Era...

AKV: Para fomentar um melhor conhecimento do Islão?

FAM: Era. Nem mais. Era preciso...

AKV: Agora esta proposta do Valy Mamede era de programas para os próprios muçulmanos. Portanto é uma questão diferente. O problema é que eram gravações e programas feitos <u>pelo</u> próprio Suleiman Valy Mamede com o teor que ele lhes quisesse dar, e que portanto...

FAM: Fugia ao controlo.

AKV: Exacto. Era isso que estava em causa.

FAM: Enquanto que os meus programas não. Eram feitos por mim e eram para sensibilizar a comunidade... europeia, euro-cristã, sobre aquela realidade que ninguém conhecia. E tiveram boa audição.

AKV: Mas voltemos agora...

FAM: Depois pararam. Cansei-me. Não podia com tanta coisa!

AKV: Voltemos agora a uma questão sobre a qual sempre tem manifestado alguma reticência quanto à minha leitura. Logo após ter lido a minha referência a esta questão num artigo que lhe enviei, por exemplo, mandou-me um "e-mail" comentando o facto. Refiro-me ao argumento, que avancei, de que Suleiman Valy Mamede, colando-se àquelas aberturas que lhe fazem em Portugal, está nitidamente a tentar uma jogada – quanto a isso concorda – mas, disse eu, que o Poder central, em Portugal metropolitano, tem algum interesse em deixar passar, e que, localmente vêem interesses próprios em movimentar.

FAM: Não esqueça o General Câmara Pina aqui. O General Câmara Pina era uma figura, como hei-de dizer, quase tutelar em relação à tropa conservadora da época. O General era o que havia mais ortodoxo do ponto de vista político, e era um homem de alto gabarito, cultural, intelectual...

AKV: Pois...

FAM: E era um "gentleman" também. Tinha uma série de características excepcionais e chegara ao topo da hierarquia militar.

AKV: Mas então quando o professor me disse que não crê que da parte da autoridade portuguesa, em Portugal, houvesse interesse em apoiar essa iniciativa de Suleiman Valy Mamede, queria antes dizer a nível de...

FAM: É muito difícil definir até onde é que foi o interesse, se houvesse interesse conciso, até onde é que foi. Entendo a sua preocupação, como historiador. Agora, não esqueça que estamos a falar de um Poder que aqui em Portugal, nos anos 1970, estava extraordinariamente fluido e patinava de uma iniciativa para a outra e às vezes sem pés nem cabeça. Às tantas não havia lógica no que o Poder fazia. O Poder agia por "tactismo", percebe? Como uma planta trepadeira. Apalpava, agarrava-se... Estava numa situação de garantir a sobrevivência. Então na fase final, em 1972! Entrou-se numa fase em que o discurso do Poder variava. O Professor Marcello Caetano vai daqui a Moçambique com a intenção de dizer "peguem na autonomia e vão andando", e muda de ideias quando chega a Lourenço Marques. Mudava de ideias com facilidade. Foi extremamente permeável, na fase final, à influência dos "ultras". Isso foi das coisas que o conduziram àquele colapso. Sem lógica nenhuma, pelo menos aparente. O procedimento dele em 25 de Abril não tem lógica nenhuma. Ele, que era um jurista acima de tudo, não tinha o direito de render o Regime. Quer dizer, ele podia render-se como Chefe de Governo, mas não podia render o Regime! Fê-lo sem ligar rigorosamente nada ao Chefe do Estado. O Chefe do Estado não foi tido nem havido, o outro rendeu-o! Foi inconcebível do ponto de vista jurídico. Resvalou deliberadamente para o "facto consumado", atribuindo a si próprio o decidir que não haveria resistência. No fundo, ao ultrapassar completamente o Chefe do Estado, Marcello Caetano comprovou por A+B que o Regime era uma ficção. O Chefe do Estado não detinha <u>legitimidade</u> porque precedia de eleições em que ninguém acreditava. Era uma figura <u>legal</u>, presidia ao País como facto consumado. Mas não detinha <u>legitimidade</u>. É impressionante como Salazar não entrou em conta com esta realidade, quando se pronunciou sobre a continuidade futura do Regime.

AKV: Pensando a questão dos contextos que forma relevantes na determinação da situação em Moçambique, de que forma figura e se faz sentir o que se está a passar na Guiné, muito concretamente a política islâmica integrada no programa "por uma Guiné melhor" de Spínola. Era conhecida e comentada em Moçambique?

FAM: Vagamente. Distante, distante. Um pouco como "Até onde é que vai o tipo?", um pouco neste género, entre os militares. Entre a população civil nem isso.

AKV: E junto de si? Em termos do facto de que era uma política que tinha a ver especificamente com o sector islâmico também?

FAM: Interessou-me ver e por isso fui lá

AKV: Mas quando lá vai, vai nomeado pelo Ministro do Ultramar.

FAM: Vou. Ele envia-me na sequência de uma carta pessoal que lhe escrevi, e não figura, julgo, em arquivo nenhum. Disse-lhe: *"Gostava de ir ver aquilo e parece-me que tinha interesse para comparar experiências."* E ele respondeu imediatamente, também a título privado. Depois nomeia-me oficialmente para ir, como Investigador da Universidade de Lourenço de Marques; determina-me que vá. Depois recebe-me aqui...

AKV: Mas o que motivou o seu pedido?

FAM: Achei importante ver o que se passava. Porque me chegava ao conhecimento que o General vinha tendo grande êxito na Guiné com a sua política de accionamento de populações. Só se viam fotografias dele com muçulmanos, a festejarem e a partirem da Guiné. Eu disse-me: *"Bem, não há dúvida nenhuma, tenho de ir à Guiné espreitar."* Escrevera-lhe – desculpe!, esquecia-me disto: eu escrevi ao General, de Lourenço Marques, uma vez ou duas. Uma a propósito da ida de um jornalista meu à Guiné, e recebi tantos disparates que fiquei atónito.

AKV: Na altura ainda estava nos SCCIM?

FAM: Não. Já não estava.

AKV: Portanto, nada consta na documentação desse Arquivo?

FAM: Não. Era Investigador da Universidade de Lourenço Marques, desde Junho de 1970, e o Director do vespertino *Tribuna*, na altura.

AKV: Ainda tem essas cartas do General Spínola?

FAM: Tenho com certeza. Mas eu digo-lhe quais eram os disparates. Nos elementos que recebo acerca da influência que o Rei de Marrocos ainda tem na Guiné, ou que se estendia até à Guiné, na maneira como o Comando Chefe da Guiné se refere ao Rei de Marrocos, à influência indirecta deste entre os muçulmanos, à divisão dos muçulmanos, em escolas e ritos, ao rito maliquita, etc., às próprias Confrarias, toda a terminologia técnica com que a massa islâmica no território é referida nas suas ligações internas e ao exterior, suscitam-me uma reacção: *"Isto não tem profissionalismo. Está a ser tratado sem rigor."* Entretanto tinha-me chegado um dos vários livros que o General escreveu na Guiné, ou se fizeram na Guiné com o seu nome, compilando discursos e intervenções dele. Vejo que o General tinha tentado na Guiné fazer um <u>discurso muçulmano</u>, tal qual como acontecera em Moçambique; simplesmente com erros. Via-se que era feito por alguém com muito boa vontade, mas que não dominava o assunto em termos académicos. Escreveu porque recebeu uma ordem e fez o que podia de melhor, com certo êxito. Formei sempre a ideia, à distância, de que o General ia conseguindo algum êxito porque empenhava um grande número de meios. Na realidade, o General Spínola foi uma pessoa que causou uma certa emulação entre os seus pares e entre muitos Oficiais que não eram spinolistas, porque era um homem a quem não faltavam meios, ao contrário do que acontecia com os outros. Ainda era Tenente-Coronel em Angola e conseguiu meios espantosos, até por ligações de família, e pela influência que tinha no seio do Regime. Pensei de mim para mim: *"Aquilo funciona de facto ou é um 'bluff' muito grande, e dentro do 'bluff', vamos lá, tenho que dar o benefício da dúvida, pode ser que seja bem intencionado e, apesar de tudo, produza algum efeito. Ou então é um 'bluff' colossal."* Não disse isto na carta para o Ministro, claro! Manifestei foi apenas o interesse de ver o que é que o General estava a fazer na Guiné, para ver da eventual aplicação em Moçambique. E o Ministro mandou-me avançar. Depois, em Lisboa, *tête a tête*, no seu gabinete, dei-lhe a entender o mesmo que lhe acabo de dizer a si, mas como todas as reservas, pois não sabia qual era o pé exacto das relações entre ele e o General e, além disso, não tinha intimidade com o Ministro. Portanto mantive-me, muito disciplinadamente, na situação de um soldado que ia reconhecer o terreno para depois contar. Sabendo, evidentemente, que isso correria depois as instâncias próprias. O Ministro diz-me qualquer coisa como isto: *"Aproveite, o senhor General Spínola está aí, portanto fale com ele."* E também, lealmente e à cautela, informou-me: *"Olhe que ele é extremamente cioso do que está a fazer e não aceita intervenções de espécie nenhuma."* Apercebi-me perfeitamente do que ia encontrar. Peço, portanto, para falar com o General Spínola. Fiquei logo ciente do panorama. O General recebe--me no gabinete dele aqui em Lisboa, no Ministério, numa atitude um pouco napoleónica. Levantou-se, tinha o monóculo no olho e o braço direito enfiado no peito do casaco. Ficou parado de pé, ao lado da secretária, disse-me *"Faz favor de entrar"*, e não veio ao meu encontro. Eu avancei até metade do gabinete, parei e esperei que ele avançasse o resto. Ele veio, estendeu-me a mão e disse: *"Tenha a bondade de se sentar."* Depois volta-se e diz-me assim: *"Então o senhor Dr. quer ir à Guiné?"* Respondi: *"Eu propriamente não quero ir à Guiné. Vou à Guiné na sequência de uma ordem que recebi. Vivo em Lourenço Marques, trabalho em Lourenço Marques como Investigador da Universidade, e tive ordem para me apresentar na Guiné."* Protesto dele muito vivo: *"Mas o senhor Dr. não certificou o Governo da Guiné acerca da sua intenção de lá ir."* Volto: *"Mas eu não tinha que certificar o Governo da Guiné de uma intenção. Eu pratico o acto de apresentar-me na sequência de uma ordem que recebi do Ministro de Ultramar. Como V. Exa. é militar, sabe bem o que isto significa."* *"Bem, muito bem, então quando é que vai para Bissau?"* *"Vou para Bissau no dia tal."* *"Vou no mesmo avião"*, diz ele; eu já sabia. *"Quando chegar a Bissau vai ter oportunidade de falar com A, com B, com C..."*, e eu disse *"Exactamente"*. *"Convém ir à Aldeia Formosa para falar com o 'Cherno' Rachid."* *"Exacto. O Cherno. Eu pretendo ir também a Jabicunda, Bigine, Ingoré, Cambor."* Cito estes pontos, e ele olha para mim com espanto e diz: *"Mas afinal já sabe onde é que deve ir?"* e eu respondi: *"Senhor General, é lógico. Não há operações sem informações [risos]. Obviamente que estive a estudar antes de vir."* Bem, aí voltou a recompor-se: *"Então encontramo-nos no avião."* Cheguei ao avião, o

General entrou. Há uma "mobilização" militar quando isso aconteceu. Não havia primeira classe, mas as pessoas a quem competia ir nela estavam todas concentradas à frente, eu também. Mas era tudo militar, de maneira que, a certo momento, alguém disse alto: *"Atenção! O nosso General"*. Levantou-se tudo de rompante, como competia. Eu levantei-me também, mas mais devagar, marcando que por delicadeza e deferência civil; não fui no rompante militar, apesar de Spínola ter uma presença electrizante. O General viu-me nitidamente, baixou a cabeça lá da porta. Sentei-me, e não fui falar-lhe, protocolarmente não tinha nada que ir, ele é que tinha de mandar chamar-me. Viajámos um tempo, faltava meia hora para se chegar a Bissau, chegou-se um Oficial ao pé de mim e disse-me: *"O senhor General pede para o senhor Dr. ir lá à frente."* Fui e sentei-me ao pé dele. Então, continuámos a nossa conversa, perguntou-me quando é que eu tencionava apresentar-me e eu disse: *"Imediatamente. Amanhã de manhã, se não for possível hoje."* Bem, mostrei pressa na realização da missão. *"Tenho ordens do Ministro do Ultramar para executar rapidamente."* Apresentei-me no dia seguinte, de manhã cedo. Tive imensos problemas para começar a mexer-me! A REPACAP estava a querer empatar-me. Macei-me. *"Ou os senhores podem dar-me meios, ou regresso a Lisboa, declarando no meu relatório para o senhor Ministro que não pude executar nada, porque não tive os meios."* A preocupação que me mostravam era: *"Temos falta de aviões e por terra não pode seguir."* Perguntei: *"Não posso seguir como? Porquê? Os senhores dizem que todos os itinerários estão ligados por asfalto e que se circula por toda a parte. Porque é que eu não posso circular?"* *"Bom, há factores de risco."* *"Então e depois, porque é que os senhores hão-de ter o monopólio do risco? Eu tenho direito a riscos também."* *"Porque pode haver riscos fatais."* *"Então e depois? Há as pensões de sangue... Se os senhores têm pensões de sangue, eu também tenho, de maneira que posso ir. Ou arranjam meios para me deslocar ou vou-me embora."* Isto foi dito com ênfase. Ora, foi dito de manhã cedo, daí a pouco estava a ir de helicóptero já não sei para onde. E passei a deslocar-me de "Alouette", de avionetas "Auster", uma vez de "Dornier", e outra num "Nord Atlas".

AKV: E a escolha de com quem falava em cada sítio era sua?

FAM: Minha. Reparei imediatamente numa coisa que é o cômputo geral da minha ida à Guiné e que me impressionou imenso. Eu em Moçambique demorava um tempo enorme para conseguir falar com qualquer muçulmano negro sobre os aspectos que me interessavam, três a quatro horas de conversa; oito horas de conversa no total quando foi de trazer o "Xehe" Abudo Michongué no Niassa (cinco horas numa reunião e mais três horas noutra). Na Guiné era im-pre-ssio-nan-te! Era pergunta/resposta. Só me fez lembrar a prisão na Ilha do Ibo, mas isso por razões completamente diferentes. Na Guiné, os dignitários respondiam-me com a desenvoltura de quem tinha compreendido estar já completamente à margem de qualquer hipótese de constrangimento ou coacção. Mostravam a consciência de que a guerra estava adiantadíssima e que era uma questão de tempo, mais nada. Mais nada. Disse comigo: *"Isto está arrumado."* Foi o meu comentário com os Oficiais que conhecia em Bissau. Bom, entretanto, estando em Ingoré, conversando à mesa da Administração com... Eu não sei se isto lhe interessa...

AKV: Uhm, uhm...

FAM: Conversando com os chefes muçulmanos, ia constantemente tomando notas. Tinha o cuidado de fazer as minhas anotações de maneira a que só eu as pudesse perceber. Escrevia num bloquinho serrilhado, e ia fazendo quadradinhos enquanto ouvia. Havia os intérpretes. Depois estavam ao pé de mim uns três ou quatro Oficiais portugueses e uns dignitários da área. Acabámos a conversa, e fechei o bloco. Peguei nele, na minha boina, numa máquina fotográfica que levava comigo e saí do sítio onde estava, na Secretaria Administrativa. Atravessei a rua e entrei na Messe de Oficiais do Batalhão que estava sediado em frente. Pus o bloco em cima de uma mesa do bar, com a máquina fotográfica e com a boina em cima. Meteu-se conversa, o 2º Comandante convidou-me para tomar um "whisky", o 1º andava na monda do arroz. Tomei o "whisky", estive um bocado de tempo voltado para o bar, havia Oficiais por ali, etc., etc., e às tantas o 2º Comandante pergunta-me se quero dar uma volta por Ingoré. Uma voltinha para conhecer as tabancas e tal... E eu disse: *"Com certeza. Vou com muito gosto"*, e pego nas minhas coisas. Mas, como fazia sempre quando pegava nas minhas coisas depois de tê-las depositado, abri o bloco e fui verificar tudo. Com enorme espanto, verifico que me faltavam as folhinhas da conversa em Ingoré e que as serrilhas estavam cortadas. Portanto, aquilo foi-me retirado ali mesmo, de forma magistral!, porque não dei rigorosamente por nada. Bom, pode calcular... Disse: *"Oh senhor Comandante, tenha paciência, a minha missão está altamente classificada, "Secreto", como sabe. Tomei notas. Tive o cuidado de tomá-las sem que pudessem ser detectadas, mas a um perito dá para perceber o que é que estou a fazer. De maneira que, amanhã, se a Rádio Conakry falar disto, é sério... Preciso de saber o que terá acontecido aos meus papéis, portanto, peço-lhe providências imediatas. Isto aconteceu aqui."* Um dos Oficiais que tinha estado comigo a ouvir os chefes muçulmanos disse: *"É verdade. O senhor Dr. diz que esteva a fazer bonecos na folha e eu verifiquei, o senhor Dr. até estava a fazer uma clave de sol."* "Exactamente. Uma clave de sol." *"Eu estive ao pé dele e vi"*, confirmou ele. O 1º Comandante, entretanto regressado da monda, tomou uma medida que achei estranha. Desconfiei imenso. Mandou fechar as portas e disse: *"Nenhum Oficial sai daqui sem os papéis do senhor Dr. aparecerem. Nem que eu tenha que mandar despejar os bolsos das pessoas."* Achei estranhíssimo, porque o clima não estava nada propício nesse tempo, já, para mandar Oficiais despejar os bolsos! Isto numa zona de combate? Era uma coisa que eu não diria se fosse Comandante de uma Unidade. Bem, toda a gente viu tudo e mais alguma coisa. Levantaram o tapete de palha do chão. O soldado do bar estava lívido, coitadinho. O Capelão muito atarefado, lembrou-se de levantar o tapete de palha do chão para ver se estava alguma coisa debaixo. Eu disse: *"Como é que os senhores querem que as folhas do meu bloco tenham voado para debaixo do tapete?"* De modo que se chegou a uma certa altura e eu disse ao Comandante: *"Não vale a pena empenhar mais ninguém, porque os papéis não estão a aparecer. As circunstâncias em que isto aconteceu são mais do que estranhas, terá de compreender que só tenho de cumprir o meu dever, chego a Bissau e dou conhecimento ao senhor Governador da Guiné que desapareceram elementos. Eu tenho de dar conta disto."* E ele disse: *"Faz favor. Eu cá estou para responder, como é minha obrigação."* Bom, foi uma situação muito desagradável. À noite, janto em Bissau com o General Spínola. E conto: *"Senhor General, custa-me dizer-lhe isto, mas desapareceram uns papéis assim e assim..."*. Ele volta-se para o Major Carlos de Azeredo: *"Oh Azeredo!"*, *"Meu General?"*, *"Manda um rádio para Ingoré e diz que o bloco do senhor Dr. tem que aparecer até amanhã às 5 horas da tarde, infalivelmente."* *"Sim, meu General!"* E eu, enfim, disse com os meus botões: *"Roubaram-me os papéis. E quem mandou roubar os papéis foi o próprio General!"* Pela razão muito simples de que não se pode dar uma ordem daquelas: *"Até amanhã, às 5 da tarde, têm que aparecer."* Quando se dá uma ordem destas, pressupõe-se que cai no aparelho retaliatório quem não a cumprir. O que é o General fazia a uma guarnição inteira? Era o Comandante e eram os Oficiais. O que é que ele fazia? Transferia a guarnição toda para onde? Para um sítio pior, qual? Fazia o quê? Punia-os, com base em quê? É preciso não conhecer minimamente a estrutura militar para se julgar que esta ordem podia ser a sério. Se eu tinha alguma dúvida do que se passava, perdi-a ali completamente. Já desconfiara atrás, quando vi o Comandante dizer *"Ninguém sai daqui sem os papéis aparecerem"*, primeiro ponto. Segundo ponto, quando o General dá esta ordem. Mas tive que representar o meu papel até ao fim, porque não podia acusá-los de andarem a roubar-me os papéis, nem aceitar isso. O General diz-me depois: *"Lamento imenso o que se passou! Mas, sabe, eu tenho infiltrações aqui, muitos da ARA e da LUAR, esses Oficiais milicianos que vêm para aí. Há vários da ARA e da LUAR..."* Bem, a seguir temos uma conversa enorme que durou três horas e meia, cá em baixo. Mas isso não foi especificamente em relação aos muçulmanos, foi em relação à política ultramarina portuguesa e à Guiné. Vi que o General estava perfeitamente convicto de que qualquer solução do problema ultramarino português passaria pela <u>sua</u> experiência, pela <u>sua</u> concepção das coisas, pelas soluções que <u>ele</u> queria propor e que já tinha proposto ao Presidente do Conselho três ou quatro vezes. Concluí: este homem está perfeitamente convicto do facto de que está armado, tem armas para usar, tem gente para dispará-las. <u>Este homem é um perigo, porque está a achar-se legitimado para actuar como centurião</u>... Não que não seja necessário alterar as coisas, e é, mas simplesmente <u>esta</u> é uma personalidade muitíssimo melindrosa de usar. Está convencido de que é um messias, que tem tudo e todos nos bolsos. Apercebi-me do perigo. Mais: apercebi-me de que entre ele e o Ministro do Ultramar a relação funcional era praticamente inexistente. Saio da Guiné, chego aqui a Lisboa, reporto ao Ministro do Ultramar, entreguei-lhe o meu relatório com N sugestões e ele disse-me: *"Muito bem. Gostei de ver o seu relatório. Vou mandá-lo para a Guiné..."*. Depois fez uma pausa e comentou: *"É claro, como calculará do que deve ter visto, é muito pouco provável que o General Spínola queira aplicar seja o que for, porque ele só faz o que entende."* Não foram estas mesmíssimas palavras, mas a ideia foi. E, pronto, aqui está. Ah! Falta um elemento aqui: obviamente, os meus papéis eram para quem os pudesse entender. Como não havia gente que os entendesse, e como inclusivamente me dou conta de que o estudo das ligações internas dos dignitários da Guiné e a articulação deles ao exterior <u>nunca</u> tinha sido estudada com pormenor, apesar do interesse do General no panorama islâmico da Guiné – aquele aspecto similar ao que se fizera em Moçambique <u>nunca</u> tinha sido usado – ninguém conseguia interpretar os apontamentos que tinham desaparecido em Ingoré e, por consequência, no dia seguinte devem ter dito ao General: *"Não se percebe o que é que o indivíduo está cá a fazer."* Recebo então um recado no Grande Hotel de Bissau, onde estava hospedado. Aparece um empregado, já não me lembro quem foi, que me vem dizer: *"Esteve aqui o senhor Director da DGS, o senhor Inspector Alla, que diz para o senhor Dr."* (e repare bem) *"passar no Serviço dele quando antes."* Estranhei o recado, como é evidente. Não tinha nada que estar a receber qualquer indicação do Director da DGS para ir lá falar. Mas fui e disse: *"Recebi o recado que me mandou dar. Vim logo ver do que é que precisava porque tenho o máximo interesse no apoio de todos os elementos em Bissau, para a missão que realizo. Estou em serviço altamente classificado na Guiné e, é claro, disponível para dar o melhor que eu possa. De maneira que faça o favor de dizer..."* E nitidamente ele entrou por um tipo de perguntas que eram intimidatórias. Quer dizer, <u>a forma</u> de perguntar era nitidamente a de interrogar alguém que estava sob suspeição, embora mantivesse sempre a cortesia. Mas entrou numa técnica de inquirição nitidamente aplicada por um Inspector da PIDE a alguém que quisesse interrogar. Respondi-lhe a duas ou três perguntas, procurando ressalvar-me dessa situação e depois disse-lhe: *"Eu queria explicar-lhe uma coisa. Conheço perfeitamente as vossas técnicas de perguntar porque, o senhor Inspector pode confirmar isto para Lisboa, já fui vosso 'hóspede', de maneira que estou perfeitamente habituado aos costumes da 'casa'. Era preferível que enveredasse por outra forma ou por outra atitude mais aberta, diga-me concretamente o que é que quer. Em que posso ajudá-lo? Mas não me aborde assim que eu estou habituado, já conheço."* E ele ficou perfeitamente espantado, fez-lhe tudo muita confusão, não sabia como é que era! Atrapalhou-se. Gaguejou. Terminou a conversa o mais depressa possível, e eu vim-me embora. Bem, isto coincidiu com o meu regresso a Lisboa. No dia seguinte, o General estava de manhã a despedir-se de mim no aeroporto, coisa inusitada, uma deferência da parte do Governador e Comandante Chefe da Guiné para com um Investigador da Universidade de Lourenço Marques, que era ao fim e ao cabo a minha qualidade oficial...

AKV: Como é que interpretou isso?

FAM: Eu era "letra F" do Estatuto do Funcionalismo Ultramarino, por consequência equivalente a Major. Agora, ele era General e, sobretudo, era quem era. Veja a distância! Como é que interpretei? O General viu que havia alguma coisa a escapar-lhe. Apercebi-me perfeitamente de que o Inspector da PIDE estava a falar comigo por incumbência dele; e o General soube pela minha reacção perante o Inspector da PIDE que tinha cometido uma *gaffe* enorme. Veio emendar a *gaffe* indo ao aeroporto. Porque percebeu: *"Este sujeito, além do mais, é estranho. Enganámo-nos. Afinal de contas, cuidado. Não é um perfil vulgar..." [risos]* Foi ao aeroporto! Bem. Cheguei a Lisboa e mandei-lhe um telegrama a agradecer os jantares no Palácio, a presença dele no aeroporto e a desejar o maior êxito à "acção das tropas que se encontram sob o brilhante comando de Vossa Excelência." Ponto. Parágrafo. "Respeitosos cumprimentos, fulano." Não fiz a menor alusão à questão política e administrativa. Referi-me só ao valor das tropas.

AKV: Há vários aspectos do que acaba de narrar que interessam particularmente à questão das políticas islâmicas do Poder português, neste caso na Guiné. O principal, é o facto de que, na realidade, toda aquela política assentava, afinal, sobre...

FAM: Em síntese é isto: imagine uma barraca de feira, dessas barracas de feira onde se faz pontaria para atingir um boneco qualquer. Usa-se o tiro a tiro com uma espingarda que a menina que está ao balcão nos fornece. As pessoas têm os seus prémios em função dos tiros que vão acertando. Um a um. Imagine que se faz fogo sobre esses pequenos objectivos com uma pistola metralhadora. Disparam-se trinta tiros de um carregador. Obviamente atingem-se pelo menos vários bonecos com um só carregador. O General atirava com uma pistola metralhadora numa barraca de feira em matéria de Islão e populações muçulmanas. Portanto, atingia objectivos, é claro... Isto é uma imagem, mas que lhe dá ideia de como é que as coisas funcionavam no plano do Islão na Guiné.

V

AKV: Antes de entrarmos no nosso tema de hoje, propriamente dito, pedia que recapitulássemos um pouco da conversa que começámos já terminada a gravação da última. Falávamos ainda da sua missão na Guiné, e tocámos na questão da abstracção, por assim dizer, que caracteriza o discurso islâmico adoptado pela Administração Spínola, apoiada pela Repartição ACAP do Comando Chefe. Em termos analíticos, que é o que nos interessa agora aqui, o que me pareceu possível de concluir a partir do que me contou do que viu e se apercebeu é que: havia, por um lado, um discurso islâmico adoptado pela Administração Spínola para efeitos, primeiro, de conquista das populações, e segundo, de propaganda em Portugal, parte integrante do programa "Para uma Guiné melhor". Mas, por outro lado, esse discurso, que usava uma linguagem de referência islâmica, tirada dos textos, por assim dizer, não assentava num conhecimento concreto...

FAM: Exactamente.

AKV: ...das hierarquias islâmicas, das vivências concretas da religião e das populações muçulmanas, ou da malha islâmica da Província.

FAM: Assentava num conhecimento generalizado, não no conhecimento detalhado das ligações dos pólos islâmicos entre si, na Guiné, e destes ao exterior.

AKV: Exacto.

FAM: O Comando Chefe tinha a noção de que havia ligações à Guiné Conakry e ao Senegal. Mas a personalização e os mecanismos dessas ligações não estavam estudados. E também não havia do Islão um conhecimento técnico detalhado; havia um conhecimento suficiente para se tentar fazer a "sedução" das populações respectivas. De qualquer das maneiras, representava um avanço grande em relação ao passado em que (isso é impressionante) na Guiné, como aliás em Moçambique, <u>não há</u> estudo do Islão. <u>Não há</u>. Fizemos, eu e uma colaboradora, Assistente de

Investigação Dr.ª Teresa Vázquez Rocha, um livro sobre a Guiné até à autonomia administrativa[137]; do século XVII até ao final do século XIX o desconhecimento do Islão era impressionante. Só generalidades; superficialismo.

AKV: Mas isso – para voltar a uma questão que já referi anteriormente – a nível do político; porque no Centro de Estudos da Guiné Portuguesa, havia algumas monografias, especialmente as de António Carreira...

FAM: Pois, e Mendes Moreira. Mas repare: século XX.

AKV: Exacto. Portanto, sobre aspectos etnográficos, práticas e costumes, etc.; não havia era uma análise política...

FAM: Não, não havia uma análise política, exactamente. Nem mesmo até meados do século XX.

AKV: E havia uma ligação entre este discurso, islâmico, de que estamos a falar agora, que foi adoptado durante o governo de António Spínola, e aquela base de estudos que já lá existia, de monografias regionais e tudo mais?

FAM: Não me apercebi que houvesse. Podia ser que sim, era natural, mas não me apercebi que houvesse. Inclusivamente, quando entrevistei o Capitão Bulcão, autor daquele...

AKV: Já vou referir essa questão, mas antes de chegarmos ao Capitão Bulcão, uma pergunta muito simples. Uma das coisas que o discurso de Spínola tentou fazer, que é de algum interesse, foi a noção de que apoiando o Islão, ou criando uma certa ligação entre a administração portuguesa e o Islão, para "vender" isso em Portugal, havia, ao mesmo tempo, que tentar fazer alguma coisa com o Islão que criasse melhor imagem.

FAM: Exacto.

AKV: E um aspecto dessa política, foi o de acentuar o aspecto progressivo do estatuto da mulher no contexto dessa política islâmica, de melhorar a imagem da mulher no Islão e, com ela, a do próprio Islão... Não deixo de me perguntar como é que isso cairia num contexto em que não estava estudada, verdadeiramente, a relação...?

FAM: Do aspecto reportado à mulher na Guiné de Spínola, não me apercebi.

AKV: Aparece nos discursos que depois tiveram publicação cá em Portugal. Essa, aliás, uma das razões que me sugeriu que talvez fosse mais para "consumo"

---

[137] Monteiro e Rocha 2004a: 233-234.

em Portugal, pelo que reflectia sobre Spínola, do que propriamente, ou pelo menos, principalmente na Guiné.

FAM: Não, não me apercebi dessa questão da mulher na Administração Spínola. Mas quando de lá regresso, proponho a vinda de mulheres em peregrinação a Fátima[138].

AKV: Exacto, disso eu sei.

FAM: Mas pode ser que isso tenha emergido do subconsciente por qualquer dado adquirido localmente. Confesso que não me lembro.

AKV: A outra questão, de que falámos, foi a do Supintrep do Capitão Bulcão[139]. Aí, pelo que percebi, é já uma outra ordem de análise que transparece, uma análise baseada na tentativa de conhecer concretamente a malha islâmica. Só que, segundo me explicou, mesmo esta, é baseada mais em estudos históricos do que...

FAM: Históricos e etnográficos.

AKV: Etnográficos, também, mas aquilo que os ingleses chamam de etnografia de poltrona, ou seja, livresca; não sobre trabalho de campo...

FAM: Não. Não senti trabalho de campo ali.

AKV: E, o que suponho do seu ponto de vista seria o mais importante, pela leitura deste Supintrep, deu para perceber as ligações entre os vários pólos islâmicos, e as ligações com o exterior?

FAM: Não. Quando muito, dava uma ideia. Dava para aperceber aquilo que já era convicção do Comando Chefe da Guiné: o facto de que havia ligação dos muçulmanos da Guiné entre si e ao exterior, através das confrarias Qadiriya e Tidjaniya. Agora, de quem, de onde, para onde, como, concretamente, não. E havia a ideia muito feita, aceite quase como um dogma, de que o "Cherno" Rashid, em

---

[138] Ponto 6 das Sugestões apresentadas à consideração superior (sec. III) de "Linhas de Influência e de Articulação do Islão na Guiné Portuguesa. Sugestões para Apsic", Relatório de Serviço na Província da Guiné (Secreto), para o Ministro do Ultramar, datado de 16 Junho de 1972. Estas sugestões seguem de perto o programa de acção detalhado por Fernando Amaro Monteiro para Moçambique no seu Relatório de Serviço no Estrangeiro, de 26 de Julho de 1968 (ANTT, SCCIM nº 412, fls. 434-446), correspondendo o ponto acima citado ao ponto 5 da secção IV deste, no que respeita à exploração da devoção mariânica, mas com determinação adicional de fazer incidir especialmente "sobre mulheres Fulas e Mandingas" ("Mulheres Grandes") e "tentar posteriormente promover a ida de pequenos grupos destas em peregrinação ao santuário de Fátima". Seja por influência desta sugestão ou não, o facto é que na Hajj seguinte foi promovida a inclusão de mulheres entre os peregrinos da Guiné a Meca, e que Spínola comentou o facto como prova da "feição evolutiva" e do processo de "actualização e renovação da Comunidade Islâmica da Guiné" (Spínola 1973: 336).

[139] Supintrep nº 11, 1972-04-27, Reservado, com o assunto: "Religiões da Guiné" (AHM, 2/4/283/5).

Aldeia Formosa, era uma espécie de número um na Guiné, quando ainda por cima não era. Porque o vulto dominante era, *derrière le rideau*, um irmão dele.

AKV: Exacto. Eu aí ia perguntar-lhe acerca disso, porque, lendo as reportagens que se faziam, depois divulgadas através das páginas do Boletim da Agência Geral do Ultramar, ou as publicações de propaganda, o "Cherno" Rashid era sempre tido pela grande figura; Silva Cunha quando foi à Guiné é logo levado a cumprimentar o "Cherno" Rashid...

FAM: O "Cherno" Rashid era um *public relations*.

AKV: Exacto.

FAM: Era o *public relations*.

AKV: Mas, pelo que lhe foi dado a si aperceber-se, por detrás dessa imagem, quem eram realmente as grandes forças na Guiné, como é que se estruturavam?

FAM: De cor, neste momento, não lhe sei dizer. Até porque a minha vivência da Guiné foi muitíssimo...

AKV: Claro.

FAM: ...mais ténue do que a de Moçambique. Mas isso está descrito no meu relatório para o Ministro e foi publicado, inclusivamente, no livro *Guiné Bissau 1963-1974: os Movimentos Independentistas, o Islão e o Poder Português*, de Francisco Proença Garcia[140].

AKV: Sei; eu li.

FAM: Está no meu relatório.

AKV: 'Linhas de influência e de articulação'.

FAM: Exacto. É o relatório que faço para o Ministro do Ultramar. Os nomes são aqueles. E as ligações são aquelas[141]. Recordo-me que, através da confraria Tidjaniya, a ligação mais remota era a Marrocos, mesmo. Através da Mauritânia, via Nouakchott. Quanto à Qadiriya, tinha ligações tanto ao Senegal como à Guiné Conakry. E o que me impressionou foi a facilidade com que os hierarcas passavam a linha de fronteira e se deslocavam de um lado para o outro, colhendo a "dádiva recomendá-

---

[140] Originalmente *Guiné-Bissau 1963-1974: os Movimentos Independentistas, o Islão e o Poder Português*, dissertação de Mestrado em Relações Internacionais apresentada na Universidade Portucalense, do Porto, em 1996, sob a orientação de Fernando Amaro Monteiro. Foi posteriormente publicada pela Comissão Portuguesa de História Militar (Garcia 2000).

[141] Ver a secção II. 3 do Relatório de Serviço na Província da Guiné, dact. pp. 8-14. Transcrição sumária em Garcia 2000: 168-171.

ENTREVISTA DE ABDOOLKARIM VAKIL A FERNANDO AMARO MONTEIRO

vel" e usando ligações com total à vontade. Sem que, da parte do Governo da Guiné, houvesse a percepção nítida de quem eram e de como funcionavam.

AKV: Essa ligação com Marrocos...

FAM: Mas como digo, os nomes estão nesse relatório.

AKV: Passemos então ao mais importante. Esse relatório tem duas vertentes: uma, de carácter informativo, a outra, já de sugestões para APSIC.

FAM: Pois.

AKV: De memória, quais eram as principais directrizes?

FAM: Eram três: restringir o número de peregrinações a Meca, no sentido de se controlar melhor o que se passava, por causa do prestígio que era dado aos crentes que tivessem feito a peregrinação. Outro aspecto extremamente importante era a rádio. Sugeri uma intensificação da islamização via rádio, com melhor tecnicismo. E outro, digamos, a possibilidade de aproveitar as mulheres trazendo-as a Fátima, explorando a hiperdulia da filha do Profeta com uma justaposição psicológica à Virgem Maria, e criando assim uma situação de despolarização devocional. Foram estes os três aspectos fundamentais.

AKV: Chegou – bem sei que isto é em 1972, e não houve muito tempo –, mas chegou a haver algum andamento em relação a qualquer desses três pontos?

FAM: Creio que não. Nitidamente, o General Spínola nem sequer quis aproveitar a *Selecção de Hadiths* de Moçambique, que lhe expliquei estar já feita. A atitude do General Spínola, era profundamente personalista e só se fazia na Guiné aquilo que ele queria. À revelia de qualquer visão mais técnica do assunto, no Islão como no resto, a Guiné era ele, e ali fazia-se como ele impunha. Enfim, o drama foi ele querer exportar essa atitude em relação a todo o exterior, não é? Quis fazer política como se estivesse a desenvolver a sua guerra. Foi um desastre.

AKV: Uma última pergunta em relação à sua visita à Guiné, uma pergunta muito simples: o senhor professor vinha inteiramente consciente da situação em Moçambique e, particularmente, da forma como as populações muçulmanas, as comunidades muçulmanas, se relacionavam com o esforço da administração portuguesa. Ou seja, uns, neutros; outros, não oferecendo qualquer possibilidade de ser seduzidos pelo discurso; outros ainda com muita possibilidade de o serem. Na Guiné, uma vez lá, como é que entende o fio da balança no referente às populações muçulmanas, no contexto da guerra?

FAM: Uma das coisas que me impressionou na Guiné foi eu ter dificuldade, justamente, em distinguir qual era o fio da balança em relação às populações muçulmanas. A sensação que tive foi que toda a população estava expectante em relação a uma resolução do problema, que se avizinhava e, por consequência, até a própria definição de forças se fazia mal. Repare: vou falar com os chefes islâmicos ao mato e sou recebido com uma franqueza total, respondem-me francamente às minhas perguntas, sem hesitação nenhuma, sem receios, sem constrangimentos, sem reservas. O diálogo é facílimo. Como se, na realidade, gozassem de uma liberdade total de opiniões e movimentos. Por um lado, isto poder-se-ia interpretar, vamos lá, como sendo fruto de uma ligação intrínseca ao Poder português. Mas é que, por outro lado, havia coisas que realmente espantavam: declaravam-me com a maior das naturalidades que estavam em diálogo com o PAIGC! Lembro-me muito bem que, num dos sítios que visitei, tinha acabado de conversar com os chefes muçulmanos locais, dirijo-me para o helicóptero e, quando acabo de me sentar, desataram a chover morteiros sobre o sítio onde eu tinha estado. Alguém lhes transmitiu que um heli descera ali, é evidente. Penso é que os morteiros não fossem dirigidos para mim, mas hipoteticamente para o General Spínola por causa do helicóptero, um meio frequentíssimo para ele. De qualquer das maneiras, fossem os morteiros para ele ou para a minha visita, repare, isto demonstra uma proximidade muito grande e eficiente da guerrilha. Porque, mediaram o quê? Entre o fim da minha conversa, a despedida e os morteiros mediaram para aí uns 15 minutos, 20, não mais. Reacção rapidíssima. Até dá impressão que houvera transmissão rádio e não era de espantar que houvesse. De maneira que eu olhei para aquilo e pensei: para o PAIGC poder estar a fazer isto, é porque tem o apoio destas populações. E isso mesmo senti no diálogo com os dignitários. Estavam, não direi num fio de navalha, mas negociando e movimentando-se sobre uma esquina. Nitidamente. Sem o esconderem. Não o diria sequer com "descaramento". Diria com impunidade assumida.

AKV: Para pôr em contraste...

FAM: Quem quiser dizer – desculpe-me – que o Poder Português era opressivo, nesses anos, na Guiné, mente! Não havia possibilidades sequer de oprimir ninguém... Havia uma guerra semi-convencional no terreno – semi-convencional, já; em muitos sítios a pender mesmo para convencional – enquanto se aguardava. Era a disposição geral dos ânimos. Completamente diferente de Moçambique.

AKV: Para acentuar melhor o contraste com Moçambique, uma outra pergunta. Se bem entendi, pelas minhas leituras e pelo que me foi possível concluir, há do lado da Administração Portuguesa a noção de que a FRELIMO tem dificuldade em criar um discurso islâmico que seduza as populações muçulmanas. Isto é correcto?

FAM: Que eu saiba nunca tentou mesmo criá-lo. Não houve sinal nenhum, que eu tenha detectado, de a FRELIMO tentar alguma vez fazer um discurso islâmico. Era uma prática que lhe seria estranha. O discurso religioso era-lhe estranho.

ENTREVISTA DE ABDOOLKARIM VAKIL A FERNANDO AMARO MONTEIRO

AKV: Sim, mas e sem usar o discurso ou o registo do religioso, um discurso dirigido a muçulmanos... A acreditar nos relatórios da PIDE, haveria uns mualimos que andavam por ali...

FAM: Claro.

AKV: ... e na verdade só estariam a fazer propaganda da FRELIMO.

FAM: Sim.

AKV: Neste sentido então, havia?

FAM: Ao princípio. Até 1967. Nítido. Até e durante 1967. Aliás, em ligação com estruturas clânicas, sobretudo em toda a área de Montepuez. Mesmo depois disso sentia-se muita vez uma atitude desafecta, que poderia ter duas interpretações: ou havia uma colagem à FRELIMO e estávamos, portanto, falando com colaboradores da FRELIMO, para o que não me inclinava; ou havia a noção de que a FRELIMO era qualquer coisa que estava efectivamente instalada no terreno, e as pessoas, nesse teatro de guerra, não se sentiam motivadas para mostrar afectação à Administração Portuguesa. Estavam naturalmente "em defesa". Essa situação muda depois, nitidamente, a seguir a Baltazar Rebello de Souza. A primeira Mensagem, em Dezembro de 68, produz uma impressionante "onda de choque".

AKV: Portanto, aí, a Acção Psicológica, do lado português, conseguiu realmente mudar o quadro do terreno?

FAM: Inverter os termos ao quebrado. De onde também se pode concluir que, para se conseguir isso com tão relativa facilidade, é porque a afectação de muitas populações muçulmanas à FRELIMO, de dignitários muçulmanos à FRELIMO, era muito fraca e inconsistente. Teria acontecido que esses hierarcas e as respectivas populações sentiam razões de queixa em relação ao Poder Português e, por consequência, viam que aquilo significava uma possibilidade de mudança. A FRELIMO era um elemento que introduzia uma possibilidade de mudança. Quando depois apercebem que o Poder Português fazia afinal um discurso islâmico e estava tentando acertar, jogam por ele.

Quando depois percebem, quando mais tarde se cria a situação, de que já falámos várias vezes, da auto-estima e de vazio, aí é porque eles estão, até por força das circunstâncias, fartos da guerra! Fosse com quem fosse, de que lado fosse, estavam fartos de tudo aquilo! Era uma gente que estava cansada... e hiperconsciente...

AKV: Bom, vamos então passar ao tema de hoje...

FAM: Não sei se fui claro.

AKV: Sim, sim. Absolutamente. Passemos então ao tema de hoje, que de certa forma nos vai forçar mais uma vez a voltar atrás no tempo: a questão da concepção geopolítica do campo islâmico a nível global e com reflexo em África, que enforma a sua acção e perspectiva sobre Moçambique. Do que deduzo pela documentação ela é a seguinte: primeiro, que há uma polarização no discurso islâmico entre ortodoxia e modernismo.

FAM: Sim.

AKV: Polarização essa centrada, respectivamente, na Arábia Saudita e no Cairo. Segundo, que esta leitura geopolítica, por sua vez, enforma toda a leitura da situação em Moçambique. Um dos marcos deste processo de aplicação de uma grelha do global para a leitura do contexto local transparece, por exemplo, em dois documentos de 1965 produzidos pelo Gabinete de Negócios Políticos do Ministério do Ultramar que são remetidos ao Governo Geral de Moçambique: a Informação nº 1274 sobre a 6ª Conferência Mundial Islâmica em Mogadíscio[142], e a nota sobre a "Conferência Islâmica de Solidariedade Afro-Asiática" de Bandung[143], incluída na Resenha 15/65. O primeiro, curiosamente, é baseado numa tradução, feita nos SCCIM, de um artigo em inglês publicado na imprensa somali. Sumariando as conclusões da dita Conferência de Mogadíscio e seus reflexos directos no ultramar português, a Informação referida confirma a tese de que o pan-arabismo procure avançar na África negra servindo-se do Islão como "força aglutinadora dos povos africanos"[144], e alerta de que para esse fim se servirá dentre outros meios, do ensino religioso e de missionários, pelo que apela à vigilância do Director dos Serviços de Educação e demais autoridades quanto a pedidos para se autorizar o ensino religioso das crianças.

FAM: Isso traz mais tarde o problema das escolas corânicas.

---

[142] Informação nº 1274, Confidencial, de 9 de Junho de 1965, emitida pelo Gabinete dos Negócios Políticos do Ministério do Ultramar, com o assunto: "Conclusões da Sexta Conferência Mundial Islâmica" (ANTT, SCCIM nº 410, fls. 568-574). A conferência em causa é a 6ª Conferência do Um'Tamar al-Alam al-Islami (Congresso Mundial Muçulmano), que decorreu em Mogadíscio de Dezembro de 1964 a Janeiro de 1965.

[143] Resenha, S/referência, encontrando-se desmembrada e incompleta. Foi emitida pelo Gabinete dos Negócios Políticos do Ministério do Ultramar e as suas duas páginas dactilografadas são relativas à alínea b), "Conferência Islâmica de Solidariedade Afro-Asiática", desenvolvida no quadro da Organização de Solidariedade dos Povos Afro-Asiáticos por iniciativa da Indonésia e com apoio chinês, e realizada em Bandung, de 6 a 13 Março 1965. As resoluções finais incluíram declarações de apoio aos movimentos de libertação de Angola e Moçambique (ANTT, SCCIM nº 410, fls. 608-609). Sobre este assunto, ver Kimche 1973: 191.

[144] Opinião, segundo o autor da Informação nº 1274, que fora emitida no Relatório de Situação de Angola nº 142 p.1.

ENTREVISTA DE ABDOOLKARIM VAKIL A FERNANDO AMARO MONTEIRO

AKV: Exacto. A propósito da Resenha que também referi, há um pormenorzinho que só por curiosidade menciono, a referência ao facto de que um delegado de Angola presente na Conferência de Bandung teria apelado à conferência "para que ajudasse os muçulmanos angolanos, 'participantes activos na luta pela liberdade' a libertarem-se das garras do imperialismo português"[145], o que leva os SCCIM a escrever aos SCCIA acerca da questão dos muçulmanos em Angola. A resposta...

FAM: Pura e simplesmente não há. Não havia.

AKV: Pois claro. Onde é que esse delegado de Angola foi buscar os seus muçulmanos?...

FAM: Pois. Não havia. Só agora é que há. A comunidade muçulmana em Angola é muito recente, data de há meia dúzia de anos... Isto traz à colação uma coisa interessantíssima. Em 1974, em 1 de Setembro, salvo erro, ido de Moçambique, apresento-me em Luanda no palácio do Governo, ao Alto-Comissário Almirante Rosa Coutinho, com uma guia de marcha que me manda ir para Angola numa bizarríssima situação: mantém-me Director do Centro de Informação e Turismo de Moçambique, mas coloca-me ali em comissão eventual, enquanto aguardava em Luanda novas ordens do Governo de Lisboa. É uma situação surrealista mas, pronto, aconteceu. E o Almirante Rosa Coutinho, aí – no mês seguinte, salvo erro – manda-me chamar, subitamente, ao gabinete dele. Vou. E ele põe-me a espantosa questão de qual era, tecnicamente, a possibilidade de se fazer uma islamização intensiva de Angola. Eu fiquei perfeitamente perplexo, não é verdade? E disse-lhe: *"Mas... não há muçulmanos em Angola!"* E ele: *"Não há muçulmanos em Angola?!"* Lembro-me da atitude dele: *"Mas então, lá em cima, no Congo Kinshasa há."* E eu disse: *"Senhor Almirante há para Nordeste; mas para Sul nem sequer conheço que houvesse um núcleo no Congo Kinshasa. Se há, são núcleos esporádicos. E aqui em Angola, se houver, são pessoas controláveis pelos passaportes, pelos "vistos", porque são estrangeiros com certeza. Porque não há muçulmanos em Angola."* *"Então! Em Angola não há muçulmanos?"*, e parecia contrariado! *"Não há!"*. *"Mas então, o que é que esta gente é?"*. Fiquei petrificado. Enfim, expliquei-lhe qual era o panorama religioso de Angola, do que eu conhecia, católicos, protestantes e seitas cristãs nativas, nomeadamente, o tocoísmo. E ele pergunta-me da possibilidade <u>técnica</u> de islamizar intensivamente! Respondi-lhe que um panorama sócio-religioso não se desenha... só para aí em três gerações, que isso não era uma coisa que se fizesse intensivamente! Notei que continuava desapontado. Pergunto-me a mim próprio por que caminhos andava a "revolução" portuguesa; em Outubro de 1974, um seu representante tão qualificado visionava para Angola um futuro cheio de propagandistas argelinos conforme a nossa conversa deu para

---

[145] ANTT, SCCIM nº 410, fl. 609.

entender, porque lhe falei, tacteando, na Arábia Saudita e ele exclamou: *"Não. Arábia Saudita não, Argélia."* Donde, havia a ideia de fazer uma importação massiva, penso eu, de pregadores muçulmanos?! Violência e ignorância colossais, em conjugação. O que não admirava, dada a boçalidade "básica" de uma série de vultos importantes do MFA, mesmo num homem inteligente como Rosa Coutinho. Ignorantes, "básicos". Um desastre! Eram a "resposta" ao monóculo do General Spínola.

AKV: Isso é uma história curiosíssima. E que suscita outras questões às quais poderemos voltar. Mas, voltando ao impacto da Conferência de Mogadíscio, há uma resenha de política internacional, de 1966, portanto do Gabinete dos Negócios Políticos, de 15 de Fevereiro de 1966[146], que parte da referência ao facto de que, aparentemente, um grupo de comunistas árabes sob a chefia de Basir Hadsch Ali...

FAM: Exacto.

AKV: ... Secretário do Partido Comunista Argelino, procurava desenvolver uma versão doutrinária do Islão como veículo do marxismo.

FAM: Sim.

AKV: Com base nessa notícia, o teor da Resenha é centrar a questão da expansão do comunismo entre as massas negras no islamismo, portanto, há também esse aspecto, que era a possibilidade de o Islamismo, segundo tal análise, estar directamente ao serviço do marxismo, através da criação de um discurso doutrinário de Islão marxista...

FAM: Salvo erro, isso era um Boletim de Difusão de Informação, um BDI...

AKV: Não. É uma Resenha de Política Internacional.

FAM: Mas a questão da referência a Basir Hadsch Ali vinha de um Boletim de Difusão de Informação do SCCIM, salvo erro, nº 365 ou 366. Nunca me esqueci do número desse, desse...

AKV: E essa informação vinha de onde? Eu sei que veio de um artigo...

FAM: De entrada não era propriamente uma informação, era ainda uma <u>notícia</u>. Portanto, não estava avaliada. Era qualquer coisa que até podia ser contestável. Mas depois houve outros elementos, porque houve outras ligações feitas a nível dos Serviços, donde se concluiu que Basir Hadsch Ali existia e que essa corrente existia. Logo, chegou-se a informação.

AKV: E era uma preocupação para si?

---

[146] ANTT, SCCIM nº 410, fls. 436-448.

ENTREVISTA DE ABDOOLKARIM VAKIL A FERNANDO AMARO MONTEIRO

FAM: Passou a ser. Por sistema tudo era preocupação, não é? A partir do momento em que algo se desenhava no horizonte, o procedimento ortodoxo, correcto, em matéria de Segurança era proceder como se aquilo existisse.

AKV: Claro, mas nunca encontrou nenhum reflexo em Moçambique de nenhuma doutrinação marxista islâmica?

FAM: Não. Não.

AKV: Depois temos um Boletim importante, que é o Boletim de Difusão de Informações nº 447 de 66, dos SCCIM, que se intitula "a Cisão no Mundo Islâmico"...[147]

FAM: Sim...

AKV: E esse já é mais importante porque é aqui, segundo me parece, que começa a desenhar-se aquela tal questão de ver como é que se estrutura o campo. E é em termos desta estruturação que quero referir e pensar uma série de filões que aparecem e desaparecem na documentação. Um, por exemplo, que abre para uma questão muito interessante, é o da proposta de infiltração do progressismo islâmico através do Kuwait. A história resume-se ao seguinte: a 28 de Fevereiro de 1967, o Director dos Serviços do Centro de Informação e Turismo refere aos SCCIM que recebeu de Abdulremane Daude Carimo, Presidente da Direcção da Associação Afro-Maometana de Lourenço Marques, um pedido de autorização para responder a uma carta do Ministério do Culto e de Assuntos Políticos (Ministry of Awqaf and Islamic Affairs) do Kuwait, solicitando algumas informações[148]. A resposta dos SCCIM a esta consulta é muito interessante porque eles elaboram um documento, que está assinado por Fernando da Costa Freire, que tem o título "Tentativas de infiltração do progressismo islâmico por intermédio do Kuwait". E, em síntese, a questão é a seguinte: começa com uma análise do panorama islâmico pós-conferências de Mogadíscio e Meca em 64 e 65, que, diz ele, desenhou dois campos opostos; um, que ele designa como uma espécie de "Santa Aliança", reúne as monarquias saudita, iraniana e jordaniana, e é liderada por Faisal da Arábia Saudita. A outra, que é a Republica Árabe Unida de Nasser, e que tem a Universidade de Al-Azhar como símbolo internacional... – isto, se calhar, é seu...

---

[147] Boletim de Difusão de Informações nº 447/66, Confidencial, 5/25, Processo H/9, com o assunto: "A Cisão no Mundo Islâmico" (ANTT, SCCIM nº 410, fls. 420-421).

[148] Ofício nº 303/SI/967, Confidencial [e] Urgente, datado de 28 de Fevereiro de 1967, emitido pelo Director dos Serviços do Centro de Informação e Turismo da Província de Moçambique [Lourenço Marques] e destinado ao Director dos SCCIM. Assunto: "Pedido de esclarecimento relativamente à política a seguir quanto ao fornecimento de elementos, pela Associação Afro-Maometana de Lourenço Marques, ao 'Ministry of Awqaf Islamic Affairs' do Kuwait" (ANTT, nº 413, pt. 1, fl. 275).

MOÇAMBIQUE MEMÓRIA FALADA DO ISLÃO E DA GUERRA

FAM: Estou a tentar reconstituir.

AKV: Esta segunda, portanto, é a do bloco do progressismo islâmico, na qual alinham o rei do Kuwait e Idris I da Líbia. Dois pólos, portanto: um a "Santa Aliança", o outro o do progressismo, mas quer uns quer outros anti-colonialistas ambos. Depois, mais especificamente o que se passa é o seguinte: segundo os SCCIM, o Kuwait, enquanto agente da linha progressista, tinha em 1964 dez bolsas de estudos secundários e de formação profissional para 'candidatos dos territórios administrados por Portugal' e para candidatos do Sudoeste Africano e, embora se ignorasse se presentemente algum indivíduo de Moçambique usufruía de alguma dessas bolsas, o facto era que Mondlane tinha estado no Kuwait, pelo menos uma vez, tendo lá passado algum tempo, e que "O Kuwait alinha inequivocamente contra Portugal, constituindo via de escoamento de armas para o terrorismo." Posto isto, a linha assumida, nesta versão da resposta, desaconselha o contacto entre a Associação e o Ministério kuwaitiano[149]. Mas há uma outra versão do mesmo documento – versão essa que, pelo que eu percebi, não foi a que teve seguimento – cuja recomendação é bem diferente[150]. Nesta, sugere-se que há aqui uma oportunidade para ir mais longe e levanta a possibilidade de aproveitar e explorar esse contacto "não só porque tal nos facultaria uma provável ampliação de conhecimentos sobre as vias e processos de infiltração do progressismo islâmico, como também nos possibilitaria a difusão de elementos de contrapropaganda." Portanto, há aqui uma...

FAM: Essa é minha.

AKV: É sua?

FAM: É.

AKV: Portanto, cria-se aqui uma possibilidade...

FAM: Essa segunda é minha. Agora, não me lembro porque não seguiu. Mas é minha. Se não seguiu, não me lembro porquê.

AKV: É que não é tudo, porque depois vem uma nota que faz notar que, como isso pressupunha uma estrutura capaz de controlar o processo, dado o facto da falta de meios e perante o risco que daí se incorria, conclui, também ela, pela mesma linha que é a de desaconselhar[151] que a Associação corresponda à...

---

[149] Informação nº 5/967, Secreto, de 8 de Março de 1967, emitida por Fernando da Costa Freire, Director dos SCCIM, destinatário não identificado, com o assunto: "Tentativas de Infiltração do Progressismo Islâmico, por Intermédio do Kuwait" (ANTT, SCCIM nº 413, pt. 1, fls. 268-270).

[150] Informação com o mesmo número (5/967), assunto e data (ANTT, SCCIM nº 413, pt. 1, fls. 271-273).

[151] Sobre este processo, que inclui o pedido de informações e resposta da PIDE sobre a Associação Afro-Maometana e o seu presidente, ver especialmente a Informação nº 15/967, Secreto, de 31 de Maio de 1967 (fls. 263-265), emitida por Fernando da Costa Freire, a qual sumaria todo esse processo (incluindo

FAM: Exacto. Eu lembro-me disso.

AKV: Mas, há aqui uma coisa muito interessante. O que interessa aqui é que há a tentativa de agir, e não apenas reagir; aproveitar a oportunidade que se oferece, não para defender ou manter, mas para fazer qualquer coisa de activo que teria repercussões mais...

FAM: Pois. A minha posição foi sempre essa: procurar actuar, procurar fazer, procurar infiltrar, procurar conhecer, procurar contactar. Não foi nada, nada, a atitude de pender para que nos fechássemos num bastião. Eu achava que a atitude do bastião estava errada. É evidente que tínhamos que jogar à defesa e com muita força, mas, na perspectiva de que defender pressupõe sobretudo passar ao ataque.

AKV: Exacto. Mas deixe-me separar aqui dois aspectos: um, que sobressai muito claro em vários dos seus relatórios, é a noção de procurar autonomizar o Islão de Moçambique, ou seja, de o isolar face ao estrangeiro. Isso é fundamental: cortar as relações de dependência externa. Mas um outro aspecto, que este exemplo tão bem ilustra, não se fica por aí, procura antes e até aproveitar as possibilidades de inverter o processo, de usar essas relações para ter efeitos lá fora, criar repercussões a partir de Moçambique.

FAM: Sim. Aliás, procurou-se fazer isso, por exemplo, quando se explorou um problema qualquer que houve com o Governo e os muçulmanos das Filipinas. Os SCCIM submetem uma proposta ao Ministério do Ultramar para que se faça conhecer ao Governo das Filipinas o que é que se passava no Ultramar Português, às inversas do que eles, filipinos, faziam, actuando com dureza sobre os muçulmanos de Mindanao; tinham reprimido severamente uma perturbação em Mindanao. Os SCCIM propõem ao Ministério do Ultramar que seja usado como elemento de propaganda o que acontecia em Moçambique. E o Ministério do Ultramar passou aos Estrangeiros, e os Estrangeiros responderam que sim, que iam utilizar. Não sei se chegaram a fazê-lo.

AKV: Isso é interessantíssimo. Eu gostava de tentar verificar isso. Não se lembra da data?

FAM: Não. Mas é anos 70...

---

a segunda versão referida), uma nota de Amaro Monteiro de 2 de Maio desse ano (fl. 261), o Ofício 731/S, de 8 de Julho, que autoriza a Associação a "enviar os elementos solicitados, desde que os submeta, previamente, tal como os futuros contactos, à apreciação dos SCCIM" (fl. 249), a ratificação da decisão pelo Ministro do Ultramar a 2 de Agosto (fl. 248), e o Ofício do Director dos SCCIM informando o Director do Centro de Informação e Turismo a 14 de Agosto (fl. 246). Ao todo, cinco meses e meio desde que o Director do CIT escreveu aos SCCIM até receber resposta. Sobre tudo isto, ver ANTT, SCCIM nº 413, pt. 1.

MOÇAMBIQUE MEMÓRIA FALADA DO ISLÃO E DA GUERRA

AKV: E foi proposta sua...

FAM: Sim. É. 72, salvo erro. 71, 72 no máximo. Isso situa-se entre 70 e 72[152]. Agora, outra coisa, por exemplo, quando foi assinada a *Selecção de Hadiths* de El--Bokhari, fez-se difusão para o exterior, chegou às Comores por exemplo. E Madagascar, porque isso faz parte de outra história... Desempenhei por algum tempo, digamos, o papel de tentar uma ligação Moçambique-Madagascar, com a cobertura do meu jornal e o conhecimento do Ministro do Ultramar. Uma ligação informal através do vespertino *Tribuna*, de que era Director. Mandei um repórter a Madagascar fazer uma reportagem, tentou-se estabelecer um delegado local do Jornal, seria uma ligação oficiosa de Moçambique a Madagascar, porque, digamos, a receptividade malgache era nítida em relação a Moçambique e a Portugal. Tentou-se, por exemplo, saber como é que funcionavam os muçulmanos em Madagascar. Para depois se atingir a conclusão de que afinal não eram tão activos nem tão importantes quanto isso, não é? Mas tentou-se. Isso fez-se não-oficialmente, através de correspondência <u>minha</u>, trocada...

AKV: Portanto, isso não deixou rastos no Arquivo.

FAM: Não há rastos, não. É correspondência minha trocada com o Encarregado de Negócios em Portugal em Tananarive, que funcionava sob cobertura da Embaixada Alemã. A Embaixada Alemã (Federal, claro) era a protectora dos interesses portugueses em Madagascar. E havia um diplomata português que actuava sob a cobertura dessa Embaixada Alemã, mas em edifício próprio, e praticamente não dava contas ao Embaixador alemão do que fazia. Era o Dr. Fernão Favila Vieira. Trocámos muita correspondência, e isso veio a conduzir à visita a Moçambique do Professor Pierre Vérin, da Universidade de Tananarive[153]. Muito ligado aos meios governamentais de Madagascar, porque a esposa, inclusivamente, era malgache e parente do respectivo Presidente da República. A visita funcionou, e podia ter-se tentado trazer ali uma ligação. Mas era tudo extraordinariamente moroso, tudo muito difícil. O próprio Encarregado de Negócios era forçado a imensa prudência... Enfim, não andou, mas tentou-se.

AKV: É importante que tenha mencionado essa proposta, porque vou-lhe falar de outra, algo a que aludi acerca da questão de Marrocos que referiu quando fala-

---

[152] Desde 1968, as relações entre cristãos e muçulmanos nas Filipinas estavam a entrar em rápida deterioração, manifestada num número crescente de incidentes anti-muçulmanos, militares ou de milícias paramilitares, com repercussão na imprensa internacional, o que culminou na declaração do estado de emergência em 1972.

[153] O prof. Vérin traduzira um artigo de Fernando Amaro Monteiro para publicação na revista da Universidade de Tananarive, e escreveu outro em co-autoria com Amaro Monteiro, publicado no *Buletin de Madagascar* em 1970.

vamos da sua missão na Guiné. Na pasta de recortes de imprensa, há um artigo publicado no *Diário de Notícias* de 31 de Março de 1969, que tem o título: "O rei de Marrocos pede a convocação de um 'alto nível' islâmico". Ora, este recorte vem acompanhado de um comentário seu[154] que diz o seguinte: "Tentativa do rei Hassan II para liderar o mundo islâmico. A Dinastia Alauíta, a que pertence, vem nutrindo, desde há muito, aspirações à restauração do Califado sob a sua égide. Beneficiava-a nesse desiderato, a ascendência xerifiana (vêm de Hassan bin Ali, neto do Profeta). Um Califado ocupado pelo Rei de Marrocos, era o que mais convinha ao mundo ocidental; a Portugal, inclusive. O Rei opõe-se a Nasser e a Bourguiba, sem no entanto estar do lado do 'espírito reaccionário' de Fayzal da Arábia. Tem procurado fazer evoluir a monarquia dentro de um recorte ocidental, constitucionalizando-a lentamente; marca uma posição de equilíbrio entre xiitas e sunitas, etc. E a posição estratégica de Marrocos é vital para o Ocidente. É pena que não se lhe possam (?) articular os dignitários islâmicos da Guiné, ao invés dos mesmos estarem ligados ao Senegal." Apenso a este comentário vem uma Nota de despacho: "Foi feito o ofício 433/S de 30/6/69 para o MU-H/9"[155].

FAM: Esse é "secreto". S significa secreto. Portanto, esse ofício devia apresentar essa sugestão relativamente à Guiné, penso eu que deve ser isso; a pressuposição de que se podia fazer algo a partir da Guiné vem encontrar recorte no terreno quando visito o território e constato que a Tidjaniya estava ligada a Marrocos.

AKV: Exacto. Foi isso que me fez fazer a ligação.

FAM: Exactamente.

AKV: Mas, portanto, daqui saiu alguma coisa?

FAM: Não. Não chegou a sair nada. Todas as coisas que demandassem, como hei-de dizer, um grande dinamismo no exterior morriam. Morriam porque isso já fazia parte, também, do peso da máquina do Regime. Ao fim ao cabo, era tudo um esforço imenso. Uma guerra em 3 frentes, com a estrutura de um país modesto a acompanhar. E, no exterior, as tradicionais reticências dos diplomatas. Os diplomatas, para tudo quanto fosse uma acção rápida eram um caso sério, não é verdade? Pois tinham, sobretudo quando se moviam num terreno que não dominassem inteiramente, um receio tremendo e compreensível de falhar. Nunca vi tanto receio

---

[154] "O rei de Marrocos pede a convocação de um 'alto nível' islâmico", *Diário de Moçambique*, Beira, 30 de Maio de 1969. "Conferência Islâmica de Alto Nível", *Notícias*, Lourenço Marques, 12 de Setembro de 1969, que confirma que a Conferência se iria realizar de 22 a 24 desse mesmo mês (ANTT, SCCIM nº 414, fls. 70, 73).

[155] Ver Despacho, s/referência, s/data, s/autoria. Assunto: "Diário de Moçambique de 30 de Maio 69 da Beira" (ANTT, SCCIM nº 414, fl. 72).

de falhar como entre os diplomatas. Um receio hiperdesenvolvido. Os militares fazem guerras, não é verdade? E notei que tinham menos receio do desaire que os diplomatas. Nunca me esqueço do comentário de um diplomata, caracterizando a sua própria atitude na "carreira": *"Surtout pas de zèle" [risos]* .

AKV: O que eu acho extraordinário nisto é que Moçambique, afinal, é uma periferia de uma periferia e, no entanto, estes planos são extremamente ambiciosos. O objectivo é não apenas controlar o Islão em Moçambique mas de ir ao próprio campo do Islão e reestruturá-lo!

FAM: Reestruturar não digo! Meu Deus!

AKV: Digo reestruturar no sentido em que procurava alterar o peso relativo dos "dois campos" que se identificavam como em confronto no mundo islâmico.

FAM: Provocar reacções...

AKV: Muito bem.

FAM: ...para ver e para tentar, inclusivamente, se fosse necessário, negociar... Os meus Serviços nisso eram, como hei-de dizer, eram *ousados*. E, verdade se diga,...

AKV: Era essa a palavra que eu procurava.

FAM: Éramos ousados. Os três últimos Governadores-Gerais idem. E, verdade se diga, tem que se reconhecer isso, o Ministro também procurava fazê-lo. Também. Simplesmente estava peado por dois factores: primeiro, devia obediência ao Presidente do Conselho, não é verdade? E o Professor Marcello Caetano também não animava, não é verdade? Por um lado. E, depois, tinha de outro lado a máquina do Ministério dos Estrangeiros que não respondia a apelos nem ousados nem apressados. De maneira que tropeçávamos na engrenagem governamental. Mas que os Serviços eram ousados, eram. E que, na realidade, os Governadores-Gerais, sobretudo a partir do momento em que sai o General Costa Almeida e vai o Dr. Baltazar Rebello de Souza para lá, e os que se seguem, não pecam por falta de ousadia. Não, não pecam.

AKV: Mas tudo isto pressupõe, é este o ponto a que eu queria chegar, tudo isto pressupõe uma certa leitura geopolítica: a de uma polarização estruturante do mundo islâmico; especificamente, em torno de dois discursos islâmicos, mobilizadores de mundivisões, estados e massas: a ortodoxia e o modernismo.

FAM: Sim.

AKV: Ora, para lhe fazer uma pergunta acerca disso queria...

FAM: Modernismo/ progressismo/ reformismo...

AKV: Exacto.

FAM: Porque era muito difícil distinguir nas atitudes. Ao fim ao cabo, era o que eu dizia: só se pode classificar uma atitude quando se vir a quem aproveita, porque estruturalmente era muito difícil de perceber.

AKV: Portanto, nestes anos, 67 a 72, digamos assim, manteve-se esta sua percepção de quais eram as orientações estruturantes, esta sua visão do mundo islâmico...

FAM: Sim. Mantive. Apercebi-me perfeitamente, por exemplo, de que o reformismo e o progressismo podiam aparecer acoplados ao wahhabismo.

AKV: Pois.

FAM: Nitidamente. E que do outro lado o que havia era o sunismo, portanto, o tradicionalismo, a ortodoxia. Não, isso foi perfeitamente nítido e mantive essa perspectiva crítica até final.

AKV: E como é que isso se traduzia em termos de... Enfim, no terreno de Moçambique?

FAM: Traduzia-se em que o sistema desconfiava, por excelência, dos modernistas, progressistas e reformistas. Quer dizer, era alguma coisa que me provocava uma retracção imediata, porque o reformismo, o progressismo, o modernismo e todos esses ismos trazem o selo da militância, não é verdade? E trazem o selo de medidas ousadas – e para medidas ousadas chegavam as nossas! *[risos]* Não estávamos interessados nas medidas ousadas trazidas por outros, não é? *[mais risos]* De maneira que havia uma atenção muito grande a todas as coisas ou pessoas que pudessem veicular tendências dessas. Atenção ao que dissessem, atenção ao que escrevessem, e atenção aos acontecimentos todos que pudessem veicular infiltrações dessas.

AKV: Mas, por outro lado, tão pouco estavam interessados em que a "ortodoxia", digamos assim, promovida pela Arábia Saudita, a tal "Santa Aliança" como se lhe chama aqui, tivesse o seu impacte. Também essa acaba por ser "inovadora", desestabilizante.

FAM: Exacto. É o problema que lhe referi há pouco. Estávamos na situação de metidos dentro do bastião a tentar defender-nos do assalto exterior, mas em todo caso a tentarmos nós também incursionar no campo do adversário. Com as tais medidas ousadas de que falei. Em princípio, tudo quanto pudesse vir do exterior e reflectir-se no território, provocava-nos de facto, imediatamente, uma reacção de defesa.

AKV: Exacto.

FAM: Até porque havia a consciência de que os meios de que dispunhamos eram muito poucos, não havia estruturas, como é que se respondia a uma coisa concertada que viesse do exterior? Não havia praticamente possibilidades de resposta. Porque não havia estruturas.

AKV: Exacto.

FAM: Essa minha preocupação com as estruturas, se estiver um bocadinho atento verificará que é uma constante. Há um relatório meu para o Governador-Geral Pimentel dos Santos, uma carta em que respondo a um pedido de Parecer dele e em que digo: há N entidades que mexem no campo sócio-religioso e não há uma estrutura. Toda a gente dava opiniões, toda a gente dizia coisas. Possibilidades de responder, efectivas, nada! Pela única e simples razão de que não havia uma estrutura <u>vocacionada</u>, pensada <u>de raiz</u>.

AKV: Antes de passar à questão seguinte, ainda a propósito destas tentativas de incursionar sobre o campo do outro e "mexer" ou, como há pouco disse, influenciar a partir de dentro, lembra-se de alguma outra? Referiu as Filipinas, esta de Marrocos...

FAM: Há uma coisa que... Não deve constar com certeza dos arquivos. Deve ter sido queimada, depois de 25 de Abril na "Costa do Sol" em Lourenço Marques, deve ter desaparecido aí. Documentos "muito secretos" sobre a tentativa de um golpe de mão em Zanzibar, a partir de Moçambique.

AKV: Em que ano?

FAM: Olhe, é pouco depois do começo do desempenho do Tenente-Coronel Ramires Ramos. Já eu não estava nos SCCIM. Ou estava para sair. Portanto, deve ser em 70. Saio em 1970. Isto começou ainda no tempo do Coronel Costa Freire; a hipótese de um golpe de mão em Zanzibar. E é-me fácil de reconstituir, através dos papéis, dos documentos, quando é que sai o Coronel Costa Freire e quando é que entra o Tenente-Coronel Ramires Ramos.

AKV: E esteve envolvido também na formulação disso?

FAM: Bem, eu estive envolvido praticamente em tudo, quer dizer... Não para o terreno, como pode calcular, não é?

AKV: Não, não.

FAM: Agora, ligado à concepção, sim.

AKV: E em que é que se resumia este plano?

FAM: Resumia-se a, e não era pouco, utilizar efectivos que teriam sido já treinados pelos Ingleses em Aden, cerca de uma Companhia, portanto, à roda dos cento e muitos homens, perto de duzentos. Zanzibaritas e Omanitas, que estariam preparados para fazer um golpe de mão, sob a liderança de um Príncipe zanzibarita, que vai a Moçambique numa viagem "muito secreta" e se encontrou comigo na Ponta do Ouro. Ele e um Ministro do Governo do Sultão exilado, claro. O Príncipe fornece-nos informação detalhada sobre as posições de artilharia em Zanzibar e Pemba, sobre as fortificações todas, desenha plantas, etc., etc. e, enfim, vai pedir-nos apoio, a partir de Cabo Delgado. Não tomei partido sobre este assunto. Não propus que se fizesse nada, simplesmente explanei o que fora dito na Ponta do Ouro: fulano oferece-nos possibilidades tais e tais, as hipóteses são estas... E o assunto é passado ao Tenente-Coronel Ramires Ramos. Estava classificado de "Muito Secreto", para ver o melindre que tinha. Começou, como lhe disse, antes do Tenente-Coronel Ramires Ramos. Quando ele é posto ao facto disto, entra em perfeita, em total discordância. Ficou arrepiado, por assim dizer. E trava tudo. Não se fez nenhuma tentativa, não foi para diante. Mas foi pesado a nível de Província e creio que mesmo para o Ministério do Ultramar. Embora, engraçado!, com todos os anos de convívio na Universidade Portucalense, Porto, com o Professor Silva Cunha, nunca falámos sobre o assunto; mas que isto foi hipótese, foi. Houve um esquema muito bem montado, para que o Príncipe e o Ministro que foram falar connosco não deixassem rasto nenhum de passagem, por sítio nenhum[156].

[156] Este episódio, apesar de tudo, deixou algum rasto documental. Uma pasta, recentemente desclassificada, do Arquivo Histórico-Diplomático, com documentos classificados de "muito secretos", revela que Mohammed Bin Abdullah, irmão do Sultão derrubado, manteve, em finais de 1970, contactos com o Director dos SCCIM (à época, já o Tenente-Coronel Ramires Ramos). Nessa pasta encontra-se a fotocópia de uma carta que o primeiro endereçou a este último, datada de 24 de Dezembro de 1970, carta onde se mencionam conversações que o máximo responsável pelos serviços portugueses da *intelligence* em Moçambique efectuou com um delegado dos rebeldes associados ao Sultão no exílio, aludindo a "preparativos" que teriam sido acordados entre os dois. A carta mostrava desapontamento pelo silêncio do Director dos SCCIM na sequência desse encontro, ao mesmo tempo que lhe suplicava apoio nos termos mais dramáticos, frisando que os chineses estavam a transformar Zanzibar "numa base para a expansão violenta [*forcible*] do comunismo para a África Oriental e Central" e que isto constituía "um perigo colectivo para os Estados anticomunistas nestas partes como noutras partes de África". Na fotocópia do envelope desta carta, o destinatário aparece referido como "Manuel Costa Zulmiro", mas o ofício nº 614 H-2-20 do Director do Gabinete de Negócios Políticos do Ministério do Ultramar, de 30 de Janeiro de 1971, afirma categoricamente que a carta foi, de facto, "enviada ao Director dos Serviços de Centralização e Coordenação de Informações de Moçambique e endereçada, tal como a anterior, por MOHAMED BIN ABDULLAH". Os ofícios de Janeiro e Março de 1971 que, sobre este assunto, os Directores-Gerais dos Negócios Políticos do Ministério dos Negócios Estrangeiros e do Ministério do Ultramar trocaram entre si revelam uma vontade oficial de distanciamento relativo a possíveis envolvimentos da parte portuguesa. Tudo isto pode ser encontrado em AHD, Proc. 945, Nº de Ordem 601 PAA, "Contactos com o ex-sultão Seyyd Yamshild Bin Abdullah por intermédio do seu irmão Seyyd Mohammed Bin Abdullah".

AKV: A longo termo qual teria sido a consequência ou o reflexo se tivesse tido sucesso?

FAM: Seria a fractura do Tanganica com Zanzibar. O fim da Tanzânia. A restauração de um Zanzibar separado, monárquico, novamente, com o regresso do Sultão Seyyid Jamschid bin Abdullah, e tirando os Chineses de lá para fora. O problema era a artilharia chinesa que estava ali concentrada em grande quantidade. Mas o Príncipe garantia que os seus "comandos" a dominariam de surpresa. Foram dois dias e tal de conversa na Ponta do Ouro, sem registos num hotel relativamente modesto, para não dar nas vistas.

AKV: Como disse, na altura, limitou-se a dizer "fulano diz tal..." e não tomou posição.

FAM: Não tomei partido.

AKV: Qual era, no entanto, a sua posição?

FAM: Em termos muito subjectivos e emocionais, se quiser, na medida em que é lícito usar de emoção numa coisa destas, a ideia agradou-me! Era uma bela "partida"! Agora, de um ponto de vista objectivo, eu próprio explanei isso, era de alto melindre, extremamente difícil porque, compreende, um assalto a uma ilha, sobretudo cheia de corais é uma coisa muito séria. A partir de um "santuário" próximo, talvez. Mas Cabo Delgado era longe! Quem é que retira rápido se as coisas correm mal, de um desembarque numa ilha em que a borda de água está cheia de corais? Envolvia meios navais. Como é que se retiravam as pessoas se aquilo corresse mal?

AKV: E os Ingleses nisto?

FAM: Os Ingleses, segundo dizia o Príncipe, estavam expectantes, quer dizer, tinham-lhe dado luz verde para ele vir falar connosco. Tinham-nos treinado e mantinham-nos mais ou menos em forma. E disseram-lhe *"Vá lá falar com os Portugueses para ver o que é que eles dizem."* Nós nunca tivemos nenhum contacto directo com os Ingleses, o que provou, e provava, a meu ver, que o projecto não tinha pernas para andar. Os Ingleses, para manterem essas reservas todas, é porque estavam na situação de *"Vamos lá ver o que é que aqueles sujeitos fazem ou não fazem."* E, para eles, deixar morrer duzentos homens não era assim muito importante.

AKV: Sim, claro. Mencionou este plano no contexto da pergunta que lhe fiz sobre se houve outras tentativas de jogar no contexto internacional. Lembra-se de alguma outra?

FAM: Não. Sobre o exterior nada.

AKV: A nível do interior, há uma questão que se prende de perto com a do exterior, como há pouco referi, que foi a de autonomizar o Islão.

FAM: Ah, desculpe-me só um momento. Sobre a importância que os Ingleses davam a isto (lembro-me *perfeitamente* deste ponto da minha conversa com o Príncipe zanzibarita) foi barométrico que ele me contasse que o Sultão exilado recebia uma... uma "lista civil" britânica, chamemos-lhe assim, anual, de cinco mil libras. Ora, cinco mil libras, nessa época, para um homem que tinha uma família grande não era especialidade nenhuma. Cinco mil libras representavam quatrocentas e tal libras por mês, não perderam a cabeça! Seria, digamos, uma ajuda modesta. Ora, se os Zanzibaritas exilados tivessem a importância que o meu interlocutor queria fazer crer, o Sultão receberia certamente uma ajuda mais substancial e não andaria num carro em segunda mão como andava. Dá para ver!

AKV: A nível da questão de autonomizar o Islão, portanto, agora estamos a falar de medidas viradas para o interior, não para o exterior, a mais óbvia é a questão de explorar a devoção mariânica do sunismo, uma das sugestões do seu relatório. No Relatório de Serviço no Estrangeiro, de 26 de Julho de 1968, por exemplo, diz: "A intensificação entre os maometanos de Moçambique, da devoção mariânica e da veneração pelo Profeta Issa (Jesus Cristo), serviria os interesses nacionais na medida em que, acentuando manifestações religiosas heterodoxas, contribuiria para isolar o Islamismo da província do contexto do exterior." Portanto, aí, se estou a entender, a: uma tentativa de, <u>intensificando</u> este aspecto específico, criar uma <u>diferenciação</u>...

FAM: Exacto.

AKV: ...do Islão...

FAM: Acentuava diferenciações que já existiam.

AKV: E havia outras?

FAM: Diferenciações?

AKV: Sim.

FAM: Há. Por exemplo, estão referidas num trabalho meu apresentado no Encontro Internacional sobre Mestiçagem efectuado na Universidade de Évora, aqui há uns anos atrás, que é sobre as manchas cristológicas no Islão do Distrito da Zambézia[157]. De devoção mariânica e pró-cristã. Há zonas de aculturação tão intensa com o Cristianismo que se formam desvios. Desvios, digamos, do ponto de vista dogmático: aquilo não é Islão nem é Cristianismo. É uma situação sincrética como acontece muita vez em África. E isto está publicado.

AKV: Mas teve...

---

[157] Ver Monteiro 1983.

MOÇAMBIQUE MEMÓRIA FALADA DO ISLÃO E DA GUERRA

FAM: Aliás, está publicado também, desculpe, no meu livro *O Islão, o Poder e a Guerra. Moçambique 1964-1974* .Vem lá.

AKV: Sim, bem sei, claro, mas eu referia-me ao período em que o plano foi concebido. Isso também teve reflexo, também foi explorado no projecto?

FAM: Não. Não se chegou a pensar nisso. Não havia tempo para pensar tanta coisa! O que se fez já não foi mau para meia dúzia de anos e com precariedade muito grande de meios, não é?

AKV: Voltando à questão do exterior, e voltando à questão especificamente de Zanzibar, eu queria retomar uma dúvida. Já falámos daquele projecto do Sultão de Zanzibar, e já me contou o que aquilo foi, que nunca teve seguimento, e tal... Mas eu queria perguntar-lhe acerca de um documento sobre esta questão que me interessa particularmente. Trata-se de um documento recebido nos SCCIM a coberto de um Ofício, o 5029/K-6-23 de 29/9/67, do Director do Gabinete dos Negócios Políticos do Ministério do Ultramar. É uma fotocópia de um documento, que, segundo aparece referido, fora recebido naquele Gabinete juntamente com o Relatório de Defesa Nacional N° 545/C, de 4 de Setembro de 1967. O texto em fotocópia, que não tem nem data nem identificação de autor, é um excerto de um "memoradum" relativo a "informações e sugestões sobre o Islamismo, no quadro da guerra subversiva"[158]. Cito alguns trechos para ver se reconhece porque... bom, basicamente, queria saber se é de sua autoria.

FAM: Diga.

AKV: "Com a lacuna aberta pela saída do Sultão de Zanzibar, acentuou-se nas massas maometanas da província uma tendência para a polarização em torno de determinados valores humanos da respectiva hierarquia [...] que a subversão, obviamente, tem vindo a fomentar, para trabalhar, ela própria nesses pólos de atracção. Isto tem sido progressivo; há meses e meses que peço às atenções que se fixem nisto; já não tenho palavras. Pareço um disco gasto. Agora verifica-se que a hierarquia islâmica está, no Distrito de Moçambique, altamente comprometida com o planeamento violento; e fica tudo com cara de espanto... Como se fosse novidade!" Isso tem um certo tom de voz pregando no deserto muito semelhante ao seu discurso...

FAM: Não estou a ver... Desculpe, o princípio, não se importa de me repetir? Houve um bocado que perdi no princípio... Só das duas primeiras linhas.

---

[158] ANTT, SCCIM n° 413, fls. 106-108. Este documento parece incompleto. Apresenta, além disso, um erro na numeração que o arquivo atribuiu às folhas, dado que a sua leitura sugere, claramente, que a fl. 108 está no seguimento daquela que tem o n° 106, sendo a n° 107 a que, muito provavelmente, precede as outras duas.

ENTREVISTA DE ABDOOLKARIM VAKIL A FERNANDO AMARO MONTEIRO

AKV: Não comecei a leitura pelo princípio do documento. Releio o passo que citei.

FAM: Sim.

AKV: "Com a lacuna aberta pela saída do Sultão de Zanzibar..."

FAM: Sim...

AKV: ... "acentuou-se nas massas maometanas da província uma tendência para a polarização"...

FAM: Sim...

AKV: ... "em torno de determinados valores humanos da respectiva hierarquia [...] que a subversão, obviamente, tem vindo a fomentar, para trabalhar, ela própria nesses pólos de atracção"...

FAM: Exacto.

AKV: ... "Isto tem sido progressivo; há meses e meses que peço às atenções que se fixem nisto; já não tenho palavras. Pareço um disco gasto" e tal e tal.

FAM: Pois. Isso não é um "memoradum" meu. Isso deve ser, quando muito, tirado de uma carta minha,... para um amigo meu, que terá sido interceptada... e que aparece depois, provavelmente, dactilografada. Não aparece manuscrita?

AKV: Por acaso não... não anotei isso aqui nestes apontamentos. Não anotei...

FAM: Deve ser passada à máquina.

AKV: Sim.

FAM: Isso é nitidamente uma carta minha interceptada.

AKV: Deixe-me ler mais alguns passos. "O 'Mufti' de Moçambique – a maior figura do islamismo na província...

FAM: *Seyyid* Abdallah Hassan bin Abdul Rahman.

AKV: Aqui lê-se: "é Said Bakr. 28/30 anos de idade, 11 anos de estudo em Zanzibar e Meca. É descendente directo do profeta em linha varonil. Xerife hereditário, portanto; parente do Sultão de Zanzibar também"...

FAM: É primo do Sultão. E era neto do outro.

AKV: ... "Seu companheiro de estudos, há uns anos atrás. Já viu a tragédia que seria um mau uso deste homem? E o trunfo que não seria o seu correcto accionamento? A questão do Sultão de Zanzibar vai mais longe. A dinastia a que pertence era a de Mascate, parente da do rei Fayzal da Arábia – chefe da corrente tradicio-

MOÇAMBIQUE MEMÓRIA FALADA DO ISLÃO E DA GUERRA

nalista islâmica que se opõe ao progressismo nasserista e ao filomarxismo do Corão de Pequim. Com a queda do Sultão de Zanzibar, a Arábia Saudita e o tradicionalismo apanhavam um xeque-mate; e o nasserismo deitava as garras de fora." E tal, e tal, continua, e depois diz assim:...

FAM: É uma carta minha. É uma carta minha para o Tenente-Coronel Nuno Vaz Pinto, que é interceptada.

AKV: Depois há a sugestão...

FAM: Que aparece, portanto, da PIDE para a Defesa?

AKV: Há depois uma sugestão de que seja criado um Centro de Estudos Islâmicos na Ilha de Moçambique, com Said Bakr à cabeça, o que permitiria que, propõe: "Podia-se inclusivamente – e por intermédio dele, tradicionalista cem por cento, tentar entrar em contacto discreto com o rei da Arábia Saudita, chefe da respectiva corrente; e assim, pondo o tal Centro a irritar o nasserismo, conseguir – talvez – que a Arábia Saudita deixasse de lutar contra nós, arrastando possivelmente a Jordânia atrás de si." Portanto, mais uma vez, um plano muito audacioso, muito ousado.

FAM: Um pouco megalómano. Mas, mas...

AKV: Isto para chegar à necessidade de criar na Ilha de Moçambique um Centro de Estudos Islâmicos...

FAM: Dessa parte é que não me lembro: que eu alguma vez tenha pensado nisso. Mas essa carta, isso que está aí, esse texto, é nitidamente meu para o então Tenente-Coronel Vaz Pinto, meu amigo de total confiança, monárquico como eu.

AKV: E isto, portanto, chega ao Ministério do Ultramar, apenso a um documento da...

FAM: Da Defesa.

AKV: ... da Defesa.

FAM: Portanto: PIDE – Defesa. Não há outra explicação. Porque eu não escrevi oficialmente isso... Aliás, como deve calcular, há aí coisas que não são próprias de um documento oficial.

AKV: Exacto.

FAM: "Disco gasto" e coisas parecidas. Isso é nitidamente um texto pessoal.

AKV: Exacto.

FAM: Só há duas hipóteses: ou o Tenente-Coronel Vaz Pinto dactilografou o meu texto e entregou-o à Defesa, o que podia ser; ele era suficientemente dinâmico

ENTREVISTA DE ABDOOLKARIM VAKIL A FERNANDO AMARO MONTEIRO

para isso, e interessado nas coisas; essa é uma hipótese. A outra hipótese é uma interceptação da PIDE, com entrega à Defesa. Não há terceira hipótese. Mas, repito, esse documento é pessoal, não foi lançado por mim nos canais próprios.

AKV: Bom, seja por que canais fossem, o documento chega ao Ministério do Ultramar, e deste é enviado aos SCCIM com um pedido de apreciação. Essa apreciação, assinada por Fernando da Costa Freire, é apresentada numa Informação 24/67, de 17 de Novembro de 1967[159]. Nesta altura já o professor está nos SCCIM.

FAM: Já.

AKV: E esta apreciação...

FAM: Isso é que eu não me lembro. O que é que ele diz?

AKV: Bom: "Apreciação do documento recebido do..."

FAM: Não me lembro de ter apreciado o meu próprio documento! *[risos]*

AKV: Isso era o que me estava a deixar um pouco confuso porque, confesso, quando li a apreciação pensei "isto é seu". Mas como ao mesmo tempo suspeitei que o memorandum também fosse seu, disse comigo: *"Não, não pode estar a fazer uma apreciação, para mais crítica, do seu próprio documento..."*

FAM: Eu não me lembro de ter feito a apreciação desse documento... Mas espere! Em Novembro de 1967 eu estava ausente na Metrópole e em França, de onde só voltei cerca de um ano depois! Lembro-me agora!

AKV: Ah, pois claro!

FAM: Mas olhe que não teria sido impossível que eu tivesse feito a apreciação do meu próprio documento, e a tivesse dado ao Coronel Costa Freire para assinar. Pela razão simples de que não ia dizer (se fosse uma carta minha para o Tenente--Coronel Vaz Pinto) *"Eu escrevi isto ao Tenente-Coronel Vaz Pinto"*, não é verdade? Porque, digamos, estaria desviar o Serviço das agulhas normais. De maneira que não era impossível que o meu próprio texto me tivesse chegado para eu apreciar. Tudo era possível! Naquelas circunstâncias, tudo era possível e, ainda por cima... temos que reconstituir o ambiente... não faz ideia de como nós, os profissionais dali – e quando digo nós, digo: Romeu Ferraz de Freitas; eu; Eugénio de Castro Spranger, um pouco menos; Virgílio Santos Alberto, também um pouco menos – nós quatro nos impacientávamos imenso com a hierarquia toda. Esses comentários eram um bocado prolixos. Dão-me ideia de uma peça que tivesse sido originariamente

---

[159] Informação nº 24/67, de 17 de Novembro de 1967, emitida pelo Major Fernando da Costa Freire, Director dos SCCIM. Assunto: "Informações e Sugestões sobre o Islamismo, no Quadro da Guerra Subversiva" (ANTT, SCCIM nº 413 pt. 1, fls. 91-103).

minha e depois *brodée* pelo Director. Tudo isto faz-me recuar um bocado e rir-me a propósito dessas coisas, que eram relativamente frequentes, não é verdade? No fundo, isto tem uma explicação. O ambiente era tenso. Vivíamos todos muito preocupados. E com a sensação de que estava um dique para se abater sobre as nossas cabeças. E, claro, nem sequer se podia falar lá fora ou mesmo em casa. Não dava para desabafar. De maneira que se criava um clima de tensão interna. Às tantas, estávamos um pouco enervados uns com os outros por causa de coisas que não tinham nada de pessoal. Assustavam-nos. Nem podia deixar de ser... Repare, não dava para ir conversar com ninguém. Com quem? Com a PIDE? Fora de questão!

AKV: Pois.

FAM: Mas então o que é que diz a Apreciação? Já agora...

AKV: Faz a apreciação do memorandum "bem como a apreciação das vantagens e das desvantagens, no plano interno, da polarização da massa islâmica negra da Província", e tal e tal... E diz... Bom, isto é bastante longo, mas...

FAM: Ele concorda ou não concorda com o que o papel dizia?

AKV: Bom, isto passa por uma longa série de considerandos. A certo ponto elabora um panorama do Islão e aí diz assim: "Na actualidade, os muçulmanos podem-se dividir em três categorias: ortodoxos conservadores, a massa muçulmana, e os modernistas ou reformistas. A relevância dos primeiros, ortodoxos conservadores, reside na força da tradição. Para estes o Corão responde, em qualquer tempo, a todas as necessidades e o Islão de hoje é o mesmo que o de ontem. A 'massa' apenas conhece o Islão nos seus aspectos dogmáticos mais simples e que ela adapta às suas condições e às suas realidades. A sua atitude depende da força política e social que sobre ela incidir"...

FAM: Estava a apreciar o panorama do Islão Negro em Moçambique, nitidamente.

AKV: ... "Os modernistas pretendem um Islão dinâmico, aberto sobre o mundo moderno."

FAM: Isso é da apreciação?

AKV: Da apreciação assinada por Fernando da Costa Freire.

FAM: Reconheço-me só no documento que aparece via Defesa. Essa coisa: "Estou há meses a dizer e estou cansado...", "Pareço um disco gasto...", isso é meu.

AKV: Aliás, muitos dos aspectos que depois são salientados e as sugestões que são feitas, são exactamente o seu plano: "Edição em português dos textos sagrados" e tal. Bom, passando à frente, ainda em termos de planos e ousadias, daquele

ENTREVISTA DE ABDOOLKARIM VAKIL A FERNANDO AMARO MONTEIRO

desejo de fazer qualquer coisa mais, mencionou umas conversas na Ilha, já pós-25 de Abril, com os "Xehes" das Confrarias. Quando é que se equaciona esta questão?

FAM: É um mistério, isso. Nem cheguei a perceber bem o que é que fui fazer a Nampula e à Ilha nessa altura. Explico-me: a seguir a 25 de Abril surge nas pessoas que continuavam em funções uma perplexidade muito grande relativamente ao que poderia passar-se a seguir. Estávamos a antever um panorama... de sangue, um panorama de desordem, de violência, de descontrolo total. É nesse clima que vou procurar o Director dos SCCIM, Coronel Ramires Ramos, sendo eu nessa altura Director dos Serviços do Centro de Informação e Turismo de Moçambique, demissionário, porque apresentara a minha demissão em 28 de Maio, na sequência de um clima extremamente conturbado dentro destes últimos Serviços. Era impossível "segurar" os funcionários, estavam todos a fazer coisas completamente absurdas com que não aceitei pactuar. Cheguei à conclusão de que não tinha nada a fazer ali. Recuso-me a pactuar com um ambiente de demagogia pateta. O melhor que tinha a fazer, até por estar com os dias contados como Director do CIT (que era uma posição com muita carga política), seria pedir a demissão. E pedi-a em 28 de Maio, requerendo também licença disciplinar de 30 dias e transferência para Angola. Era uma forma de dar tempo para se resolver aqui, a nível do Governo central, a minha situação administrativa, qual seria o meu futuro, o que afinal só meses depois é que vem a resolver-se. Mas entretanto nunca mais voltei ao CIT. A partir de 28 de Maio, entro de licença e não regresso lá. A minha licença disciplinar é seguida de licenças de Junta de Saúde, e não regresso. Em Junho, vou procurar o Coronel Ramires Ramos, que se mantinha Director dos SCCIM, e falar-lhe da minha preocupação quanto a "documentos", ali, que pudessem prejudicar pessoas vivas, e que lá iam ficar forçosamente. E é aí que ele, a sorrir, me responde: *Não precisa de dizer mais nada*", quando comecei a falar, *"Tive a mesma ideia, neste Domingo, gasolina, ardeu tudo na Costa do Sol."* Chego hoje à conclusão de que afinal não ardeu tanto quanto eu esperava, mas devem ter ardido pelo menos, digamos, fichas relativas a informadores, contactos... Acredito que ele tivesse esse cuidado elementar. Ficamos, obviamente, um pouco em contacto; aparecendo eu de vez em quando para falarmos. Como continuava a conversar com Romeu Ivens Ferraz de Freitas, que entretanto adere ao Movimento "Fico", em que estava também o Dr. Velêz Grilo, ex-Secretário Geral do PCP na "cisão grilista", e outras muitas pessoas de Moçambique – com quem nunca quis falar. Mantive-me sempre à parte, porque estava sob o fogo, nessa altura, dos chamados "Democratas de Moçambique", da FRELIMO, etc. Por consequência, quanto menos eu desse nas vistas ou soubesse, melhor. Mas aquilo que me é dito, da parte daquelas pessoas, é que, assim que houvesse um controlo sobre a situação e elas pudessem tomar as rédeas do que estava a acontecer, eu seria imediatamente chamado, e para primeiro plano de uma nova ordem. Portanto, que me mantivesse discretamente expectante. Estava pois muito bem definida a minha atitude, que era de não querer imiscuir-me, nem ser visto, nem aparentemente saber nada. Nesta ordem de "planeamentos" extremamente vagos, difusos, que não se palpam, aparece um dia o Coronel Ramires Ramos a falar-me da necessidade de a parte sã do Exército intervir rapidamente no processo para segurar a situação, e pergunta-me se eu aceitaria ir para Nampula, para o Gabinete Militar do Comandante Chefe. Porque a guerra em Moçambique tinha que mudar, todos os processos tinham que mudar, era relevantíssimo nessas circunstâncias o que se pudesse fazer relativamente ao Islão, e por consequência, qual era a minha disposição...

AKV: E ele vinha mandado por alguém?

FAM: Obviamente devia vir. Tinha de haver uma origem. Esta é que me parece estranha e me deixa grandes dúvidas. Eu perguntei-lhe: *"Mas para ir para Nampula, tenho que ir oficialmente. Eu sou Director do Centro de Informação e Turismo, demissionário, à espera que Lisboa tome uma decisão sobre mim, como é que apareço no Gabinete Militar do Comando Chefe? Em Nampula?".* E ele responde: *"Não se preocupe. Porque isso depois será visto. Penso que vai como Consultor do Comandante-Chefe. Isso há-de se arranjar, quanto mais não seja pela prática do facto consumado."* Respondi: *"Muito bem. Se sou preciso, se sou útil e se é isso que é preciso para salvar as circunstâncias aqui, em Moçambique, e inclusivamente influi nas da Metrópole (pois era assim que a questão me era posta), então eu vou."* Passa mais algum tempo, sou telefonado pelo Coronel Ramires Ramos a pedir que me encontrasse com ele. Encontramo-nos e ele pede-me que vá falar urgentemente com os dirigentes das Confrarias. ... Precisa-se de saber da disposição deles quanto a mobilizarem efectivos, de os porem ao lado das Forças Armadas, ajudando-as a segurar a situação em Moçambique, não já num plano só em relação à FRELIMO, como no próprio plano interno, digamos português, branco, europeu. Resumindo e concluindo, a hipótese, inclusivamente, de as Confrarias fornecerem efectivos para actuarem em Lourenço Marques. Era a quarta fase do Plano sobre o Islão a funcionar fora de horas e num contexto inimaginado! É claro que isto era uma diligência secretíssima. Diz que não me faltam meios para me deslocar, que eu disponha como entender. Respondi: *"Preciso de passagens de avião. Preciso de dinheiro de bolso para eventualmente alugar táxis aéreos e, sobretudo, preciso que isto tudo seja altamente secreto."* Ele entrega-me um bilhete de avião. Repararia depois, extremamente aborrecido, que o bilhete dizia, em baixo, na entidade solicitante ou pagante, "GR", que é *Government Requisition*. Fiquei de cabelos em pé, porque pensei: isto é controlado no aeroporto, e toda a gente perguntaria como é que eu, demissionário, ia em serviço. Fazer o quê? Pois se estava demissionário! Não fazia sentido. Mas só dou por isso no aeroporto. Curiosamente, noto que estavam lá elementos dos chamados "Democratas de Moçambique". Que estranha coincidência! Volto para trás e adio a

ENTREVISTA DE ABDOOLKARIM VAKIL A FERNANDO AMARO MONTEIRO

viagem. Vou no dia seguinte, porque me senti nitidamente sob controlo. Aliás, o controlo da minha casa era uma coisa efectiva, um facto. Tinham passado a vigiar a minha casa. Não de uma forma ostensiva, mas o certo é que eu me sentia perfeitamente seguido. De qualquer das maneiras, vou para a Ilha de Moçambique...

AKV: Mas desculpe abrir um parênteses: isso tinha a ver com a sua actividade de jornalista, ou com o facto de que suspeitavam que havia mais...

FAM: Jornalista?! Não. Deixei de ser Director do *Tribuna* em Fevereiro, antes de tomar posse de Director do CITM. Não. O que acontece é que entro a ficar debaixo de uma barreira de fogo muito grande, que começa no dia 30 de Abril à tarde, à porta do Governo Geral. Uma multidão de "democratas" em fúria quer linchar-me. Insultaram-me e chamaram-me fascista. Eu acendi um cigarro, sorri-me e olhei a multidão com desprezo. Foi o fim! O Comandante Geral da PSP põe-me a ir de batedor para casa, põe dois polícias de pistola-metralhadora dentro de minha casa para me defenderem, e pede-me que abandone a cidade no dia seguinte, 1.° de Maio, pela madrugada, porque não pode garantir-me a segurança. Vou para a Namaacha, na fronteira com a Suazilândia, de onde escrevo a Spínola. A partir daí, passo a ser um homem acuado, quer dizer...

AKV: Mas porquê este... este fogo sobre si, nessa altura?

FAM: Isso perguntei eu, mais tarde, a um elemento próximo deles, com quem me encontro no Hotel Polana, por acaso. Pergunto: *"Diga-me só porque é que me estão a fazer isto? Porque, ao fim ao cabo, se isto se trata de um encarniçamento ideológico, há mais pessoas que estranhamente não vejo serem atacadas. Não vejo os senhores encarniçarem-se contra A e B e C, por aí fora. Nada. Porquê eu? Porquê só eu?"* E a resposta é esta: *"Porque eles não são capazes de fazer nada, enquanto que o senhor, se se mete a fazer, faz mesmo. O senhor é perigoso porque o senhor faz."* [risos] E eu disse-lhe, com algum chiste: *"Não tenha dúvidas, se eu fizesse, fazia a sério."* E olhei-o com especial ironia. [risos] Acrescentei: *"Mas pode ir dizer..., diga a quem quiser que estejam tranquilos, porque não faço trabalhos de amador. Não entro em amadorismos. Vejo que, historicamente e objectivamente, não há a menor hipótese de se fazer nada! Nada. Rigorosamente nada. E como não há a menor hipótese de se fazer nada, eu não entro em coisas absurdas. Vá lá dizer que não me macem."* [risos] E o curioso é que a pressão aliviou a partir daí. Mas esta conversa surge já depois da minha ida à Ilha de Moçambique.

AKV: Portanto, não foi naquele dia, vai no dia seguinte.

FAM: Vou no dia seguinte.

AKV: Conseguiu alterar a data?

FAM: Consegui alterar a data. É claro que a minha viagem ficou o "segredo de Polichinelo". Na própria Ilha de Moçambique, a funcionária que me cativa o regresso do Lumbo para Lourenço Marques, uma rapariga preta muito simpática, disse: *"Então, senhor Dr. mais uma viagem. Vem cá trabalhar acima outra vez?"*. E eu digo: *"Não. Desta vez é para me despedir. Venho dizer adeus à Ilha porque me vou embora para Angola..."* E ela assim: *"Ah o senhor Dr. vem despedir-se com uma requisição do Governo..."* *[risos]* Eu não lhe respondi, sorri-me e não disse nada. Isto é para ver como é que os SCCIM trabalharam nessa circunstância! Andava tudo louco, só disparates! Bom, tenho o encontro na Ilha de Moçambique com o "Xerife" Said Bakr, com o "Xehe" Hagy Said Amur, com o "Xehe" Momade Saide Mujabo, e o "Xehe" Abdurrazaque Jamu. Estes quatro. Encontramo-nos no cemitério muçulmano da Ilha, mesmo ao pé da casinha onde se fazia a preparação dos mortos. E eu pergunto-lhes qual era a disponibilidade deles, no caso de ser preciso actuarem com efectivos armados. O "Xerife" responde-me por todos: *"Nós actuamos. Com duas condições: uma, o senhor General Spínola tem que vir cá pedir-nos isso. Tem que ser um pedido feito pelo Governo de Lisboa, já não nos satisfaz o Governo de Moçambique nestas circunstâncias. O General Spínola que venha aqui, e que nos pergunte a nós por isso. E a segunda, que o senhor Dr. fica connosco. Fica ligado a isso, fica connosco."* E eu disse: *"Mas eu não vou andar aos tiros por aí, não é verdade? A liderança seria vossa."* E eles responderam: *"Sim, nossa. Mas consigo sempre ao lado a aconselhar-nos. Nós queremo-lo para nos aconselhar. Queremos estar sempre consigo."* Eu disse: *"Vamos a ver. Vou transmitir a vossa resposta. Os senhores estão dispostos a tudo?"* A resposta do "Xerife" aí foi: *"Nós vamos por Moçambique fora e só paramos em Lourenço Marques! E desta vez as coisas têm que ser muito no duro, porque passou o tempo de falar"*. Nitidamente isto vem reforçar a minha ideia anterior, de que tínhamos demorado tempo demasiado da terceira fase para uma quarta. Expliquei-lhes: *"Isto, se resultar, resulta. Vamos voltar a ver-nos. Se não resultar eu vou-me embora. Vou para Angola. É meu plano ir para Angola. Dali é sempre possível que regresse se for necessário mas, em primeira hipótese, vou para Angola."* Foi uma coisa dolorosa, porque eles comentaram: *"O senhor Dr. tem para onde voltar. A diferença nisto é que o senhor Dr. tem para onde voltar, e nós vamos ficar aqui. Que conselho nos dá? O que é que nos aconselha a fazer?"* Respondi, recorrendo a uma imagem: *"Vai levantar-se uma poeirada monstra, imensa poeira! Uma grande confusão! Dêem as mãos uns aos outros. Mantenham-se à vista, em contacto uns com os outros, no meio dessa poeira. Vão incrementando o Islão, e não façam mais nada. Não tomem partido nenhum. Não vão em promessa nenhuma. Não aceitem nada. Mas incrementem o Islão e mantenham-se à vista uns dos outros. Sempre de mãos dadas."* Eles agradeceram...

AKV: Mas isto, de certa forma, contradizia o pedido que estava a fazer de mobilização.

FAM: Não propriamente. Não contradizia porque havia duas hipóteses: ou se fazia a mobilização e se ia para diante; ou, senão, vinha a seguir a tal grande confusão, não é verdade? A alternativa era essa: acção ou uma poeirada gigantesca...

AKV: Desculpe, mas chega a Lourenço Marques, entrega a resposta...

FAM: Entrego a resposta – e zanguei-me por causa do "GR" no bilhete. Lembro-me perfeitamente que o Coronel Ramires Ramos ficou um bocado encarnado, apresentou as suas desculpas etc. e disse que "não havia de ser nada"... Comentei-lhe: *"Pois, à boa maneira portuguesa, com Nossa Senhora de Fátima a tomar conta de nós, não é verdade? E nós a abusarmos."* Ficou com um sorriso atrapalhado. Bom, o tempo passa. O General Spínola não foi lá falar, é evidente! Não se faz nada e eu, em Agosto, apercebo-me pelo comportamento de N pessoas, minhas conhecidas de Lourenço Marques, que estava para se passar alguma coisa. Era nitidamente algo que iria acontecer <u>em Setembro</u>, e que coincidia com planos daqui para um contragolpe. Mas apercebo-me de que aquilo era um bocado o "segredo de Polichinelo", porque eu olhava para as pessoas e apercebia-me que não paravam quietas e andavam pelos cantos a murmurar. E dizia com os meus botões: *"Isto é uma forma perfeitamente 'naive' de conspirar."* Inclusivamente vai a minha casa... – para ver o descomando que havia nisto – vai a minha casa um sujeito da OPVDC, a tentar aliciar-me! Também com a teoria de que eu estava "na primeira linha" para o que fosse preciso. Como isto não me estava a vir pelos canais próprios, olhei para o sujeito e disse comigo: *"Este homem vai levar uma corrida daqui para fora, vai sair daqui assustado."* E perguntei: *"Explique-me só uma coisa: os senhores já têm as reservas de sangue necessárias?"* E o homem, espantado, *"Mas reservas de sangue para quê?"* E eu: *"Pois, para as transfusões. Com os feridos todos que vai haver, vai ser necessário fazer transfusões. Portanto, têm reservas de sangue? Têm reservas dos medicamentos essenciais? Gasolina? Têm gasolina garantida?"* *"A gasolina?!"*, *"Pois, gasolina! Quer dizer: como é que fazem os reabastecimentos em todo o Sul sem gasolina? Não pensaram nessas coisas?"* O homem estava perfeitamente siderado, coitado. E saiu dali para fora, em pânico. Quando lhe comecei a falar de coisas em que nunca tinham pensado, pelos vistos, reabastecimentos, gasolinas e não sei que mais, o homem entrou em pânico. Bem... Passam-se largos anos... e venho a saber que o Coronel Ramires Ramos era tido nos meios militares como um esquerdista pró-URSS – não sei se seria, se não seria, mas de qualquer das maneiras, numa conversa comigo, aqui em Lisboa, sendo ele já Director do Serviço de Estrangeiros, manifestou-me imensa simpatia pela União Soviética e contra os Americanos. Isto nos anos 80. Claro que isto não é o bastante para ser julgado "à esquerda". Mas, de qualquer das formas, é inusitado num antigo Director dos SCCIM. Entretanto, dizem-me, sobre ele e sobre o Coronel Costa Freire, seu antecessor, que ambos teriam trabalhado para o General Costa Gomes. Donde, a história do corte na ideia de Zanzibar não seria por acaso. O General Costa Gomes já nessa altura queria mostrar-se discordante de tudo quanto representasse acréscimo de esforços. Estava eminentemente voltado para situações negociadas, no que uma hipotética acção sobre Zanzibar seria desaconselhada. Em 1986... Recebo uma pequena representação expressa das Confrarias sediadas na Ilha de Moçambique. Vai procurar-me à Rua da Junqueira, ao Instituto de Investigação Científica Tropical, onde eu era Assessor para Relações Internacionais e onde acabei a minha carreira em 1987 na Função Pública. Depois enveredei logo para o ensino universitário privado. Aparece-me, em síntese, a perguntar isto: *"Aderimos ou não aderimos à RENAMO?"* Falava-se, claro, em acção armada. A minha resposta foi metafórica: *"Não me parece que a poeira tenha assentado. A minha indicação, o meu conselho, a minha sugestão continua a ser exactamente a que disse em 1974. Há doze anos atrás."*

AKV: O que falou era um dos quatro?

FAM: Sim, Já faleceu. Bem, eu disse isto e vi que o meu interlocutor ficou desapontado, porque estava nitidamente à espera de uma resposta favorável à acção armada. Depois disso nunca mais recebi contacto nenhum. Esta diligência coincidiu também no tempo com uma altura em que o "Xehe" Abdurrazaque Jamu me manda perguntar se me opunha à reedição da *Selecção de Hadiths* e eu lhe respondo que evidentemente não me opunha. Mas é engraçado que tenham perguntado a minha opinião doze anos depois. E o que é facto é que as Confrarias não aderiram militarmente à RENAMO. A RENAMO contou com influências na área, é evidente, criou uma instabilidade enorme à FRELIMO na área, muito grande instabilidade, mas não houve "mobilização" dos muçulmanos.

AKV: E pelo que soube, portanto, depois das suas conversas com...

FAM: Enfim. Essa tal visita à Ilha de Moçambique, de que falámos há bocado, foi dolorosa..., dolorosa... A minha despedida.

AKV: É um pouco em relação a isso que eu lhe ia perguntar.

FAM: ... Dolorosa.

AKV: Depois dessa sua visita, soube de perseguições aos "Xehes"?

FAM: Soube. Soube. Depois de ter vindo para Portugal soube de perseguições. O "Xerife" esteve preso. O "Xehe" Abdurrazaque passou dias escondido num buraco, cerca de dez dias, porque queriam matá-lo.

AKV: Como eu mencionei em Silves[160], isso vem retratado no romance do Francisco José Viegas *Lourenço Marques*[161]; começa com essa...

---

[160] Vakil 2003b. Nesta ocasião, Abdoolkarim Vakil analisou o uso da representação demasiado linear de Abdurrazaque na economia narrativa do romance de Francisco José Viegas a contraponto de um percurso de "acomodação" reconstruído a partir dos traços da sua presença na documentação dos Arquivos dos Serviços de Centralização e Coordenação de Moçambique. Fernando Amaro Monteiro, que era também conferencista no mesmo Colóquio, deixou então falar a memória com um depoimento muito pessoal sobre esta figura e este período.

[161] Viegas 2002.

FAM: Não conheço o romance. Mas houve perseguições, houve. Todos eles foram retaliados. Houve uma altura em que, em Palma, muçulmanos içaram a bandeira portuguesa, já em 1976, e foram fuziladas duzentas pessoas... Porque a bandeira portuguesa foi usada de entrada como símbolo de resistência à FRE-LIMO. Símbolo de protesto, não é verdade? Estava eu no Estado-Maior General das Forças Armadas quando soube do fuzilamento de duzentas pessoas em Palma, na sequência de içarem a bandeira.

AKV: Muçulmanos?

FAM: Sim, sim. Área islamizada... Na Ilha de Moçambique, quando lá fui pela última vez, fiz uma coisa, um gesto quixotesco, mas que correspondia muito ao meu estado de espírito na altura. Fui na sexta-feira à mesquita, assistir à oração do meio-dia. E, de ordinário, eu, quando ia às mesquitas, ficava atrás, na última fila. Ora, naquele dia atravessei ostensivamente a sala e fui colocar-me na primeira fila, a um canto, numa situação que não me dava, de todo, hipótese nenhuma de fugir se me quisessem fazer mal. ... Foi, como hei-de dizer, uma atitude assim: *"Estou aqui; se quiserem fazer-me alguma coisa, façam, porque tudo se me tornou indiferente..."*

AKV: Esse estado de espírito, de certa forma, é aquele que está...

FAM: ... Não sucedeu nada! Foram impecáveis comigo. Impecáveis. Não houve rigorosamente nada.

AKV: Mas esse seu estado de espírito é precisamente aquele que... Esta era a minha última pergunta, deixada para última porque retoma o texto com que comecei as nossas primeiras entrevistas, que é a *Carta Aberta aos Muçulmanos*[162]. Citado logo de abertura naquela primeira conversa e agora de novo porque realmente é um texto que não aparece citado nos seus vários trabalhos, num registo que não se enquadra...

FAM: Não.

AKV: Que não se enquadra, mas tem precisamente a ver com tudo isto, não é? Como já me ouviu dizer...

FAM: Foi a minha profunda vivência das coisas. A dedicação enorme a Portugal, a paixão simultânea pelo Islão, que pus nisto tudo. (...) Eu gostava deles. (...) *[visivelmente emocionado]*

AKV: Como já me ouviu dizer[163], o que distancia a sua acção em relação a todos os outros é que não é apenas instrumental, deve-se ao facto de ser uma... uma relação vivida.

---

[162] Monteiro 1975.

[163] Alusão a um comentário de AbdoolKarim Vakil ao papel de Fernando Amaro Monteiro, incluído numa comunicação (Vakil 2003c) a que Amaro Monteiro assistiu.

FAM: Desculpe.

AKV: Não tem nada que pedir desculpas.

FAM: Não consigo falar disto sem me emocionar.

AKV: Podemos acabar aqui.

FAM: Sem me emocionar não consigo falar disto. ... [*voz tremida*]. Foi extremamente vivido. Aprendi lições... formidáveis e interessantíssimas. Eles eram de uma riqueza humana muito grande. Se me é permitida a imagem, polémica para ambos os lados: eram verdadeira e profundamente cristãos!!! É verdade. Vi exemplos de lealdade, de humildade, de dedicação, de verdade, de frontalidade... Espectaculares. Até os que me eram adversos, inimigos, eram adversários que eu estimava. ... É verdade. Eu amei a comunidade islâmica profundamente. ... Do que estava a fazer, eu estava perfeitamente convencido... [*a voz agora recupera firmeza*] Isso, aliás, é uma característica minha, que acompanhou sempre a minha vida: quando acredito numa coisa, acredito. Dedico-me. E vou, se for necessário, às últimas consequências. Assim, por esta característica de personalidade, enchi a vida de disparates. [*riso triste*] Pragmaticamente: disparates. Não se salvou nada. Excepto a minha atitude interior, isso, sim, salvou-se. Estou perfeitamente calmo, tranquilo, porque o que fiz, fiz acreditando piamente no que defendia. Na sua licitude. Portanto, não posso sentir-me em contricção, nem posso andar por aí a fazer de conta que não existi. Não, não; eu assumo que vivi nos meus termos! Vibrantemente! Porque não se pode pedir desculpa de uma coisa que fez parte de nós; ela é uma realidade nossa. Quer dizer, uma convicção que se teve é qualquer coisa tão firme, tão indirimível, como ter-se um metro e oitenta e dois de altura. Ou como ser branco, ou ser negro. Não se pode pedir desculpa disso. Faz parte de uma identidade. E eu acreditei piamente naquilo que estava a fazer. Acreditei na legitimidade de tudo isso. Por fim, já não acreditava era no êxito! Mas, como digo na minha *Carta Aberta aos Muçulmanos de Moçambique Independente*, há coisas que se fazem mesmo sem ser pelo êxito. ... A Paixão de Hussein em Karbala: onde é que estava o êxito possível?... com trezentos homens?[164] Não havia hipótese. Todavia... É suicida; sei que é suicida. Mas... cada um é como é. Vi que já não havia nada a fazer, que era pura e simplesmente um gastar de munições, não é? Era um gastar de munições. A única esperança que ainda tinha, como todos os Portugueses tiveram nessa altura, de uma maneira ou de outra, era a de que o Poder constituído achasse uma saída airosa para a circunstância; o que nem sequer era tão difícil de arranjar! Em 1974, o Poder português não tinha era convicção sobre si próprio, porque validade no terreno tinha. A guerra na Guiné estava numa situação muito melindrosa, porque se tinha

---

[164] Alusão à Paixão de Husayn ibn Ali, o terceiro Imam, em Karbala.

perdido a superioridade aérea por causa dos mísseis terra-ar; situação muito crítica, mas que não era, como hei-de dizer... irreversível em termos militares, pois se
estava a pender para uma situação de confronto convencional e aí, nesse tipo de
confronto, os Portugueses ainda poderiam ganhar. A questão dos mísseis também
não era irreversível, porque quando se dá a "revolução dos cravos" já se estavam a
negociar mísseis que poderiam contrabater a acção dos outros. De qualquer
maneira, era uma situação muito grave. ... Mas em Angola, por favor! Por favor! O
MPLA foi ressuscitado "boca a boca", depois de 25 de Abril. O progresso em Angola
era impressionante. Agora perguntar-me-á se, sociologicamente, a guerra estava
ganha? Respondo-lhe imediatamente, e com toda a lealdade, que não estava. Porque o... o caldo social muito vulnerável estava lá. Agora, haveria todas as hipóteses
de nos podermos sentar à volta de uma mesa e negociarmos com a máxima dignidade uma solução pacífica e correcta. Isso havia. Como em Moçambique. Exactamente. E, quanto a Cabo Verde, só na cabeça de alguns idealistas que, ainda por
cima, pretendiam a hegemonia da Guiné; nem o problema se punha. Nem quanto
a São Tomé, não é verdade? Foram "criações" à força. O Movimento de Libertação
de São Tomé é criado – existia no Gabão, mas é praticamente posto em acção pelo
poder revolucionário português. Havia todas as hipóteses de sairmos correctamente da guerra "militar". E era nisso que eu continuava a acreditar na parte final.
A possibilidade de o Poder português ser capaz de negociar uma saída política
decente, porque havia todo um enquadramento em que era viável sentarmo-nos à
mesa e negociarmos de uma maneira realista, com cuidado em relação ao adversário, sem deixar o monopólio à FRELIMO. É claro que... – agora pergunta-me: e o que
é que isso traria depois, uma vez que a FRELIMO queria o monopólio? Ah, isso já é
outra ordem de ideias: o que poderia acontecer no médio prazo. Porque, não creio
que isso fosse uma negociação muito do agrado da FRELIMO, a qual queria consi-
derar-se, como o Poder português a considerou, a única e legítima representante de
um "povo oprimido", não é? Mas, para me reportar concretamente a 25 de Abril de
1974 ou ao processo de descolonização desastroso que se seguiu, caótico, havia,
quanto a mim, possibilidades de evitar que isso se tivesse dado, mesmo que negociando com a FRELIMO como único interlocutor, porque a FRELIMO não era
insensata. A FRELIMO percebia que era, que podia ser prejudicial tomar conta do
poder nas circunstâncias em que ele foi entregue, porque não lhe restava fazer outra
coisa senão "estalinizar", que foi aquilo que aconteceu e foi fatal a Samora Machel.
"Estalinizar" o processo! Se ele não o tem feito, tudo seguiria outra evolução. O que
o faz "estalinizar" é, entre outras factores, a desordem em que lhe é entregue
Moçambique, o imbecil e criminoso "entreguismo" dos militares portugueses,
manipulados por forças que, de inocentes ou imbecis, nunca tiveram nada! Os
comunistas. O que não aconteceria se nós nos sentássemos à mesa com consciência
do que representavamos e com dignidade; o que era perfeitamente possível.

AKV: Uma última pergunta para terminarmos. A FRELIMO quando vem a adoptar, muito mais tarde, um discurso islâmico, como o professor já referiu várias vezes, pega no seu velho projecto.

FAM: Pega.

AKV: Directamente?

FAM: Praticamente. Inclusivamente, sou convidado para um encontro em Lisboa, aqui.

AKV: Com quem?

FAM: Com o então Primeiro-Ministro de Moçambique, Dr. Pascoal Mucumbi. E encontro-me com ele.

AKV: Ah!, então é mesmo directo. Pensei que tivesse sido...

FAM: Mandam-me primeiro recados, dois recados, por intermédio de uma entidade que quero deixar fora disto e que me diz: *"Eles apreciam-no. Dizem que passaram tantos anos! Que bem podiam conversar, o que lá vai lá vai..."* Mensagens desse teor.

AKV: "Eles apreciam-no", eles quem?

FAM: Eles, Governo Moçambicano... A tal entidade vem contar-me: *"Eles", moçambicanos, "mandam-lhe dizer que não têm nada contra si. Que, no fundo, você podia colaborar para um Moçambique futuro, etc., etc."* Acabei por responder: *"Sim senhor, vamos lá então conversar."* Vem depois um terceiro e último recado, já voltado para o efectivo encontro. Este veio pelo Dr. Baltazar Rebello de Souza. Não foi ele que começou por me falar, como expliquei, mas intervém no último recado. É ele que me telefona para casa, para dizer: *"O Primeiro Ministro está à sua espera no Hotel às..."* quatro da tarde ou cinco da tarde, já não me lembro. E eu sou lá recebido por uma grande mesa de individualidades moçambicanas. De cara muito séria. Sento-me diante do Primeiro-Ministro, e ele, quando me sento, faz-me um gesto com as mãos, como quem diz – perfeitamente político – *"fale primeiro"*. Sorri, fiz um gesto parecido, e disse: *"Creio que o senhor Primeiro Ministro quer falar comigo, não é?"* [risos] *"É por isso que estou aqui."* Foi uma conversa ao princípio um bocadinho tensa, muito formal, mas que depois degelou e se tornou agradável, já distendida. Disse ao Dr. Pascoal Mucumbi uma verdade: *"Não há um só dia em que não pense em Moçambique".* Senti que ele acreditou. Foi muito simpático. Convidou-me literalmente a voltar, para trabalhar em Islão. A minha resposta foi: *"Estou pronto. Vou com muito gosto, excepto para tudo quanto possa ter finalidade militar. Chega! Fiz uma guerra, não entro em mais nenhuma, não entro em mais nada que esteja voltado para a força das armas. Educação, saúde, progresso das pessoas, tudo! Mas com o objectivo de actividades armadas, não."*

AKV: Então era uma imagem espelho, ou seja, era uma tentativa da Administração moçambicana conquistar a adesão das populações muçulmanas, através...

FAM: *Quod erat demonstrandum...*

AKV: ...através de uma malha hierárquica...

FAM: Com o Presidente da República moçambicana vestido de jelaba e pondo cofió, ao que o Governador-Geral não chegou. Ele ultrapassou. O Governador-Geral ia de fato completo e punha o chapéu na cabeça, ele pôs a calote branca. Vai às mesquitas, não é verdade? Há uma inflexão nítida do Poder no sentido de...

AKV: Mas chegou a fazer algum plano?

FAM: Não. Não cheguei. Ao acabarmos, digo: *"Só há uma coisa que queria referir. É evidente que espero que me paguem as passagens, não é verdade? E gosto muito de estar bem instalado, de maneira que queria ficar no Hotel Polana, ter carro e condutor, etc. Quero levar acompanhante comigo, provavelmente a minha mulher, porque não me sinto muito bem de saúde."* Ele é médico, expliquei-lhe, e até falámos um pouco sobre isso. *"Portanto, bom tratamento espero e aceito. Agora, eu não quero um centavo."* O Dr. Pascoal Mucumbi teve um movimento de certo espanto. *"Como assim?!"* E eu disse: *"O meu trabalho será uma oferta ao povo moçambicano. Posso formar-vos lá uma equipa e, depois, ela pode vir cá, e eu faço acompanhamento à distância. Desloco-me lá também as vezes que forem precisas".* Despedimo-nos muito bem, e ele perguntou-me: *"Como é que... a quem está ligado oficialmente?"* Respondi: *"Não estou ligado a ninguém do Poder. Estou reformado do Estado. Não tenho contas a dar ao Governo do que faço. É claro que, como cidadão português, devo-lhe deferência e, por consequência, se alguém me chamar a nível ministerial, eu irei por deferência mas, na realidade não recebo ordens. Não devo obediências hoje, excepto à minha Universidade, que é privada..."*

AKV: Isto é em que anos?

FAM: Anos 90.

AKV: Essa chamada deve ter sido com a anuência do Governo Português.

FAM: Não sei! Pois há qualquer coisa estranha que se passa depois, e com isto penso terminar esse assunto. O Primeiro-Ministro despede-se: *"Bem, como pode calcular, vamos ter que fazer os nossos contactos a nível de Governo Português. Depois, o nosso Embaixador entrará em contacto consigo."* O Embaixador veio trazer-me à porta da rua, despedimo-nos muito bem. Ora, entretanto, eu, por uma questão de velha consciência profissional, escrúpulo próprio de quem trabalhou em Informações, pensei: *"Isto é uma coisa séria demais. Apesar de hoje não ter nada que ver com o Governo deste Portugal, há um mínimo de consciência política que me força a dizer o que sucedeu".* Então peguei no telefone e liguei para o meu conhecido General Pedro Cardoso, o topo coordenador das Informações junto do Primeiro Ministro, e contei-lhe: *"Senhor General, vieram ter comigo"* – não lhe expliquei o detalhe – *"fui conversar, e estão desejosos de que eu vá a Moçambique. E eu tenho vontade de ir, mas achei que deveria informá-lo, para que faça saber ao nível do Governo. Como antigo profissional de Informações, sinto que devia fazer isto."* Reposta do General: *"Senhor doutor, muito obrigado pela sua atenção. Isto é importantíssimo! Isto é importantíssimo"*, disse ele duas vezes ou três do lado de lá. *"Pode aguardar cinco minutos? Que eu lhe telefono já, nós temos que ir os dois almoçar. Pode aguardar cinco minutos? Telefono-lhe daqui a cinco minutos".* Minha reposta: *"Se faz favor, senhor General."* Desligamos o telefone. Nunca mais o General me ligou. Nunca mais o Embaixador de Moçambique me fez contacto nenhum. Nunca ninguém tão pouco me falou do Governo Português. Foi um nítido curto-circuito. De quem? Penso que foi o Governo Português que cortou a minha saída. Não foi o Governo Moçambicano, porque não faz sentido. Alguém o dissuadiu. Alguém deve ter dito: *"Não, esse senhor não tem nada que ir lá."* Ou, então, mais simples: uma interposição do próprio General!

AKV: E nunca falou com o General Pedro Cardoso sobre isso?

FAM: Não. Face ao prolongado silêncio dele, mandei-lhe recado para que não fizesse tentativas nenhumas para conversar comigo, porque eu não queria mais conversas com ele. Ou de quem ele representou, na deselegantíssima omissão. Disse à pessoa que lhe levou o recado: *"Que evite estender-me a mão, porque eu não quero aceitá-la."*... Passaram uns tempos, e encontro o General na Sociedade Histórica da Independência de Portugal, no lançamento do livro *Guiné 1963-1974: Os Movimentos Independentistas, o Islão e o Poder Português*, de Francisco Proença Garcia. O General, que era um *charmeur*, uma pessoa muito conhecida pelo seu "charme", pela sua diplomacia, dirige-se a mim, muito pálido, à frente de outras pessoas que ali estavam, estende-me a mão e diz: *"Como está, senhor doutor?".* À frente das pessoas todas. E claro, naquelas circunstâncias, pálido como ele estava, de boca seca, um homem velho, eu não fui capaz de deixá-lo de mão no ar. Seria um insulto à velhice e ao posto de General. Tive pena! Estendi-lhe a mão com secura, com propositado e evidente desprazer, hostil, mostrando-lhe nitidamente que não estava nada satisfeito com o contacto. E ele não tentou explicar-se, talvez pelo meu gélido acolhimento. O General estava em nítida atitude de culpa. Alguém – ou ele mesmo – disse ao Governo Moçambicano *"Esqueçam este senhor."* Penso, assim, que não conveio ao Governo da época, ou ao General, ou a ambos, que eu lá fosse. Houve um curto-circuito. Quem é que o fez? Mistério. *[longo suspiro]* Como igualmente ficou mistério o número (mil? dez mil?) de pessoas que, muitos anos atrás, regressaram do Malawi com o "Xehe" Abudo Michongué, por minhas diligências... A minha vida está cheia de "agressões" que me fizeram no género: golpes discretos, mas eficazes. Silêncios pesados. Ostracismos peritos. Mas não me lamento de nada.

AKV: Senhor professor, por falta de tempo, temos que acabar agora a nossa conversa.

FAM: É verdade. Gostei imenso das nossas conversas! Peço-lhe desculpa se "vivi" demais em certos momentos dos nossos encontros... Mas houve vivências que não prescreveram para mim. E quer saber? Repetiria os meus sofrimentos todos, para poder voltar a viver as alegrias e emoções que tive. Não estou arrependido de nada.

POSFÁCIO

FERNANDO AMARO MONTEIRO

1. Vários investigadores portugueses e estrangeiros têm querido, desde há anos, contactar comigo quando trabalham o tema da guerra em Moçambique e, nele, mormente o aspecto do relacionamento do Poder português com a realidade importantíssima da comunidade muçulmana: em 1974 mais de 1.200.000 pessoas, concentradas sobretudo no Norte e no Centro do território. Entretanto, em 2004, AbdoolKarim Vakil, do King's College, tomou a iniciativa de me procurar para comigo gravar o conjunto de entrevistas que constam do presente livro. Por razões várias só em 2010 elas puderam merecer a atenção de Mário Artur Machaqueiro, investigador do CRIA (Centro em Rede de Investigação em Antropologia) no pólo da Universidade Nova de Lisboa, que aceitou estudá-las, trabalhou com Sandra Araújo nas cotas entretanto alteradas pela Torre do Tombo, e finalmente comentou o que se lhe ofereceu a propósito dos meus diálogos com o nosso Colega do King's College.

É com emoção que lhes agradeço terem-me conduzido a esta visita "proustiana" a um tempo *quase velho*, muito embora confesse que me é doloroso, para mais num *Inverno* de algum rigor (em sentido metafórico quanto real), ser levado a contemplar ao espelho os meus 75 anos e a procurar-me nos 30 e tal que pesquiso na implacável simetria da imagem. O tempo não se perdeu, apenas fluiu como é de sua natureza. Eu, sim, eu sou quem está *antigo* já, e um tanto ou quanto dolorido na penumbra que de resto cultivo e de que, por isso, não me queixo. Mas a minha memória está jovem para há dezenas de anos atrás e, graças a Deus, também para ontem.

2. Com efeito, não esqueci nada. *Ultrapassei* (é diferente...) as dores que sofri por via do crime de alta traição que foi o processo da descolonização esquizofrénica. Tive, como centenas de milhar de portugueses, de cerrar os dentes e de sobreviver na tragédia de uma "revolução" feita por "básicos", mas manipulada por peritos. Quanta amargura em constatar que, afinal, reduzidos nós à dimensão pequeno-rectangular das origens, a Pátria a cuja Bandeira jurei com tanta verdade e alegria se tornara num conceito ficcionista de que já nem se fala !... Está reduzida a "país" e com "p" minúsculo, pois a ideia de "Pátria" implica que haja quem esteja disposto a morrer por ela. E quem está hoje pronto a sacrificar-se por essa belíssima e nebulosa metafísica, que tem de procurar-se, não no *tempo quase velho* de que falo atrás, mas, sejamos realistas, no *tempo realmente perdido* ?

Perdoe-se-me a dor que deixo transparecer e da qual não consigo eximir-me. Nem pretendo. Para quê ? Ela, que me acompanha desde há muitas dezenas de anos (desde cerca dos meus 30 em Moçambique), integra o percurso da minha Pátria a partir da década de 1960 e não me impediu de dar tudo por tudo nos serviços que me foram solicitados ou para que me ofereci, tal como não obstou a que, depois de *Alcacer-Kebir*, eu, sobrevivente do Desastre, traçasse um bem sucedido itinerário (e fora de qualquer clientelismo político!).

Sinto-me pois com direito a reclamar a minha dor. Isso até me ajuda a manter-me desperto e me alimenta uma certa agressividade construtiva, pois produz frutos. Os livros que tenho publicado, por exemplo. E a disposição – essa muito tranquila e cordial – para ter conversado, não pouco, com AbdoolKarim Vakil e Mário Artur Machaqueiro, e vir agora aqui, à guisa de *auto-crítica* (?!), traçar uma pensativa diagonal das minhas vivências.

3. Sem enjeitar as causas que defendi (a causa da minha Pátria Imperial e a causa do meu Rei liquidado pelo salazarismo, ambas para mim estreitadas num abraço de ferro), estive e estou sempre disponível para *conversar* com toda a gente que me queira aceitar, preferindo sobretudo – é curioso – opiniões bem diferentes das minhas. Não propriamente para *dialogar*, pois há nesse termo o subjectivismo de um alarme que me adverte e logo me coloca à defesa: por demais vi (em muitos anos) que a palavra encerra em si, na prática de certa gente, a intenção de anular o adversário pela dialéctica/ou pelo cansaço/ou pela restricta disponibilidade do "tempo de antena", e de não fazer a mínima cedência, mesmo deixando a confusão a pairar com prejuizo para a inteligência ou para a verdade. Aí, portanto, para mim, ponto final no contacto! Tenho imensa coisa mais para fazer.

Com esta disposição, compreender-se-á que *não me justifique*, nem na/s entrevista/s nem neste Posfácio, nem noutra circunstância qualquer. Os poucos amigos que tenho não carecem de uma *justificação* para me compreender, os inimigos logo de entrada me condenam, e ao conhecimento comum ela é indiferente. Isso seria deslocado, pois. Não tenho *remorsos*, dado que nada fiz para tal. Tenho, sim, uma *infinita pena* por tudo quanto se conseguiu, apesar de tudo, construir, e que baqueou fragorosamente. Tenho, sim, uma *grande saudade* dos meus amigos muçulmanos que ficaram pelo caminho, depois de muitas perseguições da estalinização frelimista de Samora Machel. Lembro por exemplo o "Xerife" Said Bakr, príncipe entre os seus, morto já anos depois da "revolução", na beleza da *grande jihad*, afadigado a salvar muita gente numa catástrofe, no mar da Ilha de Moçambique, quando

POSFÁCIO

vinha de cumprir uma missão da sua Confraria no continente fronteiro. Escrevi à família: "Deploro o desaparecimento de um amigo; nunca mais o veremos nem lhe falaremos. Mas acima de tudo felicito-vos pela sua bela morte: *Seyyiid* Said partiu vestido e consciente, em plena forma, ao serviço do Islão". Católico, assim escrevi, e acredito que Deus o recebeu logo; morreu numa santa e pacífica Via.

4. Aliás, a propósito de *acreditar* : onde fui buscar força e energia para tanto trabalho que desenvolvi em Moçambique ao serviço de um *confuso/difuso* (o que me custa dizer isto!) *Ideal português* ? Precisamente ao facto de *acreditar intensamente* na *necessidade* e na *licitude* do que fazia : o mais discreto possível, actuando sempre nos bastidores do palco do Poder, levei às hierarquias islâmicas de Moçambique, numa fase fulcral, *o abraço de um Poder ultramarino que a preocupação de se comunicar tivesse (enfim!) tirado da apatia face à realidade estratégica vital daquela massa por toda a parte inscrita nas Cartas da guerra ...* Ouvi as vozes que gritavam no Deserto, segui o Apelo castrense que Dom Duarte Nuno de Bragança materializara em 1962 conversando comigo: *Pode combater de muitas maneiras* !

Portugal tinha mais de oito séculos e o republicanismo estadonovista era uma contingência de apenas dezenas de anos. Velêz Grilo, meu grande amigo, comentava-me que o "status quo" cairia quando alguém conseguisse dispor do apoio da Banca ou de uma Divisão equipada para quinze dias... O meu correligionário Nuno Vaz Pinto sorria-se e concordava. Mas os três serviamos indefectivelmente o Projecto português. Eu fugia à retórica do regime, estava com ele *apenas na circunstância* porque isso era preciso e porque desafectação/oposicionismo não tinha, a meu ver, absolutamente nada de misturar-se com a **razão**, que perfilhava, da **justa guerra** de África. As oposições convencionais não me entendiam, censuravam-me ou olhavam-me de viés ? ...Todavia que me interessava isso, então ou ainda hoje ?!...

5. Era preciso manter, acreditavamos, uma perenidade de Presença que conduziria a soluções que nenhum de nós três (e tantos outros) conseguia ao certo discernir... Um vôo cego à Utopia ? Sou forçado a admitir que sim, até porque eu ouvira a CIA em pessoa dizer-me que, não obstante a razão que tivessemos, viríamos mesmo a ter de partir..., porque a política internacional não nos queria ali! Mas há uma distância entre o ouvir/constatar e o estar disposto a aceitar. O grande Apelo que os meus amigos e eu, como muitos mais, ouvíamos, levava-nos a escusar, a protelar uma própria atitude de revisão interior, a acreditar sempre nas *torres e torres erguendo*, como na infância nos ensinara o hino da Mocidade Portuguesa. *Rasgões, clareiras abrindo/alva da luz imortal...*, etc. Nada ia doirando o céu de Portugal, como o hino também me dissera em menino. Pelo contrário...Mas não se faz só o que a lógica internacional determina, achavamos. Afadigavamo-nos, eu como eles e muitos mais, a exonerar-nos de eurocentrismo, a exaltarmos Gilberto Freyre, a assu-

309

mirmos uma espécie de não-etnocentrismo militante, novo, lusíada, uma Identidade perdurante que fosse ao mesmo tempo construtivista. Para levar onde ?... Talvez...talvez...talvez a um Portugal que fosse Centro de um Império, de uma Comunidade, de uma Força periférica da Europa, a encontrar-se e a justificar-se como intermediário entre ela e as portugalidades esparsas que, do Minho até Timor, compusessem um Espaço interessado em reformular-se a si próprio, antes de, cosmopolita por natureza, ocupar lugar específico no concerto do exterior.

Rumo a este desiderato, quem era para mim verdadeiro português: um metropolitano Alferes que, subvertido na Universidade pela propaganda comunista, furioso com a mobilização para a guerra, viesse trazer ao mato africano a corrosão ao pelotão sob o seu comando e a frouxidão às noites de convívio com os iguais e superiores na improvisada quanto pobre messe de Oficiais? Ou o negro chefe muçulmano que usava jelaba e escrevia a língua nativa em caracteres árabes, mas dos confins do Norte nos ofereceu quatrocentos homens para a luta armada? Afinal onde se situavam os *heróis do mar*, o *nobre povo* ? Onde estava a minha *Nação valente e imortal* ? Ela estava, para mim, sem hesitação, no negro que se entregava, quase com certeza nem *percebendo* – mas *intuindo por Iluminação* – à mesma Ideia que me empolgava. Aí, nesta nebulosa prática, estava a Pátria, sim, essa metafísica a cujo altar eu, na juventude, subira com alegria. Como na celebração da Missa: *"Subirei ao altar de Deus (...) que alegra a minha juventude...".* Com lucidez e pois com dor; paradoxalmente com uma alegria inebriante.

Nada disto se *justifica*. Só se *explica* ; a quem estiver disposto a entender. *Conta--se*. Memória falada para quem quiser ouvir. Sobretudo para quem tiver a maleabilidade de entender que nenhuma realidade é ou foi a-preto-e-branco.

Dizia um dia Velêz Grilo, em Lourenço Marques, na sua truculenta expressividade: "Recuso-me a aceitar um único caminho. Isso é para os que só são capazes de seguir a voz do dono." Perfilho, como então e sempre.

6. Em Moçambique, no dealbar dos anos 1960 e mormente começada a guerra, a Administração portuguesa tacteava-se, na percepção desconfortável de ter sido "sugada" para um processo evolutivo a todos os títulos interrogável. Esperava por sistema e em quase tudo as ordens da Metrópole. Incapaz, depois da "revolução", ao menos da veleidade (!) de tentar uma "solução rodesiana", colapsou sem brio na noite de 27 para 28 de Abril de 1974, no seguidismo da tomada técnica do Poder na Metrópole. Aqui, um jurista tão escrupuloso e formal como Marcello Caetano não apresentara a demissão ao Almirante Américo Thomaz...e rendera não só o Governo... como "rendera" pateticamente o próprio Chefe do Estado de quem dependia e o regime em si mesmo, sem opor resistência nenhuma. Tanto na Metrópole como em Moçambique o Poder teve a sorte que as hesitações e incoerências do seu comportamento vinham havia muito merecendo! O pior foram os "retorna-

POSFÁCIO

dos" e, mais, mais, mais os tantíssimos mortos e misérias que, no Ultramar e durante largos anos, as sequelas da florida "revolução" fizeram...

No Moçambique de 1964 em diante, em termos de movimentação da opinião pública a Administração sustentava-se das batidíssimas quanto ridículas manifestações "de regozijo" ou de "activo repúdio", e da atracção doentia do constante "show" que não convencia ninguém. Os quadros civis e militares portugueses haviam sido surpreendidos por uma impreparação generalizada para o tipo de guerra que era mister travar. A máquina militar, nas matérias concernentes a **populações (o terreno da guerra subversiva/revolucionária)**, estava na situação de esperar o que as máquinas civis pudessem dar-lhe. Era flagrante, tanto na esfera militar como na civil, a desarticulação entre o conhecimento científico/técnico (que apesar de tudo havia) das redes tribais e clânicas e a capacidade da respectiva absorção, tanto pelas estruturas civis como pelas militares a quem a percepção desse campo estratégico poderia e deveria aproveitar.

O desconhecimento do Islão ou a apatia algo "crispada" perante ele eram, em 1962, conforme vi, impressionantes. O conjunto das suas comunidades detinha a capacidade de um "interruptor" : poderia mais tarde (por incompetente omissão nossa ou da Frelimo) ser usado para agredir a Administração ou para defendê-la. Apercebi-me disso imediatamente. Era portanto preciso, a todo o custo, que estivessem a nosso lado na guerra subversiva/revolucionária.

Cumpri, perante as estruturas funcionais em que me integrava (Serviços de Centralização e Coordenação de Informações de Moçambique, órgão do Governo Geral e do Comando Chefe), a minha obrigação : alertar para a realidade; propor soluções; imaginar um argumento, um guião; conceber um plano em quatro fases que me obrigaria depois a mediar, a negociar e a orquestrar. Tive a confiança dos mais altos responsáveis, em Moçambique e no Ministério do Ultramar, transcendendo muito o nível da minha competência formal nos SCCIM, durante cinco anos. Fui enfim projectado, por força das circunstâncias (já Investigador da Universidade de Lourenço Marques), durante quatro anos, para um protagonismo de "palavra de honra" junto do Governador Geral, assessorando-o *a título secreto* (gratuito, excepto num curto e contrariado período de três meses); colhi aí os aborrecimentos ou inimizades em que essas plataformas são férteis. Em tudo isso passei pois nove anos de vida. Fi-lo com grande entusiasmo, depois com progressivo cepticismo, mas sempre com dedicação profunda. Ao fim e ao cabo, eu tinha uma Pátria indiscutível e obrigações irrecusáveis perante mim próprio! Imprescritíveis, mesmo à vista do fim.

A situação em Moçambique evoluía e, é evidente, tudo teria um dia de mudar. Para mim, então, **sendo Portugal a dizer como**. Para tanto, com uma aliança inusitada, inesperada, a conjecturar-se fortíssima: a de mais de 1 milhão de muçulmanos, distribuídos no terreno por pontos vitais.

Na mediação entre eles e o Poder, amei-os. Como amei Moçambique por si mesmo; não há, ainda agora, um só dia em que não o relembre. Mas acabei por ultrapassar o que de entrada, depois da "revolução", se me tornara uma quase compulsividade de amor. Pois fui aprendendo uma evidência: há um tempo para tudo. Como na amarga lição do Ecclesiastes.

Em Portugal, no Inverno de 2011

F. Amaro Monteiro

No seu gabinete de Director do vespertino "Tribuna", de Lourenço Marques, dias depois da Reunião final que na Ilha de Moçambique aprovara a edição popular da "Selecção de Hadiths de El-Bokari", Fernando Amaro Monteiro recebe a visita de alguns dirigentes muçulmanos que vão... cumprimentá-lo "pela paciência" ... no desenrolar dos dias daquele evento. Na poltrona à direita de Amaro Monteiro está o acérrimo "whahabita" Imam Mamude Maniar, de Quelimane, que se mostrara de dificílimo trato ao longo dos trabalhos.

Em pleno "mato", na Zambézia, cerca da localidade de Bajone, em data imprecisa (1972?), Fernando Amaro Monteiro acabara de chegar a um acordo com o "Xehe" Ossifo Chebane Mote (à sua direita na foto), elemento muito "retráctil" diante da Administração Portuguesa.

Na pousada da Ilha de Moçambique, depois da reabertura da Mesquita de Gulamo, no Lumbo, pelo Governandor Geral Dr. Baltazar Rebello de Souza.
Da esquerda para a direita: Dr. Abdool Magid Karim Vakil, actual Presidente da Comunidade Islâmica de Lisboa; Jacques Honoré, Cônsul Geral de França em Lourenço Marques, grande admirador da política portuguesa junto dos Muçulmanos; Fernando Amaro Monteiro; "Xehe" Abdurrazaque Assane Jamú, máximo dirigente de uma das oito Confrarias sediadas na Ilha.

Mesquita de Gulamo, no Lumbo, a qual estava em ruínas e foi reconstruída por ordem do Governador Geral de Moçambique, Dr. Baltazar Rebello de Souza, que aí viveu momentos triunfais, rodeado de muitos milhares de negros em euforia, tendo antes entregue a sua segurança pessoal às Confrarias muçulmanas sediadas na Ilha.
Fernando Amaro Monteiro negociara a situação de parte a parte, ao pormenor. A PIDE/DGS, contrariada, ao saber da medida insinuou a este último: – "Se a coisa correr mal, alguém tem de pagar...".

CRONOLOGIA

ACONTECIMENTOS EM PORTUGAL E NAS COLÓNIAS PORTUGUESAS DE ÁFRICA	BIOGRAFIA DE FERNANDO AMARO MONTEIRO	ACONTECIMENTOS MUNDIAIS
1896 – Estabelecimento da confraria islâmica Chadhiliya na Ilha de Moçambique, proveniente das Comores. Será posteriormente dividida por cisões em 1924 e 1936.		
1905 – Surgimento, em Moçambique, da confraria Qadiriyia, proveniente de Zanzibar, a qual sofrerá cisões em 1934, 1945, 1953 e 1964.		
1926 – • 28 de Maio: Golpe militar que derruba a 1ª República, instaurando uma ditadura. • Outubro: Promulgação do Estatuto Político, Civil e Criminal dos Indígenas, que instituía o Regime do Indigenato para Angola, Moçambique e Guiné. 27 de Abril de 1928 – Salazar assume a pasta das Finanças.		

ACONTECIMENTOS EM PORTUGAL E NAS COLÓNIAS PORTUGUESAS DE ÁFRICA	BIOGRAFIA DE FERNANDO AMARO MONTEIRO	ACONTECIMENTOS MUNDIAIS
8 de Julho de 1930 – Promulgação do Acto Colonial. **1932 –** • 2 de Julho: Morre, no exílio de Londres, D. Manuel II. • 20 de Agosto: Aprovação dos Estatutos da União Nacional. • Outubro: Proclamação pelas organizações monárquicas, como sucessor nos direitos ao Trono, do príncipe D. Duarte Nuno, com quem Fernando Amaro Monteiro manteria, a partir de 1955, relacionamento muito frequente, inclusive relatando-lhe sempre as suas actividades em Moçambique. 22 de Fevereiro de 1933 – Promulgação da Constituição da República. 26-28 de Maio de 1934 – 1º Congresso da União Nacional.		
	20 de Junho de 1935 – Nasce em Lisboa. Ao fim de oito meses, desloca-se para Luanda.	**1935-36** – Tropas italianas conquistam a Líbia. **1936 –** • Início da Guerra Civil de Espanha • O novo Tratado anglo-egípcio permite aos ingleses controlar o Canal de Suez por mais 20 anos, em troca da retirada do exército britânico do restante território.

CRONOLOGIA

ACONTECIMENTOS EM PORTUGAL E NAS COLÓNIAS PORTUGUESAS DE ÁFRICA	BIOGRAFIA DE FERNANDO AMARO MONTEIRO	ACONTECIMENTOS MUNDIAIS
		1939 – Início da Segunda Guerra Mundial.
1940 – Assinatura da Concordata e Acordo Missionário.		
		1941 – Carta Atlântica, assinada por britânicos e norte--americanos, a qual garante que estes não procuram qualquer expansão "territorial ou de outro tipo" e que respeitam "o direito de todos os povos escolherem a forma de governo que mais lhes agradasse". A França de Vichy assume a sua intenção de manter o seu Império Colonial no final da Guerra.
1942 – O território de Manica e Sofala passa da Companha de Moçambique para a administração directa do Estado português.		
	1945 – Fernando Amaro Monteiro entra em Luanda para o Liceu Nacional de Salvador Correia, estabelecimento emblemático, de onde sairiam vultos relevantes do independentismo angolano e opositores portugueses.	**1945** – • Derrota e rendição da Alemanha; Conferência de Ialta; Conferência de Potsdam. • Fim do Império Italiano no Norte de África. Início da vaga de independências norte-saharianas. A Etiópia, que os italianos tinham conquistado em 1935-36, é aceite como membro da Sociedade das Nações. • 26 de Junho: Assinatura da Carta das Nações Unidas por 50 países na Conferência de S. Francisco.

MOÇAMBIQUE MEMÓRIA FALADA DO ISLÃO E DA GUERRA

ACONTECIMENTOS EM PORTUGAL E NAS COLÓNIAS PORTUGUESAS DE ÁFRICA	BIOGRAFIA DE FERNANDO AMARO MONTEIRO	ACONTECIMENTOS MUNDIAIS
1946 – A colónia de Moçambique é dividida administrativamente em quatro províncias: Niassa (distritos de Cabo Delgado, Gaza e Moçambique), Zambézia, Manica e Sofala (distritos de Manica, Sofala e Tete), e Sul do Save (distritos de Lourenço Marques, Gaza e Inhambane).		**1946** – Os franceses rejeitam, por referendo, o projecto de De Gaulle de transformar o Império Francês numa União igualitária entre a metrópole e as suas colónias.
		1947 – Início do desmantelamento do Império Colonial Britânico. Independência da Índia (15 de Agosto). Partição da Índia, com separação do Paquistão muçulmano e de Ceilão budista (Shri Lanka).
1948-49 – • Contrato com a norte-americana Gulf Oil para a prospecção de petróleo a norte de Luanda e em Cabinda. • Aquisição, pelo Governo Português, da exploração do Porto da Beira aos ingleses da Port of Beira Developments, Ltd. • Aquisição simultânea da Beira Railway Company, antecipando em oito anos a data prevista para o final da concessão, que os ingleses pretendiam prorrogar até 1972.		**1948-49** – • Maio de 1948: Início do confronto israelo-árabe, que se prolonga até à actualidade. Primeira guerra israelo-árabe. • 4 de Abril de 1949: Criação da NATO. **1949-50** – • Estabelecimento do regime de apartheid na África do Sul.
1951 – Revisão Constitucional e revogação do Acto Colonial, sendo a maioria das	**1951-52** – Aluno do Liceu Camões e do Colégio Moderno. Adere ao ideal monárquico.	

320

CRONOLOGIA

ACONTECIMENTOS EM PORTUGAL E NAS COLÓNIAS PORTUGUESAS DE ÁFRICA	BIOGRAFIA DE FERNANDO AMARO MONTEIRO	ACONTECIMENTOS MUNDIAIS
suas disposições integrada na nova versão da Constituição (11 de Junho).	No Liceu de Luanda entretanto descobrira o tema do Islão através das aulas de História do professor António de Vasconcelos.	
		1953 – Após um golpe de estado militar (1952) é proclamada a República no Egipto.
1954-55 – • Repressão de associações islâmicas e da "Irmandade dos Macuas Muçulmanos" em Moçambique. • 20 de Maio de 1954: Publicação do Estatuto do Indigenato. • 10 de Outubro: Fundação da União dos Povos do Norte de Angola (UPNA), em Leopoldville, dirigida por Holden Roberto. • 22 de Outubro: Início da guerra de independência da Argélia.		**1954** – • 7 de Maio: Vitória das tropas vietnamitas sobre as forças francesas na batalha de Dien Bien Phu. • 21 de Julho: Convenção de Genebra, que resulta num acordo sobre o fim das hostilidades entre o Vietminh e a França e a divisão do Vietname até à realização de eleições em 1956. Os Estados Unidos rejeitam o acordo.
1955 – • 14 de Maio: Constituição do Pacto de Varsóvia. • 31 de Julho: Primeira viagem de Caminho de Ferro de Lourenço Marques até Pretória. • 14 de Dezembro: Admissão de Portugal na ONU.	**1955** – Amaro Monteiro conclui o liceu em Luanda e regressa a Portugal. Inicia o curso de Ciências Históricas e Filosóficas na Faculdade de Letras da Universidade de Lisboa.	**1955** – • O Sudão recusa a união com o Egipto e declara a independência. • A França e a Espanha aceitam a independência e a unificação de Marrocos. • 18-24 de Abril: Conferência de Bandung, de onde sai o movimento dos "não alinhados" e uma frente internacional de países apostados em pôr fim aos colonialismos.

MOÇAMBIQUE MEMÓRIA FALADA DO ISLÃO E DA GUERRA

ACONTECIMENTOS EM PORTUGAL E NAS COLÓNIAS PORTUGUESAS DE ÁFRICA	BIOGRAFIA DE FERNANDO AMARO MONTEIRO	ACONTECIMENTOS MUNDIAIS
		• Tropas britânicas e francesas reocupam a zona do Canal do Suez por um breve período.
1956 – • Primeira extracção de petróleo em Angola. • Fundação da Companhia de Seguros "A Mundial de Moçambique, com sede na Beira. • O grupo CUF cria, na Beira, a Companhia Têxtil do Pungué. As instalações fabris, no Parque Industrial da Manga, começam a laborar em 1958. • 18 de Setembro: Criação do Partido Africano da Independência da Guiné e Cabo Verde (PAIGC). • 10 de Dezembro: Data oficial da criação do Movimento Popular de Libertação de Angola (MPLA). Algumas fontes situam a sua fundação apenas em 1961.	**1956** – Amaro Monteiro assenta voluntariamente praça como Soldado-Cadete do Curso de Oficiais Milicianos (para uma permanência interpolada de mais de 3 anos no Exército) e, de então até 1962, vai prosseguindo como pode os estudos na Faculdade de Letras.	**1956 –** • 20 de Março: Independência da Tunísia. • 26 de Julho: Nacionalização do Canal do Suez pelo governo egípcio. **1957 –** • 6 de Março: Independência do Gana (ex-Costa do Ouro).
1958 – • Maio de 1958: Campanha presidencial do General Humberto Delgado. • 11 de Junho: Início da primeira missão de um oficial português, Hermes de Oliveira, junto das Forças Armadas francesas na Argélia, com o objectivo de obter formação na "guerra contra-subversiva".		**1958 –** • 1 de Fevereiro: Constituição da República Árabe Unida através da união do Egipto com a Síria. • 2 de Outubro: Independência da Guiné-Conacri.

CRONOLOGIA

ACONTECIMENTOS EM PORTUGAL E NAS COLÓNIAS PORTUGUESAS DE ÁFRICA	BIOGRAFIA DE FERNANDO AMARO MONTEIRO	ACONTECIMENTOS MUNDIAIS
1959 – • 7 de Janeiro: Reforma compulsiva do General Humberto Delgado. • 3 de Agosto: Greve dos marinheiros manjacos da Guiné no porto de Pidjiguiti, em Bissau, e sua repressão pela Administração portuguesa.	**1959 –** • Fernando Amaro Monteiro é repórter-estagiário no jornal "Diário Ilustrado" (Lisboa) por um curto espaço. • 11 de Março: Participa como Alferes na tentativa de golpe militar ("Movimento Militar Independente") conhecida nos sectores civis como "Golpe da Sé", que reuniu sectores da oposição monárquica e católica contra o regime de Salazar.	**1959 –** • 8 de Janeiro: As forças de Fidel Castro entram em Havana, dando início à revolução cubana.
1960 – • 8 de Junho: Prisão de Agostinho Neto em Luanda. • 16 de Junho: Concentração reivindicativa de trabalhadores rurais macondes junto ao posto administrativo de Mueda (na região de Cabo Delgado em Moçambique) que terminou num conflito violento e na morte de um número indeterminado de manifestantes atingidos a tiro por forças militares portuguesas.	**1960 –** • 2 de Maio: Detido pela PIDE. • 2 de Agosto: Sai da Cadeia do Aljube, depois de várias pressões de D. Duarte Nuno, através da Infanta D. Filipa, junto de Salazar • Residência fixa durante um ano em Tomar, onde trabalha como professor de História no Colégio Nun'Álvares.	**1960 –** • 4 de Abril: Independência do Senegal. • 1 de Junho: Unificação da Somália e da Eritreia na República Independente da Somália. • 30 de Junho: Independência do ex-Congo belga. • 15 de Agosto: Independência do ex-Congo francês. • 1 de Outubro: Independência da Nigéria.
1961 – • 6 de Janeiro: Início da repressão dos agricultores de Algodão, na Baixa do Cassange, em Angola. • 22 de Janeiro: Início da "Operação Dulcineia", com o assalto ao paquete de luxo "Santa Maria" pelo comando do Directório Revolucionário Ibérico de	**1961 –** • 31 de Agosto: Fernando Amaro Monteiro, na qualidade de Tenente miliciano na disponibilidade, escreve ao Ministro do Exército, General Mário Silva, oferecendo-se para servir na guerra em Angola, mas com reserva das suas opiniões acerca do regime.	**1961 –** • 12 de Abril: Iuri Gagarin é o primeiro homem a viajar no espaço. • 31 de Maio: Instituição, após plebiscito, da República da África do Sul, a qual abandona a *Commonwealth*. • 13 de Agosto: Construção do Muro de Berlim.

MOÇAMBIQUE MEMÓRIA FALADA DO ISLÃO E DA GUERRA

ACONTECIMENTOS EM PORTUGAL E NAS COLÓNIAS PORTUGUESAS DE ÁFRICA	BIOGRAFIA DE FERNANDO AMARO MONTEIRO	ACONTECIMENTOS MUNDIAIS
Libertação, dirigido pelo capitão Henrique Galvão. • 4 de Fevereiro: Grupos de angolanos atacam, em Luanda, a cadeia da PIDE, uma cadeia da PSP e tentam ocupar a emissora estatal. O MPLA reclama esta data como o início da luta armada em Angola. Disse-se que, nos dois dias seguintes, cerca de três mil africanos foram mortos em Luanda. • 15 de Março: Grupos de camponeses bakongos, enquadrados pela União dos Povos de Angola (UPA), desencadeiam ataques no Norte de Angola, nos quais são chacinados fazendeiros europeus, homens, mulheres e crianças, além de angolanos provenientes de outras regiões ou de outras etnias (disse-se que, no total, cerca de mil brancos e seis mil negros). Neste dia, os EUA condenam formalmente o colonialismo português no Conselho de Segurança da ONU. • Entre Março e Maio começam a afluir a Angola companhias de Caçadores Pára-quedistas e a Força Aérea inicia a sua intervenção nas regiões do Norte. Ao longo desses meses, milícias civis actuam com violência indiscriminada sobre negros, numa reacção simultânea de fúria e medo relativa-	• 24 de Outubro: O Ministro recusa o oferecimento.	• Dezembro: Independência do Tanganica.

324

CRONOLOGIA

ACONTECIMENTOS EM PORTUGAL E NAS COLÓNIAS PORTUGUESAS DE ÁFRICA	BIOGRAFIA DE FERNANDO AMARO MONTEIRO	ACONTECIMENTOS MUNDIAIS
mente ao que se passara no Norte. • 13 de Abril: Tentativa falhada de golpe de Estado dirigido pelo General Botelho Moniz. • 29 de Junho: Criação dos Serviços de Centralização e Coordenação de Informações nas "províncias ultramarinas". • Adriano Moreira é nomeado Ministro do Ultramar. • 6 de Setembro: Abolição do Estatuto do Indigenato. • 17-19 de Dezembro: Ocupação de Goa, Damão e Diu pela União Indiana.		
1962 – • 24 de Março: Proibição, pelo Governo, das celebrações do Dia do Estudante, dando origem à crise académica. A Polícia de Choque invade a Cidade Universitária e carrega sobre os estudantes. • 27 de Março: A UPA e o Partido Democrático Angolano (PDA) fundam a Frente Nacional de Libertação de Angola (FNLA). • 25 de Junho: Fundação da Frente de Libertação de Moçambique (FRELIMO), na Tanzânia. • 25-28 de Setembro: 1º Congresso da FRELIMO.	**1962 –** • Fernando Amaro Monteiro tira a última cadeira que lhe faltava da Licenciatura em Ciências Históricas e Filosóficas. Concorre ao funcionalismo ultramarino e é aceite para Moçambique como professor do 8º Grupo do Quadro Comum do Ensino Técnico Profissional Comercial e Industrial do Ultramar (Lourenço Marques, 1962/65). • Situação inusitada no Exército, como Tenente miliciano na disponibilidade: é, voluntária e gratuitamente, aceite pelo General Caeiro Carrasco (Comandante Militar de Moçambique) como instrutor de um curso especial de Primeiros Sar-	**1962 –** • 8 de Janeiro: Referendo, em França, da independência da Argélia. Nove em cada dez colonos abandonam o território. • 12 de Janeiro: Primeiras missões de combate de tropas norte-americanas no Vietname. • 26 de Setembro: Ahmed Ben Bella é eleito Primeiro-Ministro da Argélia. • Agosto-Novembro: Crise dos Mísseis Cubanos. • 11 de Outubro: Início do Concílio Vaticano II. • 2 de Novembro: Julius Nyerere é eleito Presidente do Tanganica. • Independências do Ruanda e do Burundi (ex-colónias alemãs sob tutela belga) e

ACONTECIMENTOS EM PORTUGAL E NAS COLÓNIAS PORTUGUESAS DE ÁFRICA	BIOGRAFIA DE FERNANDO AMARO MONTEIRO	ACONTECIMENTOS MUNDIAIS
	gentos, em tempo parcial, numa unidade militar, trajando civilmente mas com as honras inerentes ao seu posto. Entretanto, como aluno-piloto, será, também em tempo parcial e gratuito, Adjunto do Comando das Formações Aéreas Voluntárias de Moçambique. • Início do conhecimento do Islão e das suas comunidades muçulmanas de Moçambique através do contacto com Amad Dulá Ismael e seus filhos.	do Uganda, sob a presidência de Milton Obote.
1963 – • Corte de relações diplomáticas da República Árabe Unida com Portugal. • 23 de Janeiro: O PAIGC inicia a luta armada na Guiné-Bissau, a partir de bases instaladas na Guiné-Conacri. • Inauguração, em Lourenço Marques, dos Estudos Gerais Universitários. • 9 de Março: Abertura de uma frente de guerrilha do MPLA em Cabinda.		**1963 –** • 25 de Maio: Fundação da Organização de Unidade Africana (OUA) pelos chefes de trinta Estados de África reunidos em Adis Abeba. • 3 de Junho: Morte do Papa João XXIII. • 22 de Novembro: Assassinato do Presidente dos Estados Unidos da América, John Kennedy. • 12 de Dezembro: Independência do Quénia.
1964 – • 14 de Maio: Nomeação do General José Augusto da Costa Almeida para o cargo de Governador-Geral e Comandante-Chefe de Moçambique, em substituição do Almirante Sarmento Rodrigues.	**Julho de 1964** – Amaro Monteiro trabalha em escavações arqueológicas, com bolsa da Fundação Calouste Gulbenkian, sobre a presença árabe no extremo da Costa Norte de Moçambique, muito próximo da fronteira. Essa actividade é também usada como *cover*	**1964 –** • Desfaz-se a Federação da Rodésia do Norte e da Niassalândia e são proclamadas as Repúblicas da Zâmbia e do Malawi. • 11 de Janeiro: Golpe militar, liderado por John Okello, que derruba o Sultanato de Zanzibar.

CRONOLOGIA

ACONTECIMENTOS EM PORTUGAL E NAS COLÓNIAS PORTUGUESAS DE ÁFRICA	BIOGRAFIA DE FERNANDO AMARO MONTEIRO	ACONTECIMENTOS MUNDIAIS

- 25 de Setembro: Proclamação, por Eduardo Mondlane, da luta armada contra o colonialismo português; início da guerra com o ataque ao posto do Chai, em Cabo Delgado, por guerrilheiros da FRELIMO.

protection, a favor do Quartel-General da Região Militar de Moçambique, para a avaliação do estado de espírito das populações e atenção a quaisquer infiltrações fronteiriças. Das escavações é elaborado relatório publicado em Moçambique e em Madagáscar.

- 26 de Abril: União do Tanganica com Zanzibar, dando origem à Tanzânia.
- Maio: Formação da Organização para a Libertação da Palestina (OLP).

1965 –
- 13 de Fevereiro: Assassinato de Humberto Delgado, na fronteira espanhola em Villanueva del Fresno, por um grupo de agentes da PIDE.
- 22 de Maio: O Governo dissolve a Sociedade Portuguesa de Escritores, cuja sede é assaltada pela Legião Portuguesa, por aquela ter atribuído o prémio Camilo Castelo Branco ao escritor angolano Luandino Vieira, então preso no Tarrafal devido às suas actividades anticolonialistas.
- Outubro: Reconhecimento, pela OUA, do PAIGC como legítimo representante do povo da Guiné-Bissau.
- Dezembro: Contrato do Governo português com a Petrangol, destinado à pesquisa de petróleo em Angola.

1965 –
- Aluno voluntário no Instituto Superior de Ciências Sociais e Política Ultramarina (Lisboa), Amaro Monteiro conclui aí, do respectivo Curso Complementar, as cadeiras de Antropologia Cultural, História da Colonização Moderna e Contemporânea, Direito Internacional, e Estratégia e Política Militar.
- Junho: Início da sua actividade como Adjunto dos Serviços de Centralização e Coordenação de Informações de Moçambique (SCCIM).
- Novembro-Dezembro: Elabora o texto do Questionário sobre o Islão em Moçambique.

1965 –
- 18 de Fevereiro: Independência da Gâmbia.
- 11 de Novembro: A Rodésia do Sul proclama unilateralmente a independência, constituindo o governo colonial de Ian Smith.

1966 –
- 13 de Março: Fundação da União Nacional para a Independência Total de Angola

1966-67 – Amaro Monteiro supervisiona, como Adjunto dos SCCIM, a aplicação do Questionário sobre o Islão,

1966 – Primeiros bombardeamentos do Vietname do Norte pela aviação norte-americana.

ACONTECIMENTOS EM PORTUGAL E NAS COLÓNIAS PORTUGUESAS DE ÁFRICA	BIOGRAFIA DE FERNANDO AMARO MONTEIRO	ACONTECIMENTOS MUNDIAIS
(UNITA), liderada por Jonas Savimbi. • 6 de Setembro: O Bispo de Vila Cabral, D. Eurico Dias Nogueira, dirige uma *Carta Fraterna* aos muçulmanos da sua diocese. • 17 de Novembro: Aprovação de uma Resolução da Assembleia Geral da ONU condenando a guerra colonial conduzida por Portugal.	que vinha elaborando desde 1965.	
1968 – • 7 de Março: abertura, pela FRELIMO, da frente de combate de Tete. • 12 de Julho: Início do mandato de Baltazar Rebelo de Sousa como o primeiro Governador-Geral civil de Moçambique. • 20-25 de Julho: 2º Congresso da FRELIMO, realizado no Niassa. • 27 de Setembro: Tomada de posse de Marcelo Caetano como sucessor de Oliveira Salazar. • 17 de Dezembro: Mensagem aos muçulmanos do Governador-Geral Baltazar Rebelo de Sousa, redigida por Fernando Amaro Monteiro.	**1967-68 –** • 5 de Dezembro de 1967: Bolseiro do Ministério dos Negócios Estrangeiros francês e em comissão de serviço do Ministério do Ultramar para estudos sobre o Islão, como *Etudiant de 3ème Cycle* na Faculdade de Letras de Aix-en-Provence. • Junho de 1968: *Docteur de l'Université* em História, pela Universidade de Aix-Marseille • 30 de Junho de 1968: Regresso de França.	**1967 –** • Junho: Guerra dos Seis Dias entre Israel e os países árabes, de que resulta a vitória israelita, com a ocupação da Península de Sinai, dois Montes Golan, da Faixa de Gaza e da Cisjordânia. • 9 de Outubro: Che Guevara é morto na Bolívia.
1969 – • 3 de Fevereiro: Assassinato de Eduardo Mondlane num atentado bombista. • Abril: Marcelo Caetano visita Moçambique e tem	**1968-69 –** • Cumulativamente ao cargo que desempenha nos SCCIM, Professor da disciplina de "Estudo da Sociedade Ultramarina Portuguesa" no Insti-	**1968 –** • 31 de Janeiro: Início da Ofensiva de Tet pelos Viet Cong e pelo exército do Vietname do Norte.

CRONOLOGIA

ACONTECIMENTOS EM PORTUGAL E NAS COLÓNIAS PORTUGUESAS DE ÁFRICA	BIOGRAFIA DE FERNANDO AMARO MONTEIRO	ACONTECIMENTOS MUNDIAIS
uma recepção apoteótica na cidade da Beira. • 24 de Novembro: Mensagem aos muçulmanos do Governador-Geral Baltazar Rebelo de Sousa, redigida por Fernando Amaro Monteiro, e proferida durante uma celebração na mesquita de Gulamo. • Início da construção da barragem de Cabora Bassa.	tuto de Educação e Serviço Social de Lourenço Marques (equiparado a estabelecimento de Ensino Superior). • Novembro de 1968: Na sequência do Questionário de 1966, desloca-se aos distritos de Moçambique e Cabo Delgado a fim de contactar dignitários muçulmanos locais para identificar articulações na hierarquia islâmica, aproximações possíveis com o Cristianismo, bem como membros que pudessem integrar o futuro *Ijmâ* ou "Conselho dos Notáveis", órgão concebido para mobilizar a massa islâmica contra a FRELIMO.	• Maio: Revolta estudantil e operária em França.
1970 – • 30 de Janeiro: Nomeação de Eduardo de Arantes e Oliveira para o cargo de Governador-Geral de Moçambique. • 31 de Março: Kaúlza de Arriaga toma posse como Comandante-Chefe das Forças Armadas em Moçambique. • 1 de Julho: Paulo VI recebe no Vaticano os líderes do PAICG, do MPLA e da FRELIMO, Amílcar Cabral, Agostinho Neto e Marcelino dos Santos. • 27 de Julho: Morte de Oliveira Salazar. • Verão: Operação "Nó Górdio", desencadeada por Kaúlza de Arriaga para des-	**1969-70** – Subdirector do diário *Notícias* (Lourenço Marques). • Janeiro-Agosto de 1969: Desloca-se aos distritos de Inhambane, Lourenço Marques, Gaza, Niassa, Moçambique, Zambézia, Tete, Manica e Sofala, no propósito de prosseguir os contactos com as lideranças islâmicas locais. • A partir das informações obtidas em contacto com os dignitários muçulmanos, Amaro Monteiro intercede para obter o regresso a Moçambique do "Xehe" Abudo Michongué, na companhia de milhares de muçulmanos que com ele se	**1969 –** • 20 de Julho: Neil Armstrong é o primeiro homem a pisar a Lua. • 1 de Setembro: Tomada do poder pelo Coronel Kadhafi na Líbia.

329

ACONTECIMENTOS EM PORTUGAL E NAS COLÓNIAS PORTUGUESAS DE ÁFRICA	BIOGRAFIA DE FERNANDO AMARO MONTEIRO	ACONTECIMENTOS MUNDIAIS
truir as bases da FRELIMO em Cabo Delgado. • 22 de Novembro: Operação Mar Verde, concebida pelo Comandante Alpoim Calvão, com o apoio de Spínola e Marcelo Caetano, na qual tropas portuguesas invadem Conakry com o objectivo de derrubar Sekou Touré e destruir as bases e a sede política do PAIGC. A operação falha. • 1 de Dezembro: Mensagem aos muçulmanos do Governador-Geral, Eduardo de Arantes e Oliveira, redigida por Fernando Amaro Monteiro. **1971 –** • Quarenta padres brancos são expulsos de Moçambique pelas autoridades portuguesas, acusados de recrutarem guerrilheiros para a FRELIMO; como eles é também expulso monsenhor Duarte de Almeida, director do *Diário de Moçambique*. **1972 –** • 1 de Janeiro (Dia Mundial da Paz): Homilia do padre Joaquim Teles de Sampaio, pároco da igreja de Macutí, na qual relata o massacre de Mucumbura, onde mulheres e crianças foram queimadas vivas. Uma semana	haviam refugiado no Malawi. O regresso dá-se a 30 de Agosto de 1969. **1970-74 –** • Investigador (correspondente, na docência, a Assistente) dos Cursos de Letras da Universidade de Lourenço Marques. • Consultor em Acção Psicológica junto dos Governadores-Gerais de Moçambique, a título secreto, por compromisso assumido ao passar dos SCCIM para a Universidade. • 2 de Dezembro de 1970-12 de Fevereiro de 1974: Director do diário *Tribuna* (Lourenço Marques). • Junho de 1972: Visita a Guiné-Bissau, em missão determinada pelo Ministro do Ultramar, com o objectivo de estudar as linhas de influência e de articulação dos dignitários muçulmanos, entre eles e ao exterior, encontrando-se aí com o	

CRONOLOGIA

ACONTECIMENTOS EM PORTUGAL E NAS COLÓNIAS PORTUGUESAS DE ÁFRICA	BIOGRAFIA DE FERNANDO AMARO MONTEIRO	ACONTECIMENTOS MUNDIAIS
mais tarde, impede os escuteiros católicos de entrarem na Igreja empunhando a bandeira nacional. • Nomeação de Manuel Pimentel dos Santos para o cargo de Governador-Geral de Moçambique. • 12 de Março: Mensagem aos muçulmanos do Governador-Geral, Manuel Pimentel dos Santos, redigida por Fernando Amaro Monteiro. • Abril: Uma missão do Comité de Descolonização das Nações Unidas visita, durante sete dias, as áreas da Guiné controladas pelo PAIGC. Na sequência dessa visita, o referido Comité aprova uma resolução que reconhece o PAIGC como representante único e autêntico do povo do território. • 18 de Maio: Encontro secreto do General Spínola com o Presidente do Senegal, Léopold Senghor. Neste encontro aventa-se a hipótese de negociar um cessarfogo com Amílcar Cabral, visando um acordo pelo qual o PAIGC passaria a colaborar com os portugueses na governação dos territórios da Guiné e Cabo-Verde. • 26 de Maio: Spínola encontra-se com Marcelo Caetano para lhe expor os resultados das conversações com Senghor. Caetano recusa liminarmente qualquer acordo	General António de Spínola e com diversos representantes das lideranças islâmicas locais. • Agosto de 1972: Mediador da reunião, durante vários dias, na Ilha de Moçambique, dos principais dignitários islâmicos do território, para análise de uma tradução popular dos *Hadiths* de El-Bokhari promovida pelo Governo-Geral. Iniciativa de enorme êxito facial, entre os muçulmanos do território e do estrangeiro, inseriu-se no plano de APSIC gizado por Amaro Monteiro para accionamento da massa muçulmana de Moçambique contra a FRELIMO.	

ACONTECIMENTOS EM PORTUGAL E NAS COLÓNIAS PORTUGUESAS DE ÁFRICA	BIOGRAFIA DE FERNANDO AMARO MONTEIRO	ACONTECIMENTOS MUNDIAIS
negociado com o PAIGC, preferindo-lhe uma "derrota militar com honra". • 16 de Dezembro: Massacre de Wiriamu, no Tete. **1973 –** • 20 de Janeiro: Assassinato de Amílcar Cabral. • Tentativa de Kaúlza de Arriaga para obter um segundo mandato à frente de Moçambique, propondo a unificação dos Comandos de Angola e Moçambique, sob as suas ordens. O plano não é aceite e é-lhe comunicada a não-recondução. • 23-24 de Julho: Negociação do "Programa de Lusaka", levada a cabo por Jorge Jardim com Kenneth Kaunda, no qual se prevê a descolonização com a preservação da presença portuguesa em Moçambique. • Agosto: Regresso a Lisboa de Kaúlza de Arriaga. • 16 de Dezembro: Massacre de Wiriamu, no Tete. **1974 –** • 17 de Janeiro de 1974: Nomeação de António de Spínola para o cargo de vice-chefe do Estado-Maior das Forças Armadas. Nesse mesmo dia, a partir do apelo lançado pela Associação Comercial da Beira, desenrolam-se manifestações populares na Beira, seguidas do	• Julho de 1973: É recebido, no Palácio de Queluz, por Marcelo Caetano, a quem, respondendo a perguntas do mesmo, dá conta da deterioração acelerada da situação em Moçambique, com franco desagrado do Chefe do Governo. • 13 de Fevereiro de 1974: Director dos Serviços do Centro de Informação e Turismo de Moçambique, em comissão, transitando do Quadro da Universidade de Lourenço Marques para o Quadro dos Centros de Informação e Turismo do Ultramar na categoria de Técnico-Director.	**1973 –** • 15 de Janeiro: Nixon anuncia a suspensão de acções ofensivas dos Estados Unidos contra o Vietname do Norte. • 27 de Janeiro: Acordo entre os Estados Unidos e o Vietname do Norte. • Julho: Início do escândalo Watergate. • 11 de Setembro: Derrube do Presidente chileno Salvador Allende por um golpe militar liderado pelo General Pinochet. • A OPEC aumenta os preços do petróleo, em retaliação pelo envolvimento dos países ocidentais na Guerra de Yom Kippur.

CRONOLOGIA

ACONTECIMENTOS EM PORTUGAL E NAS COLÓNIAS PORTUGUESAS DE ÁFRICA	BIOGRAFIA DE FERNANDO AMARO MONTEIRO	ACONTECIMENTOS MUNDIAIS

ataque de populares à messe dos oficiais, no Macuti, sendo os militares vaiados em público, apelidados de "gatunos, cobardes e chulos de Moçambique".

- 22 de Janeiro de 1974: Publicação de *Portugal e o Futuro*, de Spínola, que excluía a possibilidade de uma vitória militar nas guerras coloniais e propunha um conceito de Comunidade Lusíada próximo daquele que, treze anos antes, Botelho Moniz sugerira a Salazar.
- 25 de Abril de 1974: Um movimento de militares derruba o Governo de Marcelo Caetano, pondo fim à ditadura.
- 3 de Maio de 1974: Jorge Jardim declara o seu apoio ao programa do MFA, num Editorial do *Notícias da Beira*.
- 11 e 12 de Maio de 1974: Comícios do movimento GUMO, dirigido por Joana Simeão, Máximo Dias e Mohamed Hannif, nos bairros de Chipangara e de Munhava, na Beira, seguidos de actos de violência racial nas ruas.
- 21 de Maio de 1974: Avisado da existência de um mandato de prisão, Jorge Jardim refugia-se na Embaixada do Malawi, de onde foge para Madrid, na noite de 12 para 13 de Junho.
- 7 de Setembro de 1974: Assinatura do Acordo de

- 28 de Maio de 1974: Requer a exoneração de Director dos Serviços do Centro de Informação e Turismo de Moçambique e a transferência para Angola, para o cargo que o Governo de Lisboa possa entender.
- 30 de Agosto de 1974: Conforme despacho do Ministro da Coordenação Interterritorial, é mandado apresentar-se em comissão eventual de serviço no Alto Comissariado de Angola, mantendo a titularidade do cargo de Director do CIT-Moçambique enquanto aguarda ali outra decisão governamental.

ACONTECIMENTOS EM PORTUGAL E NAS COLÓNIAS PORTUGUESAS DE ÁFRICA	BIOGRAFIA DE FERNANDO AMARO MONTEIRO	ACONTECIMENTOS MUNDIAIS
Lusaka. Nesse mesmo dia tem início uma revolta de colonos, acompanhados por membros de outras etnias descontentes com a evolução política, que ocupam o Rádio Clube de Moçambique, assaltam a Penitenciária e daí libertam agentes da DGS que haviam sido detidos. Os confrontos raciais que se seguiram darão origem a um número indeterminado de milhares de mortos na capital. • 10 de Setembro: Reconhecimento da independência da Guiné-Bissau. • 20 de Setembro de 1974: Victor Crespo, nomeado Alto Comissário, dá a investidura do Governo de Transição, chefiado por Joaquim Chissano. **1975 –** • 25 de Junho: Independência da República de Moçambique e das restantes ex-colónias portuguesas. Cerca de duzentos mil residentes abandonam Moçambique. • 11 de Novembro: Independência de Angola e início da Guerra Civil entre o MPLA, a UNITA e a FNLA. • 25 de Novembro: Golpe militar que põe fim à influência da esquerda militar no poder político, encerrando o chamado PREC.	• 15 de Novembro: Nomeado Técnico-Director do Centro de Informação e Turismo de Angola, mas mantido em apresentação no Alto Comissariado. Pede então "licença graciosa", embarcando em 30 de Dezembro seguinte para Portugal.	**1975 –** • 30 de Abril: Tropas do Vietname do Norte entram em Saigão.

FONTES E BIBLIOGRAFIA

Acrónimos para as fontes primárias:

AHD – Arquivo Histórico-Diplomático
AHM – Arquivo Histórico de Moçambique
AHU – Arquivo Histórico Ultramarino
ANTT – Arquivo Nacional da Torre do Tombo
AOS – Arquivos de Oliveira Salazar
PIDE-DGS – Polícia Internacional de Defesa do Estado / Direcção Geral de Segurança
SCCIM – Serviços de Centralização e Coordenação de Informações de Moçambique
SGL – Sociedade de Geografia de Lisboa

BIBLIOGRAFIA GERAL

ALPERS, Edward A. (1999), 'Islam in the Service of Colonialism? Portuguese Strategy during the Armed Liberation Struggle in Mozambique', *Lusotopie 1999*: 165-184.

ANDRÉ, Capitaine P.-J. (1924), *L'Islam Noir: Contribution à l'étude des confréries religieuses islamiques en Afrique Occidentale suivie d'une étude sur l'Islam au Dahomey.* Paris: Librairie Orientaliste Paul Geuthner.

ANTUNES, José Freire (1996), *Jorge Jardim Agente Secreto.* Venda Nova: Bertrand.

AUBERT, Vilhelm (1963), 'Competition and Dissensus: Two Types of Conflict and of Conflict Resolution', *The Journal of Conflict Resolution* 7(1): 26-42.

BARTH, Fredrik (org.) (1998), *Ethnic Groups and Boundaries: The Social Organization of Culture Difference.* Illinois: Waveland Press [1969].

BASTOS, José Gabriel Pereira (1995), *Portugal, minha Princesa: Contribuição para uma Antropologia Pós-Racionalista dos Processos Identitários e para o Estudo do Sistema de Representações Sociais Identitárias dos Portugueses*, Dissertação de Doutoramento em Antropologia Social e Cultural. Lisboa: Faculdade de Ciências Sociais e Humanas da Universidade Nova.

BASTOS, J. (2000), *Portugal Europeu. Estratégias Identitárias Inter-nacionais dos Portugueses.* Oeiras: Celta.

BASTOS, José Gabriel Pereira (2001), "Das Tradições da "Psicologia Étnica" Nacionalista e da Antropologia Social Imperialista à Construção de uma Antropologia dos Processos Identitários". Departamento de Antropologia da Faculdade de Ciências Sociais e Humanas (mimeo).

BASTOS, José Gabriel Pereira (2002), 'Portugal in Europe: Identity Strategies of the Portuguese', in L. Beltran, J. Maestro e L. Alo-Lee (orgs.), *European Peripheries in Interaction. The Nordic Countries and the Iberian Peninsula.* Alcalá: Universidad de Alcalá: 223-247.

BASTOS, Susana Pereira (2008), 'Ambivalence and Phantasm in the Portuguese Colonial Discourse Production on Indians', *Lusotopie* XV (1): 77-95.

BASTOS, José Gabriel Pereira e Susana Pereira Bastos (2005), "'Our colonizers were better than yours": Identity Debates in Greater London', *Journal of Ethnic and Migration Studies.* 31: 79-98.

BENDER, Gerald (1980), *Angola sob o Domínio Português. Mito e Realidade*, trad. port. de Artur Morão [*Angola Under the Portuguese. The Myth and the Reality*, 1978]. Lisboa: Sá da Costa.

BERCOVITCH, J. (1996), 'Understanding mediation's role in preventive diplomacy', *Negotiation Journal* 12: 241-258.

BERNARDO, Manuel Amaro (2003), *Combater em Moçambique. Guerra e Descolonização*. Lisboa: Prefácio.

BHABHA, Homi K. (1994), *The Location of Culture*. Londres/Nova Iorque: Routledge.

BLACHÈRE, Régis (1947), *Le Coran. Traduction selon un essai de reclassement des sourates*. Paris: Maisonneuve.

BONATE, Liazzat (2007), *Traditions and Transitions: Islam and Chiefship in Northern Mozambique ca. 1850-1974*, Dissertação de Doutoramento. Universidade de Cape Town.

BONATE, Liazzat (2008), 'Colonial and Post-Colonial Policies of Islam in Mozambique', Comunicação apresentada no workshop *Colonial and post-colonial governance of Islam: continuities and ruptures*, organizado pelo IMISCOE network of excellence e pelo Institute for the Study of Islam in the Modern World (ISIM), em 29-30 de Agosto de 2008, Leiden.

BOTELHO, (General) José Justino Teixeira (1934), *História Militar e Política dos Portugueses em Moçambique*, vol. I: *Da Descoberta a 1833*. Moçambique: Governo-Geral.

BOTELHO, (General) José Justino Teixeira (1936), *História Militar e Política dos Portugueses em Moçambique*, vol. II: *De 1833 aos nossos dias*. Lisboa: Centro Tipográfico Colonial [2ª ed. rev.].

BOXER, Charles (1992), *O Império Marítimo Português, 1415-1825*, trad. port. de Inês Silva Duarte [*The Portuguese Seaborne Empire, 1415-1825*, 1969] Lisboa: Edições 70.

BROTHMAN, Brien (1991), 'Orders of Value: Probing the Theoretical Terms of Archival Practice', *Archivaria* 32: 78-100.

BROTHMAN, Brien (1999), 'Declining Derrida: Integrity, Tensegrity, and the Preservation of Archives from Deconstruction', *Archivaria* 48: 64-88.

CABRAL, João de Pina (2004), "Cisma e continuidade em Moçambique", in Clara Carvalho e João de Pina Cabral (orgs.), *A Persistência da História. Passado e contemporaneidade em África*. Lisboa: Imprensa de Ciências Sociais – Instituto de Ciências Sociais da Universidade de Lisboa: 375-393.

CAHEN, Michel (1997), "Salazarisme, fascisme et colonialisme. Problèmes d'interprétation en sciences sociales, ou le sébastianisme de l'exception", Documentos de Trabalho nº 47, CEsA, Lisboa (http://www.evadoc.com/doc/27707/mozambique,-histoire-geopolitique-d-un-pays-sans-nation, acedido em 5 de Junho de 2010).

CAHEN, Michel (2000), "L'État Nouveau et la diversification religieuse au Mozambique, 1930-1974. II. La portugalisation désespérée (1959-1974)", *Cahiers d'Études africaines* 159, XL-3: 551-592.

CALHOUN, Craig (org.) (1994), *Social Theory and the Politics of Identity*. Oxford/Cambridge USA: Blackwell.

CAMILLERI, Carmel *et al.* (1990), *Stratégies identitaires*. Paris: Presses Universitaires de France.

CARDOSO, Rogério Seabra (1970), "Islamitas Portugueses. Linhas de força de um passado; Realidades de um presente; Bases do futuro", *Panorama. Revista Portuguesa de Arte e Turismo*, nº 33/34, IV série, Março/Junho: 49-62.

CARVALHO, Álvaro de (1972), "Confrarias muçulmanas nativas da cidade de Moçambique – Subsídios para a história da sua fundação e actividades", *Voz Africana*, 24 e 29 de Agosto, 5 e 19 Setembro.

CASTELLS, Manuel (1997), *The Power of Identity*, vol. II de *The Information Age: Economy, Society and Culture*. Oxford: Blackwell.

CASTELO, Cláudia (1996), *"O Modo Português de Estar no Mundo": O luso-tropicalismo e a ideologia colonial portuguesa (1933-1961)*. Dissertação final de Mestrado em História dos Séculos XIX e XX (secção séc. XX), pela Faculdade de Ciências Sociais e Humanas da Universidade nova de Lisboa.

CASTELO, Cláudia (1999), *"O modo português de estar no mundo": O luso-tropicalismo e a ideologia colonial portuguesa, 1933-1961*. Porto: Afrontamento.

COMAROFF, John L. e Roberts, Simon (1981), *Rules and Processes: The Cultural Logic of Dispute in an African Context*. Chicago/Londres: The University of Chicago Press.

CONLON, Donald E. e Peter M. Fasolo (1990), 'Influence of Speed of Third-Party Intervention and Outcome on Negotiator and Constituent Fairness Judgments', *The Academy of Management Journal* 33(4): 833-846.

COOK, Terry (2000), 'Archival Science and Postmodernism: New Formulations for Old Concepts', *Archival Science* 1(1): 3-24.

COOK, Terry (2001), 'Fashionable Nonsense or Professional Rebirth: Postmodernism and the Practice of Archives', *Archivaria* 51: 14-35.

COOK, Terry e Joan M. Schwartz (2002), 'Archives, Records, and Power: From (Postmodern) Theory to (Archival) Performance', *Archival Science* 2: 171-185.

CUNHA, Joaquim da Silva (1997), "África Ocidental: Antecedentes da Subversão na Guiné em Angola", *Africana* 17: 7-16 [versão de "África Ocidental", conferência pronunciada em 1959 no IAEM].

DIAS, Jorge (1957), "A Expansão Ultramarina Portuguesa à Luz da Moderna Antropologia", *Boletim Geral do Ultramar* 382: 55-74.

DIAS, Jorge (1958), "Contactos de Cultura", in *Colóquios de Política Ultramarina Internacionalmente Relevante*. Lisboa: Junta de Investigações do Ultramar – Centro de Estudos Políticos e Sociais: 55-82.

ENES, António (1946), *Moçambique. Relatório apresentado ao governo*. Lisboa: Agência Geral das Colónias [1893].

ERIKSON, Erik H. (1994), *Identity: Youth and Crisis*, Nova Iorque e Londres, W. W. Norton & Company [1968].

FELGAS, Hélio (Ten.-Cor.) (1965a), "O Islão e a África", *Revista Militar*, 17º Vol., nº 7, Julho: 377-392.

FELGAS, Hélio (Ten.-Cor.) (1965b), "Influência político-militar dos Árabes na África Independente", *Revista Militar*, 17º Vol., nº 8-9, Agosto-Setembro: 485-502.

FELGAS, Hélio (Ten.-Cor.) (1965c), *Influência dos Árabes na África Actual*, Separata da *Revista Militar*, Julho e Agosto/Setembro de 1965.

FERREIRA, Manuel (1977), *Literaturas africanas de expressão portuguesa*. Lisboa: Instituto de Cultura Portuguesa.

FERSTENBERG, R. L. (1992), 'Mediation versus litigation in divorce and why a litigator becomes a mediator', *American Journal of Family Therapy* 20: 266-273.

FIGUEIREDO, Isabela (2010), *Caderno de Memórias Coloniais*. Coimbra: Angelus Novus.

FILHO, Wilson Trajano (2004), "A constituição de um olhar fragilizado: notas sobre o colonialismo português em África", in Clara Carvalho e João de Pina Cabral (orgs.), *A Persistência da História. Passado e contemporaneidade em África*. Lisboa: Imprensa de Ciências Sociais – Instituto de Ciências Sociais da Universidade de Lisboa: 21-59.

FONSECA, Ana (2007), *A Força das Armas: o apoio da República Federal da Alemanha ao Estado Novo (1958-1968)*. Lisboa: Instituto Diplomático.

FREITAS, Afonso Ivens Ferraz de (1957), *Seitas religiosas gentílicas: província de Moçambique*, 3 Vols. Lisboa: Junta de Investigações do Ultramar – Centro de Estudos Políticos e Sociais.

FREITAS, Romeu Ivens Ferraz de (1965), *Conquista da Adesão das Populações*. Moçambique: Serviços de Centralização e Coordenação de Informações.

FREYRE, Gilberto (1961), "Integração de raças autóctones e de culturas diferentes da europeia na comunidade Luso-Tropical: aspectos gerais de um processo", in *Actas do Congresso Internacional da História dos Descobrimentos*. Lisboa (http://bvgf.fgf.org.br/portugues/obra/opusculos/integracao.htm, acedido em 27 de Maio de 2010).

GALISON, Peter (1997), *Image and Logic: A Material Culture of Microphysics*. Chicago/Londres: The University of Chicago Press.

GALISON, Peter (1999), "Culturas etéreas e culturas materiais", in Fernando Gil (coord.), *A Ciência Tal Qual se Faz*, trad. port. de Paulo Tunhas. Lisboa: João Sá da Costa: 395-414.

GALLO, Donato (1988), *Antropologia e Colonialismo. O Saber Português*. Lisboa: erHeptágono.

GAMA, Curado da (2004), *Era uma Vez... Moçambique*. Quimera.

GARCIA, Francisco Proença (2000), *Guiné 1963-1974: Os movimentos independentistas, o Islão e o Poder Português*. Porto/Lisboa: Universidade Portucalense e Comissão Portuguesa de História Militar.

GARCIA, Francisco Proença (2003), *Moçambique – Análise Global de uma Guerra – 1964/1974*. Lisboa: Prefácio.

GEERTZ, Clifford (1960), 'The Javanese Kijaji: The Changing Role of a Cultural Broker', *Comparative Studies in Society and History* 2: 228-249.

GENTEMANN, Karen M. e Whitehead (1983), 'The Cultural Broker Concept in Bicultural Education', *The Journal of Negro Education* 52(2): 118-129.

GILROY, Paul (1996), *The Black Atlantic: Modernity and Double Consciousness*. Londres/Nova Iorque: Verso.

GOMES, Simone Caputo (s.d.), "Caminhos da Negritude na Poesia Moçambicana" (http://www.simonecaputogomes.com/textos/negritude.doc, acedido em Abril de 2010).

GONÇALVES, José Júlio (1958), *O Mundo Árabo-Islâmico e o Ultramar Português*. Lisboa: Ministério do Ultramar – Junta de Investigações do Ultramar, Centro de Estudos Políticos e Sociais [reeditado, com modificações, em 1962].

GOUILLY, Alphonse (1952), *L'Islam dans l'Afrique Occidentale Française*. Paris: Éditions Larose.

GREENHOUSE, Carol J. (1985), 'Mediation: A Comparative Approach', *Man* 20(1): 90-114.

GUERRA, João Paulo (1994), *Memórias das Guerras Coloniais*. Porto: Afrontamento.

HAGEDORN, Nancy L. (1988), '"A Friend to go between Them": The Interpreter as Cultural Broker during Anglo-Iroquois Councils, 1740-70', *Ethnohistory* 35(1): 60-80.

HALL, Stuart (1996a), 'When Was "The Post-Colonial"? Thinking at the Limit', in Ian Chambers e Lidia Curti (orgs.), *The Post-Colonial Question: Common Skies, Divided Horizons*. Nova Iorque: Routledge.

HALL, Stuart (1996b), 'New ethnicities' [1989], in David Morley e Kaun-Hsing Chen (orgs.), *Stuart Hall – Critical Dialogues in Cultural Studies*. Londres/Nova Iorque: Routledge: 440-449.

HALL, Stuart (1996c), 'Introduction: Who Needs "Identity"?', in Stuart Hall e Paul du Gay (orgs.), *Questions of Cultural Identity*. Londres/Thousand Oaks/Nova Deli: Sage: 1-17.

HALL, Stuart e Kuan-Hsin Chen (1996), 'The formation of a diasporic intellectual: an interview with Stuart Hall by Kuan-Hsing Chen', in David Morley and Kaun-Hsing Chen (orgs.), *Stuart Hall – Critical Dialogues in Cultural Studies*. Londres/Nova Iorque: Routledge: 484-503.

HARRISON, Christopher (1988), *France and Islam in West Africa, 1860-1960*. Cambridge/Nova Iorque: Cambridge University Press.

HEALD, Carolyn (1996), 'Is There Room for Archives in the Postmodern World?', *American Archivist* 59: 88-101.

JERÓNIMO, Miguel Bandeira (2010), *Livros Brancos, Almas Negras. A "missão civilizadora" do colonialismo português (c. 1870-1930)*. Lisboa: Imprensa de Ciências Sociais – Instituto de Ciências Sociais da Universidade de Lisboa.

JOHNSON, David W. e Roger T. Johnson (1996), 'Conflict Resolution and Peer Mediation Programs in Elementary and Secondary Schools: A Review of the Research', *Review of Educational Research* 66(4): 459-506.

KIMCHE, V. David (1973), *The Afro-Asian Movement*. Jerusalém: Israel Universities Press.

KRIESBERG, Louis (1991), 'Formal and Quasi-Mediators in International Disputes: An Exploratory Analysis', *Journal of Peace Research* 28(1): 19-27.

LAPLANCHE, Jean e Jean-Bertrand Pontalis (1985), *Vocabulário de Psicanálise*, trad. port. de Pedro Tamen [*Vocabulaire de la Psychanalyse*, 1967]. Lisboa: Moraes [1971].

LÉONARD, Yves (1997), 'Salazarisme et lusotropicalisme, histoire d'une appropriation', *Lusotopie 1997*, 211-226.

LÖFFLER, Reinhold (1971), 'The Representative Mediator and the New Peasant', *American Anthropologist* 73(5): 1077-1091.

LOPES, António Maria (Padre) (1965a), *A Igreja e o Islão em Diálogo*. Cucujães: SMP – Escola Tipográfica das Missões [2ª edição corrigida e aumentada em 1967].

LOPES, António Maria (Padre) (1965b), *Palavras de Mólumo a Jesus Cristo*. Cucujães: Escola Tipográfica das Missões [edição bilingue português/naharra].

LOURENÇO, Eduardo (1982), *O Labirinto da Saudade. Psicanálise Mítica do Destino Português*. Lisboa: Dom Quixote [1978].

MACAGNO, Lorenzo (2006), *Outros Muçulmanos: Islão e Narrativas Coloniais*. Lisboa: Imprensa de Ciências Sociais.

MACHAQUEIRO, Mário (2002), "Políticas da Identidade", *Ethnologia* 12-14 (nova série): 337-354.

MACHAQUEIRO, Mário (2010), 'Frontier Identity in Portugal and Russia: A Comparative Perspective on Identity Building in Semiperipheral Societies', in Charles Westin, José Bastos, Janine Dahinden e Pedro Góis (orgs.), *Identity Processes and Dynamics in Multi-Ethnic Europe*. Amesterdão: Amsterdam University Press: 197-220.

MACHAQUEIRO, Mário (2011), 'Portuguese Colonialism and the Islamic Community of Lisbon', in Veit Bader, Marcel Maussen & Annelies Moors (orgs.), *Colonial and Post-Colonial Governance of Islam: Continuities and Ruptures*. Amesterdão: Amsterdam University Press (no prelo).

MARCOS, Daniel (2006), "Portugal e a França na década de 1960: A questão colonial e o apoio internacional", *Relações Internacionais* 11: 31-45.

MARCOS, Daniel (2007), *Salazar e De Gaulle: a França e a questão colonial portuguesa*. Lisboa: MNE-ID.

MARGARIDO, Alfredo (1984), "La vision de l'autre (africain et indien d'Amérique) dans la Renaissance portugaise", in *L'humanisme portugais et l'Europe*. Paris: Fondation Calouste Gulbenkian / Centre Culturel Portugais: 507-555.

MATEUS, Dalila Cabrita (2004), *A PIDE/DGS na Guerra Colonial (1961-1974)*. Lisboa: Terramar.

MAZULA, Assahel Jonassane (1964), *Cristo e Maomé*. Lisboa.

McCLINTOCK, Anne (1992), 'The Angel of Progress: Pitfalls of the Term "Post-Colonialism"', *Social Text* 31/32: 84-98.

MENDES, Pedro Albano (1959), "Islamismo e Catolicismo em Moçambique", *Volumus. Revista trimestral de formação missionária*, Ano XI, 4: 170-212.

MERRY, S. E. (1979), 'Going to Court: Strategies of Dispute Management in an Urban

Neighborhood', *Law & Society Review* 13: 891-926.

MESQUITELA, Clotilde (s.d.), *Moçambique Sete de Setembro. Memórias da Revolução*. Lisboa: A Rua.

MILHAZES, José (2010), *Samora Machel Atentado ou Acidente? Páginas desconhecidas das relações soviético-moçambicanas*. Lisboa: Aletheia.

NEGREIROS, José de Almada (1972), *Textos de Intervenção*. Lisboa: Estampa.

NESMITH, Tom (2002), 'Seeing Archives: Postmodernism and the Changing Intellectual Place of Archives', *The American Archivist* 65: 24-41.

NETO, Agostinho (1979), *Sagrada Esperança*. Lisboa: Sá da Costa.

NOGUEIRA, Eurico Dias (1966), *Carta Fraterna do Bispo de Vila Cabral (Moçambique) Eurico Dias Nogueira aos Muçulmanos da sua Diocese – Cikalata ca Ulongo Askovo jwa Vila Cabral Eurico Dias Nogueira kwa Wacinasala wa Cilambo Cakwe*. Vila Cabral.

OLIVEIRA, Pedro Aires (2007), *Os Despojos da Aliança. A Grã-Bretanha e a questão colonial portuguesa*. Lisboa: Tinta-da-China.

PEIRONE, Frederico José (1962), *Cristo no Islão: ensaio para uma cristologia islâmica*. Lisboa: Junta de Investigações do Ultramar.

PEIRONE, Frederico José (1963), "Correntes Islâmicas Moçambicanas", Separata da Revista *Ultramar* n.º 13/14.

PEREIRA, José Pacheco (2001), *Álvaro Cunhal, uma Biografia Política, vol. 2. "Duarte", o Dirigente Clandestino (1941--1949)*. Lisboa: Temas e Debates.

PETTERSON, Don (2002), *Revolution in Zanzibar: An American's Cold War Tale*, Boulder, Co.: Westview Books.

RADHAKRISHNAN, Rajagopalan (1996), *Diasporic Mediations: Between Home and Location*. Minneapolis/London: University of Minnesota Press.

RAMOS, Rui, Bernardo Vasconcelos e Sousa e Nuno Gonçalo Monteiro (2009), *História de Portugal*. Lisboa: A Esfera dos Livros.

REGO, A. da Silva (1956), "O Islamismo", in *Curso de Missionologia*. Lisboa: Junta de Investigações do Ultramar – Centro de Estudos Políticos e Sociais.

REGO, A. da Silva (1960), *Alguns Problemas Sociológico-Missionários da África Negra* (Estudos de Ciências Políticas e Sociais 32). Lisboa: Junta de Investigações do Ultramar – Centro de Estudos Políticos e Sociais.

REGO, Lobiano do (1959), *Pátria Morena. À Vista da Maior Epopeia Lusíada*. Macieira de Cambra: Edições da LAIN.

REGO, Lobiano do (1966), *A "Declaração sobre a Liberdade religiosa" no Tempo e Espaço da Nação Portuguesa*. Braga: Edições da LAIN – Leigos Apóstolos da Integração Nacional.

REGO, Lobiano do (1978), *Abominação Devastadora*. Porto: Tipografia do Colégio dos Órfãos.

REGO, Lobiano do (s.d.), *Apocalipse de Sagres*. Edições da LAIN – Leigos Apóstolos da Integração Nacional.

RESENDE, Sebastião Soares de (1948), *Falsos e verdadeiros caminhos da vida*, Lourenço Marques: Imprensa Nacional.

RESENDE, Sebastião Soares de (1994), *Profeta em Moçambique*. Lisboa: Difel.

RIBEIRO, Margarida Calafate (2004), *Uma História de Regressos: Império, Guerra Colonial e Pós-colonialismo*. Porto: Afrontamento.

RIBEIRO, Orlando (1981), *A Colonização de Angola e o seu Fracasso*. Lisboa: Imprensa Nacional – Casa da Moeda.

ROBINSON, David e Jean-Louis Triaud (orgs.) (1997), *Le temps des marabouts. Itinéraires et stratégies islamiques en Afrique occidentale française v. 1880-1960*. Paris: Karthala.

RODRIGUES, Luís Nuno (2004), ""Orgulhosamente Sós"? Portugal e os Estados Unidos no início da década de 1960", Comunicação apresentada ao 22º Encontro de Professores de História da Zona Centro, Caldas da Rainha, Abril de 2004

BIBLIOGRAFIA GERAL

(http://www.ipri.pt/investigadores/artig o.php?idi=8&ida=140, acedido a 12 de Maço de 2010).

SALAZAR, Oliveira (1959), *Discursos e Notas Políticas (1938-1943)*. Coimbra: Coimbra Editora.

SANTOS, António Almeida (2006), *Quase Memórias*, Vol. I. Lisboa: Círculo de Leitores.

SANTOS, Boaventura de Sousa (1990), *O Estado e a Sociedade em Portugal (1974--1988)*. Porto: Afrontamento.

SANTOS, Boaventura de Sousa (1994), *Pela Mão de Alice*. Porto: Afrontamento.

SANTOS, Boaventura de Sousa (2002), "Entre Prospero e Caliban: Colonialismo, pós--colonialismo e inter-identidade", in M. I. Ramalho e A. S. Ribeiro (orgs.), *Entre Ser e Estar. Raízes, Percursos e Discursos da Identidade*. Porto: Afrontamento: 23-85.

SANTOS, Donizeth Aparecido dos (2007), "Representações da Mãe-África na Literatura Angolana", *Trama* 3(6): 27-42.

SEGURO, Basílio Pina de Oliveira (1972), "Contribuição dos muçulmanos portugueses para a estabilidade nacional em Moçambique", *Revista Militar,* nº 5, Maio: 205-232.

SHOHAT, Ella (1992), 'Notes on the "Post-Colonial"', *Social Text* 31/32: 99-113.

SHOHAT, Ella e Robert Stam (2001), *Unthinking Eurocentrism. Multiculturalism and the Media*. Londres/Nova Iorque: Routledge [1994].

SILVERMAN, Sydel F. (1965), 'Patronage and Community-Nation Relationships in Central Italy', *Ethnology* 4(2): 172-189.

SOUTO, Amélia Neves de (2007), *Caetano e o Ocaso do "Império": Administração e Guerra Colonial em Moçambique durante o Marcelismo (1968-1974)*. Porto: Afrontamento.

SPÍNOLA, António de (1973), *Por uma Portugalidade Renovada*. Lisboa: Agência Geral do Ultramar.

SPIVAK, Gayatri C. (1988), *In Other Worlds: Essays in Cultural Politics*. Londres/Nova Iorque: Routledge.

STOLER, Ann Laura (2002), 'Colonial Archives and the Arts of Governance', *Archival Science* 2: 87-109.

SZASZ, Margaret Connell (org.) (1994), *Between Indian and White Worlds: The Cultural Broker*. University of Oklahoma Press.

TAYLOR, Alan (1996), 'Captain Hendrick Aupaumut: The Dilemmas of an Intercultural Broker', *Ethnohistory* 43(3): 431-457.

TELO, António José (1994b), "As guerras de África e a mudança nos apoios internacionais de Portugal", *Revista de História das Ideias* 16: 347-369.

VAKIL, AbdoolKarim (2003a), "Questões inacabadas: colonialismo, Islão e portugalidade", in Margarida Calafate Ribeiro e Ana Paula Ferreira (orgs.), *Fantasmas e Fantasias Imperiais no Imaginário Português Contemporâneo*. Porto: Campo das Letras.

VAKIL, AbdoolKarim (2003b), "Portugal, o Islão e a África: Fronteiras da memória", Colóquio *Espaços, Fronteiras e Memórias em África*, Centro de Estudos Luso-Árabes de Silves & Núcleo de Estudos Sobre África-Universidade de Évora, 23-24 de Outubro, FISUL: Silves.

VAKIL, AbdoolKarim (2003c), "'O Islão como Problema': Reflexões em torno da evolução do discurso (geo-)político sobre o Islão e os muçulmanos", comunicação apresentada no Colóquio *O Islão, o Islamismo e o Terrorismo Transnacional*, Lisboa, Instituto de Defesa Nacional, 2-3 Abril.

VAKIL, AbdoolKarim (2004a), "Pensar o Islão: Questões coloniais, interrogações pós-coloniais", *Revista Crítica de Ciências Sociais* 69: 17-52.

VAKIL, AbdoolKarim (2004b), "Do *Outro* ao Diverso. Islão e Muçulmanos em Portugal: história, discursos, identidades", *Revista Lusófona de Ciência das Religiões* 5-6: 283-312.

VIEGAS, Francisco José (2002), *Lourenço Marques*. Porto: Asa.

WALL JR., James A., John B. Stark e Rhetta L. Standifer (2001), 'Mediation: A Current

Review and Theory Development', *The Journal of Conflict Resolution* 45(3): 370--391.

WALL JR., James A. e Daniel Druckman (2003), 'Mediation in Peacekeeping Missions', *The Journal of Conflict Resolution* 47(5): 693-705.

WELLS, Miriam J. (1983), 'Mediation, Dependency, and the Goals of Development', *American Ethnologist* 10(4): 770-788.

WEST, H. (2006), "Invertendo a bossa do camelo. Jorge Dias, a sua mulher, o seu intérprete e eu", in Manuela Ribeiro Sanches (org.), *"Portugal não é um país pequeno": Contar o 'império' na pós-colonialidade*. Lisboa: Livros Cotovia: 141--190.

WITTY, Cathie J. (1980), *Mediation and Society: Conflict Management in Lebanon*. Nova Iorque: Academic Press.

WOLF, Eric R. (1956), 'Aspects of Group Relations in a Complex Society: Mexico', *American Anthropologist* 58(6): 1065--1078.

TEXTOS DE FERNANDO AMARO MONTEIRO[*]

- **Publicações não periódicas:**

(1970a), *O Coronel Sardónia. Seis perfis de gente desencontrada e mais a sombra de um menino* (colectânea de contos). Lourenço Marques: Ed. do autor.

(1971a), "Introdução", in El-Bokhari, *Selecção de Hadiths. Tradições muçulmanas. Versão portuguesa baseada na tradução francesa de G.H. Bousquet, com uma Introdução por Fernando Amaro Monteiro, Investigador da Universidade de Lourenço Marques*. Separata da *Revista de Ciências do Homem*, Vol. III, nº 1, Série B.

(1971b), *Da Identidade na Evolução I* (compilação de 12 editoriais publicados no matutino *Notícias* e no vespertino *A Tribuna*). Lourenço Marques: Ed. do autor.

(1972a), [Apresentação e preparação de] El-Bokhari, *Selecção de Hadiths. Tradições muçulmanas. Versão portuguesa resumida adaptada da tradução francesa de G. H. Bousquet*. Lourenço Marques: Edição popular promovida pelo Governo-Geral de Moçambique.

(1973), *Da Identidade na Evolução II* (compilação de 11 editoriais publicados no vespertino *A Tribuna*). Lourenço Marques: Ed. do autor.

(1975), *Carta Aberta aos Muçulmanos de Moçambique Independente*. Lisboa: Caderno Político nº 5, Biblioteca do Pensamento Político.

(1979), *Um certo gosto a tamarindo. Estórias de Angola* (colectânea de contos). Braga: Braga Editora.

(1988), *Portas fechadas. Balada para um Capitão executado*. Porto: Ed. S. Lemos.

(1989a), *Curso de 6 Lições sobre "A guerra em Moçambique e na Guiné: técnicas de accionamento de massas". Sumários desenvolvidos*. Porto: Centro de Estudos Africanos da Universidade Portucalense, publicação interna.

(1993a), *O Islão, o Poder e a Guerra (Moçambique 1964-1974)*. Porto: Universidade Portucalense.

(2002), *"Violência estrutural" (?). O Grande Magrebe e a Europa Ocidental*, coordenação das dissertações de Mestrado em Relações Internacionais de António da Silva Rocha, Mariana Sampayo e Paulo Lisboa. Leiria: Edições Magno.

(2003a), *Sobre o Islão. "O Livro Verde" de Kadhafi. Introdução e Anotações de Fernando Amaro Monteiro*. Lisboa: Prefácio.

(2006), *Salazar e a Rainha. Advento da República. Restauração da Monarquia?*. Lisboa: Prefácio.

---

[*] Incluem-se todos os trabalhos, mesmo os que não são citados ao longo do livro.

(2009), *Salazar e o Rei (que não foi)*. Lisboa: Livros do Brasil.

Monteiro, Fernando Amaro e Teresa Vázquez Rocha (2004a), *A Guiné do século XVII ao século XIX. O testemunho dos manuscritos*. Lisboa: Prefácio.

- **Colaboração em publicações conjuntas, não periódicas:**

(1983), "Apontamentos sobre fenómenos de aculturação em Moçambique", in *Convergência de raças e culturas. Biologia e sociologia da mestiçagem*. Évora: Universidade de Évora: 275-286.

(1989b), "Dom Duarte Nuno de Bragança, Rei da minha juventude", in *D. Duarte Nuno de Bragança, um Rei que não reinou*. Lisboa: Edição de 25 autores.

(1990a), "O Espaço, o Tempo e o Fundamentalismo Islâmico", in *Leituras do Tempo. História, Filosofia, Biologia, Literatura, Política e Economia do Tempo*. Lisboa: Universidade Internacional.

(1995), "A missionação cristã e a apologética islâmica perante as crenças tradicionais bantas de Moçambique", in *Actas do Colóquio Construção e Ensino da História de África*. Lisboa: Grupo de Trabalho do Ministério da Educação para as Comemorações dos Descobrimentos Portugueses.

(2003b), "Posfácio" a Francisco Proença Garcia, *Moçambique – Análise Global de uma Guerra – 1964/1974*. Lisboa: Prefácio: 303-317.

(2004), "Moçambique, a década de 1970 e a corrente wahhabita: uma diagonal", in *O Islão na África Subsariana* – Actas da 6ª Conferência Internacional "Estados, Poderes e identidades na África Subsaariana". Porto: Faculdade de Letras da Universidade do Porto: 107-113.

- **Publicações periódicas:**

(1966), "Pesquisas arqueológicas nos estabelecimentos árabes de Kiuya, M'Buezi e Quisiwa", *Monumenta* 2, Lourenço Marques: Comissão de Monumentos Nacionais (1970b: trad. franc. deste artigo por Pierre Vérin, *Taloha* 3, Madagáscar: Universidade de Tananarive).

(1972b), "Traços fundamentais da evolução do Islamismo, com vista à sua incidência em Moçambique", Adaptação de conferência proferida em Lisboa, em 10 de Dezembro de 1970, a convite do Instituto de Altos Estudos da Defesa Nacional, Separata da *Revista de Ciências do Homem*, vol. V, série A, Universidade de Lourenço Marques [publicado igualmente na *Revista Militar* nº 6, Julho de 1972: 287-314].

(1980), "A alternativa islâmica", *Baluarte*, Revista das Forças Armadas Portuguesas, nº 27/28.

(1987), "Sobre o Islão. Para uma explicação do contemporâneo", *Africana* 1: 107-140.

(1988a), "Sobre o Islão. Nos relançamentos de uma ideologia: Kadhafi e a sua Terceira Teoria Universal", *Africana* 2: 39--46.

(1988b), "Confluências sócio-religiosas na África Oriental", *Africana* 3: 145-181.

(1989c), "As comunidades islâmicas de Moçambique: Mecanismos de comunicação", *Africana* 4: 65-89.

(1989d), "Moçambique 1964-1974: As comunidades islâmicas, o poder e a guerra", *Africana* 5: 83-125.

(1990b), "Em torno do Pan-Africanismo", *Africana* 6: 59-78.

(1990c), "O Caso de Moçambique", *Africana* 7: xxi-xxxvii.

(1991), "Do Ente Supremo na Revelação Cristã, na Revelação Corânica, e na religião tradicional africana (Macuas e Ajauas como exemplo)", *Africana* 9: 7-23.

(1992), "Entre Ajauas e Macuas: dos poderes intermédios na religião tradicional face à Revelação Cristã e à Revelação Corânica", *Africana* 11: 35-67.

(1993b), "Sobre a actuação da corrente "wahhabita" no Islão moçambicano:

algumas notas relativas ao período 1964--1974", *Africana* 12: 85-111.

(1994a), "O Ocidente africano no contexto islâmico internacional", *Africana* especial 2: 13-24.

(1994b), "Integração e Regionalismo", *Africana* especial 2: 95-97.

(1994c), "A Europa mediterrânica perante a tensão magrebina, *Africana* 14: 63-75.

(1995), "Em diagonal sobre África e Ásia de hoje: a importância do factor religioso na conflitologia", *Africana* 15: 15-22.

(1996), "O centrismo cultural na expansão europeia em África", *Africana*: 7-15.

(1998), "Portugal, regionalização e lusofonia", *Africana* especial 5: 149-157.

(1999a), "O Islão: uma potencialidade integradora", *Africana* 20.

(1999b), "África: os apelos político-religiosos; o entendimento dos Direitos Humanos", *Africana* 21.

(2000), "Cerca do Milénio: a Violência Global", *Africana* 22.

(2001), "Em torno do conceito de fundamentalismo islâmico", *Boletim da Ordem dos Advogados* 18, Novembro-Dezembro.

(2004b), "A Administração Portuguesa e o Islão, em Moçambique e na Guiné, nos anos 1960 a 1970: comportamentos comparados, *Xarajîb*, Revista do Centro de Estudos Luso-Árabes de Silves, 4.

MONTEIRO, Fernando Amaro e Maria Teresa Vázquez Rocha (2002), "Portugal na Guiné durante as duas décadas precedentes da autonomia administrativa (1879)", *Liberdade*, Anais da Universidade Independente, Vol.3, 1, Lisboa, Inverno de 2002.

MONTEIRO, Fernando Amaro e Pierre Vérin (1970), "Sites et monuments: Notes sur Ibo, ville du Mozambique attaquée par les Sakalava", *Bulletin de Madagascar*, Oct-Nov 1970: 187-189.

ROCHA, Maria Teresa Vázquez e Fernando Amaro Monteiro (1998), "Reacções do Gentio da Guiné perante os proselitismos religiosos", *Africana* 19: 153-192.